JINGJINJI YITIHUA WULIU FAZHAN BAOGAO

京津冀一体化物流发展报告

王可山　郝玉柱◎主编

·北京·

图书在版编目（CIP）数据

京津冀一体化物流发展报告.2017/王可山，郝玉柱主编.
—北京：中国经济出版社，2019.12
ISBN 978-7-5136-5933-8

Ⅰ.①京… Ⅱ.①王… ②郝… Ⅲ.①物流—经济发展—研究报告—华北地区—2017 Ⅳ.①F259.22

中国版本图书馆CIP数据核字（2019）第219574号

组稿编辑	崔姜薇
责任编辑	贾轶杰
责任印制	马小宾
封面设计	任燕飞

出版发行	中国经济出版社
印 刷 者	北京九州迅驰传媒文化有限公司
经 销 者	各地新华书店
开　　本	710mm×1000mm　1/16
印　　张	21.5
字　　数	371千字
版　　次	2019年12月第1版
印　　次	2019年12月第1次
定　　价	88.00元

广告经营许可证　京西工商广字第8179号

中国经济出版社 网址 www.economyph.com 社址 北京市东城区安定门外大街58号 邮编 100011
本版图书如存在印装质量问题，请与本社销售中心联系调换（联系电话：010-57512564）

版权所有　盗版必究（举报电话：010-57512600）
国家版权局反盗版举报中心（举报电话：12390）　　服务热线：010-57512564

前 言
PREFACE

2015年4月30日,中共中央政治局审议通过《京津冀协同发展规划纲要》后,北京物资学院组织专家撰写并出版了《京津冀一体化物流发展报告(2015)》,已经将其作为服务京津冀协同发展的重要内容之一,进行长期跟踪研究,每年出版一部。

《京津冀一体化物流发展报告(2017)》是京津冀一体化物流发展状况研究的继续,在《京津冀一体化物流发展报告(2016)》的基础上,既有新资料的补充,更有各专题领域问题的研究。如果说《京津冀一体化物流发展报告(2015)》主要是对京津冀物流一体化基本情况和基本数据的剖析,《京津冀一体化物流发展报告(2016)》则是以问题为导向,是针对所存在的问题进行分析研究,《京津冀一体化物流发展报告(2017)》则加大了研究的比重,一个报告就是一篇学术论文。《京津冀一体化物流发展报告(2017)》紧密结合《"十三五"时期京津冀国民经济和社会发展规划》和《京津冀协同发展交通一体化规划》提出的要求,拟定选题和研究内容。最后共有10个专题研究被选入《京津冀一体化物流发展报告(2017)》,主要包括京津冀物流通道可达性与协同性研究、京津冀海港口岸与腹地协同发展实证分析、京津冀农产品冷链需求预测及发展模式、京津冀能源类大宗商品物流、京津冀物流发展比较研究、战略视角的京津冀物流人才发展对策、京津冀物流企业空间布局特征及其影响因素、京津冀物流一体化发展水平评价、京津冀电子商务行业发展规制、京津冀物流产业协同发展规制等方面的研究。

目前,京津冀协同发展已经取得积极进展。从雄安新区的设立到通州城市副中心的建设,京津冀正在向新的功能定位目标前进,物流一体化的格局正在发生着变化。我们希望以《京津冀一体化物流发展报告》为载体,充分发挥北京物资学院的物流与流通研究优势,深入剖析我国物流业面临的供给

侧结构性矛盾。党的十九大开启了新时代中国特色社会主义建设的新征程，物流业的发展也进入了新时代。我们要不忘初心，牢记使命，与时俱进，针对京津冀一体化物流发展状况，从中总结经验，发现问题，提出建议，率先实现京津冀物流一体化研究的突破，把北京物资学院建成在物流和流通领域国内领先、国际有重要影响的高水平应用型大学贡献力量。

2019 年 6 月 20 日

目 录
CONTENTS

第一章　京津冀物流通道可达性与协同性研究 ……………… 001

　　一、京津冀物流通道建设现状及动态 …………………… 001

　　二、京津冀物流通道可达性研究 ………………………… 013

　　三、京津冀物流通道协同性研究 ………………………… 023

　　四、京津冀物流通道建设的结论 ………………………… 033

第二章　京津冀海港口岸与腹地协同发展实证分析 ………… 038

　　一、引言 …………………………………………………… 038

　　二、相关文献综述 ………………………………………… 039

　　三、京津冀海港口岸及腹地发展现状 …………………… 042

　　四、京津冀海港口岸与腹地协同度模型建立 …………… 047

　　五、京津冀海港口岸与腹地协同度计算 ………………… 054

　　六、结论与建议 …………………………………………… 062

第三章　京津冀农产品冷链需求预测及发展模式 …………… 065

　　一、京津冀农产品冷链需求问题的提出 ………………… 065

　　二、文献综述 ……………………………………………… 065

　　三、京津冀农产品冷链物流的现状及问题 ……………… 069

　　四、京津冀农产品冷链物流需求现状分析 ……………… 071

　　五、京津冀冷链物流需求预测模型的建立 ……………… 072

　　六、京津冀农产品冷链物流需求预测 …………………… 076

　　七、京津冀地区农产品冷链物流模式及特点 …………… 079

八、京津冀城市群现代农产品冷链物流发展模式的构建 …………… 087

九、结论及政策建议 ………………………………………………… 090

第四章 京津冀能源类大宗商品物流 ……………………………………… 092

一、京津冀能源类大宗商品物流概述 ……………………………… 092

二、京津冀能源类大宗商品生产与消费情况 ……………………… 093

三、京津冀能源类大宗商品物流状况分析 ………………………… 100

四、京津冀能源物流发展存在的主要问题 ………………………… 114

五、京津冀港口能源类大宗商品物流效率的实证研究 …………… 118

六、京津冀能源物流发展的对策与建议 …………………………… 129

七、京津冀能源物流发展前景展望与预测 ………………………… 133

第五章 京津冀物流发展比较研究 ………………………………………… 137

一、我国物流业宏观政策及发展概况 ……………………………… 137

二、京津冀物流发展概况 …………………………………………… 144

三、京津冀物流协同发展分析 ……………………………………… 157

四、三大城市群物流发展比较分析 ………………………………… 170

五、一体化背景下京津冀物流发展的思考 ………………………… 178

第六章 战略视角的京津冀物流人才发展对策 …………………………… 181

一、京津冀物流人才发展问题的提出 ……………………………… 181

二、相关人才发展战略文献综述 …………………………………… 182

三、京津冀物流人才发展现状分析 ………………………………… 186

四、京津冀物流人才发展的障碍及问题 …………………………… 195

五、战略视角的京津冀物流人才发展环境的定性分析 …………… 198

六、战略视角的京津冀物流人才发展影响因素的量化分析 ……… 205

七、京津冀物流人才发展的高校培养状况分析 …………………… 213

八、战略视角的京津冀物流人才发展路径及对策 ………………… 216

第七章 京津冀物流企业空间布局特征及其影响因素 …………………… 220

一、绪论 ……………………………………………………………… 220

二、京津冀物流企业空间布局现状 ………………………………… 226

三、京津冀地区物流企业空间布局特征 ………………………… 235
四、京津冀物流企业空间布局的影响因素 ……………………… 243
五、京津冀物流企业空间布局发展建议 ………………………… 248

第八章 京津冀物流一体化发展水平评价 …………………………… 253
一、研究背景和意义 ……………………………………………… 253
二、国内外研究现状综述 ………………………………………… 254
三、京津冀物流一体化水平评价体系 …………………………… 259
四、京津冀物流一体化评价权重设置 …………………………… 270
五、实证研究 ……………………………………………………… 274
六、京津冀物流一体化发展建议 ………………………………… 292

第九章 京津冀电子商务行业发展规制 ……………………………… 294
一、研究背景与研究现状 ………………………………………… 294
二、京津冀电子商务行业发展的法律规制体系构建 …………… 298
三、京津冀电子商务行业规制面临的瓶颈 ……………………… 301
四、京津冀电子商务规制完善策略与路径 ……………………… 303

第十章 京津冀物流产业协同发展规制 ……………………………… 315
一、问题的提出与研究现状 ……………………………………… 316
二、京津冀物流产业协同发展规制的框架分析 ………………… 317
三、京津冀物流产业协同发展规制存在的瓶颈因素 …………… 320
四、京津冀物流产业协同发展规制机制的完善路径 …………… 325

第一章　京津冀物流通道可达性与协同性研究

梁　晨　龚艳侠　刘小娟　郭冬蕾　刘程功

一、京津冀物流通道建设现状及动态

(一) 京津冀物流通道建设现状

京津冀地区占地面积为 21.8 万平方千米，是中国北方经济的重要核心区，也是中国的政治、文化中心，京津冀地区包括北京、天津两个直辖市以及河北省内 11 个城市。目前京津冀地区拥有较密集的交通网络：其铁路运营里程是全国平均水平的 3.4 倍，高速铁路覆盖了近 80% 的地级市及以上等级的城市；高速公路的平均密度是全国水平的 3.1 倍，[1] 区域内建成了京沪、京广等放射性干线公路、铁路以及 11 条国道综合形成纵横交错的地面网络；除了地面交通，区域内还聚集了首都机场、滨海国际机场等空港，规模宏大的首都新机场也将投入使用；此外，天津港、秦皇岛港、曹妃甸港、黄骅港以及京唐港也聚集在京津冀区域内。

1. 公路通道设施现状

(1) 公路长度及载货汽车情况

京津冀区域的公路通道设施建设较为完善。表 1-1 至表 1-3 分别列出北京市、天津市及河北省地区的公路通道设施情况。

表 1-1　北京市 2012—2017 年公路通道基本设施情况

年份	长度（千米）	载货汽车（万辆）
2012	21492	23.7
2013	21673	25.7
2014	21849	28.9

---

[1] 范圆圆. 京津冀交通一体化的现状与未来 [EB/OL]. http://oldweb.chinahighway.com/zt/zt_new.php? id=611, 2016-12-14/2018-10-30.

续表

年份	长度（千米）	载货汽车（万辆）
2015	21885	30.6
2016	22026	33.0
2017	22226	36.7

资料来源：《北京市统计年鉴》（2013—2018）。

表1-2　天津市2012—2017年公路通道基本设施情况

年份	长度（千米）	载货汽车（万辆）
2012	15391	22.2
2013	15718	24.3
2014	16110	27.1
2015	16550	27.6
2016	16764	29.5
2017	16532	31.9

资料来源：《天津市统计年鉴》（2013—2018）。

表1-3　河北省2012—2017年公路通道基本设施情况

年份	长度（千米）	载货汽车（万辆）
2012	163045	23.7
2013	174492	25.7
2014	179200	143.5
2015	184553	146.6
2016	188431	163.3
2017	191693	174.3

资料来源：《河北省经济年鉴》（2013—2018）。

（2）公路通车里程及密度情况

截至2017年底，京津冀区域公路通车里程由2010年的19.03万千米上升到23.04万千米，其中北京市2.22万千米，天津市1.65万千米，河北省19.17万千米。此外，2017年天津市的公路里程相对2016年有所下降。2010—2017年京津冀三地公路里程趋势见图1-1，原始数据见附录中的附表1。

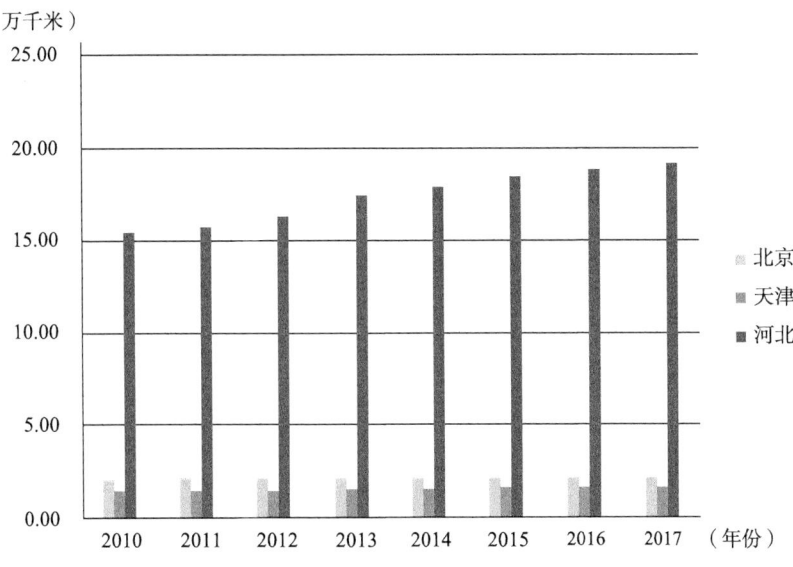

图 1-1　京津冀区域三地 2010—2017 年公路里程趋势图

公路密度指标可通过单位面积的公路里程代表，通过测算得出 2010 年至 2017 年京津冀公路密度和高速公路密度均逐渐增大，2017 年京津冀公路密度达到 1.067 千米/平方千米，高速公路密度达到 0.045 千米/平方千米。京津冀区域三地各自的 2010—2017 年公路密度趋势见图 1-2，原始数据见附录中的附表 1。

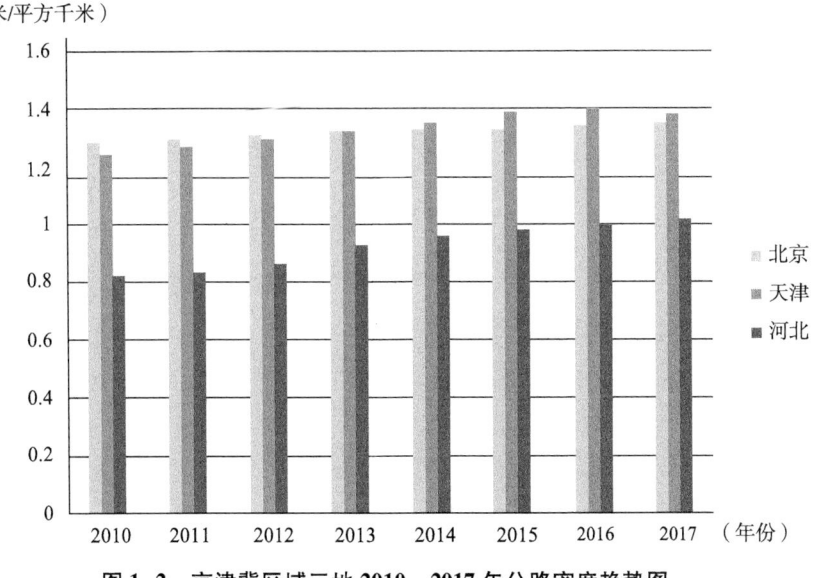

图 1-2　京津冀区域三地 2010—2017 年公路密度趋势图

2. 铁路通道设施现状

(1) 铁路货运站情况

京津冀区域共有6个铁路货运中心，全部于2013年正式成立，包括北京、丰台、天津、唐山、石家庄、邯郸铁路货运中心。表1-4是京津冀区域各铁路货运中心的基本信息及运输任务。

表1-4 京津冀区域内货运中心的基本情况

铁路货运中心	站段	成立时间	主要运输任务
北京	北京车务段 双桥站 通州车务段 承德车务段	2013.5.27	京津冀区域内及承载与外界相连的运输任务
丰台	北京西车务段 张家口车务段 丰台西站	2013.5.27	承载北京燕山石化、河北宣化钢铁、北京昊华能源等大型国企货物运输任务
天津	天津站 天津西站 南仓站 塘沽站 沧州车务段 天津车务段	2013.5.28	为河北、山东、天津两省一市提供铁路运输服务
唐山	唐山南站 唐山车务段 秦皇岛车务段	2013.5.28	承载着首钢、唐钢、开滦等数百家知名大企业、数千家中小企业及秦皇岛港、京唐港、曹妃甸港、天津港等港口货物运输任务
石家庄	石家庄南 衡水车务段	2013.6.8	主要担负南北京广铁路、石德铁路、石太铁路四个方向货物到发和运输组织工作
邯郸	邯郸站 邯郸车务段	2013.6.9	普通货运、货物专用运输（集装箱）、铁路货物运输及相关服务业务

鉴于本章的研究是以铁路货运站为节点，因此将各铁路货运中心的站段进行整理，将每个站段中的一级站作为本站段的铁路货运站。通过整理资料，梳理出京津冀区域内共有货运站19个，其中北京有5个，天津有5个，河北省有9个，京津冀地区各城市铁路货运站数量见表1-5。

表 1-5 京津冀地区各城市铁路货运站数

城市	北京	天津	河北省
铁路货运站	双桥站、北京站、通州站、丰台西站、北京西站	天津站、天津西站、塘沽站、南仓站、天津北站	承德站、张家口站、沧州站、唐山南站、唐山站、秦皇岛站、石家庄南站、衡水站、邯郸站
总计数	5个	5个	9个

通过在2018年3月到11月期间对中国铁路北京局集团有限公司调研，整理出各货运中心中站段的铁路货运量。表1-6列出了2016年、2017年京津冀各铁路货运节点的铁路货运量情况。

表 1-6 2016年、2017年京津冀区域各货运中心铁路货运量状况

单位：万吨

货运中心	站段	2016年	2017年
北京	北京车务段	680	660
	双桥站	85	53
	通州车务段	155	123
	承德车务段	370	385
	中心合计	1290	1221
丰台	北京西车务段	475	565
	张家口车务段	1050	1650
	丰台西站	5	8
	中心合计	1530	2223
天津	天津站	2	—
	天津西站	13	11
	南仓站	40	30
	塘沽站	1700	1280
	沧州车务段	650	460
	天津车务段	245	265
	中心合计	2650	2046
唐山	唐山南站	750	610
	唐山车务段	1320	1425
	秦皇岛车务段	410	380
	中心合计	2480	2415

续表

货运中心	站段	2016年	2017年
石家庄	石家庄南	400	345
	阳泉站	3770	4190
	衡水车务段	1180	1010
	中心合计	5350	5545
邯郸	邯郸站	560	615
	邯郸车务段	2160	2280
	中心合计	2720	2895

资料来源：通过调研数据整理。

通过对比表1-6中2016年、2017年京津冀区域各铁路货运节点的货运量情况，可以看出，京津冀区域整体的铁路货运量呈现缓慢增长的趋势，但北京、天津以及河北的唐山、石家庄铁路货运中心总体的货运量呈现下降趋势。

（2）铁路运输线路情况

目前，京津冀地区铁路网布局为"四纵三横五连"的格局，由北京出发，连线内蒙古、华中、华南，是京津冀与外界联系的主要通道，由京沪高铁、京沪线、京九线、京广线、京承线、京通线组成。

京津冀地区铁路交通网络密集，其运营里程是全国平均水平的3.4倍，同时高速铁路覆盖了近80%的地级市及以上等级的城市，而铁路货运运输路线和铁路交通路线并不是一致的，京津冀区域铁路物流网络的发展水平低于铁路交通网络的发展，甚至某些区域的铁路物流网络并不完善。通过调研获知，京津冀区域各铁路货运中心的货运线是相连的，表1-7为京津冀区域主要铁路货运线路以及专用铁路线状况。

表1-7 京津冀区域铁路货运路线状况

单位：条

货运中心	主要铁路货运路线	专用铁路线
北京	京沪线、京九线、京广线、京承线、京通线	200
丰台	丰沙线、京包线、京原线、京门线	—
天津	京沪、津山、津霸、津蓟、北环线上	191
唐山	京哈线（西起朱各庄，东到秦皇岛站）、津山两大干线（西起迁安站，东到龙家营站）、七滦、唐遵、卑水3条支线	151
石家庄	京广铁路、石德铁路、石太铁路、京九线、津霸线	—
邯郸	京广干线、邯长、马磁、沙午支线	—

3. 港口通道设施现状

（1）港口空间分布情况

京津冀区域港口指天津市以及河北省海岸线的港口，包括天津港、秦皇岛港、唐山港、黄骅港四大港口，其港口主要集中于天津和秦皇岛地区。其空间分布如图1-3所示。

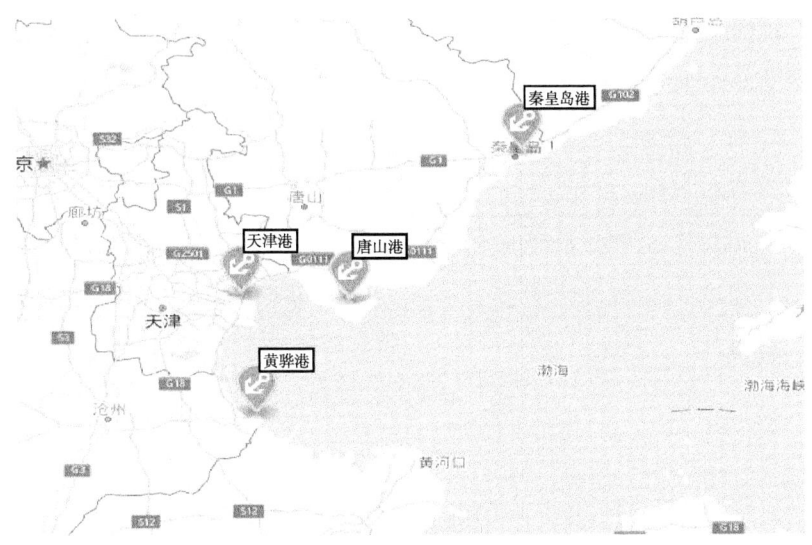

图1-3 京津冀区域港口空间分布

（2）港口基础设施情况

京津冀区域的港口分布在天津市及河北省相关地区，因此本章主要展示天津市港口及河北省秦皇岛港、黄骅港、唐山港、京唐港、曹妃甸港五个港口相关设施情况。通过对比2015—2017年的天津港港口设施情况，获悉2017年天津港的码头、港口泊位、装卸机械、仓库面积以及堆场面积等设施都有小幅度的下降，具体见表1-8和表1-9。

表1-8 天津市2015—2017年港口设施情况

指标年份	2015年	2016年	2017年
码头长度（米）	38729	39389	37634
生产用码头长度（米）	36473	37133	35478
货物吞吐量（万吨）	54051	55056	50056
港口泊位（个）	173	176	160

续表

指标年份	2015年	2016年	2017年
生产用泊位数（个）	157	160	145
生产用万吨级泊位数（个）	113	116	123
铁路专用线长度（米）	130172	130172	129949
仓库总面积（平方米）	412758	434519	413350
堆场总面积（万平方米）	1167	1157	1844
集装箱堆场堆存能力（TEU）	505208	505208	430386
装卸机械台数（台）	2951	3089	2947

资料来源：《天津统计年鉴》（2016—2018）《中国统计年鉴》。

表1-9 河北省2017年港口设施情况

港口	合计			其中：生产用			设计吞吐能力（万吨）	货物吞吐量（万吨）
	码头长度（米）	泊位个数（个）	万吨级（个）	码头长度（米）	泊位个数（个）	万吨级（个）		
秦皇岛港	17161	92	44	15928	72	44	23549	108868
黄骅港	10006	48	33	9586	39	33	24550	24520
唐山港	30347	113	108	30036	111	108	58423	27028
京唐港	10500	42	37	10189	40	37	17375	57320
曹妃甸港	19847	71	71	19847	71	71	41048	29049
总计	57514	253	185	55550	222	185	106522	108868

资料来源：根据《河北经济年鉴》（2018）整理。

4. 航空通道设施现状

（1）机场空间分布情况

京津冀地区的民航机场有9个，分别是位于北京顺义的北京首都国际机场、北京南部的北京南苑机场、天津东丽区的天津滨海国际机场、河北张家口宁远机场、唐山三女河机场、邯郸机场、秦皇岛北戴河机场、承德普宁机场。其中，北京市拥有2个机场，天津市拥有1个机场，河北省拥有5个机场。其空间分布如图1-4所示。

第一章 京津冀物流通道可达性与协同性研究

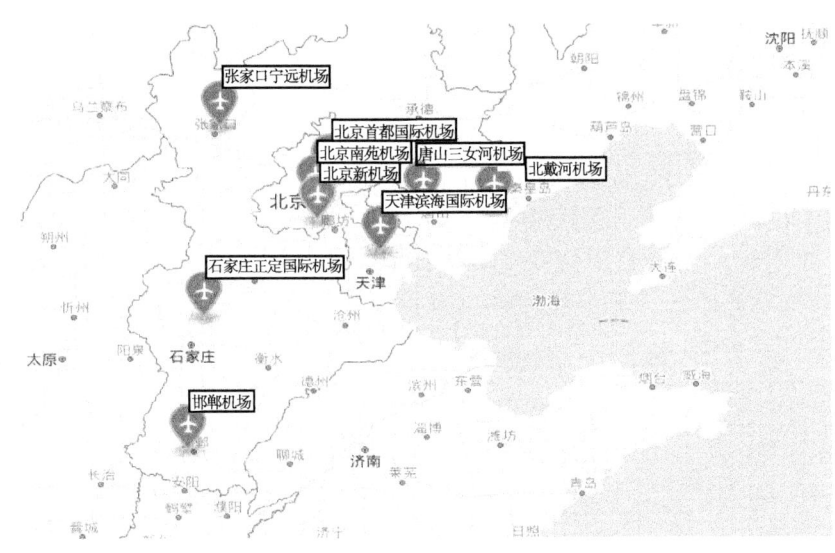

图 1-4 京津冀区域机场空间分布

（2）机场货物吞吐量情况

2017 年京津冀区域各机场的货物吞吐量总计达 236.47 万吨，相较于 2016 年增加了 4%。京津冀区域 2015—2017 年各机场的货物吞吐量见表 1-10。

表 1-10 2015—2017 年京津冀区域各机场货物吞吐量

单位：吨

年份	北京首都机场	北京南苑机场	天津滨海机场	石家庄正定机场	邯郸机场	唐山三女河机场	张家口宁远机场	秦皇岛北戴河机场	承德普宁机场
2015	1889440	36756	217279	44694	397	1915	63.9	—	—
2016	1943160	26635	237085	43765	516	837	96.5	426.1	—
2017	2029584	23205	268284	41013	703	1261	122.7	506.2	3.2

资料来源：根据中国民用航空局网站数据整理。

（二）京津冀物流通道建设动态

雄安新区的规划、新机场的建成以及 2022 年冬奥会的举办都在一定程度上促进京津冀区域物流通道的发展。公路方面，雄安新区将要建设京雄高速、荣乌新线京台高速至京港澳高速段以及京德高速北京新机场至津石高速段，冬奥会区域将建设延崇高速；铁路方面，雄安新区将建设京雄城际、京港（台）高铁雄商段、石雄城际及京昆通道州至雄安段，冬奥会区域将建设京张铁路、崇礼铁路；港口方面，主要建设唐山港丰南港；航空方面，主要是新机场的建成以及其余机场的扩建工程。下面将从京津冀物流通道相关政策以及公路、铁路、港口及航空通道四个方面的建设动态进行详细说明。

1. 京津冀物流通道相关政策

近年来，中央人民政府、国家发改委及京津冀三地政府和相关部门出台了多项政策，对物流通道一体化建设进程起到了重要的促进作用，各部门关于京津冀物流通道一体化建设的相关政策整理见表1-11。

表1-11 京津冀物流通道一体化建设相关政策

文件名称	部门	发布时间	发展目标	主要任务
全国民用运输机场布局规划	国家发展改革委、民航局	2017.3.15	到2020年，北京新机场将建成投产；2025年，建成现代化机场体系，与天津、石家庄共同打造京津冀世界级机场群	完善六大机场群，布局规划新增沧州等16个机场；提升唐山等其他既有机场发展水平
铁路"十三五"发展规划	中央人民政府	2017.11.24	到2020年，全国铁路网基本覆盖城区常住人口20万以上城市，高速铁路网覆盖80%以上的大城市	推进"八纵八横"主通道建设，实施一批高速铁路项目，包括建成北京至沈阳、北京至张家口至呼和浩特等高速铁路
推进运输结构调整三年行动计划（2018—2020年）	国务院办公厅	2018.10.9	到2020年，全国货物运输结构明显优化，铁路、水路承担的大宗货物运输量显著提高	将京津冀及周边地区打造成为全国运输结构调整示范区
关于京津冀地区城际铁路网规划的批复	国家发展改革委	2016.11.18	以"京津、京保石、京唐秦"三大通道为主轴，到2020年，与既有路网共同连接区域所有地级及以上城市；到2030年形成"四纵四横一环"城际铁路网络	到2020年前实施北京至唐山铁路、北京至天津滨海新区铁路等多个项目；远期根据京津冀协同发展战略需要，具备条件的项目经论证后可适时启动
加快推进津冀港口协同发展工作方案（2017—2020年）	交通运输部办公厅、天津市人民政府办公厅、河北省人民政府办公厅	2017.7.5	到2020年，津冀港口集疏运体系日臻完善，基本建成以天津港为核心、以河北港口为两翼的世界级港口群，先行示范带动港口资源跨省级行政区域整合	优化津冀港口布局和功能划分，重点推进津冀间港口资源整合，加快港口集疏运设施建设，提升对内陆地区的辐射带动作用，加强津冀港航资源与雄安新区交通物流需求的有效衔接

续表

文件名称	部门	发布时间	发展目标	主要任务
推进京津冀民航协同发展实施意见	国家发展改革委、民航局	2017.11.27	到2020年，北京新机场建成投入使用，北京"双枢纽"机场与天津机场、石家庄机场实现与轨道交通等有效衔接；2030年，北京"双枢纽"机场成熟运营	加快北京新机场建设，扩建天津滨海机场和石家庄正定机场；加快完善天津机场、石家庄机场区域枢纽航线网络布局；探索建立京津冀通用航空公共服务网络，基本覆盖京津冀
北京城市总体规划（2016—2035年）	北京市政府	2017.9.29	建设国际性综合交通枢纽，优化城市群交通体系，构建以轨道交通为骨干的多节点、网络化交通格局	打造世界级机场群和轨道上的京津冀，完善公路交通网，建设跨区域的电力、油品等能源输送通道；新增抵达河北雄安新区的高速公路
天津市物流业空间布局规划（2017—2035年）	天津市发展改革委	2018.8.9	天津市将加快海空两港国际物流中心建设，落实京津冀协同发展规划要求	加快建设海港国际物流中心、国际航空物流服务中心、陆路港铁路物流基地；运营好海关监管场所，打造国际物流大通道
推进河北省现代化综合交通运输体系建设三年行动方案（2018—2020年）	河北省发展改革委、河北省交通厅	2018.2.24	到2020年，河北省力争铁路运营里程达到8200千米，快速铁路达到1700千米，高速公路通车里程达到8300千米，形成网络化交通格局	着力加快雄安新区对外骨干交通路网建设，建成一批高速公路项目和普通干线公路项目；加快推进冬奥会交通保障项目建设；扎实推进京津冀交通设施一体化建设
对河北雄安新区规划纲要的批复	中共中央、国务院	2018.4.14	合理布局综合交通枢纽，构建综合交通枢纽，形成"两主两辅"枢纽格局	建成雄安高铁站、城际站、白洋淀站、白沟站，兼顾货运物流；构建快速公交专用通道，兼顾物流配送

2. 公路通道建设动态

京津冀区域将构建以公路和轨道交通为骨干的多节点、网络化、全覆盖的现代化综合交通网络，到2020年，京津冀区域将建成完善通畅的公路网络，一个快速沟通北京、天津与河北省主要城市，广泛覆盖城乡地区、高效便捷畅通的区域公路网络已基本形成。在京津冀部分主要高速公路项目中，京台高速公路（天津—廊坊—北京）已建成通车；京秦高速公路（北京—天津—唐山—秦皇岛）北京段、京冀段已于2018年8月20日通车；2018年12月16日，河北省大安镇（津冀界）至平安城段通车，全线预计于 2020 年通车；唐廊高速公路（唐山—天津—廊坊）天津段一期工程建成通车，全线预计 2019 年开通；津石高速公路（天津—雄安新区—保定—石家庄）预计 2020 年底达到通车条件。

3. 铁路通道建设动态

根据《北京城市总体规划（2016—2035 年）》《天津市综合交通运输"十三五"发展规划》《河北省综合交通运输体系发展"十三五"规划》等相关战略性文件，北京市计划到 2020 年轨道交通里程将提高到 1000 千米左右，到 2035 年不低于 2500 千米；到 2020 年铁路营业里程达到 1500 千米，到 2035 年达到 1900 千米；天津市铁路总里程达到 1500 千米，其中高速铁路与城际铁路里程达到 460 千米，到"十三五"末，完成西南环线扩能改造，建成大北环铁路、南港铁路，推进建设豆双联络线、汉周联络线，形成天津铁路枢纽 C 型疏港货运环线；河北省 2020 年铁路营业里程预期 8500 千米，其中高速铁路营业里程达到 2000 千米，同时在货运铁路方面，将建成邢和、蓝丰、唐曹、水曹等铁路，里程达 410 千米，完成曹妃甸港区铁路扩能改造，推进京通、京原铁路电气化改造。

4. 港口通道建设动态

2018 年 6 月，河北与北京、天津分别签署了《进一步加强京冀协同发展合作框架协议》和《进一步加强战略合作框架协议》；河北省制定了《河北省港航发展三年行动方案（2018—2020 年）》和《2018 年全省水运基本建设投资计划》，编制了《关于完善沿海港口集疏运体系专项实施方案》，完善了集疏运体系，有助于加快冬奥会交通设施项目建设，推进交通互联互通，拓展港口功能。同时，津冀双方将加快实施《河北省人民政府、天津市人民政府关于积极推进河北雄安新区建设发展战略合作协议》，共同打造雄安新区出海口，加强天津港与雄安新区物流合作，支持雄安新区建设物流服务平台，与港口业务无缝对接。

5. 航空通道建设动态

2019 年 1 月，北京大兴国际机场开始在飞行区校验飞行，6 月 30 日实现主体工程竣工。北京大兴国际机场本期建设将实现 2025 年旅客吞吐量 7200 万人次、年货邮吞吐量 200 万吨、年飞机起降量 62 万架次的设计目标，远期将实现年旅客吞吐量 1 亿人次、年货邮吞吐量 400 万吨，年飞机起降 88 万架次。

河北省区域机场运输网络建设方面，正积极完善民航体系建设，且与省发展改革委联合编制印发《石家庄机场航空枢纽发展计划（2018—2020年）》，进一步完善石家庄机场航线网络，增强区域枢纽功能，积极承接首都机场溢出航班旅客，贯彻落实《推进京津冀民航协同发展实施意见》，推进邢台军民合用机场改造工程、张家口机场及邯郸机场改扩建工程建设。通用机场方面，中捷机场于2018年9月正式建成通航。三河公务机场，苏宁、辛集、冀州、唐山湾国际旅游岛、香河、怀来通用机场等项目正在加紧开展前期工作。

二、京津冀物流通道可达性研究

（一）可达性概念界定

学术界关于铁路、公路等陆路交通网络可达性的研究较多，且研究价值较高，如Gutiérrez通过定量分析高铁的建设对城市之间在时间距离上的影响，对基础设施建设的重要性进行了强调，认为其对于提升铁路可达性有着重要作用。[1] Dupuy G.和Stransky V.在指数数学模型的基础上，对欧洲公路网络系统的可达性进行了深入研究和分析。[2] Sasaki K.等建立区域计量经济学模型，对轨道新干线进行模拟，认为密度高的新干线网络不一定利于人口的空间分散。[3] Gutiérrez J.对加权平均旅行时间等三个指标进行测算之后，对法国边境高速线对可达性有何影响进行了评估分析。[4]

虽然国内对于可达性的研究起步较晚，但成果颇丰。如陈垚以城市轨道交通网络及换乘站为对象，考虑换乘过程与OD全过程两方面提出了末班车条件下的可达性概念，设计了网络可达性的评估方法；[5] 刘悦研究铁路客运枢纽可达性，考虑有关影响枢纽可达性的因素；[6] 艾巧玥利用加权平均旅行时间法计算京津冀地区铁路可达性值，并进一步运用引力模型、ArcGis等模型工具

---

[1] Gutiérrez J., González R., Gómez G. The European high-speed train network [J]. Journal of Transport Geography, 1996, 4 (4): 227-238.

[2] Dupuy G., Stransky V. Cities and highway networks in Europe [J]. Journal of Transport Geography, 1996, 4 (2): 107-121.

[3] Sasaki K., Ohashi T, Ando A. High-speed rail transit impact on regional systems: Does the Shinkansen contribute to dispersion? [J]. The Annals of Regional Science, 1997, 31 (1): 77-98.

[4] Gutiérrez J. Location, economic potential and daily accessibility: An analysis of the accessibility impact of the high-speed line Madrid-Barcelona-French border [J]. Journal of Transport Geography, 2001, 9 (4): 229-242.

[5] 陈垚. 基于网络可达性的城市轨道交通末班车时刻表协调优化研究 [D]. 北京：北京交通大学, 2018.

[6] 刘悦. 基于支付意愿的铁路客运枢纽可达性测度研究 [D]. 成都：西南交通大学, 2018.

研究其演化规律。① 研究京津冀区域铁路物流网络的可达性，可为进一步研究区域铁路物流网络协同发展奠定基础。在可达性的研究方法上，综合参考国内外学者对可达性的研究基础，②③ 结合京津冀区域的实际情况，最后采用加权平均旅行时间法进行可达性研究。

在实际研究中，界定的可达性更多是指交通与运输的便捷性水平，即在给定的交通系统中，人、资源、生产要素等从某一地点到另一地点的便利程度，其同时具有空间和时间的双重内涵，反映节点间的空间尺度以及节点在运输系统中克服距离所需利用的时间，同时也在一定程度上代表着交通成本节约所带来的经济效益。本章通过研究京津冀区域，得知公路运输方式成本最高，其次是铁路运输。其中公路运输货运量占比均维持在75%左右，可见公路运输在京津冀货物运输中具有重大影响。航空运输和管道运输两种运输方式的占比虽然都逐年上升，但是比例依然很小。因此，本章主要研究京津冀区域内2015—2017年公路通道和铁路通道的可达性。

（二）数据来源及评价方法

1. 数据来源及处理

2015—2017年，北京市、天津市及河北省通道可达性的评价指标为各城市货运站间货运旅行时间距离、货运节点权重以及货运时速数据。京津冀区域各城市货运节点权重由货运节点货运量占城市总货运量的比重进行衡量统计得到，④⑤⑥⑦ 各货运站的货运量和货运时速通过调研获取，京津冀区域货运节点间的最短旅行时间距离数据是通过ArcGis软件测量京津冀区域货运网络

---

① 艾巧玥. 京津冀地区铁路网络可达性及经济联系格局演化分析 [D]. 石家庄：河北师范大学，2017.
② 刘浩，邵海，刘欣，朱志成，王晓军，高兆全. 基于加权平均法修正BQ法的巷道围岩稳定性分级应用研究 [J]. 中国矿业，2015，24（4）：91-95.
③ 朱珍，王旭春，袁永才，王晓磊. 基于加权平均法的岩溶隧道突涌水风险评估 [J]. 公路工程，2015，40（6）：51-54.
④ 陈娱，金凤君，陆玉麒，陈卓，杨宇. 京津冀地区陆路交通网络发展过程及可达性演变特征 [J]. 地理学报，2017，72（12）：2252-2264.
⑤ 程敏，连月娇. 基于改进潜能模型的城市医疗设施空间可达性——以上海市杨浦区为例 [J]. 地理科学进展，2018，37（2）：266-275.
⑥ 田野，罗静，孙建伟，崔家兴，董莹，陈国磊. 区域可达性改善与交通联系网络结构演化——以湖北省为例 [J]. 经济地理，2018，38（3）：72-81.
⑦ 刘正兵，张超，戴特奇. 北京多种公共服务设施可达性评价 [J]. 经济地理，2018，38（6）：77-84.

的矢量图整理得到。数据测量的原则如下:两个货运节点之间若有直达货运路线,则在货运网络矢量图上直接测量两个货运节点之间的旅行时间距离;若两个城市之间的货运线没有直接连接,则对中转城市的节点进行选择,以最短路径为原则去选择中转节点,并且认定中转节点的停留时间为零,再去计算两个节点之间最短的旅行时间距离。

2. 加权平均旅行时间法

加权平均旅行时间法的运算公式为:

$$A_i = \sum_{j=1}^{n}(T_{ij} \times M_j) / \sum_{j=1}^{n} M_j \tag{1}$$

式中,A_i 代表节点 i 的加权平均旅行时间,也代表节点 i 货运网络的可达性水平,该指标的值越小,其可达性状况越好,反之则相反。T_{ij} 为货运节点 i 到货运节点 j 的最短旅行时间距离;n 为除节点 i 以外的节点总数;M_j 为节点 j 的权重,而在本章中以京津冀区域货运节点货运量的占比状况来衡量。

可达性系数是表征此节点的可达性水平的相对高低,可以反映出各个节点在整个货运物流通道中的重要程度以及变化情况。其中该节点可达性值与通道内所有节点的可达性平均值的比值构成了可达性系数,其公式为:

$$A'_i = A_i / (\sum_{i=1}^{m} A_i / m) \tag{2}$$

式中,A'_i 为节点 i 的可达性系数,A_i 为 i 的可达性值(即加权平均旅行时间),m 为所有节点个数。其中 A'_i 属于负向指标类,通过 A'_i 值是否大于或小于1,来判别此节点的可达性水平和整个区域的平均可达性水平的相对大小。

(三) 京津冀通道可达性测算

1. 公路通道可达性

京津冀由北京市、天津市以及河北省三个地区组成,研究京津冀区域公路通道可达性需要确定公路通道的货运节点,考虑到公路通道的复杂性,在本章的研究中主要选取北京市、天津市以及河北省的石家庄、唐山、保定、邯郸、张家口、承德、廊坊、秦皇岛、沧州、邢台和衡水11个地级市为公路货运节点进行研究。通过上文提到的加权旅行时间距离数据的获取法,计算出京津冀区域公路通道各节点之间的旅行时间距离见表1-12;同时根据中国高速公路网和此前研究经验,得到货运汽车的平均速度为90km/h;此外,依据京津冀区域货运量算出13个节点城市2015—2017年公路货运节点权重见表1-13,原始数据见附录中的附表2。

表 1-12　京津冀区域公路货运节点间的旅行时间距离

单位：千米

节点	北京	天津	石家庄	唐山	秦皇岛	邢台	邯郸	保定	张家口	承德	沧州	廊坊	衡水
北京	—	163.98	371.39	209.57	381.42	508.63	585.24	206.17	265.42	256.84	257.55	74.82	361.23
天津	163.98	—	383.46	152.13	329.28	477.7	516.24	222.13	410.2	338	132.83	100	286.54
石家庄	371.39	383.46	—	512.325	700	155.284	220	160	478.78	635.15	286.9	364.72	154.87
唐山	209.57	152.13	512.325	—	180	615.28	670	365.86	178.5	242.18	265.12	180.76	441.74
秦皇岛	381.42	329.28	700	180	—	790	839.5	537.15	610	290	446.89	350	605.43
邢台	508.63	477.7	155.284	615.28	790	—	73	317.81	617	771.39	358.5	486	184.2
邯郸	585.24	516.24	220	670	839.5	73	—	376.4	685.02	832.1	408	531.7	241.7
保定	206.17	222.13	160	365.86	537.15	317.81	376.4	—	356.36	464	184.31	195	200
张家口	265.42	410.2	478.78	178.5	610	617	685.02	356.36	—	453	496	325	530
承德	256.84	338	635.15	242.18	290	771.39	832.1	464	453	—	470	305	611
沧州	257.55	132.83	286.9	265.12	446.89	358.5	408	184.31	496	470	—	183	180
廊坊	74.82	100	364.72	180.76	350	486	531.7	195	325	305	183	—	310
衡水	361.23	286.54	154.87	441.74	605.43	184.2	241.7	200	530	611	180	310	—

表 1-13　京津冀区域 13 个城市 2015—2017 年公路货运节点权重情况

年份	2015	2016	2017
北京市	0.109	0.089	0.086
天津市	0.201	0.195	0.190
石家庄市	0.167	0.169	0.167
唐山市	0.152	0.151	0.150
秦皇岛市	0.027	0.031	0.032
邢台市	0.030	0.033	0.034
邯郸市	0.086	0.084	0.084
保定市	0.035	0.036	0.039
张家口市	0.026	0.027	0.029
承德市	0.021	0.022	0.023
沧州市	0.081	0.086	0.087
廊坊市	0.042	0.051	0.054
衡水市	0.022	0.026	0.026

通过运用加权平均旅行时间法对京津冀区域公路通道的可达性进行计算，

计算出京津冀区域 2015—2017 年公路货运节点可达性具体结果见表 1-14。

表 1-14　京津冀区域 2015—2017 年公路货运节点可达性情况

城市	A_{i1}（2015 年）	A_{i2}（2016 年）	A_{i3}（2017 年）
北京市	2.41	2.35	2.22
天津市	2.14	2.07	1.95
石家庄市	2.85	2.77	2.62
唐山市	2.72	2.65	2.50
秦皇岛市	4.32	4.20	3.98
邢台市	3.58	3.48	3.29
邯郸市	3.98	3.86	3.64
保定市	2.07	2.18	2.25
张家口市	3.90	3.80	3.59
承德市	4.25	4.14	3.93
沧州市	2.66	2.59	2.46
廊坊市	2.32	2.26	2.15
衡水市	2.68	2.60	2.46

通过对比表 1-14 呈现的京津冀区域公路通道可达性结果，得知京津冀区域公路可达性发展水平主要还是以天津、北京及廊坊为中心，其中承德、秦皇岛、张家口及邯郸地区的公路可达性水平较低。

2. 铁路通道可达性

京津冀区域共有 19 个铁路货运站，研究京津冀区域铁路通道可达性，可将双桥站、北京站、通州站、丰台西站、北京西站、天津站、天津西站、塘沽站、南仓站、天津北站、承德站、张家口站、沧州站、唐山南站、唐山站、秦皇岛站、石家庄南站、衡水站、邯郸站作为铁路货运节点进行研究。

同上依据前文对加权旅行距离数据的获取方式，得出京津冀区域铁路通道货运节点之间的加权旅行时间距离见表 1-15。

由调研得知从 2007 年铁路货运时速提升后，近十年一直稳定在 80km/h，因此本文按照铁路货运时速 80km/h 进行计算，运用铁路货运量指标确定各铁路货运节点的权重见表 1-16。

表 1-15 京津冀区域铁路货运节点间的旅行时间距离

单位：千米

节点		双桥站	北京站	通州站	丰台西站	北京西站	天津站	天津西站	塘沽站	南仓站	天津北站	承德站	张家口站	沧州站	唐山南站	唐山站	秦皇岛站	石家庄南站	衡水站	邯郸站
北京市各货运站	双桥站	—	13	4	29	22	30	110	149	107	119	230	210	205	173	176	278	317	280	468
	北京站	13	—	17	16	9	137	121	160	116	121	226	202	199	180	173	288	301	271	453
	通州站	4	17	—	33	26	124	111	150	107	119	221	216	205	164	157	271	325	287	477
	丰台西站	29	16	33	—	26	142	134	173	129	133	247	212	208	198	189	305	285	270	437
	北京西站	22	9	26	26	—	132	131	170	127	131	234	200	208	192	185	300	292	266	443
天津市各货运站	天津站	30	137	124	142	132	—	5	39	7	5	295	313	117	126	119	263	315	253	470
	天津西站	110	121	111	134	131	5	—	44	5	4	296	311	116	121	122	264	303	258	466
	塘沽站	149	160	150	173	170	39	44	—	44	41	279	350	136	104	109	233	356	273	480
	南仓站	107	116	107	129	127	7	5	44	—	5	294	308	119	119	120	263	312	258	566
	天津北站	119	121	119	133	131	5	4	41	5	—	292	314	121	117	117	260	306	257	463
河北省各货运站	承德站	230	226	221	247	234	295	296	279	294	292	—	258	309	149	148	175	443	407	569
	张家口站	210	202	216	212	200	313	311	350	308	314	258	—	327	311	304	411	314	349	468
	沧州站	205	199	205	208	208	117	116	136	119	121	309	327	—	184	182	298	212	121	283
	唐山南站	173	180	164	198	192	126	121	104	119	117	149	311	184	—	7	125	367	301	466
	唐山站	176	173	157	189	185	119	122	109	120	117	148	304	182	7	—	132	362	297	462
	秦皇岛站	278	288	271	305	300	263	264	233	263	260	175	411	298	125	132	—	492	418	581
	石家庄南站	317	301	325	285	292	315	303	356	312	306	443	314	212	367	362	492	—	110	156
	衡水站	280	271	287	270	266	253	258	273	258	257	407	349	121	301	297	418	110	—	166
	邯郸站	468	453	477	437	443	470	466	480	566	463	569	468	283	466	462	581	156	166	—

表 1-16 京津冀 2015—2017 年各铁路货运节点的权重

年份	节点													
	双桥站	北京站	通州站	丰台西站	北京西站	天津站	天津西站	塘沽站	南仓站	天津北站	承德站	张家口站	沧州站	唐山南站	唐山站	秦皇岛站	石家庄南站	衡水站	邯郸站
2015	0.0089	0.552	0.196	0.0004	0.298	0.0005	0.0024	0.1632	0.0043	0.0321	0.0301	0.0783	0.0642	0.0712	0.1027	0.345	0.0453	0.132	0.2322
2016	0.0069	0.0555	0.0127	0.0004	0.0388	0.0002	0.0011	0.1388	0.0033	0.0200	0.0302	0.0857	0.0531	0.0612	0.1078	0.0335	0.0327	0.0963	0.2220
2017	0.0042	0.0551	0.0101	0.0004	0.0467	0.0000	0.0008	0.1068	0.0021	0.0219	0.0315	0.1262	0.0378	0.0505	0.1194	0.0315	0.0286	0.0841	0.2422

运用加权平均旅行时间法，从两个角度分析京津冀铁路物流网络可达性，即一方面分析京津冀整体的各铁路货运站的网络可达性发展水平，另一方面对北京市、天津市以及河北省各城市内部铁路货运站的可达性进行比较分析。首先计算京津冀区域中各货运站的加权平均旅行时间，结果见表1-17。其次求解北京市、天津市以及河北省各城市内部货运站网络可达性，得出北京市、天津市以及河北省城市内的货运站网络可达性值见表1-18至表1-20。其中，可达性值越大，代表货运站节点的可达性越差。当可达性值大于1时，则说明该货运站的可达性水平低于区域内的平均水平；而当可达性值小于1时，则说明该货运站的可达性水平优于区域内的平均水平。

表1-17 京津冀区域2015—2017年铁路货运节点可达性

省市	货运站	A_{i1}（2015年）	A_{i2}（2016年）	A_{i3}（2017年）
北京市	双桥站	3.6951	3.0342	3.0845
	北京站	3.9668	3.1276	3.1708
	通州站	4.5785	3.0639	3.1173
	丰台西站	3.8003	3.0132	3.0544
	北京西站	3.2214	3.0992	3.1607
天津市	天津站	4.5600	2.8800	3.0739
	天津西站	3.4563	2.8713	3.0609
	塘沽站	4.7171	3.4175	3.5446
	南仓站	4.6453	3.1466	3.3507
	天津北站	4.5767	2.9068	3.1071
河北省	承德站	6.4855	4.1419	4.1583
	张家口站	5.3493	4.3478	4.3725
	沧州站	3.3593	2.7024	2.8392
	唐山南站	4.9676	3.0411	3.1606
	唐山站	5.0594	3.1662	3.3579
	秦皇岛站	5.8275	4.3370	4.4679
	石家庄南站	4.5985	3.4404	3.4395
	衡水站	4.8067	3.1649	2.6929
	邯郸站	6.4924	5.1618	5.2674

注：结果保留4位小数。

表 1-18　北京市各货运节点可达性（A'_i）

货运节点		双桥站	北京站	通州站	丰台西站	北京西站
年份	2015	0.6525	0.6324	1.1355	0.9935	0.6935
	2016	0.7765	0.5736	1.0176	0.9637	0.6685
	2017	0.8183	0.5318	1.0867	0.9324	0.6308

表 1-19　天津市各货运节点可达性（A'_i）

货运节点		天津站	天津西站	塘沽站	南仓站	天津北站
年份	2015	0.8326	0.7824	0.8135	0.8425	0.8235
	2016	0.7141	0.8006	0.8323	0.8214	0.8315
	2017	0.6932	0.8115	0.8520	0.7968	0.8465

表 1-20　河北省各货运节点可达性（A'_i）

货运节点		承德站	张家口站	沧州站	唐山南站	唐山站	秦皇岛站	石家庄南站	衡水站	邯郸站
年份	2015	0.1391	0.0949	0.0890	0.1347	0.1698	0.2531	0.2245	0.2899	0.6080
	2016	0.1358	0.0779	0.1021	0.1371	0.1689	0.2542	0.2259	0.2824	0.6130
	2017	0.1330	0.0751	0.1028	0.1352	0.1711	0.2523	0.2228	0.2814	0.6180

从表 1-17 至表 1-20 可清晰得出，2017 年京津冀区域铁路物流网络的网络可达性相比 2015 年、2016 年的铁路物流网络的可达性有所提高，但是京津冀区域铁路网可达性在空间上依然是以北京、天津为核心，逐渐向外侧递减，而且河北省的部分货运站的网络可达性低于京津冀区域货运站的平均铁路网络可达性水平。同时，通过比较表 1-18、表 1-19、表 1-20，得出京津冀区域三个地区内部的铁路物流网络发展状况较好的是河北省铁路物流网络。

3. 京津冀通道可达性结果分析

京津冀区域综合性通道可达性指数由公路、铁路货运通道可达性指标加权获得：

$$A_i = w_1 A_{i1} + w_2 A_{i2} \qquad (3)$$

式中，A_i 为节点 i 的综合通道可达性指数，A_{i1}、A_{i2} 分别为节点 i 的公路、铁路通道可达性的加权平均旅行时间，W_1、W_2 分别为公路、铁路运输在综合通道体系中的权重，主要依据京津冀 2015—2017 年各交通方式货运周转量的加权数占全部货运周转量的加权数的比重确定，京津冀区域货运周转量数据见附录中的附表 1。京津冀区域内公路、铁路运输的权重情况见表 1-21，通过上文对京津冀区域公路及铁路可达性的运算结果进行处理，分别见表1-22、表1-23。同时利用式（2）、式（3）测算出京津冀区域通道可达性结果（见表1-24）。

表1-21　京津冀区域2015—2017年公路与铁路运输方式权重

年份	权重	
	公路（W_1）	铁路（W_2）
2015	0.670	0.330
2016	0.654	0.346
2017	0.640	0.360

表1-22　京津冀区域公路物流通道可达性情况

年份	可达性		
	北京	天津	河北省
2015	0.731	0.695	1.0530
2016	0.73	0.688	1.0526
2017	0.729	0.691	1.0523

表1-23　京津冀区域铁路物流通道可达性情况

年份	可达性		
	北京	天津	河北省
2015	0.1972	0.4685	2.9443
2016	0.1962	0.4635	3.0146
2017	0.1952	0.4671	3.0798

表1-24　京津冀区域物流通道可达性情况

年份	可达性		
	北京	天津	河北省
2015	0.5549	0.6203	1.6771
2016	0.5453	0.6103	1.7315
2017	0.5368	0.6104	1.7822

综合以上运算结果可知，京津冀区域2015—2017年北京市的物流通道可达性发展水平有所提升，而天津市和河北省物流通道发展水平则一般，此外，河北省物流通道的可达性水平低于整个区域物流通道水平。

三、京津冀物流通道协同性研究

(一) 协同评价模型的构建过程

1. 相关理论的应用

(1) 系统理论

系统论的发展过程主要经历了两个阶段,分别为经典系统论和现代系统论。经典系统论的研究对象主要是整体和整体性的问题,通过经典数学,包括微积分、集合论、对策论等主要方法工具进行研究,它同其他相关学科相互影响。贝塔朗菲认为,任何系统都是一个有机的整体,并且可以体现出其各要素在特定状态下所没有的性质。系统的整体性思想是其理论的核心,将所研究和处理的对象当作一个系统,对系统的结构及其功能进行分析,运用系统优化的观点看问题。[①]

目前,在自然科学、工程技术运用系统的基础上,经济管理等社会科学领域已经成功应用系统论。我国科学家钱学森对经典系统论到现代系统论的发展起到了促进作用,他在系统论的研究和实践中明确指出:"系统论是整体论与还原论的辩证统一。"他还指出,一个复杂的系统包括不同结构和各自特点的层次,层次之间的关系不是割裂开来的,而是可以相互反应和作用的,一个层次到另一个层次的飞跃是量变到质变的过程。他还将简单系统和复杂系统进行了明确的区分,并分别阐述,指出系统的两个重要方面分别为结构和功能,其研究对于后来学者在相关领域进行研究实践有着重要意义。

(2) 协同学理论

对一个系统从无序状态演变到有序状态,从而达到自组织过程,是协同学的主要研究内容。协同学理论作为系统理论种类之一,不仅包括一般系统理论的基本思想,还加入新的东西,例如认为子系统和要素等部分构成了系统,这些子系统或要素之间产生作用之后,将信息和能量进行传递,进而形成新的协同效应。

协同学的思想主要是从总体上掌握事物的本质问题,重点研究系统和各子系统或各要素之间的相互作用关系。物理学家赫尔曼·哈肯最早在研究激光理论的基础上提出了协同学,哈肯通过类比研究方法,研究在一定的基础

---

① 吴建民,丁疆辉,王新宇. 县域产业承接力的综合测评与空间格局分析——基于京津冀产业转移的视角 [J]. 地理与地理信息科学,2017,33 (2):75-80.

条件下，系统中的各个子系统通过相互协作与作用，产生了具有一定功能的自组织结构、时间结构和空间结构，即非平衡系统的自组织现象。①

（3）区域经济理论

生产资源在空间上如何优化配置和相互组合是区域经济理论所研究的内容，虽然生产资源有限，但是如果将生产资源进行有效的重组配置，便可以使有限的生产资源产出更多的效能。正是由于对生产资源的排列方式以及对资源配置的规划布局的主张不同，导致不同区域经济理论的产生。其中，平衡发展理论、不平衡发展理论、区域分工贸易理论、梯度转移理论等都是区域经济的基础理论。本章正是通过物流网络理论和区域经济理论相结合确定出区域物流网络系统，同时结合系统论及协同学界定出区域物流网络协同发展理论。

（4）耦合理论

两个或两个以上的电路元件或电网络的输入与输出之间存在紧密配合与相互影响，并通过相互作用从一侧向另一侧传输能量的现象，被称为耦合。耦合概念包含系统理论的思想，对各子系统如何相互作用进行研究，系统整体的功效可以全面发挥出来。本章主要运用耦合概念建立协同发展评价模型，通过耦合概念的理论思想融入协同发展评价模型，通过耦合度来反映子系统相互作用的强度，并且结合协同学理论，研究系统如何从无序发展状态最后达到协同发展。

2. 协同评价模型构建

在模型中，假设区域系统内部可分为 m 个子系统，用 Si 表示系统中的子系统，其中 $i \in [1, m]$。设子系统序参量为 $e'_i = (e_{i1}, e_{i2}, e_{i3}, \cdots, e_{in})$，$n>1$，而 e_{ij} 是子系统中的序参量分量，则子系统的有序度可表示为：

$$\theta_A(e_i) = \sum_{j=1}^{n} \gamma_j \times \theta_i(e_{ij}) \tag{4}$$

式中，$\theta_i(e_{ij})$ 为子系统中序参量分量 e_{ij} 的有效功效，序参量分量是通过对序参量标准化处理后的结果，而子系统的有序度是通过集成方法来实现的，在实际情况中，一般采用线性加权法。式（4）中 $\theta_i(e_{ij}) \in [0, 1]$，$\theta_i(e_{ij})$ 值越大，说明序参量分量 e_{ij} 对子系统的功效贡献越大。

其中 $\alpha_{ij} \leq e_{ij} \leq \beta_{ij}$，$j = (1, 2, 3, \cdots, n)$，$\alpha_{ij}$ 和 β_{ij} 分别为序参量分量临界点的下限和上限。假定 $(e_{i1}, e_{i2}, \cdots, e_{ip})$ 是正向指标，则正向影响子系统

---

① 侯彦全. 京津冀流通产业协同发展研究［D］. 北京：首都经济贸易大学，2016.

有序程度;假定 $(e_{ip}+1, e_{ip}+2, \cdots, e_{in})$ 是负向指标,则负向影响子系统有序程度。子系统中序参量分量的有效功效可表示为:

$$\theta_i(e_{ij}) = \begin{cases} \dfrac{e_{ij}-\alpha_{ij}}{\beta_{ij}-\alpha_{ij}} & j \in [1, 2, \cdots, p] \\ \dfrac{\beta_{ij}-e_{ij}}{\beta_{ij}-\alpha_{ij}} & j \in [p+1, p+2, \cdots, n] \end{cases} \quad (5)$$

而式 (4) 中 γ_j 代表子系统中第 j 个序参量的权系数, $\gamma_j \geq 0$, $\sum_{j=1}^{n}\gamma_j=1$。本章对权系数 γ_j 可选取熵值赋权法给予确定,即利用信息熵和信息效用值指标表征。假设每个序参量共包含 t 个指标 (t 年数据),其中 x_{ju} 为序参量 j 的第 u 个样本数值,为消除原始数据不同量纲的影响,对原始数据 x_{ju} 进行标准化处理:

$$x'_{ju} = \begin{cases} \dfrac{x_{ju}}{x_{ju} \times \max} \\ \dfrac{x_{ju} \times \min}{x_{ju}} \end{cases} \quad (j=1, 2, \cdots, n; \ u=1, 2, \cdots, t) \quad (6)$$

式中,$x_{ju} \times \max$ 为正向指标 j 的理想值,可将评价指标的极大值作为理想值;$x_{ju} \times \min$ 为负向指标 j 的理想值,可将评价指标的极小值作为理想值,最终得到标准化值:

$$\varepsilon_{ju} = \dfrac{x'_{ju}}{\sum_{i=1}^{n} x'_{ju}} \quad (7)$$

序参量信息熵值 g_j 和信息效用值 W_j 为:

$$g_i = -a \sum_{i=1}^{n} \varepsilon_{ju} \ln \varepsilon_{ju} \quad (8)$$

$$w_j = 1 - g_j \quad (9)$$

其中,a 为与本系统的样本数 n 有关的正常数,当 n 个样本处于完全无序分布状态时,$a=1/\ln(n)$,则指标权系数可表示为:

$$\gamma_j = \dfrac{w_j}{\sum_{j=1}^{n} w_j} \quad (10)$$

最后结合物理学中耦合概念的思想,由两个子系统之间耦合推广得到多个系统相互作用的耦合度模型,则多个子系统间耦合度的表示形式如下:[1]

---

[1] 戢晓峰,郝京京,陈方. 综合运输可达性与物流经济的空间分异及耦合 [J]. 交通运输系统工程与信息,2015,15 (5):24-31.

$$O_n = \sqrt{\frac{\theta_A(e_1) \times \theta_A(e_2) \times \cdots \times \theta_A(e_m)}{\prod_{i,p=1, i \neq p}^{m}[\theta_A(e_i) + \theta_A(e_p)]}} \quad (11)$$

本章所指耦合度是反映这种相互作用强度的指标，协调系数是作为考量系统协同发展的权重因子，因此在耦合理论的基础上引入综合协调指数 T：

$$T = a_1 S_1 + a_2 S_2 + a_3 S_3 + \cdots + a_n S_n \quad (12)$$

其中

$$S_i = \sum_{j=1}^{m} L_{ij}; \quad L_{ij} = \gamma_j \times P_{\pi j}; \quad P_{\pi j} = \frac{X_{\pi j}}{\sum_{\pi=1}^{n} X_{\pi j}} \quad (13)$$

则系统协同发展评价的最终计算公式为：

$$C_n = \sqrt{T} \times \sqrt[m]{\frac{\theta_A(e_1) \times \theta_A(e_2) \times \cdots \times \theta_A(e_m)}{\prod_{i,p=1,\text{且} i \neq p}^{m}[\theta_A(e_i) + \theta_A(e_p)]}} \quad (14)$$

其中，T 为区域系统的综合协调指数，$a_1 + a_2 + a_3 + a_4 + \cdots + a_n = 1$（在计算中各系数取平均值），$S_i$ 为子系统 i 的综合评价值，L_{ij} 为 i 系统的第 j 个指标的评价值，$P_{\pi j}$ 为第 π 年第 j 个指标的比重值。协同度 C_n 在（0，1）的取值范围之间，取值越大，说明区域系统间的协同性越好；当 C_n 趋向于 0 时，区域系统协同发展的协同性极小。

已知区域系统的协同度取值在（0，1）区域范围，参考国内学者对协同度等级划分标准，①② 以及基于本章研究的需要，将协同度划分为三个等级，具体划分情况见表1-25。

表1-25 协同度等级划分

协同评价值	0~0.3	0.3~0.6	0.6~1
协同等级	协同度低	初步协同	协同度高

（二）复合系统和评价体系的建立

1. 复合系统的划分

系统理论通过研究整体和部分的协调关系，系统的模式、结构和规律，

---

① 王雪，杨存栋. 内蒙古自治区旅游产业与区域经济耦合协调度研究［J/OL］. 商业经济研究，2017（1）：215-217.

② 李文生. 珠三角地区区域物流与区域经济协同性研究［J］. 改革与战略，2016，32（8）：86-91.

得知系统的发展与推进是通过部分，即子系统的相互作用和整体与部分的相互作用来反映的。而协同学是研究一个系统从无序状态演变到有序状态，从而达到自组织过程的一门学科。将系统理论同协同学理论结合研究来看，系统整体运动中包括内部各个要素，即子系统的两种运用方式。

如果将京津冀区域物流通道作为一个整体系统，将区域经济理论同系统论、协同理论结合起来，则可以界定出区域系统协同理论。该理论将区域物流通道作为系统，研究在外部环境的作用下，区域内部子系统各要素怎样在初始无规则运动的状态下，实现区域子系统相互协调发展，从而整个区域系统呈现协同发展的飞跃。

如果将物流通道作为一个整体系统，将耦合理论同系统论、协同理论相结合，则可以界定出物流通道协同发展理论。该理论将物流通道看作一个系统，将物流通道内部各通道或者要素作为子系统，研究物流通道在子系统由无序向有序的运动中，怎样实现物流通道内部的协调发展和物流通道整体的协同发展。

将区域物流通道系统协同与物流通道协同结合，则可以界定出区域物流通道的协同发展理论。区域物流通道的协同发展理论指的是区域内部各子系统间物流通道实现优势互补，区域物流通道在子系统由无序走向有序的运动中，怎样实现物流通道内部协调发展和物流通道整体的协同发展。

综合以上理论分析，京津冀物流通道协同发展指的是将京津冀物流通道作为一个区域系统，北京市物流通道、天津市物流通道和河北省物流通道作为三个子系统，研究三个子系统物流通道之间和各子系统内部，即物流通道内部各要素之间，在外部环境的作用下，如何由无序发展向有序发展迈进，形成各子系统物流通道内部均衡发展，各子系统物流通道之间实现优势互补、协同推进、同子系统相适合的发展，最后达到整个京津冀区域物流通道系统的协同状态。

要分析子系统物流通道内部协同发展问题，首先要给出物流通道的内涵。对于物流通道，目前学术界还没有一个被普遍认可的定义，不同的学者对物流通道看法不一，对于物流通道应包含哪些内容，也存在分歧。然而学术界对物流网络的研究较丰富，其中，鞠颂东带领的物流网络研究团队将物流网络分为物流组织网络、物流基础设施网络和物流信息网络三个种类，包含的内容最广。

本章所分析的物流通道，是一种抽象的网络，类似于图论中的图。通道仅由节点和连线组成，物流活动的起止点和物资的中转点就是节点，而两个节点之间若存在货物运输进行的物流活动,则认为两点间存在连线。从功能上看,本章的物流通道类似于前述三类物流网络中的基础设施网络,与运输通道也有较大的相似性。

2. 指标体系的选取

本着指标要与研究的物流通道行为相一致,选取的指标之间要有连续性和可比性,以及选取的指标要有实际意义的原则,最终选择和确定本章所建立的评价指标体系。由于京津冀区域物流通道的协同发展需要各要素和子系统的相互协作,为了得出协同发展的机制,必须对京津冀物流通道的协同发展状况做一详细的分析,再结合数据模型的验证,为协同路径的建立提供支撑。为此,本章的研究思路是结合协同发展评价模型对京津冀物流通道协同发展程度进行测量。本章结合系统论及协同学理论,借鉴协同评价模型,将京津冀物流通道系统分为北京市物流通道、天津市物流通道及河北省物流通道三个子系统。同时,根据前文对物流通道含义的界定,对每个子系统又分为两大指标类别和四个序参量分量指标。本章建立的评价指标体系见表1-26。

表1-26 京津冀物流通道系统协同发展评价指标体系

子系统(序参量)		北京市物流通道子系统	天津市物流通道子系统	河北省物流通道子系统	
序参量分量指标	指标类别	通道效率		节点效率	
	序参量分量	通道可达性	通道密度	通道容量	通道宽度

下面针对本章所构建评价体系中的序参量分量进行解释其内涵以及数据获取来源。

(1)通道可达性

可达性是指交通与运输的便捷性水平,即在给定的交通系统中人、资源、生产要素等从某一地点到另一地点的便利程度。通道可达性指标的获取主要是通过运用ArcGis软件测量得出京津冀区域货运节点间的旅行时间距离,使用货运节点权重的计算方法得出京津冀区域各货运站的权重,以及通过调研获取货运时速等原始指标,再通过运用加权平均旅行时间法求解得出,前文已详细展示通道可达性的内容,此处不再赘述。

(2)通道容量

物流通道容量是区域物流系统规划和物流资源优化配置的前提,也是对物流通道进行选择与评价研究的基础。在国内外学者对通道容量研究的基础上,本章界定的物流通道容量是将客运量转换成货运量,统一采用货运量指标来衡量的，在换算的过程中主要是以周转量和换算周转系数来确定。换算周转量，通常是指在一定时期内（通常为一年）一个铁路局或全路所完成的以换算吨公里为单位计量的包括旅客、货物和行包位移量来表示总运量的指标。[①] 其基本计算公式是：

换算周转量＝货物周转量旅客＋周转量旅客×周转量换算系数

（3）通道宽度

通道宽度指标主要是用于衡量在均质化条件下，一个城市与不同城市之间的通道经济发展水平。在本章的研究中，通道宽度指标数据的获取是通过引力模型求得。[②③] 为了使城市引力模型一般化，我们在考虑城市间的引力作用时，以城市人口规模或经济规模作为规模影响因素，而以现实的地理距离为距离影响因素，则如果城市 i 和城市 j 的人口规模及经济规模分别为 P_i、P_j 和 GDP_i、GDP_j，相互间距离用 D_{ij} 表示，则城市 i 和城市 j 间的相互作用 T_{ij} 为：

$$T_{ij}=\frac{P_i \times P_j}{D_{ij} \times D_{ij}} \qquad (15)$$

或是

$$T_{ij}=\frac{GDP_i \times GDP_j}{D_{ij} \times D_{ij}} \qquad (16)$$

在城市引力模型的基础上，进一步对物流通道进行分析。通道宽度是一个无量纲性的概念模型，主要与区域之间（中心城市之间）的最佳交通距离（时间）成反比，与区域之间（中心城市之间）的经济总量水平（GDP）成正比。总体而言，通道宽度的引入，主要是用于衡量在均质化条件下，一个城市与不同城市之间的通道经济发展水平。

通道宽度的预测模型为：

$$通道宽度=\frac{GDP_1 \times GDP_2}{(\alpha \times H_R + \beta \times H_A)^2} \qquad (17)$$

其中，H_R 和 H_A 分别是通过铁路（铁路和公路运输时间相近，视为铁路和公路的综合）或航空所产生的"交通距离"，而 α 和 β 则是公路、铁路运输

---

① 王海灵，孙雪莲. 区域物流通道容量预测研究［J］. 物流技术，2011，30（13）：135-136+176.

② 李山，王铮，钟章奇. 旅游空间相互作用的引力模型及其应用［J］. 地理学报，2012，67（4）：526-544.

③ 郝修宇，徐培玮. 基于百度指数和引力模型的城市网络对比——以京津冀城市群为例［J］. 北京师范大学学报（自然科学版），2017，53（4）：479-485.

方式的权重，($\alpha \times H_R + \beta \times H_A$) 则可被视为综合性的"交通距离"。这里考虑虽然京津冀区域公路作为当前主要的交通通道载体，但是在跨区域、货物运输量大的情况下，铁路运输仍具有不可替代的作用，因此这里设定 α 为 0.7，β 则为 0.3。

（三）评价指标的相关性分析

在对京津冀区域三个物流通道子系统进行协同评价之前，需要对三个子系统的评价指标进行相关性分析。本节将会运用 SPSS20.0 软件对北京、天津及河北省评价指标体系进行相关关系的分析，分析结果分别见表 1-27、表 1-28、表 1-29。相关关系（Correlate）是研究变量之间关系密切程度的一种统计方法，应用广泛，是专业统计分析中的基础。

表 1-27　北京市指标间相关性（N=2）

		通道可达性	通道密度	通道容量	通道宽度
通道可达性	Pearson 相关性	1	1.000**	1.000**	1.000**
	显著性（双侧）		0.00	0.00	0.00
通道密度	Pearson 相关性	1.000**	1	1.000**	1.000**
	显著性（双侧）	0.00		0.00	0.00
通道容量	Pearson 相关性	1.000**	1.000**	1	1.000**
	显著性（双侧）	0.00	0.00		0.00
通道宽度	Pearson 相关性	1.000**	1.000**	1.000**	1
	显著性（双侧）	0.00	0.00	0.00	

注：**表示在 0.01 水平（双侧）上显著相关。

表 1-28　天津市指标间相关性（N=2）

		通道可达性	通道密度	通道容量	通道宽度
通道可达性	Pearson 相关性	1	-1.000**	1.000**	-1.000**
	显著性（双侧）		0.00	0.00	0.00
通道密度	Pearson 相关性	-1.000**	1	-1.000**	1.000**
	显著性（双侧）	0.00		0.00	0.00
通道容量	Pearson 相关性	1.000**	-1.000**	1	-1.000**
	显著性（双侧）	0.00	0.00		0.00
通道宽度	Pearson 相关性	-1.000**	1.000**	-1.000**	1
	显著性（双侧）	0.00	0.00	0.00	

注：**表示在 0.01 水平（双侧）上显著相关。

表 1-29　河北省指标间相关性（N=2）

		通道可达性	通道密度	通道容量	通道宽度
通道可达性	Pearson 相关性	1	1.000**	1.000**	1.000**
	显著性（双侧）		0.00	0.00	0.00
通道密度	Pearson 相关性	1.000**	1	1.000**	1.000**
	显著性（双侧）	0.00		0.00	0.00
通道容量	Pearson 相关性	1.000**	1.000**	1	1.000**
	显著性（双侧）	0.00	0.00		0.00
通道宽度	Pearson 相关性	1.000**	1.000**	1.000**	1
	显著性（双侧）	0.00	0.00	0.00	

注：**表示在 0.01 水平（双侧）上显著相关。

表 1-27、表 1-28、表 1-29 中相关系数上角的**表示显著性水平，$\alpha \geqslant$ 0.01 时拒绝原假设。可以从表 1-27、表 1-28、表 1-29 中得出北京市、天津市及河北省各指标体系之间的显著性水平都小于 0.01，说明同意原假设的相关性，因此评价指标体系之间基本上都存在一定的强相关性，可以进行协同发展的研究。

（四）协同度测算的实证分析

1. 原始数据的测算

通过上文对评价体系中相关序参量分量的界定以及相关测算方法的说明，此处进行计算，其北京市、天津市及河北省原始数据的结果分别见表 1-30 至表 1-32。

表 1-30　北京市原始数据测算结果

年份	通道可达性	通道密度	通道容量	通道宽度
2015	0.5549	14021.08	163084.28	5157.19
2016	0.5453	14094.25	162682.71	5871.99
2017	0.5368	14216.39	158857.00	6788.51

表 1-31　天津市原始数据测算结果

年份	通道可达性	通道密度	通道容量	通道宽度
2015	0.6203	14869.15	92729.00	4429.31
2016	0.6103	14773.73	91440.00	4974.35
2017	0.61038	14864.97	91462.42	5625.33

表1-32　河北省原始数据测算结果

年份	通道可达性	通道密度	通道容量	通道宽度
2015	1.6770	10407.84	306454.00	7076.50
2016	1.7315	10300.49	313346.00	8043.66
2017	1.7822	10090.46	331206.00	9355.44

2. 序参量分量指标赋权

通过式（6）至式（10），首先对序参量分量指标的初始数据进行标准化处理，其标准化值的处理结果见附录中的附表3，得到北京市、天津市以及河北省物流通道子系统序参量分量指标的权重（见表1-33）。

表1-33　序参量分量指标的权重系数表

子系统（序参量）	指标类别	序参量分量指标	数值
北京市物流通道子系统	通道效率	通道可达性	0.2487
		通道密度	0.2486
	节点效率	通道容量	0.2487
		通道宽度	0.2540
天津市物流通道子系统	通道效率	通道可达性	0.2490
		通道密度	0.2490
	节点效率	通道容量	0.2490
		通道宽度	0.2531
河北省物流通道子系统	通道效率	通道可达性	0.2487
		通道密度	0.2485
	节点效率	通道容量	0.2489
		通道宽度	0.2540

3. 系统协同度求解

根据京津冀2015—2017年物流通道系统评价指标体系的相关数据，利用构建的协同发展评价模型，先对原始数据进行标准化处理，再计算子系统中序参量分量的有效功效，计算结果见附表4，最后通过式（4）计算2015—2017年三个物流通道子系统有序度，计算结果见表1-34。

表 1-34　京津冀 2015—2017 年物流通道子系统有序度情况

年份	北京市物流通道子系统有序度 θ_1	天津市物流通道子系统有序度 θ_2	河北省物流通道子系统有序度 θ_3	θ_1、θ_2、θ_3 关系比较
2015	0.2487	0.4979	0.4971	$\theta_2>\theta_3>\theta_1$
2016	0.5613	0.3643	0.4614	$\theta_1>\theta_3>\theta_2$
2017	0.7513	0.7431	0.5029	$\theta_1>\theta_2>\theta_3$

通过式（11）至式（13）计算得出京津冀物流通道系统的协调指数，最后通过式（14）求出 2015—2017 年京津冀物流通道系统的协同度，其协调指数和协同度的值见表 1-35。

表 1-35　京津冀 2015—2017 年物流通道系统协同评价测量值

年份	协调指数 T	耦合度	协同度 Cn
2015	0.3202	0.3333	0.33
2016	0.3316	0.3474	0.33
2017	0.3481	0.3467	0.35

4. 结果分析

通过建立的协同发展评价模型计算出 2015—2017 年京津冀各物流通道子系统的有序度值，一方面通过比较这三年三个子系统的有序度值变化，得出 2016 年至 2017 年北京市物流通道有序度最大，2015 年天津市物流通道有序度最大，可见北京市、天津市的物流通道发展相对较好；同时从三个子系统在这三年的变化趋势可以得知，北京市、天津市以及河北省的有序度均呈现上升的趋势，可见 2015—2017 年京津冀区域物流通道的发展状况良好。另一方面从计算得出 2015—2017 年的京津冀物流通道系统协同发展值来看，京津冀物流通道系统协同呈现缓慢上升趋势且值稳定在 0.35 左右，即属于上文协同等级划分标准里 0.3~0.6 区间的初步协同等级，可见目前京津冀区域铁路物流网络系统的协同发展水平有待进一步提升。

四、京津冀物流通道建设的结论

通过对京津冀物流通道可达性和协同性的研究，在物流通道可达性方面得出，京津冀区域 2015—2017 年北京市的物流通道可达性发展水平有所提升，而天津市和河北省物流通道发展水平相对一般，其中河北省物流通道的可达性水平低于京津冀区域物流通道发展水平；在协同性方面，测算出京津冀物流通道的可达性值在0.35左右，表明京津冀物流通道的协同发展水平处于初步协同阶段，有待进一步提升。为了深入研究京津冀物流通道协同性的发展，本章在以上研究结论的基础上结合2020年京津冀区域物流发展目标，在2020年京津冀区域货运量以及货运里程调整的情况下，依次探讨京津冀区域物流通道的协同性。

（一）货运里程变动情况

《北京2018—2035年城市总体规划》《天津市综合交通运输体系发展"十三五"规划》《河北省综合交通运输体系发展"十三五"规划》战略文件中分别指出，北京、天津以及河北省三地到2020年铁路和公路的货运里程目标，详见表1-36。

表1-36　京津冀三地2020年公路、铁路目标营业里程

单位：千米

	北京	天津	河北省
铁路	1500（36%）	1500（15%）	8500（17%）
公路	22250（1.4%）	17500（6%）	250000（32%）

注：括号里的数据代表2020年相对2017年的增长率。
资料来源：通过京津冀区域规划文件整理。

结合规划文件中对京津冀区域未来货运里程的目标计划，在此基础上重新测算其协同性发展水平，结果见表1-37。

表1-37　京津冀2018—2020年物流通道系统协同评价测量值

年份	耦合度	协同度 C_n
2018	0.48	0.39
2019	0.49	0.40
2020	0.49	0.41

注：结果保留两位小数。

（二）货运量变动情况

根据中国铁路北京局集团有限公司对2015—2017年京津冀区域货运铁路站段货运量年度指标的计划以及国务院办公厅印发的《推进运输结构调整三年行动计划（2018—2020年）》中对京津冀及周边地区等全国铁路货运量的计划，在2020年京津冀区域公路货运量将减少15%，铁路货运量增长20%，其中北京市铁路货运量不变，天津市和河北省货运量各增长20%。在此基础上重新测算其协同性发展水平，结果见表1-38。

表1-38　京津冀2018—2020年物流通道系统协同评价测量值

年份	耦合度	协同度 Cn
2018	0.46	0.39
2019	0.49	0.40
2020	0.49	0.41

注：结果保留两位小数。

通过对京津冀区域2020年货运里程和货运量的调整，研究2020年京津冀区域物流通道的协同性，结果表明，一是在2020年将京津冀区域公路货运量降低15%，北京市铁路货运量不变，天津市及河北省的铁路货运量增长20%的情况下，京津冀物流通道的协同性值达到0.41，相对2017年协同度增长了17%；二是在2020年京津冀区域北京市、天津市及河北省铁路里程各增长36%、15%及17%，公路里程各增长1.4%、6%及32%的情况下，京津冀物流通道的协同性值也达到0.41，相对2017年协同度增长了17%。可见，在京津冀区域货运量及货运里程调整的情况下，京津冀区域物流通道协同性均有相应的提升。

附 录

附表 1　京津冀 2010—2017 年公路里程、公路密度、公路货运量及公路货运周转量

年份		2010	2011	2012	2013	2014	2015	2016	2017
公路里程（千米）	北京	21114	21347	21492	21673	21849	21885	22026	22226
	天津	14832	15163	15391	15718	16110	16550	16764	16532
	河北	154344	156965	163045	174492	179200	184553	188431	191693
	京津冀	190290	193475	199928	211883	217159	222988	227221	230451
公路密度（千米/平方千米）	北京	1.287	1.301	1.31	1.321	1.331	1.334	1.342	1.354
	天津	1.245	1.272	1.292	1.319	1.352	1.389	1.407	1.387
	河北	0.822	0.836	0.869	0.93	0.955	0.983	1.004	1.021
	京津冀	0.881	0.896	0.926	0.981	1.005	1.032	1.052	1.067
公路货运量（万吨）	北京	20184	23276	24925	24651	25416	19044	19972	19374
	天津	20855	23426	28228	31985	31130	33724	32841	34720
	河北	135938	166680	195530	224319	185286	175637	189822	207340
	京津冀	176977	213382	248683	280955	241832	228405	242635	261434
公路货运周转量（亿吨千米）	北京	101.6	103.6	139.8	146.8	165.2	162.2	161.3	159.2
	天津	231	267	329	368	349	380	372	398
	河北	4020.3	5219.3	6133.5	6972.9	7019.6	7733.6	7294.6	7897
	京津冀	4352.9	5589.9	6602.3	7487.7	7533.8	8275.8	7827.9	8454.2

资料来源：《北京市统计年鉴》（2011—2018）、《天津市统计年鉴》（2011—2018）、《河北省经济年鉴》（2011—2018）。

附表 2　京津冀各城市 2015—2017 年货运量情况

单位：万吨

城市	年份		
	2015	2016	2017
北京市	28765.2	24098	23879
天津市	52992.4	52992	52992.4
石家庄市	43560	46000	46500
唐山市	39865	41000	41900

续表

城市	年份		
	2015	2016	2017
秦皇岛市	7034	8400	8912
邢台市	8056	8923	9500
邯郸市	22700	22750	23271
保定市	9300	9856	11000
张家口市	6749	7288	7944
承德市	5655	6067	6400
沧州市	21236	23500	24100
廊坊市	11000	13914	14937.4
衡水市	5838	7016	7200
总计	263269.6	271804	278535.8

资料来源：《北京市统计年鉴》（2015—2017）、《天津市统计年鉴》（2015—2017）、《河北省经济年鉴》（2015—2017）。

附表3　物流通道子系统评价指标的标准值

子系统	评价指标	年份		
		2015	2016	2017
北京市	通道可达性	0.33895394	0.333113667	0.327932393
	通道密度	0.326289001	0.338396865	0.335314134
	通道容量	0.336517142	0.33568852	0.327794338
	通道宽度	0.289442122	0.329559556	0.380998322
天津市	通道可达性	0.336920021	0.331524982	0.331554998
	通道密度	0.337106292	0.326970127	0.335923581
	通道容量	0.33642391	0.331747375	0.331828715
	通道宽度	0.294717742	0.330983652	0.374298606
河北省	通道可达性	0.323087653	0.333572854	0.343339493
	通道密度	0.31163394	0.330097885	0.358268176
	通道容量	0.322241921	0.329488983	0.348269096
	通道宽度	0.289124679	0.328639952	0.382235369

资料来源：通过式（6）至式（10）计算得出。

第二章　京津冀海港口岸与腹地协同发展实证分析

郝玉柱　许玉云

一、引言

京津冀海港口岸由分布在河北省和天津市沿海的4个海港口岸组成，地理位置从北向南依次是秦皇岛港口岸、唐山港口岸、天津港口岸和黄骅港口岸。由于地理位置相近，腹地共享，货物来源及结构相似，为了争夺货源，京津冀4个海港口岸存在着严重的重复建设问题，造成了大量资金浪费。

2017年3月24日，京津冀三地口岸主管部门在天津召开京津冀口岸联席会议，并签署了《京津冀深化口岸合作框架协议》。根据该协议，三地口岸主管部门将加强在服务口岸通关业务一体化、促进口岸检验检疫一体化、加强津冀海运口岸之间的合作，积极会同三地海关、检验检疫、海事、边检等口岸查验部门和运营主体单位，共同促进口岸优质资源集聚和互联互通互用，进一步提升京津冀口岸协同与服务水平，更好地服务"京津冀协同发展"重大国家战略。从发展趋势来看，京津冀海港口岸"渐成一家"。京津冀海港口岸地理位置相近，腹地共享，其腹地范围包括京津冀及中西部地区共11个省、市、自治区，占中国国土面积的一半。由于腹地共享，货物来源及结构类似，京津冀各海港口岸为了增加各自的货物吞吐量，或在建设中存在着"攀比心理"，对基础设施进行盲目扩建，重复建设严重，损害了京津冀海港口岸的整体利益。为了避免不必要的基础设施建设资金及海岸线资源的浪费，根据腹地外向型经济发展情况，对京津冀海港口岸物流设施的规模、设置进行合理规划显得很有必要。

"一带一路"倡议为京津冀海港口岸及内陆沿线腹地的发展带来了机遇。京津冀海港口岸尤其是天津港口岸是"一带一路"的重要节点，而西部内陆腹地是"丝绸之路经济带"沿线地区。京津冀海港口岸与腹地间协同发展的实现可以推动"一带一路"建设，使京津冀海港口岸更好地服务于广大腹地外向型经济的发展。因此，在"京津冀协同发展"及"一带一路"倡议逐步深化的背景下,研究并推动京津冀海港口岸与腹地之间的协同具有重要的战略及现实意义,并成为当前一个重要的研究课题。

需要说明的是,海港口岸功能不等同于港口功能。从物流角度看,港口物流分为内贸和外贸两部分,其中外贸部分由海港的口岸功能承担。京津冀4个海港(包括5个港区)均具有口岸功能,国内外学者研究的港口绝大多数是具有口岸功能的港口,且在进行港腹关系研究时国内外学者一般将港口内外贸物流都进行了研究,因此除了口岸与腹地关系理论,港腹一般理论也适用于海港口岸与腹地关系的研究。

二、相关文献综述

早期研究的港腹关系是基于空间区位理论,说明直接腹地及间接腹地与港口之间的空间位置关系。我国关于港腹关系的研究始于20世纪80年代。张存浒等[1]和严以新等[2]把港口腹地分为直接腹地和间接腹地,之后蔡加福将港口腹地范围更加细致地划分为核心腹地、直接腹地、间接腹地、交叉腹地以及潜在腹地。[3] 王文则从地理范围和货流方向两个方面考虑对港口经济腹地进行划分,并基于此对港口的发展规划提出建议。[4] 郎宇、黎鹏对港口腹地的形成、发展过程进行分析,认为腹地空间大小、范围由港口的吸引力大小所决定。[5] 杨阿蕾等对天津港口岸和上海港口岸的腹地辐射能力进行对比,发现口岸对与其距离较近的地区,或地理通达性比较好的地区吸引力比较高,腹地范围也比较大。[6] 从中可以看出,随着研究的深入,学者们对腹地划分也越来越细,并对腹地的形成机理进行了分析,认为腹地范围大小由海港(口岸)的吸引力决定,而决定海港(口岸)吸引力的因素包括海港(口岸)通过能力、交通的可达性及便利性等。这方面的研究是关于港腹关系的早期研究。

随后,学者们对港腹关联性进行研究。水海刚通过对近代福州口岸及其

---

[1] 张存浒,孙秋生,王立中. 京唐港港口腹地和物流分析预测[J]. 地理学与国土研究, 1996, 12 (2): 35-38.
[2] 严以新,许长新. 论21世纪初洋口港的发展环境与对策[J]. 水资源保护, 2003 (6): 5-9.
[3] 蔡加福. 关于莆田港口腹地建设的思考[J]. 中共福建省委党校学报, 2005 (10): 43-49.
[4] 王文. 港口经济腹地及其分析方法探讨[J]. 港口经济, 2006 (1): 24-26.
[5] 郎宇,黎鹏. 论港口与腹地经济一体化的几个理论问题[J]. 经济地理, 2005, 25 (6): 767-770.
[6] 杨阿蕾,吉阿兵,李艳梅. 天津与上海口岸陆向腹地辐射能力对比研究[J]. 港口经济, 2014 (1): 18-21.

腹地进行分析，认为腹地经济会影响口岸贸易，并进而影响港口城市发展的其他方面。[①] 张慧芝、冯石岗对自1860年天津开埠后，京津冀的功能分区进行了研究，认为天津作为口岸对京冀经济发展作用明显，腹地为口岸的发展提供了物质基础和货物支撑。[②] 之后，对港腹关联性的研究开始采用定性分析与定量分析相结合的方法，在定量分析方法中主要采用灰色关联法等进行研究，如朱传耿、刘波、李志江在分析连云港港口—淮海经济区关联发展效应时，运用灰色关联法并采用1990—2005年数据，计算了港口—腹地经济关联发展的均值关联度，对影响连云港港口—淮海经济区关联的驱动要素进行了分析；[③] 吕青、唐秋生通过灰色综合关联度模型对重庆市港口物流与区域经济之间的相关性进行了实证分析，表明两者间存在高度的相关性；[④] 傅英坤首先分析了山东省港口与区域经济间的有效性，然后利用灰色关联法对山东省四个主要港口与其港口城市经济间的关联度进行了具体分析；[⑤] 刘敬严、陈慧青运用灰色关联分析对港口物流与区域产业发展关联进行了分析，并据此提出京津冀港口物流经济协同发展思路；[⑥] 郭心华、李克风运用灰色斜率关联度和灰色综合关联度分别分析了图们江口岸吉林省内和省外腹地经济指标与口岸物流间的相关性。[⑦] 也有学者用其他方法对港腹间关联性进行研究：杨洪军[⑧]和郑木龙[⑨]用协整理论和格兰杰因果检验分别对日照港与腹地之间、京津冀港口群与城市群之间的关系进行了实证检验；邓萍用结构方程理论模型，对我国沿海5个港口群的港口物流与腹地经济间的相关性进行了计算；[⑩] 朱榕榕利用相关理论对连云港港口与腹地外贸发展关系进行了定量分析，实证了连云港港口与其腹地对外贸易发展之间联系的紧密性；[⑪] 董晓菲则将定性分析与定

---

① 水海刚. 近代口岸与腹地关系新探——以闽江流域为例 [J]. 厦门大学学报（哲学社会科学版），2006（3）：42-49.

② 张慧芝，冯石岗. 京师·口岸·腹地：京津冀一体化的历史地理学解读 [J]. 河北学刊，2013，33（1）：186-191.

③ 朱传耿，刘波，李志江. 港口—腹地关联性测度及驱动要素研究——以连云港港口—淮海经济区为例 [J]. 地理研究，2009，28（3）：716-725.

④ 吕青，唐秋生. 港口物流与区域经济协同发展研究 [J]. 水运工程，2012（4）：67-70.

⑤ 傅英坤. 山东省港口群与区域经济协同发展研究 [D]. 大连：大连海事大学，2014.

⑥ 刘敬严，陈慧青. 京津冀港口物流与区域经济协同发展分析 [J]. 物流技术，2015（34）：109-112.

⑦ 郭心华，李克风. 图们江地区口岸物流与腹地经济的关系研究 [J]. 鞍山师范学院学报，2016，18（3）：1-6.

⑧ 杨洪军. 日照港发展对腹地的带动作用 [D]. 济南：山东大学，2006.

⑨ 郑木龙. 京津冀城市群与港口群互动发展研究 [D]. 青岛：中国海洋大学，2015.

⑩ 邓萍. 港口物流与腹地区域经济相关性测度研究 [D]. 武汉：武汉理工大学，2010.

⑪ 朱榕榕. 连云港港口与其腹地外向型经济研究 [D]. 南京：南京理工大学，2007.

量分析相结合,对港口—腹地系统演变的条件、过程、规律及机理进行了研究,较为详细地阐述了港口—腹地系统的相互作用机理。① 在港腹关联性方面,学者们认同了海港(口岸)发展与腹地经济发展间的密切关系,即腹地经济的发展对海港(口岸)发展起决定性作用,而海港(口岸)的发展又推动了腹地经济的发展,继而对两者间关联程度进行定量研究,并分析了影响港腹关联程度的具体因素。

随着研究的深入,学者们开始对港腹间协同发展进行研究。在对港腹间协同发展进行研究时,学者们多运用基于协同学理论的复合系统协同度模型等,② 如钟铭等以大连市为例,构建了大连港港口物流与大连市经济协同度模型,对大连市港口物流与城市经济发展的协同程度进行了计算;③ 董晓菲、韩增林、荣宏庆构建了大连港和营口港各自与其腹地经济的复合系统协同度模型,以此测度两港的发展水平并分析未来发展态势;④ 范厚明、马梦知、温文华、屈莉莉通过建立港城复合系统协同度模型,用上海、深圳、香港等9个港口城市数据,对港城协同度与城市经济增长的关系进行了实证分析;⑤ 李谭、王利、王瑜则将数据包络分析模型和复合系统协同度模型相结合,对辽宁省港口物流与腹地经济的协同关系进行了研究。⑥ 也有学者用其他方法对港腹间协同发展进行研究,如张萍、严以新在建立港口与城市协调度评价模型时采用了主成分分析与回归分析相结合的方法,对上海市的港城协同发展程度进行了分析;⑦ 陈红娟、孙桂平用主成分分析法测算了秦皇岛市港口和城市两子系统的综合发展值,然后构建港城协调发展指数模型,测算了秦皇岛港城发展协调程度;⑧ 胡云超通过建立功效函数、协调效度函数综合评价模型,

---

① 董晓菲. 大连港—东北腹地系统空间作用及联动发展机理研究 [D]. 长春:东北师范大学, 2011.

② 孟庆松,韩文秀. 复合系统协调度模型研究 [J]. 天津大学学报, 2000, 33 (4): 444-446.

③ 钟铭,吴艳云,栾维新. 港口物流与城市经济协同度模型 [J]. 大连海事大学学报, 2011, 37 (1): 80-82.

④ 董晓菲,韩增林,荣宏庆. 大连港、营口港与腹地经济协同发展比较分析 [J]. 地域研究与开发, 2014, 33 (5): 39-54.

⑤ 范厚明,马梦知,温文华,屈莉莉. 港城协同度与城市经济增长关系研究 [J]. 中国软科学, 2015 (9): 96-105.

⑥ 李谭,王利,王瑜. 辽宁省港口物流效率及其腹地经济协同发展研究 [J]. 经济地理, 2012, 32 (9): 108-113.

⑦ 张萍,严以新. 港口与城市协调发展的评价模型及其应用 [J]. 港工技术, 2006 (4): 11-12, 20.

⑧ 陈红娟,孙桂平. 港口与城市经济协调发展水平评价——以秦皇岛市为例 [J]. 国土与自然资源研究, 2009 (4): 15-16.

对港城间的协同发展水平进行定量评价。① 可见,学者们的研究重点已经从客观地认识港腹关系转为试图主动改善港腹间的关系。

综上所述,学者们在港腹空间关系、港腹关联性方面的研究已经相对成熟,分歧相对较少,而对港腹协同发展的研究尚不成熟,对影响港腹协同的具体因素及其影响程度的测量更为鲜见。因此,本章运用协同学理论对京津冀海港口岸与腹地协同状况进行研究,并对影响两者协同的具体因素及影响程度进行分析,以提出促进京津冀海港口岸与腹地协同发展的具体建议。

三、京津冀海港口岸及腹地发展现状

(一)京津冀海港口岸现状

1. 天津港口岸现状

(1)口岸概况

天津港位于华北平原东北部,北屏燕山,东临渤海,是北运河、大清河、子牙河、永定河、南运河、海河五大支流汇合处,处于渤海湾中部,环渤海经济圈的中心,是我国北方第一大综合性港口,是华北的水陆交通枢纽,国际集装箱运输的中转港,可承办满洲里、二连浩特及阿拉山口三条欧亚大陆桥过境联运业务,是欧亚大陆桥理想的起点港口,也是我国华北、西北地区的重要物资集散地。天津港西近首都北京,号称京都海上门户。

天津港由南疆港区、东疆港区、北疆港区、大港区东部区域、临港经济区南部区域等共8个港区组成,是世界等级最高的人工深水港,也是中国北方最大的综合性港口。

(2)口岸设施发展现状

截至2017年,天津港共有泊位176个,其中万吨级泊位122个,年货物通过能力达4.64亿吨,年通过能力为1131万个国际标准箱(Twenty-feet Equivalent Unit,TEU)。天津港是京津冀海港口岸中国际贸易运输的主要港口,拥有最多的国际航线(120余条)、最密集的国际航班(月航班500多班)、最多的联系港口(世界上500多个港口)。

天津港陆域面积为132平方千米,拥有煤炭、焦炭、矿石、石油及制品、滚装汽车、集装箱等各种专业化泊位。

---

① 胡云超. 港口物流与城市经济协同发展研究 [D]. 北京:北京交通大学,2009.

天津港目前拥有 3 条航道，包括通航能力为 30 万吨级的新港航道、通航能力为 10 万吨级的大沽沙航道、通航能力 5000 吨级的大港港区航道。2016 年，天津港共完成建设项目投资 60 多亿元，于年底建成新港北铁路集装箱中心站，并启动建设 10 万吨级大沽沙航道扩能工程等。

天津港集疏运网络发达，是三条亚欧大陆桥的过境通道。天津港在内陆腹地设立了 25 个"无水港"，进一步完善了覆盖内陆腹地的物流网络体系。

2. 秦皇岛港口岸现状

（1）口岸概况

秦皇岛港始建于 1898 年，是中国清代光绪皇帝御批的自开口岸。秦皇岛港位于河北省东北部，紧邻辽宁省，处于渤海辽东湾西侧，大沽口与葫芦岛之间，西与金山嘴遥遥相对。秦皇岛港港湾呈弓形，广阔可避风，是天然良港。该港水运条件优越，是我国北方著名的终年不冻港，也是我国首批对外开放的港口。经过百年经营发展，秦皇岛港拥有原油、成品油和世界一流的现代化煤码头及装备先进的杂货和集装箱码头，成为以能源运输为主的综合性口岸，是世界最大的煤炭输出港和干散货港。

（2）口岸设施发展现状

由秦港股份公司经营管理的秦皇岛港是以能源运输为主的综合性国际贸易口岸。港口地处渤海北岸，河北省东北部，自然条件优良，港阔水深，不冻不淤，共有 12.2 千米码头岸线，陆域面积 11.3 平方千米，水域面积 226.9 平方千米，分为东、西两大港区。东港区以能源运输为主，拥有世界一流的现代化煤码头；西港区以集装箱、散杂货进出口为主，拥有装备先进的杂货和集装箱码头。港口现有生产泊位 45 个，其中万吨级以上泊位 42 个，可接卸 15 万吨级船舶，设计年通过能力 2.23 亿吨。

3. 唐山港口岸现状

唐山港目前有京唐港和曹妃甸港两个港区，丰南港区处于建设之中。

（1）口岸概况

京唐港位于河北省东北部，唐山市东南 80 千米处，毗邻北京、天津，南邻渤海，北靠燕山，西邻天津港，北与秦皇岛港，东与旅顺、大连遥相呼应。京唐港区地处环渤海经济圈的中心地带，地理位置显要，自然条件优越，建港谋划由来已久，于 1989 年启动开发建设，1992 年 10 月经国务院批准为开放口岸，1993 年正式对外国籍船舶通航。

曹妃甸港为中国重要的钢铁、石化及煤炭基地。其疏运条件便捷，在环渤海经济圈内，曹妃甸港经济腹地直接面向京津冀经济区，直接腹地包括北京、天津、河北省、山西省北部及内蒙古西部地区，而且可延伸至西北地区。疏港铁路可与京山、京秦、大秦三条国铁干线相连。曹妃甸港2003年启动开发建设，2005年试通航，2009年1月获国务院批准扩大开放为一类口岸，2012年8月正式对外开放。

（2）口岸设施发展现状

京唐拥有各类泊位40个，其中万吨级以上泊位35个，设计年吞吐能力15425万吨，拥有集装箱、煤炭、矿石、水泥、散杂货、件杂货、纯碱专用、液化品专用等泊位，航道等级达到25万吨级。2017年，全港货物吞吐量完成2.9亿吨，位居河北港口第一位，全国沿海港口第九位；集装箱运量突破200万标准箱，连续6年保持30%以上的高速增长，占河北省三港四区总量的54%，已跻身世界集装箱百强港口。

曹妃甸港区总面积62.03平方千米，规划岸线长度约69.5千米，目前正在开发建设的岸线长度约33.1千米，可建设煤炭、矿石、原油、集装箱、液体化工、件杂货、木材、LNG等万吨级以上泊位约130多个。其中目前已建泊位92个，设计通过能力4.23亿吨；在建泊位9个，设计通过能力6000万吨；前期谋划泊位27个，设计通过能力1.7亿吨。在已建和在建的101个泊位中，有专业化矿石泊位6个、专业化煤炭泊位25个、通用散货泊位10个、集装箱泊位2个、原油泊位1个、LNG泊位1个、液体化工泊位2个、钢材件杂泊位41个、大型机械泊位2个以及船舶补给服务泊位11个。2017年全年货物吞吐量实现3亿吨突破，与京唐港区合并数据后唐山港整体吞吐量突破5.9亿吨，仅次于宁波舟山港与上海港，位列国内沿海港口第三位。

4. 黄骅港口岸现状

（1）口岸概况

黄骅港位于渤海湾西南岸，地处渤海湾弓顶处，处于河北省与山东省交界、沧州市区以东约90千米的渤海之滨，漳卫新河和宣惠河交汇的入海口，东临渤海湾，海上距山东龙口港115海里，距天津港40海里。

（2）口岸设施发展现状

黄骅港由煤炭港区、综合港区、散货港区及河口港区4个港区组成。截至2016年底，煤炭港区有生产泊位15个，5万吨级船舶可以双向进出港口；在煤炭港区航道与综合港区航道之间的陆域，布置散货港区，在其根部沿自然岸线向北形成挖入式港池和突堤相间的布置形式，构成综合港区的陆域。陆域总面积6364万平方米，由码头作业区、物流园区、综合服务区、预留港口发展区组成；河口港区位于大口河入海口处，煤炭港区南侧，陆域面积47

万平方米。预留发展区 450 万平方米。

2016 年，黄骅港完成固定资产投资 22.4 亿元，新增通过能力 235 万吨，其中综合港区沧州黄骅港钢铁物流有限公司通用散杂货码头工程基本完成，黄骅港泰地液体化工码头及罐区工程开工建设。2018 年 7 月 5 日，河北省口岸办会同石家庄海关、河北海事局、河北边防总队组成验收组，对沧州黄骅港口岸 20 万吨级矿石码头对外开放进行验收。验收组成员深入研究讨论后，一致同意通过对外开放省级验收。

从以上对京津冀 4 个海港口岸的发展现状分析可以看出，4 个海港口岸的发展各有侧重。总的来说，天津港口岸是综合性海港口岸，建立了集装箱、能源、矿石、液体化工等各种专业泊位，其最大优势是集装箱业务；其余 3 个海港口岸的集装箱泊位相对较少，其发展重点是能源、矿石等货物的运输。但从目前发展情况看，4 个海港口岸有相当部分口岸物流设施的建设是有重复的。

（二）京津冀海港口岸腹地现状

1. 京津冀海港口岸腹地范围

京津冀海港口岸是环渤海海港口岸群的子群，单独对京津冀海港口岸腹地范围的研究尚少，但不少研究经济地理的学者对环渤海海港口腹地范围进行了研究。例如，张晋、王劲峰[1]利用地理信息系统网络分析的方法和技术，对大渤海圈港口外向型经济腹地进行划分，并进行了计算机模拟研究，给出了不同划分原则下的模拟结果；李振福、汤晓雯[2]用烟羽模型对 2000—2012 年大渤海圈港口腹地演变过程进行了模拟，其中京津冀海港腹地为新疆、甘肃、青海、内蒙古（不含赤峰、通化）、宁夏、陕西、山西、河北、河南、北京、天津，及鲁西北地区，腹地范围基本上比较稳定。

综合借鉴前人对京津冀海港腹地范围的研究，并鉴于数据的可获得性，在对结果影响不大的情况下，本章以省级行政区为单位对京津冀海港口岸腹地进行研究，即北京市、天津市、河北省、山西省、陕西省、甘肃省、内蒙古自治区、宁夏回族自治区、河南省、青海省、新疆维吾尔自治区共 11 个省、市、自治区。

---

[1] 张晋，王劲峰. 中国大渤海圈沿岸港口外向型经济腹地的划分模拟 [J]. 地理研究，1990，9 (2)：113-121.

[2] 李振福，汤晓雯. 港口腹地划分的腹地烟羽模型研究 [J]. 水运工程，2014，34 (10)：1169-1175.

2. 京津冀海港口岸腹地发展现状

京津冀海港口岸的直接腹地为北京市、天津市、河北省及山西省，这4个省市均属华北地区，距离4个口岸最近，对外货物贸易主要由京津冀海港口岸进出，且由于本身经济总量、外向型经济规模比较大，其外贸货物量占了京津冀海港口岸货流量的大部分；间接腹地为中西部7个省、自治区，包括陕西省、甘肃省、内蒙古自治区、宁夏回族自治区、河南省、青海省、新疆维吾尔自治区。这7个省、自治区中除了河南省，经济总量、外向型经济规模都不是很大，或有部分外贸企业选择青岛港等邻近港口进出货物，因此属于京津冀海港口岸的间接腹地。

（1）直接腹地发展现状

京津冀中，北京和天津进出口规模相当，但北京的进口额远大于出口额。以2017年为例，北京市的出口总额为3962.5亿元，而进口总额高达17961.4亿元，这是因为北京是一个典型的消费型城市。北京市出口商品主要包括纺织服装、汽车配件和成品油等；在进口商品方面，主要有机电产品、高新技术产品、原油铁矿砂、汽车农产品、计量检测分析自控仪器及器具等。北京市吸引外商直接投资的行业主要为第三产业。

天津市的进口额与出口额相当，从出口商品结构看，主要是机电产品、高新技术产品。在吸引外商直接投资上，天津的规模略小于北京。河北省进出口总值仅为北京的1/3左右，出口总值是进口总值的两倍。出口商品主要为纺织纱线、织物及制品、服装及衣着附件、钢材、农产品、机电产品、高新技术产品。山西省2017年进出口总额为1162.8亿元，仅为北京的1/18。进出口产品主要为煤炭、矿石等大宗货物，其中出口商品主要为煤炭、焦炭、镁及其制品、钢材、机电产品、高新技术产品等，进口商品主要为铁矿砂和机电产品。2017年实际直接利用外资106.08亿美元，比上年增长5.0%。

可以看出，京津冀海港口岸直接腹地的外向型经济发展很不平衡，河北省、山西省外向型经济不仅从规模上来看远小于京津，而且从出口商品结构来看，其产品附加值也小于京津；从吸引外商直接投资来看，有以京津为中心、向内陆腹地逐渐减少的趋势。

（2）间接腹地发展现状

在间接腹地中，只有河南属于中部省份，且进出口总额比较大，2017年河南省进出口额达5233.9亿元。河南省的出口结构也比较单一，出口中加工贸易出口额为2075.2亿元，占出口总额的65%。由于生产手机而进口的集成电板、摄像头、计量检测分析自控仪器及器具、印刷电路和电容器等电子产品合计 1000 多亿元，占全省进口总额的一半。

陕西、甘肃、内蒙古、宁夏、青海等西部内陆腹地的外向型经济总规模比较小。从进出口商品来看，陕西省出口商品结构主要为服装、机电产品、高端制造产品、石油装备、航空技术产品等，进口商品主要为铁矿砂、精炼铜、多晶硅等初级资源性商品；甘肃省主要出口商品为集成电路及微电子组件、灯具及照明装置出口、箱子和手提包等，进口商品主要为铜矿砂、镍矿砂等初级矿产品；内蒙古出口商品为粮油食品、毛纺服装、五金交电、机械设备、运输工具，进口品为钢材、化肥、化工原料、金属矿砂等资源型商品和工业原料；宁夏主要进出口商品为生物医药、农产品、纺织服装等；青海省出口商品主要为硅铁、纺织纱线织物、铝及铝材品，进口商品主要为氧化铝、煤、铝矿砂等。

就进口商品结构而言，西北内陆省、自治区的进口商品结构比较单一，以资源型大宗产品为主，而由于这些大宗商品价格被国外买家垄断，波动比较大，导致企业在进口这些商品时在价格制定上缺乏主动权，从而陷入被动。就出口商品结构而言，这几个省和自治区的外向型经济仍不发达，承接东部产业转移的步伐比较慢，引进的优质外向型企业也少，导致出口商品结构升级缓慢。除了陕西省由于科研优势、国家政策扶持等原因发展了高端制造、航空技术产品并出口外，其他省和自治区的出口产品仍以服装、粮油等产品为主，附加值不高。

新疆维吾尔自治区的进出口规模在西部内陆腹地中是最大的，2017 年进出口总额为 1392.3 亿元，其中出口以机电产品、纺织服装和鞋类为主，进口主要为机电产品、农产品。

四、京津冀海港口岸与腹地协同度模型建立

（一）协同论及在京津冀海港口岸与腹地复合系统中的适用性

1. 协同论概况

协同论（synergetics）也称"协同学""协和学"，以多学科研究为基础，属于系统科学的分支理论。20 世纪 70 年代，德国物理学家哈肯（Hermann Haken）提出了协同的概念，后来又对其进行了系统的论述。

协同论认为，大量子系统在一定条件下相互作用和协作可组成复合系统。协同论的主要内容分为三方面：一是协同效应，指复合系统中大量子系统相互联系、相互作用而产生的整体效应；二是自组织原理，指在有外部能量流、

物质流、信息流流入的情况下,复合系统会通过子系统间的协同作用而形成新的有序结构;三是伺服原理,指系统在接近临界点时,系统的性质通常由少数几个序参量支配,而其他序参量的行为则由这些序参量规定。

2. 协同论在海港口岸与腹地复合系统中的适用性

(1) 海港口岸与腹地复合系统中核心子系统的选择

海港口岸与腹地系统是由海港口岸物流、腹地外向型经济、综合运输网络、资源等多个子系统构成的复合系统,其以腹地外向型经济为支撑,以交通运输为动脉,以海港口岸物流的开发利用为保障。其中,海港口岸最重要的功能是口岸物流功能,而对于海港口岸物流来讲,腹地众多子系统中最重要的是外向型经济子系统,因此选择海港口岸物流子系统和腹地外向型经济子系统为众多子系统中的两个核心子系统,本章用这两个子系统的协同度来反映海港口岸与腹地整个复合系统的协同发展程度。

(2) 海港口岸物流与腹地外向型经济系统特征

一是海港口岸物流与腹地外向型经济复合系统具有协同效应。海港口岸物流子系统与腹地外向型经济子系统通过交通运输等联系在一起,并且互相开放,两个子系统在人流、物流、资金流等方面相互流动,且在信息、技术、管理等方面相互交流,使得复合系统得以协同发展,且结构更加合理有序。

二是海港口岸物流与腹地外向型经济系统具有自组织性。海港口岸物流与腹地外向型经济复合系统按自组织形式有序运行。港口、航运企业、海关、腹地进出口企业等子系统通过人员、信息、交通、业务往来等相互联系,构成一个整体,并不断完善,形成各子系统单独所不具备的功能。各子系统作为整体的有机组成部分,其变化发展也会影响整体的变化发展,由此,海港口岸物流与腹地外向型经济复合系统形成一个要素、结构等可以不断发展变化的自组织系统。

三是海港口岸物流与腹地外向型经济系统具备伺服原理特征。在海港口岸与腹地众多子系统中,海港口岸物流与腹地外向型经济是居于支配地位的两个核心子系统,其他子系统居于从属地位。这两个子系统如果发展有序、合理并最终实现协同发展,则海港口岸与腹地之间才会实现协同;若这两个系统之间无序发展,其他子系统如资金、人员、交通等子系统也会无序发展。因此,海港口岸物流与腹地外向型经济复合系统具备伺服系统特征。

根据以上分析,海港口岸物流与腹地外向型经济系统所具备的协同效应、自组织性、伺服系统特征,符合协同学理论中复合系统的特点,故可用协同学理论研究京津冀海港口岸与腹地协同关系。

（二）京津冀海港口岸与腹地复合系统的建立

1. 序参量选取的原则

序参量在协同论中是一个核心的概念。序参量的变化决定着系统的演变，系统结构演变的最终结果也是序参量变化的结果。海港口岸物流、腹地外向型经济两子系统内部有许多影响其状态的参量，这其中存在着对系统特征变化起决定作用的序数参量——序参量，即一般研究中的"指标"。确定系统的序参量可以化繁为简，降低对系统研究的难度，有效把握海港口岸物流与腹地外向型经济复合系统的发展演化方向。本章选取序参量时，依据协同学理论并结合海港口岸与腹地实际发展情况，同时借鉴已有文献中对口岸和腹地关系评价体系的研究成果。在进行序参量指标选取时遵循以下原则：

（1）科学性

在选择序参量时，要符合科学性，真实、全面、客观地表现出两子系统的特征，并能反映出两者之间的关系。

（2）代表性

选取的序参量应该具有典型代表性，要选择一些典型的且通俗易懂的序参量，这样做还可以优化评价指标体系。

（3）系统性

每个子系统由若干序参量组成，各序参量之间要有一定的逻辑关系，既相对独立又相互联系，既能够从不同方面反映出各自子系统的状态及特点，又能够反映出两个子系统间的内在联系，由此构成一个完整的评价体系。

（4）动态性

两个子系统的互动发展需要通过一定时间尺度的指标才能反映出来，因此应该收集若干年度的序参量变化数值。

（5）可获得性

选取的序参量及数据资料，必须是可以得到的。有些序参量过于理想化，在现实中不容易获取或根本无法获取，这样的序参量就应该放弃，或用与其相近的、可获得的序参量来代替。

2. 序参量的确定

（1）海港口岸子系统序参量的选取

现代海港口岸物流指标评价没有公认的准则，另外，海港本身性质比较复杂，对于海港的研究还未形成权威的评价体系。基于前文中对海港口岸与腹地关系的定性分析，参考的前人研究成果，并咨询交通部及海港口岸的有关物流专家，本章从产出指标、基础设施指标、保障设施指标、软实力指标四个方面考虑选取海港口岸子系统序参量。

产出指标可以衡量海港口岸生产发展情况，选取外贸货物吞吐量、外贸集装箱吞吐量2项序参量；基础设施是海港口岸发展外贸运输的载体，选取泊位长度、万吨级以上泊位数、仓库面积、堆场面积、集装箱堆场堆存能力、装卸机械台数6项序参量；保障设施是海港口岸附属的物流设施，可以提高海港口岸物流效率，选取铁路专用线长度1项序参量；基础设施和保障设施构成海港口岸的主要硬件设施，但仅有硬件设施不能充分反映海港口岸的物流实力，需要选取软实力指标；软实力指标是对海港口岸服务与效率的评价，选取通关效率及透明度1项序参量。因此，海港口岸物流子系统中共选取10项序参量，具体如下：

①外贸货物吞吐量

外贸货物吞吐量能够很好地反映海港口岸的发展水平和发展规模，是衡量海港口岸生产能力的主要指标。

②外贸集装箱吞吐量

目前国际贸易运输的主要方式是集装箱运输，外贸集装箱吞吐量可以用来衡量一个海港口岸在世界港口中的地位，是一个国家或地区经济贸易繁荣程度的标志之一，也是经济贸易发展的重要保障。

③泊位长度

泊位长度是码头可以停靠船舶的沿岸长度，决定着海港口岸能同时停靠码头作业的船舶数量，也是港口规模的重要标志。

④万吨级以上泊位数

国际运输的船舶，不管是散货船还是集装箱船，都趋向于大型化，且一般均为万吨级以上船舶，因此万吨级以上泊位数也是衡量海港口岸规模、通过能力的重要标志。

⑤仓库面积

海港口岸的仓库属于储存系统，可用来保管贵重的货物，使它们免受降水和日晒的影响，具有保管货物、调节运输、实施货运作业的功能，从而加速车船周转，提高海港口岸吞吐能力。

⑥堆场面积

堆场面积指在港区内堆存货物的露天场地，一般散杂货，如煤炭、矿石等货物需要存放在露天堆场。

⑦集装箱堆场堆存能力

集装箱堆场是办理集装箱（重箱或空箱）的装卸、转运、装箱、拆箱、收发、交接、保管、堆存、搬运等业务，以及承揽货源的场所，它是集装箱运输过程的组成部分，在集装箱运输中起到重要作用。

⑧装卸机械台数

装卸机械既包括在海港口岸对火车、汽车、轮船等运输工具进行货物装卸的机械,如装船机、卸船机、门机、翻斗机等,也包括在库场、船舱内、车厢内、仓库内进行货物堆码、拆垛、转运,以及货物搬运等作业的运输机械。

⑨铁路专用线长度

铁路专用线是连接铁路干线到海港口岸的"最后一公里",是铁海联运的重要一环,为外贸货物运输提供了优质快捷的物流通道。铁路专用线建成后,可减少周转环节、降低物流成本、减少货损货差、缩短运输周期,特别是发挥大宗货物外贸运输上运距短、运量大、低成本的优势,因此将吸引更多的货源。

⑩通关效率及透明度

通关效率及透明度是影响海港口岸物流效率的重要因素。世界经济论坛发布的《全球贸易便利化报告》认为,通关效率及透明度具体指货物通过边境的效率、透明度及费用,它包括由海关及相关机构提供关键服务的范围、质量、程度,由平均耗时、费用、进出口所要求的文件数目、通关手续的烦琐程度以及过程中的透明性决定,可以用边境管理机构的廉洁程度及提供信息的能力和质量来衡量。

(2) 腹地子系统序参量的选取

腹地是一个庞大的系统,应从宏观运行出发,考虑影响其发展的众多因素,从规模指标、基础指标、保障指标、软环境指标四个方面考虑。规模指标可以直接反映外向型经济的整体规模,选取进出口总额、实际利用外商直接投资 2 项序参量;基础指标是腹地外向型经济发展的基础,选取地区国内生产总值 1 项序参量;保障指标是腹地外向型经济发展的保障,选取交通运输、仓储和邮政业基础建设投资(不含农户)1 项序参量,"不含农户"是因为农户在这方面的投资是为了用于自家生产,未用于工业生产乃至外向型经济;软环境指标是对腹地发展外向型经济环境的评价,选取运输服务的有效性及质量 1 项序参量。腹地外向型经济子系统共选取 5 项序参量,具体如下:

①进出口总额

地区的进出口总额是指地区货物进出口的总金额,也是衡量腹地对外贸易发展规模、对外开放程度及参与国际经济合作的重要指标。

②实际利用外商直接投资

实际利用外商直接投资是指吸引外国企业、经济组织或个人在我国境内开办外商独资企业,与我国境内的企业或经济组织共同举办中外合资经营企业、合作经营企业或合作开发资源的投资(包括外商投资收益的再投资),以及经有关部门批准的项目投资总额内企业从境外借入的资金。实际利用外商直接投资规模的大小也是一个地区外向型经济发展规模的重要指标。

③地区国内生产总值

地区国内生产总值是地区外向型经济的基础，一般来讲，一个地区的进出口总额、实际利用外商直接投资与地区国内生产总值呈正相关。

④交通运输、仓储和邮政业基础建设投资（不含农户）

交通运输、仓储和邮政业具体包括铁路运输业、道路运输业、水上运输业、航空运输业、管道运输业、装卸搬运和运输代理业、仓储业、邮政业。腹地交通运输、仓储和邮政业也是发展外向型经济的保障条件。其中，公路运输以其灵活的运输方式，贯穿于城乡之间、企业之间、地区之间和各种运输方式之间，有力地保证了对外贸易的发展；铁路运输在进出口货物方面起着干线作用，内陆出口货物向海港口岸集中、进口货物从海港口岸向内地疏运都主要依赖铁路运输。

⑤运输服务的有效性及质量

运输服务的有效性及质量是对交通运输、仓储和邮政业所提供的服务质量的评价，评价的内容包括交通运输服务的质量、物流企业的数量、物流成本的大小、物流获取的便利性、货物送达的及时性等，也包括邮政通信的效率。

3. 京津冀海港口岸与腹地复合系统的建立

根据以上分析，最终选取 10 个可以代表海港口岸物流发展水平的序参量分量和 5 个代表腹地外向型经济的序参量分量，建立京津冀海港口岸物流与腹地外向型经济复合系统，见表 2-1。

表 2-1　京津冀海港口岸物流与腹地外向型经济复合系统序参量

子系统	一级指标	二级指标（序参量）
海港口岸物流子系统	产出指标	外贸货物吞吐量
		外贸集装箱吞吐量
	基础设施指标	泊位长度
		万吨级以上泊位数
		仓库面积
		堆场面积
		集装箱堆场堆存能力
		装卸机械台数
	保障设施指标	铁路专用线长度
	软实力指标	通关效率及透明度

续表

子系统	一级指标	二级指标（序参量）
腹地外向型经济子系统	规模指标	进出口总额
		实际利用外商直接投资
	基础指标	地区国内生产总值
	保障指标	交通运输、仓储和邮政业基础建设投资（不含农户）
	软环境指标	运输服务的有效性及质量

（三）京津冀海港口岸与腹地复合系统协同度模型的建立

1. 子系统有序度模型

假设京津冀海港口岸子系统为 S_1，$e_1=(e_{11}, e_{12}, \cdots, e_{1n})$，其中 $n \geq 1$，$\beta_{1j} \leq e_{1j} \leq \alpha_{1j}$，$j=1, 2, \cdots, n$；$\alpha_{1j}$、$\beta_{1j}$ 为系统稳定临界点序参量 e_{1j} 的上限和下限。假设 e_{11}，e_{12}，$\cdots$，e_{1k} 为正向指标，取值越大，系统的有序程度越高；假设 $e_{1(k+1)}$，$e_{1(k+2)}$，$\cdots$，e_{1n} 为负向指标，即其取值越大，系统的有序程度就越低。

定义1：京津冀海港口岸子系统的序参量分量 e_{1j} 对子系统有序的贡献度即功效值：

$$\mu_1(e_{1j}) = \begin{cases} \dfrac{e_{1j}-\beta_{1j}}{\alpha_{ij}-\beta_{ij}}, & j \in [1, k] \\ \dfrac{\alpha_{1j}-e_{1j}}{\alpha_{1j}-\beta_{1j}}, & j \in [k+1, n] \end{cases} \quad (1)$$

可知 $\mu_1(e_{1j}) \in [0, 1]$，$\mu_1(e_{1j})$ 越大，表明序参量 e_{1j} 对子系统有序的贡献越大。由于各序参量对子系统影响程度不一，还需赋以权重 λ 处理。

定义2：京津冀海港口岸物流子系统的有序度：

$$\mu_1(e_{1j}) = \sum_{j=1}^{n} \lambda_j \mu_1(e_{1j}), \quad \lambda_j \geq 0, \quad \sum_{j=1}^{n} \lambda_j = 1 \quad (2)$$

即采取线性加权求和法，将各序参量分量 e_{1j} 对子系统 S_1 有序程度的总贡献通过对 $\mu_1(e_{1j})$ 集成来实现。

按照同样的方法，可得到腹地外向型经济子系统 S_2 的序参量分量 e_{2j} 的系统贡献度和子系统有序度模型。

2. 复合系统协同度模型

若初始时间为 t_0 时，京津冀海港口岸物流子系统、腹地外向型经济子系统有序度分别为 $\mu_1^0(e_1)$、$\mu_2^0(e_2)$。在某一时间 t_1，两者有序度分别为

$\mu_1^1(e_1)$、$\mu_2^1(e_2)$。若$\mu_1^1(e_1) \geq \mu_1^0(e_1)$、$\mu_2^1(e_2) \geq \mu_2^0(e_2)$同时成立,则认为该复合系统协同发展。

定义3 京津冀海港口岸物流与腹地外向型经济复合系统的协同度为:

$$C = \theta \sqrt{|[\mu_1^1(e_1) - \mu_1^0(e_1)][\mu_2^1(e_2) - \mu_2^0(e_2)]|} \quad (3)$$

其中 $\theta = \dfrac{\min[\mu_i^1(e_i) - \mu_i^0(e_i) \neq 0]}{|\min[\mu_i^1(e_i) - \mu_i^0(e_i) \neq 0]|}, (i=1,2)$

由式(3)知,$C \in [1, -1]$,值越大表明复合系统协同度越高;θ取1或-1,表明仅当$\mu_1^1(e_1) \geq \mu_1^0(e_1)$、$\mu_2^1(e_2) \geq \mu_2^0(e_2)$同时成立,复合系统才可能协同;若一个子系统有序度提高快,另一个子系统有序度提高慢,复合系统的协同发展程度也不会太高。

协同度大小表明了海港口岸物流与腹地外向型经济发展的协调一致的程度。协同度小于0,说明系统处于无序的发展状态;协同度小于1,说明海港口岸物流不是滞后于腹地外向型经济的发展,就是超出了腹地外向型经济的支撑及利用能力;协同度为1,表明二者的发展具有非常高的一致性。

五、京津冀海港口岸与腹地协同度计算

(一)京津冀海港口岸总体与腹地协同度的计算

1. 数据获取及处理

(1)原始数据的获取

京津冀海港口岸子系统数据中,天津港外贸货物吞吐量、外贸集装箱吞吐量来源于《中国口岸年鉴》,河北省海港外贸货物吞吐量、外贸集装箱吞吐量来源于历年《河北经济年鉴》;万吨级以上泊位数来源于《天津统计年鉴》《河北经济年鉴》;铁路专用线长度、仓库总面积、堆场面积、集装箱堆场堆存能力、装卸机械台数5项数据中,天津港数据来源于《天津统计年鉴》,唐山港京唐港区数据来源于唐山港集团股份有限公司,秦皇岛港、唐山港曹妃甸港区、黄骅港数据来源于河北港口集团有限公司。

国内目前尚无对各海港口岸通关效率及透明度的评价,在世界经济论坛发布的《全球贸易便利化报告》中有对各个国家该指标的评分。该报告在对该指标进行评分时,主要考虑海关及附属服务机构的效率,由于全国海关及附属服务机构(如银行)均属于垂直管理的系统,即"中国海关""中国银行"等,其程序是一致的,且京津冀海港口岸由4个口岸组成,可认为其整体通关效率及透明度符合全国平均水平,因此采用该报告中对中国的评分作

为京津冀海港口岸的评分。该报告 2008—2010 年每年发布一次，之后每两年（2012 年、2014 年、2016 年）发布一次，因此间隔年份（2011 年、2013 年、2015 年）的分值取前后两年评分的均值；由于 2018 年报告尚未公布，而通关效率及透明度在连续的时间内具有一定的稳定性，因此 2017 年评分继续使用 2016 年数值。2008—2017 年京津冀海港口岸物流子系统发展情况见表 2-2。

表 2-2　2008—2017 年京津冀海港口岸物流子系统发展情况

年份	外贸货物吞吐量（万吨）	外贸集装箱吞吐量（万TEU）	泊位岸线长度（米）	万吨级以上泊位数	仓库面积（万平方米）	堆场总面积（万平方米）	集装箱堆场堆存能力（万TEU）	装卸机械台数（台）	铁路专用线长度（千米）	通关效率及透明度
2008	45223	859.59	54509	163	60.21	1611.43	44.84	3297	424.68	4.51
2009	50994	879.45	56473	174	54.49	1729.16	51.88	3898	436.09	4.43
2010	33786	609.29	61307	189	57.12	1856.12	63.65	4305	337.03	4.53
2011	38369	691.98	66020	220	59.99	2012.43	63.24	4450	333.74	4.48
2012	46322	696.41	69115	223	66.62	2333.18	52.58	4313	331.60	4.42
2013	51548	743.15	79644	242	70.41	2472.15	58.70	4606	362.98	4.63
2014	59903	789.37	88630	266	76.88	2706.95	62.91	4626	363.10	4.83
2015	61047	789.81	91675	281	80.10	2846.18	63.75	4605	377.90	4.87
2016	63738	817.94	92565	292	89.25	3043.80	64.71	4736	377.90	4.91
2017	57764	612.94	90810	300	87.13	3730.80	57.23	4594	377.68	4.91

腹地外向型经济子系统数据中，地区国内生产总值，交通运输、仓储和邮政业固定资产投资（不含农户）数据由《中国统计年鉴》（2009—2018）腹地各省市数据加总；进出口总额、实际利用外商直接投资额来源于腹地各省市 2009—2017 年统计年鉴或经济年鉴数据加总；运输服务的有效性及质量评分来源于 2008—2016 年世界经济论坛《全球贸易便利化报告》，该报告中以国家为单位进行评分，分值区间为 1~7 分，因为京津冀海港口岸腹地范围广，占了中国近 52% 的国土面积，因此以中国的分值作为腹地的分值；该报告 2008—2010 年每年发布一次，之后每两年发布一次，因此间隔年份（2011 年、2013 年、2015 年）的分值取前后两年分值的均值，2018 年报告尚未公布，由于相邻年份评分具有一定的稳定性，因此 2017 年运输服务的有效性与质量这一项评分继续使用 2016 年数值。2008—2017 年腹地外向型经济子系统发展情况见表 2-3。

表 2-3 2008—2017 年腹地外向型经济子系统发展情况

年份	进出口总额（亿美元）	实际利用外商直接投资（亿美元）	地区国内生产总值（亿元）	交通运输、仓储和邮政业基础建设投资（不含农户）（亿元）	运输服务的有效性及质量
2008	4700.40	265.98	84563.30	3317.68	5.10
2009	3645.26	291.61	90514.29	4706.56	4.87
2010	5034.23	338.82	110419.30	5847.30	5.00
2011	6546.34	439.15	132518.80	6083.36	4.87
2012	7039.98	512.57	146785.00	7154.62	4.73
2013	7630.27	571.83	160138.40	8062.16	4.78
2014	7748.72	609.71	170804.40	9642.90	4.82
2015	6495.65	680.56	176424.90	11361.71	4.88
2016	6127.86	731.81	189266.00	12365.10	4.94
2017	5236.30	901.24	203067.00	13690.76	4.94

（2）序参量值矩阵

每一子系统共有 9 年数据，n（10 或 5）个序参量，构成序参量值矩阵 X，如式（4）所示。其中 x_{ij} 表示第 i 年第 j 项序参量的值。

$$X = \begin{bmatrix} x_{11} & x_{12} & \cdots & x_{1n} \\ x_{21} & x_{22} & \cdots & x_{2n} \\ \vdots & x_{ij} & \ddots & \vdots \\ x_{91} & \cdots & & x_{9n} \end{bmatrix} \quad (4)$$

2. 序参量权重的确定

衡量系统无序程度可以用信息熵的概念，系统有序度用信息度量，二者绝对值相等，符号相反。一个序参量的值变动幅度越大，信息熵越小，该序参量提供的信息量越大，其权重也越大，反之则权重越小。因此，本章选用熵值法计算序参量权重，步骤如下：

第一步，数据标准化处理。由于各序参量计量单位不统一，因此先对它们进行标准化处理。本章选取的序参量均为正功效序参量，故对其处理为：

$$y_{ij} = \frac{x_{ij} - \min\{x_j\}}{\max\{X_j\} - \min\{x_j\}} \quad (5)$$

由式（4）及式（1）可知，用该法标准化后的值等于该序参量值的功效值。

第二步，计算第i年第j项序参量值的比重 $P_{ij} = y_{ij} / \sum_{i=1}^{m} y_{ij}$。

第三步，计算第j项指标的熵值 $e_{ij} = -k \sum_{i=1}^{m} (P_{ij} \times \ln P_{ij})$，其中$k$为常数，取 $k = 1/\ln m$，则 $0 \leq e_{ij} \leq 1$。

第四步，计算信息熵冗余度 $d_j = 1 - e_i$。

第五步，计算序参量j的权重 $W_j = d_j / \sum d_j$。

3. 计算结果

（1）数据标准化结果

用式（5）的方法对表2-2和表2-3中的原始数据进行数据标准化，在计算过程中，为避免0和1的出现，将序参量的极大值、极小值分别放大、缩小1‰作为临界点的上下限值。结果分别见表2-4、表2-5。

表2-4　2008—2017年京津冀海港口岸物流子系统发展情况数据标准化结果

年份	外贸货物吞吐量	外贸集装箱吞吐量	泊位长度	万吨级以上泊位数	仓库面积	堆场面积	集装箱堆场堆存能力	装卸机械台数	铁路专用线长度	通关效率及透明度
2008	0.3817	0.9237	0.0014	0.0012	0.1654	0.0008	0.0022	0.0023	0.8875	0.1891
2009	0.5738	0.9968	0.0528	0.0812	0.0016	0.0562	0.3546	0.4176	0.9959	0.0289
2010	0.0011	0.0022	0.1794	0.1903	0.0769	0.1159	0.9437	0.6989	0.0547	0.2291
2011	0.1536	0.3066	0.3027	0.4158	0.1591	0.1895	0.9232	0.7991	0.0235	0.1290
2012	0.4183	0.3230	0.3838	0.4377	0.3491	0.3405	0.3896	0.7044	0.0032	0.0089
2013	0.5922	0.4950	0.6594	0.5759	0.4577	0.4058	0.696	0.9069	0.3013	0.4294
2014	0.8703	0.6652	0.8946	0.7505	0.6430	0.5164	0.9067	0.9207	0.3024	0.8300
2015	0.9083	0.6668	0.9743	0.8596	0.7353	0.5819	0.9487	0.9062	0.4430	0.9101
2016	0.9979	0.7703	0.9976	0.9396	0.9974	0.6749	0.9968	0.9967	0.4430	0.9902
2017	0.7991	0.0157	0.9516	0.9978	0.9367	0.9982	0.6224	0.8986	0.4409	0.9902

表2-5　2008—2017年腹地外向型经济子系统发展情况数据标准化结果

年份	进出口总额	实际利用外商直接投资	地区国内生产总值	交通运输、仓储和邮政业基础建设投资（不含农户）	运输服务的有效性及质量
2008	0.2573	0.0004	0.0007	0.0003	0.9866
2009	0.0009	0.0407	0.0508	0.1340	0.3810
2010	0.3384	0.1149	0.2184	0.2438	0.7233

续表

年份	进出口总额	实际利用外商直接投资	地区国内生产总值	交通运输、仓储和邮政业基础建设投资（不含农户）	运输服务的有效性及质量
2011	0.7059	0.2725	0.4044	0.2665	0.3810
2012	0.8259	0.3879	0.5245	0.3696	0.0125
2013	0.9693	0.4810	0.6369	0.4570	0.1441
2014	0.9981	0.5405	0.7267	0.6091	0.2494
2015	0.6936	0.6518	0.7740	0.7745	0.4074
2016	0.6042	0.7324	0.8821	0.8711	0.5653
2017	0.3875	0.9986	0.9983	0.9987	0.5653

（2）序参量权重的确定

根据前文所述的熵值法，确定各子系统序参量权重（见表 2-6）。

表 2-6　各子系统序参量权重

子系统	序参量	权重	序参量	权重
海港口岸物流子系统	外贸货物吞吐量	0.0728	外贸集装箱吞吐量	0.1059
	泊位长度	0.1110	万吨级以上泊位数	0.0956
	仓库面积	0.1179	堆场面积	0.1183
	集装箱堆场堆存能力	0.0562	装卸机械台数	0.0454
	铁路专用线长度	0.1368	通关效率及透明度	0.1401
腹地外向型经济子系统	进出口总额	0.1512	实际利用外商直接投资	0.2567
	地区国内生产总值	0.2119	交通运输、仓储和邮政业基础建设投资（不含农户）	0.2094
	运输服务的有效性及质量	0.1708		

从表 2-6 中可以看出，海港口岸物流子系统中权重占前 3 位的序参量分别是通关效率及透明度、铁路专用线长度、仓库面积，即该 3 项序参量对复合系统协同度的影响较大，后文将做进一步研究。

（3）各子系统有序度及复合系统协同度计算

根据式（2）计算京津冀海港口岸物流与腹地外向型经济复合系统两子系统有序度，再根据式（3）计算复合系统协同度，结果见表 2-7。

表2-7 京津冀海港口岸物流与腹地外向型经济各子系统有序度及复合系统协同度

年份	海港口岸物流子系统有序度	腹地外向型经济子系统有序度	复合系统协同度
2008	0.2936	0.2077	—
2009	0.3470	0.1145	-0.0579
2010	0.1855	0.3015	-0.1159
2011	0.2676	0.3833	-0.0732
2012	0.2861	0.4151	-0.0422
2013	0.5074	0.5253	0.2728
2014	0.6922	0.6138	0.4171
2015	0.7652	0.6680	0.4811
2016	0.8528	0.7452	0.5635
2017	0.7642	0.8322	0.5552

为更直观地观察两子系统有序度及复合系统协同度发展趋势，将表2-7中数据整理成图（见图2-1）：

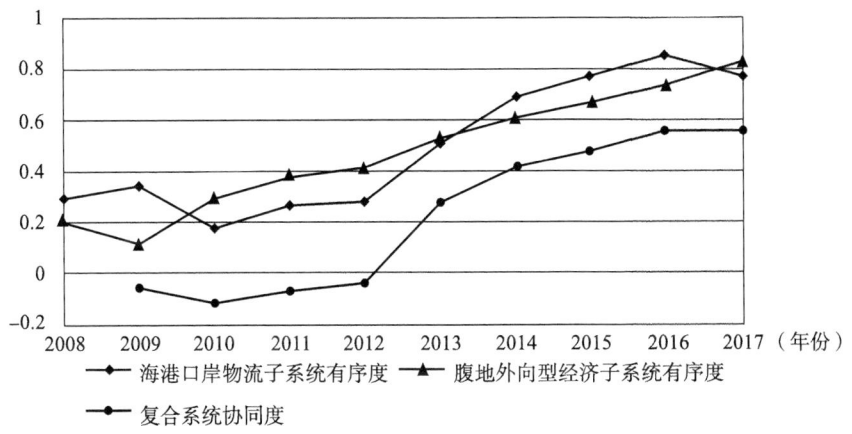

图2-1 京津冀海港口岸物流与腹地外向型经济各子系统有序度及复合系统协同度发展趋势

4.描述性统计分析

（1）京津冀海港口岸子系统有序度变化趋势

京津冀海港口岸物流子系统中，2009年有序度比2008年有所上升，但2010年有序度较2009年明显下降，2011年、2012年增长缓慢，2013年、2014年增长较快，2015年、2016年增长速度放缓，2017年较前一年有所下降。分析原因：2010年京津冀各海港口岸的业务量即货物吞吐量、集装箱吞吐量较前一年明显下降，各海港口岸对物流设施的建设也基本处于停滞状态，导致海港口岸物流子系统有序度较低，几乎没有提高；2011年以后业务量逐渐恢复，各海港口岸也加大了对各项物流设施的投入，因此有序度逐年提升，2013年有一个明显的提升。到2016年海港口岸物流子系统有序度达到0.8528，说明海港口岸各项物流设施及效率均在稳定、均衡增长；2017年海港口岸物流子系统有序度下降，主要是外贸货物吞吐量尤其是外贸集装箱吞吐量减少造成的。

（2）腹地外向型经济子系统有序度变化趋势

腹地外向型经济子系统有序度在2009年较2008年有明显下降，2010开始恢复，之后逐年稳定提高。分析原因：受2008年全球金融危机的持续影响，2009年腹地外向型经济各项指标均有所下降，导致有序度较前一年下降，2010年、2011年两年腹地外向型经济开始从2009年金融危机造成的负面影响中恢复过来，2012年以后稳定提高。2017年腹地外向型经济子系统有序度达到0.8322，说明腹地外向型经济5项主要指标也基本处于稳定增长状态，但增长速度还略不平衡。

（3）两子系统相互之间变化趋势

2008年、2009年京津冀海港口岸物流子系统有序度高于腹地外向型经济子系统有序度，2010—2012年明显低于腹地外向型经济子系统有序度，2012年之后京津冀海港口岸物流子系统有序度增长速度加快，2014—2016年增长速度超过腹地外向型经济子系统，但2017年京津冀海港口岸物流子系统有序度显著下降，并低于腹地外向型经济子系统有序度。分析原因：2010—2012年海港口岸的业务量均不景气，使得海港口岸物流子系统有序度较低；而受2011年、2012年腹地外向型经济恢复的影响，各港口均加大了对港口物流设施的建设，2013年之后海港口岸物流设施的建设速度均高于腹地外向型经济的增长速度；2017年由于外贸集装箱业务量明显下降，导致海港口岸物流子系统有序度明显下降，并低于腹地外向型经济子系统有序度。

（4）复合系统协同度变化趋势

复合系统协同度2009—2012年为负，2013年以后开始稳步提升，2016年协同度达到0.5635，2017年又稍有下降。分析原因：2010—2012年海港口岸物流子系统的有序度与2009年相比下降了，且恢复缓慢，而2010—2012年腹地外向型经济子系统有序度相比2009年一直处于增长状态，这导致两子系统的不协同，即协同度的值为负；2013年随着海港口岸物流子系统有序度明显提升，复合系统协同度也随之稳定提高，但截至2017年，协同度值仍不是太高，只有0.5552。

（二）序参量敏感性分析

为了提高京津冀海港口岸与腹地外向型经济复合系统的协同度，需要分析出影响复合系统协同度变化的主要因素。由于在海港口岸与腹地关系中，海港口岸是为腹地外向型经济服务的，促进两者协同发展需要从海港口岸方面考虑。因此，对海港口岸物流的 7 个基础设施方面的序参量（泊位长度、万吨级以上泊位数、铁路专用线长度、仓库面积、堆场面积、集装箱堆场堆存能力、装卸机械台数）与通关效率及透明度，共 8 个序参量进行敏感性分析，将 8 个序参量 2017 年数值分别增减 5% 对复合系统协同度的影响，即分别做敏感性正向分析和负向分析，观察协同度变化情况，分析结果分别见表 2-8、表 2-9。

由表 2-8 可以看出，海港口岸物流系统中 8 项序参量增加 5% 均可提高复合系统协同度，但提升幅度不同，超过 2‰ 的只有一项序参量，即通关效率及透明度，使复合系统协同度提高了 4.03‰，其他序参量增加 5% 后对复合系统协同度提升作用不明显。

表 2-8　2017 年复合系统协同度敏感性正向分析结果（序参量提高 5%）

序参量	协同度原值	变动后协同度	协同度变化值	协同度变动率（‰）
泊位长度	0.55515	0.55580	0.00065	1.17
万吨级以上泊位数	0.55515	0.55563	0.00048	0.86
铁路专用线长度	0.55515	0.55551	0.00036	0.65
仓库面积	0.55515	0.55563	0.00048	0.86
堆场面积	0.55515	0.55592	0.00077	1.39
集装箱堆场堆存能力	0.55515	0.55521	0.00006	0.11
装卸机械台数	0.55515	0.55533	0.00018	0.32
通关效率及透明度	0.55515	0.55739	0.00224	4.03

由表 2-9 可以看出，海港口岸物流系统中 8 项序参量减少 5% 基本上都降低了复合系统协同度，只有装卸机械台数一项提升了 0.04‰，该值比较微小，且远低于增加 5% 的装卸机械台数提升的协同度值（0.32‰）。降低作用超过 2‰ 的只有一项序参量，即铁路专用线长度，使复合系统协同度降低了 2.76‰。其他序参量的负向敏感度系数相对较小，其变化对复合系统协同度的影响较小。

表 2-9　2017 年复合系统协同度敏感性负向分析结果（序参量降低 5%）

序参量	协同度原值	变动后协同度	协同度变化值	协同度变动率（‰）
泊位长度	0.55515	0.55498	-0.00017	-0.31
万吨级以上泊位数	0.55515	0.55486	-0.00029	-0.52
铁路专用线长度	0.55515	0.55362	-0.00153	-2.76
仓库面积	0.55515	0.55486	-0.00029	-0.52
堆场面积	0.55515	0.55456	-0.00059	-1.06
集装箱堆场堆存能力	0.55515	0.55498	-0.00017	-0.31
装卸机械台数	0.55515	0.55517	0.00002	0.04
通关效率及透明度	0.55515	0.55468	-0.00047	-0.85

六、结论与建议

（一）结论

通过以上对京津冀海港口岸物流与腹地外向型经济复合系统协同度及对京津冀海港口岸物流子系统中的相关序参量进行敏感性分析，得到以下结论：

1. 京津冀海港口岸与腹地间协同度逐步提升，但目前协同程度不高

京津冀海港口岸物流、腹地外向型经济呈稳定提高、增长的态势，京津冀海港口岸各项物流设施在均衡、快速地增加，且总体的增加速度高于腹地各外向型经济总体的增长速度，但两者的增长速度不一致，导致两者间协同度不是太高。

2. 近期扩大港口规模较难提高京津冀海港口岸与腹地的协同度

从敏感性测试来看，泊位长度、万吨级以上泊位数、装卸机械台数、堆场面积、集装箱堆场堆存能力等反映海港口岸规模的指标对协同度的正负向影响均比较小，说明近期靠不断加大基础设施建设来扩大海港口岸规模已经很难提高海港口岸与腹地间的协同度。

3. 大力提高通关效率及透明度，维持并适度增加现有铁路专用线长度，可提高京津冀海港口岸与腹地间的协同度

从复合系统协同度正向性分析来看，提高通关效率及透明度对协同度的提升作用最为明显，因此应大力提升通关效率及透明度；在负向性分析中，减少铁路专用线长度对协同度的降低作用最明显，而在正向性分析中增加铁路专用线长度对协同度有一定的提升作用，因此，应该至少维持现有的铁路专用线长度，并可以适度增加。

(二) 建议

针对以上实证分析得到的结论,提出以下促进京津冀海港口岸与腹地协同发展的建议:

1. 控制京津冀海港口岸的总体规模

从海港口岸物流与腹地外向型经济两子系统发展的有序度来看,京津冀海港口岸物流子系统有序度从 2012 年以来连续 5 年均高于腹地外向型经济的有序度,且相当高(有序度接近 1)。有序度高,说明海港口岸物流子系统的 10 项序参量发展速度均比较快,且比较一致,也说明京津冀海港口岸的规模近 5 年增长速度快于腹地外向型经济规模的增长速度。维持与腹地的外向型经济规模相符的海港口岸物流设施规模是必要的,但以目前京津冀海港口岸扩建的速度持续下去,必然导致海港口岸规模远远超过腹地外向型经济所要求的规模,从而导致海港口岸资源的浪费。

泊位数和泊位长度是决定海港口岸规模最重要的指标,装卸机械与泊位相配套,堆场、集装箱堆场也是与海港口岸相配套的仓储设施。2012 年以来,万吨级以上泊位、泊位岸线、装卸机械数量随着京津冀海港口岸大规模的扩建而持续增加,并相对富余;前些年京津冀海港口岸的主要货物种类是煤炭、矿石等产品,需要占用大量的露天堆场,因此堆场面积已经比较充足;河北省的港口近几年为了发展集装箱业务也建设了充足的集装箱堆场,但河北省海港口岸的集装箱业务尚未真正形成规模。

如前文所述,泊位长度、万吨级以上泊位数、装卸机械台数、堆场面积、集装箱堆场堆存能力对港腹协同度的正负向影响均比较小,即靠不断加大基础设施建设来扩大港口规模已经很难提高海港口岸与腹地外向型经济间的协同度,因此应减缓京津冀海港口岸规模的建设速度。

2. 大力提升通关效率及透明度

从前文中对序参量的敏感性分析来看,通关效率及透明度提高 10% 后,对海港口岸物流与腹地外向型经济的协同度提升作用在 8 项序参量中略低于铁路专用线长度;而降低 10% 后,对复合系统协同度的降低作用最大,且相当明显。因此,为促进海港口岸与腹地的协同发展,在经过前几年对港口基础设施的大力扩建之后,京津冀海港口岸应在通关效率及透明度上下大功夫。

从世界经济论坛历年发布的《全球贸易便利化报告》来看,我国口岸的通关效率及透明化得分整体呈逐年上升趋势,但在世界的排名不升反降,即我国在该项指标上提升的速度落后于世界上许多国家。2008 年在该项指标上,我国以 4.51 分（分值范围 0~7 分）在世界排名第 43 名；2016 年我国以 4.91 分排名世界第 52 位，与排名第一的新加坡、荷兰 6.4 分的得分还有很大差距。这与我国贸易大国的地位极不匹配，也说明我国在这方面还有很大的提升空间。

从目前来看，天津港口岸"单一窗口"正式运行，在全国率先实现了免费报关的重大突破。"单一窗口"可实现通关业务与互联网的融合，企业在"单一窗口"一个平台办理报关、报检等口岸业务，可有效降低通关成本，提高通关效率，优化口岸服务，对提升口岸的通关和贸易便利化具有重要意义。天津港口岸应继续深化"单一窗口"的使用，河北省海港口岸也应积极推广，同时继续推进"大通关""区域通关一体化""出入境检察检疫通关一体化"等措施。

在既有的优势经验基础上，京津冀海港口岸也应学习新加坡、荷兰等海运发达国家在口岸管理中的先进经验，这样才会在通关效率及透明度上有较快的提高。

3. 维持并适度增加海港口岸专用铁路线的长度

在海港口岸物流的各种集疏运方式中，以铁路运输的能力最强。海港口岸铁路专用线可以打通铁路运输与海上运输的"最后一公里"，实现铁海联运，不仅可以提高运输效率，而且可以降低运输成本。据有关统计，铁路专用线建成后，水陆运输成本平均下降 40 元/吨·米。

京津冀海港口岸腹地面积广袤，中西部广大内陆腹地商品的进出口主要通过铁路干线与海港口岸来往，但由于受铁路管理体制及现有铁路专用线不足等因素的影响，目前京津冀海港口岸"最后一公里"的集疏运 80% 以上是由公路运输承担的，而公路运输运量小且容易导致交通拥堵，极大地限制了海港口岸的集疏运，从而限制了海港口岸与腹地的协同发展，因此应加大铁路专用线的建设。

第三章 京津冀农产品冷链需求预测及发展模式

张喜才 李海玲

一、京津冀农产品冷链需求问题的提出

冷链仓储物流是现代全球食品体系的重要组成部分，也是农产品供应链的重要组成元素，更是现代物流管理的重要内容。京津冀协同发展的"牛鼻子"是首都非核心功能疏解。冷链物流既是消费升级背景下民生的重要保障，也是京津冀农业协同发展的根本支撑，同时还是首都非核心功能疏解的对象之一。建立精确、有效的冷链物流预测模型是京津冀冷链物流发展和京津冀农业协同发展的关键。众所周知，设施设备、布局规划、政策扶持等必须按照需求来投入。近年来，京津冀经济社会发展速度加快，城镇化率不断提高，消费者食品安全需求不断提升。一方面，随着京津冀协同发展的持续推进，冷链物流发展不平衡、不充分的现象日益凸显；另一方面，京津冀冷链物流的需求量却无法确定。因此，本章构建了灰色与马尔科夫链模型，通过模型准确预测京津冀冷链物流需求，为农产品冷链仓储物流在基础设施设备、规划布局、扶持政策等方面提供数据支持和理论支撑。

在需求总量预测的基础上，通过深入案例调研分析和比较研究，分析各种模式的优势、劣势、福利效应和发展趋势，提出适合京津冀城市群的农产品冷链物流发展模式，通过现代信息处理技术与新科技共享平台搭建手段达到准确、及时地"链"接农产品冷链物流过程中的诸多环节，从而突破当前我国农产品冷链物流发展的困境，建立一种"城市大库"与"个人微库"通过信息链串接的"全链条、网络化、严标准、可追溯、高效率"的现代农产品冷链物流发展模式。

二、文献综述

（一）关于冷链需求预测方法的研究

伴随着人民生活水平提高和大范围、远距离农产品运输的增加，我国农

产品冷链物流产业发展迅速。① 尤其是电商的迅速发展，更加凸显了冷链物流的重要性。② 然而，生鲜农产品冷藏、冷冻、冷运的冷链物流建设落后，是我国农产品流通和食品安全监管中最薄弱的环节，也是农民增产不增收的重要原因之一，大力发展以冷链物流为重点的农产品流通现代化迫在眉睫。③ 众所周知，设施设备、布局规划、政策扶持等必须按照需求来投入，但冷链需求一直是研究的模糊地带。关于冷链物流需求预测可以归纳为三类方法：第一类是国内外对比方法，我国在冷链体系、冷链设施、冷链信息化方面与发达国家差距明显，以冷藏运输率为例，发达国家食品冷藏运输率达到80%~90%，而我国仅为15%左右。与美、日等发达国家的农业产品物流环节损耗率平均3%相比，我国高达30%。④ 然后根据美国等发达国家的人均冷库来推算我国的冷库和冷链总量。第二类是生鲜农产品产量等量齐观方法，认为生鲜农产品总量就是冷链物流的总量，如2018年我国冷链物流需求总量将达到1.8亿吨，就是根据农产品总量来确定的。第三类是模型推算方法，根据人均国民收入等指标推算出冷链物流总量。根据冷链发达国家的历史数据来看，当人均GDP达4000美元时，冷链物流行业开始进入快速增长期，因此，2017年、2018年、2019年的冷链物流市场规模将分别按照3310亿元、4634亿元和6488亿元的速度增长。⑤ 总之，不管哪一种需求预测的方法，都存在较大的模糊空间，而且都是静态的，甚至是互相矛盾的。

为了准确预测区域物流需求，众多的文献运用了多元线性、神经网络、支持向量机（SVM）、灰色预测等方法对冷链物流需求量进行预测研究。有少量的学者运用数理统计方法预测了冷链物流需求。第一是多元线性回归模型。李隽波、孙丽娜以我国水产品冷链物流的需求为例，应用多元线性回归分析法建立冷链物流需求量的预测方程；⑥ 周海霞等预测了我国水产品冷链物流需

---

① 袁学国，邹平，朱军，等. 我国冷链物流业发展态势、问题与对策［J］. 中国农业科技导报，2015，17（1）：7-14.
② 陈镜羽，黄辉. 我国生鲜农产品电子商务冷链物流现状与发展研究［J］. 科技管理研究，2015（6）：179-183
③ 宋则. "十三五"期间促进我国现代物流业健康发展的若干要点［J］. 财贸经济，2015（7）：5-14.
④ 杨利勤. 国外农业产品冷链物流的成功经验与借鉴［J］. 对外经贸实务，2016（3）：89-92.
⑤ 刘京. 未来的冷链推动力［J］. 中国储运，2017（2）：52-53.
⑥ 李隽波，孙丽娜. 基于多元线性回归分析的冷链物流需求预测［J］. 安徽农业科学，2011，39（11）：6519-6520+6523.

求;① 王新娥、王学剑用该方法预测了新疆农产品冷链物流需求量。② 第二是运用灰色预测模型。赵溪、刘保采用灰色预测模型理论估算曹妃甸区2017年农产品的冷链需求量。③ 李夏培以北京市农产品物流需求为研究对象，采用灰色GM（1，1）模型为基本方法，使用Matlab软件，借助蚁群算法求出了单个模型的权数，构建出灰色线性组合模型，对"十三五"时期北京市农产品的物流需求进行了预测。④ 第三是运用BP神经网络模型。王新利、赵琨利用神经网络理论，建立了基于BP神经网络的农产品物流预测模型。⑤ 兰洪杰、汝宜红运用神经网络技术对奥运食品冷链物流需求进行预测分析。⑥ 第四是组合预测模型。蒋宇斌等选取城镇居民冷链食品的购买量作为冷链物流需求水平指标，尝试将基于熵权的组合预测法应用于宁夏的冷链物流需求量的预测。⑦ 另外，原静对采用延伸趋向、指数平滑、神经网络算法、回归方法和灰色预测方式进行的农产品冷链物流单向预测与正向权重组合预测的结果进行对比分析，结果表明，正向权重组合预测方法更接近真实值。⑧ 总之，已有的农产品冷链需求预测的研究相对较少，且多使用单一模型方法，使得其所得冷链需求预测的结果不一定足够准确。同时，京津冀冷链物流的需求预测没有受到足够的重视，这是冷链物流研究领域中亟待深入研究的，对于京津冀协同发展战略的深入发展也是至关重要的。

（二）关于冷链物流发展模式的研究

国内外众多学者对冷链物流发展模式进行了深入研究。周海霞提出中外冷链物流模式差距大，美国的一体化模式、日本的直交所模式、荷兰的电商

---

① 周海霞，韩立民. 我国水产品冷链物流需求分析及政策建议［J］. 中国渔业经济，2012，30（4）：19-23.
② 王新娥，王学剑. 新疆城镇居民农产品冷链需求预测分析［J］. 物流技术，2014，33（01）：185-186+202.
③ 赵溪，刘保. 曹妃甸冷链运输需求分析研究［J］. 交通世界，2016（32）：124-128.
④ 李夏培. 基于灰色线性组合模型的农产品物流需求预测［J］. 北京交通大学学报（社会科学版），2017，16（1）：120-126.
⑤ 王新利，赵琨. 基于神经网络的农产品物流需求预测研究［J］. 农业技术经济，2010（2）：62-68.
⑥ 兰洪杰，汝宜红. 2008北京奥运食品冷链物流需求预测分析［J］. 中国流通经济，2008（2）：19-22.
⑦ 蒋宇斌，郭佳秀，贺芳娟，邢云博. 基于熵权的宁夏城镇居民冷链物流需求量组合预测［J］. 物流技术，2017，36（2）：117-121.
⑧ 原静. 正向权重组合预测机制下的农产品冷链物流需求量预测［J］. 江苏农业科学，2017，45（19）：341-346.

模式等交易效率高，中国冷链物流环节多、成本高。[1] 黄宗智认为美国是企业主导的纵向一体化农产品冷链物流，农业合作社和大批发市场的搭配与协作乃是日本和中国台湾地区（以及韩国）成功发展现代化农业物流体系的关键。[2] 我国亟须采用真正符合中国小农经济实际的，由东亚型农村合作社与东亚型公益性批发市场两者组成的纵向一体化发展道路。张琳提出了生鲜农产品冷链流通模式有企业自营、第三方运营、批发市场和伙伴联盟四种模式。[3] 目前，各模式间信号不畅通不共享不合作、技术发展落后、运输成本高、库存管理和质量管理水平低下，阻碍了生鲜农产品物流的发展。杨钧总结了以加工企业为核心、以第三方物流企业为核心、以批发市场为核心和以连锁超市为核心的农产品冷链物流发展模式，最后提出了以资源整合为基础的冷链物流发展模式。[4] 全喜龙提出了基于大数据和供应链的冷链物流集成商的第四方物流模式。[5] 郝秀菊、牟进进提出冷链库存一体化模式的适用性与协调补偿途径，提出了一体化库存的冷链投资分摊机制、数量弹性机制、收益共享和回购机制等协调机制。[6] 在电商快速发展的背景下，有学者着重研究了电子商务背景下冷链物流发展的模式。[7] 汪旭晖、杜航也提出了基于物联网采纳的生鲜农产品冷链物流决策，认为物联网提高了冷链物流效率，但同时也增加了运营成本。[8] 对于农产品冷链物流发展模式的研究更多地集中在各种模式的描述性分析，缺乏深入的案例研究，更缺乏对于各种模式的对比分析，特别是缺乏在物联网大数据背景下大城市群冷链物流发展模式的探讨。

（三）总结

综上所述，冷链物流的发展已经得到了广泛的重视。但是，国内外研究冷链物流的文献较之一般物流研究要少得多。研究理论的滞后将使得快速发

---

[1] 周海霞. 国外农产品冷链物流一体化经验及借鉴［J］. 世界农业，2016（5）：18-22.
[2] 黄宗智. 怎样推进中国农产品纵向一体化物流的发展？——美国、中国和"东亚模式"的比较［J］. 开放时代，2018（1）：7-8+151-165.
[3] 张琳. 价值链视角下生鲜农产品冷链流通模式研究［J］. 改革与战略，2017，33（7）：108-111.
[4] 杨钧. 中国农产品冷链物流发展模式研究［J］. 河南农业大学学报，2013，47（2）：222-226.
[5] 全喜龙. 第四方冷链物流的存在与发展研究［J］. 物流工程与管理，2017，39（1）：8-9+4.
[6] 郝秀菊，牟进进. 一体化冷链库存策略的补偿机制研究［J］. 公路交通科技，2017，34（12）：151-158.
[7] 魏国辰. 电商企业生鲜产品物流模式创新［J］. 中国流通经济，2015（1）：43-50.
[8] 汪旭晖，杜航. 基于物联网采纳的生鲜农产品冷链物流决策——成本收益分析视角［J］. 系统工程，2016，34（6）：89-97.

展的冷链物流缺乏理论依据。首先，从目前国内外对农产品冷链的研究现状来看，多数文献属于宏观层面的，以定性研究为主，多集中在问题和对策探讨，主要是物流选址、配送路径的算法研究，冷链物流的需求预测没有受到足够的重视，对冷链物流的需求预测、冷链物流产业链条、冷链物流市场主体行为关注得少。其次，已有的文献更多侧重于分析模式本身，没有对各种模式进行深入对比分析研究。各种模式之间的优势、劣势和福利效应究竟有何差别？不同地区、不同市场主体如何选择适合自身实际的发展模式？京津冀既要考虑首都非核心功能疏解，又要确保首都农产品供给，还要考虑到京津冀的功能定位，更需要加强实地调研，强化需求研究，而这是已有的文献所缺乏的。在京津冀协同发展背景下，各地政府调控的重点是什么？应该支持哪些主体，哪些关键环节，如何抓住协同发展的"牛鼻子"？

本章基于L-OD的需求预测思路，使用灰色模型（GM模型）与马尔科夫链方法（MCMC模型）相结合的方式，预测京津冀农产品冷链仓储物流市场的需求数量和需求趋势，提出京津冀城市群冷链物流发展新模式，对京津冀冷链物流体系建设提出具有针对性和可操作性的政策建议。

三、京津冀农产品冷链物流的现状及问题

（一）京津冀农产品冷链物流的现状

京津冀作为农产品流通体系创新先行示范区，畅通高效的农产品流通网络体系基本成型。冷链作为重要组成部分，在网络布局、标准化等方面取得了很大进展，但还不能满足新型农产品流通模式的需要，在冷链布局、全程冷链等方面还存在问题。

电商、超市、社区店等新型农产品流通模式明显增加。另外，随着大数据、物联网等技术进入商业实际运用，为适应消费需求升级，一些基于原有分销渠道衍生而来的农产品流通经营模式应运而生，如农产品电商以前置仓物流模式植入社区经营，以大型农批市场为依托的社区菜市场直营+加盟连锁店、基于互联网+大数据集成的社区蔬果连锁店、以净菜加工配送为核心业务的中央厨房项目等，最终提升了城市居民对鲜活农产品消费的方便、快捷和高性价比的体验。

农产品质量安全明显改善。三地共同推进农产品流通各环节信息透明、质量安全可追溯和全过程标准化工作。京津冀建立了食用农产品产销衔接机制，北京新发地、岳各庄、大洋路等畜产品批发市场，与天津、河北两地畜产品屠宰加工企业建立"场厂挂钩"制度，初步构建起了质量安全追溯体系。

2015年12月，北京市农药检定所、天津市农药检定所和河北省农药检定所在京启动三地农药管理联防联控机制，计划到2020年，三地协同建设"蔬菜病虫全程绿色防控示范基地"400个，核心面积超过10万亩，辐射带动面积100万亩以上。此外，三地已经签订了《京津冀畜牧业协同发展合作框架》《关于建立京津冀渔政协同执法机制的协议书》等。京津冀三地将重点开展产业对接、执法联动、检测资源共享、人员科技信息协作等方面的合作。三地将继续推动农产品质量等级化、包装标准化、标识规范化，夯实农产品流通的信息化、标准化基础。

京津冀冷链标准化取得重要进展。为促进京津冀冷链物流发展、保障食品安全，天津市商务委、天津市市场监管委联合北京市、河北省相关部门共同组织制定的京津冀冷链物流区域协同标准在2018年发布。该标准包括冷链物流冷库技术规范、冷链物流运输车辆设备要求、冷链物流温湿度要求与测量方法、畜禽肉冷链物流操作规程、果蔬冷链物流操作规程、水产品冷链物流操作规程、低温食品储运温控技术要求、低温食品冷链物流履历追溯管理规范等内容。京津冀冷链物流区域协同标准是在天津市已实施的地方标准的基础上，结合北京市、河北省实际情况进行修改完善的，是一个冷链物流储、运、销一体化系列标准，体现了新的理念，具有超前性和可操作性，对促进冷链物流规范化、标准化发展将起到重要作用。

（二）京津冀冷链物流存在的问题

第一，京津冀三地的区位优势、社会经济发展水平、资源禀赋差异使得以市场产销为基础的农产品产业链分工合作本可以更加突出，但因当前的农产品物流水平制约了其发展。北京新发地农副产品市场统计数据表明，河北作为首都的京畿重地以及全国蔬菜产量第二的省份，无论是蔬菜供应数量还是质量，在北京市场上都不能位居首位。如何从保障农产品供应到保障全产业链，推动三地建立合理的利益分配机制，发挥物流扶贫的作用，从农产品流通服务能力细化到物流组织和实施，都需要规划协同补短板、降本增效和创新发展。

第二，农产品物流设施分布不均衡，尤其是产地冷库设施不足。调查显示，区域内超过60%的产地企业认为现有冷库不能满足需要。其直接后果是"最先一公里"预冷比例不高，全链条温控难以实现，导致农产品保质期缩短、流通过程损耗加大。

第三，鲜活农产品生产、流通和消费全链标准化程度不高。尤其是农产品分级、质量认证、食品安全追溯等标准与农产品物流标准的衔接程度较低。

调查表明，产地分级包装率为 98.2%，但共用周转筐（或按照标准托盘设计的包装箱）使用率仅为 35.2%。全域鲜活农产品的标准化程度一定更低。

第四，农产品冷链体系不规范，冷链物流效率有待提升。"批发+菜市场"的传统模式仍是京津冀地区农产品流通的主体，环节多，效率低，订单农业、直采直销、"电商+批发"、"线上电商+线下零售"、"零售+餐饮"、中央厨房等新业态、新模式尚处于起步阶段，流通体系有待进一步规范。

四、京津冀农产品冷链物流需求现状分析

（一）北京市冷链物流需求预测

随着北京市城市规划布局的不断调整，农业生产空间不断被压缩，生鲜农产品产量逐年减少，因此，京郊自产农产品的市场运输需求总量会以年均 5%的速度下滑，而冷链运输需求量至少以年均 8%的速度增长。然而，1.64 万平方千米的土地（平原面积 0.63 万平方千米，占 38.6%）上却承载着 2173 万常住人口，生鲜农产品需求量巨大。北京市作为生鲜农产品的净流入城市，大部分生鲜农产品需要外地供应，且北京市处于较发达地区，居民对生鲜农产品的品质要求较高，因此，对仓储需求增加，尤其是可温控的保鲜库的需求增长更快。在物流供给服务方面，农业经营企业及合作组织，自营物流比例可达 70%，但自营冷链运输不到 30%；第三方物流企业规模小、服务单一，而能提供专业冷链服务的第三方物流费用非常昂贵。

（二）天津市冷链物流需求预测

天津作为生鲜农产品净流入与净流出相结合的城市，农产品物流需求量也较大。河北省作为农业大省，是京津市场重要的生鲜农产品供应来源地，需要完善的生鲜农产品流通体系把农产品运往北京、天津市场。北京、天津、河北三省市生鲜农产品消费、生产互补性较强。北京、天津作为北方两个最大的都市，都是生鲜农产品的净消费区，严重依赖外埠供给，对生鲜农产品物流需求强烈。而河北省是生鲜农产品生产大省，是供应北京、天津市场的主要生产基地。

根据有关人士通过建立的多元回归模型对天津市农产品冷链物流需求进行分析，该模型采取 2000—2015 年近 16 年的数据为样本对天津市农产品冷链需求做出说明。该模型选取社会经济、居民生活水平、物流规模、产品供给、冷链水平五个影响农产品冷链物流需求的因素作为衡量的指标。最后得出的 2018 年、2019 年、2020 年农产品冷链物流需求预测值分别为 257.93 万吨、

279.67万吨、304.85万吨。同时，通过回归模型可知，物流产业增加值占GDP比例、人口数量、公路货运量对农产品冷链物流需求的影响最大，农产品冷链物流在运输的过程中主要为公路运输，公路货运量的大小和居民对农产品的需求有很大的关系，而区域内的人口数量直接影响需求量的多少。

通过对天津市农产品冷链物流需求进行分析，可知一方面是要加强对冷链物流设施设备的投入，推广冷链物流技术，最大限度地解决农产品冷链物流中存在的"断链"问题；另一方面要加强农产品冷链物流中冷藏运输环节的专用设备建设，实现农产品从产地到餐桌全程冷链无缝对接，满足居民对农产品冷链物流的需求，加快环京津冀1小时物流圈建设。

（三）京津冀冷链物流需求预测

京津冀农产品冷链物流需求量增长率自2008年以来明显提升，是因为自2008年北京奥运会举办之后，人们对食品安全的意识越来越强，同时奥运会的举办为食品冷链行业的发展打下了良好的基础，且随着生鲜电商、冷链宅配的发展，人们对冷链农产品的需求急剧增加。根据经济的发展规律可知，京津冀的农产品冷链物流需求将在一段时间后达到峰值，数据说明京津冀农产品冷链物流需求目前仍处于高速增长期，尚无法断定峰值对应的时点和规模。除此以外，随着经济水平的发展、政策的支持以及冷链技术的提高和人们生活水平的提高等，农产品冷链物流的需求量会增加；同时，国家对北京的人口容量的限制，以及交通上施行限行政策等因素将会阻碍农产品冷链物流需求的增长。这些不可量化的因素将会影响预测值的精度，加速京津冀农产品冷链物流需求峰值的到来。

五、京津冀冷链物流需求预测模型的建立

近年来，京津冀经济的快速发展、居民消费水平的不断提升、冷链需求的持续增加，推动冷链物流规模不断扩大。京津冀农产品冷链物流需求是复杂的系统，受多种复杂因素影响，既与三地自身经济社会发展和消费需求有关，也与京津冀协同发展的政策相关，往往存在着非线性关系且历史数据较少，这都导致多元线性、相关回归、神经网络等传统的预测方法预测性能不稳定。而部分定性预测方法又过于主观，也不适用于冷链物流需求的预测。因此，需要选用更精确、有效的模型对京津冀农产品冷链物流需求进行合理预测。本章在已有的研究基础上提出了将灰色模型与马尔科夫蒙特卡洛预测模型结合起来的预测模型，形成灰色—马尔科夫蒙特卡洛预测模型。灰色系统是介于白色系统和灰色系统之间的过渡系统，可对在一定方位内变化的、

与时间有关的灰色过程进行预测。GM（1，1）模型是灰色系统的基本预测模型，其特点是计算数据所需信息量少，可挖掘任何离散的序列模型背后的潜在规律，对于短期预测的精度很高。而马尔科夫链蒙特卡洛方法（MCMC模型）可以在灰色系统预测精度不够的情况下对其预测结果进行修正，即在灰色处理将数据变得比较平滑后，将预测数据分成不同的状态，通过随机统计分析，逼真模拟数据的产生过程，从而弥补GM（1，1）模型预测结果可能存在的缺陷。因此，本章鉴于冷链物流需求数据的特点，借助Python软件构建GM（1，1）模型，预测京津冀农产品冷链物流需求数量和需求趋势。同时利用马尔科夫链模型对部分预测结果进行修正，即使用灰色模型（GM模型）和马尔科夫链蒙特卡洛方法（MCMC模型）的组合模型方法进行预测，弥补了单一模型预测结果的不足，进一步提高了预测精度，具有真实性和普遍性的特点。

（一）灰色GM（1，1）模型建模方法

第一，设有原始数据数列 $X^{(0)}$，共有 n 个观察值：

$$X^{(0)} = \{x^{(0)}(1), x^{(0)}(2), \cdots, x^{(0)}(n)\} \quad (1)$$

第二，对 $X^{(0)}$ 进行一次累加生成1-AGO（accumulating generation operator）获得新的数据列 $X^{(1)}$：

$$X^{(1)} = \{x^{(1)}(1), x^{(1)}(2), \cdots, x^{(1)}(n)\}$$

其中，$x^{(1)}(1) = x^{(0)}(1)$

$x^{(1)}(2) = x^{(0)}(1) + x^{(0)}(2) = x^{(1)}(1) + x^{(0)}(2)$

$x^{(1)}(3) = x^{(0)}(1) + x^{(0)}(2) + x^{(0)}(3) = x^{(1)}(2) + x^{(0)}(3)$

$x^{(1)}(4) = x^{(0)}(1) + x^{(0)}(2) + x^{(0)}(3) + x^{(0)}(4) = x^{(1)}(3) + x^{(0)}(4)$

……

$$x^{(1)}(n) = x^{(1)}(n-1) + x^{(0)}(n) \quad (2)$$

第三，对数列 $X^{(1)}$，可建立预测模型的白化形式方程：

$$\frac{dx(1)}{dt} + ax^{(1)} = u \quad (3)$$

其中，a，u 分别为发展灰数和内生控制灰数，它们都是待估计参数。设 $\hat{a}$ 为待估计参数向量，且

$$\hat{a} = \begin{bmatrix} a \\ u \end{bmatrix} \quad (4)$$

灰色微分方程的参数 a，u 可由最小二乘法原理估计：

$$\hat{a} = (B^T B)^{-1} B^T y_n \quad (5)$$

其中：

$$B = \begin{bmatrix} -\frac{1}{2}[x^{(1)}(1)+x^{(1)}(2)] & 1 \\ -\frac{1}{2}[x^{(1)}(2)+x^{(1)}(3)] & 1 \\ -\frac{1}{2}[x^{(1)}(3)+x^{(1)}(4)] & 1 \\ \vdots \\ -\frac{1}{2}[x^{(1)}(n-1)+x^{(1)}(n)] & 1 \end{bmatrix} \quad (6)$$

$$y_n = [x^{(0)}(2), x^{(0)}(3), \cdots, x^{(0)}(n)]^T \quad (7)$$

第四，将 $\hat{a}$ 代入一阶常微分方程（1）中，求解即可得到灰色 GM（1,1）模型的时间响应函数：

$$\hat{x}^{(1)}(i) = \left[x^{(0)}(1) - \frac{u}{a}\right] \exp[-a(i-1)] + \frac{u}{a} \quad (8)$$

经过一次累减还原可得到原始数据数列的预测值及相对误差 $e(i)$：

$$\hat{x}^{(0)}(i+1) = \hat{x}^{(1)}(i+1) - \hat{x}^{(1)}(i) \quad (9)$$

$$q^{(1)}(i) = x^{(0)}(i) - \hat{x}^{(0)}(i) \quad (10)$$

$$e(i) = q^{(0)}(i)/x^{(0)}(i) \quad (11)$$

第五，利用后验差检验法对灰色 GM（1,1）模型预测结果进行模型检验。

①计算观察数据离差 S_1 及离差的残差 S_2：

$$S_{12} = \sum_{i=1}^{m} [x(0)(i) - \hat{x}(0)(i)]^2 \quad (12)$$

$$S_{22} = \sum_{i=1}^{m-1} [q(0)(i) - q-(0)(i)]^2/(m-1) \quad (13)$$

②计算后验比和小误差概率为：

$$C = s_1/s_2 \quad (14)$$

$$P = \{|q^{(0)}(i) - q^{-(0)}| < 0.6745 s_1\} \quad (15)$$

模型精度等级越小则预测结果精确度越高，四级为不通过模型检验标准。预测结果的精度诊断标准见表3-1。

表 3-1　灰色 GM（1，1）模型检验标准

C	<0.35	<0.5	<0.65	≥0.65
P	>0.95	>0.80	>0.70	≤0.70
诊断结果	好	合格	勉强合格	不合格
精度等级	一级	二级	三级	四级

第六，当灰色 GM（1，1）模型预测结果不够准确时，需使用马尔科夫模型进行优化。

（二）马尔科夫链蒙特卡洛方法（MCMC 模型）优化方法

1. 状态划分

状态是原始数据的分布区间，根据样本数、灰色预测值的相对误差拟合范围等进行划分，过大则需要的原始数据样本较多，过小则对数据的区别不够明显，失去了对波动调整的意义。

2. 构造状态转移概率矩阵

某一事件的发展过程中有 n 个可能的状态，即 E_1，E_2，E_3，…，E_n。该事件从某一可能的状态 E_i 出发，下一时刻转移到其他状态的可能性称为状态转移概率。则状态转移概率 P_{ij} 可由状态转移的频率近似得到：

$$P_{ij} = M_{ij}/M_i \tag{16}$$

式中，M_{ij} 为状态 E_i 转移到状态 E_j 的次数，M_i 为状态 E_i 出现的总次数。

则 $N \times N$ 阶状态转移概率矩阵 P 为：

$$P = \begin{bmatrix} P_{11} & \cdots & P_{1n} \\ \vdots & \cdots & \vdots \\ P_{n1} & \cdots & P_{nn} \end{bmatrix} \tag{17}$$

3. 计算预测值

设 $X(n)$ 为 n 时刻的状态概率向量，$X(t)$ 为初始 t 时刻的状态概率向量，则马尔科夫模型可表示为：

$$X(n) = X(t) P^{n-t} \tag{18}$$

以最大概率所处的状态作为未来预测的发展状态，假设时间序列在 n 时刻处于状态 k，则取相对误差状态区间 $[W_{k-}, W_{k+}]$ 的中值与灰色预测值 $\hat{x}^{(0)}(n)$ 进行数据修正得到灰色马尔科夫链模型预测值 $\hat{y}_{(n+1)}$，具体为：

$$\hat{y}_{(n+1)} = \left[1 + \frac{(W_{k-} + W_{k+})}{2}\right] \hat{x}^{(0)}(n) \tag{19}$$

六、京津冀农产品冷链物流需求预测

(一) 指标选取与数据说明

在以往的农产品冷链物流需求预测中,学者们往往选取单方面指标进行预测。本章为了更全面、准确地预测出京津冀农产品冷链物流数量与需求趋势,同时在兼顾数据可获性的情况下,选取了《北京统计年鉴》(2006—2018)、《天津统计年鉴》(2006—2018)、《河北经济年鉴》(2006—2018)中的蔬菜、水果、肉禽蛋奶类、水产品等需冷链运输的农产品产出总量作为冷链需求的原始数据(见表3-2)。

表3-2 2006—2017年京津冀农产品冷链物流需求总量

单位:万吨

年份	北京	天津	河北	京津冀
2006	598.60	527.76	9353.07	10479.43
2007	596.67	487.76	9313.22	10397.65
2008	573.07	535.65	9661.56	10770.28
2009	573.04	602.08	9661.95	10837.07
2010	550.02	644.53	9997.22	11191.77
2011	547.44	660.13	10435.13	11642.7
2012	523.36	675.02	10890.75	12089.13
2013	497.87	682.99	11148.97	12329.83
2014	457.90	698.49	11598.03	12754.42
2015	412.86	678.28	11807.57	12898.71
2016	362.40	688.47	11763.06	12813.93
2017	393.10	747.66	12409.09	13517.48

(二) GM (1, 1) 模型预测

根据表3-2,利用Python软件,求出GM(1,1)预测模型中的两个待估计参数:

$$a = 0.0457, \quad u = 662.2104 。 \tag{20}$$

对北京地区原始时间序列分别建模得到GM(1,1)预测模型方程式:

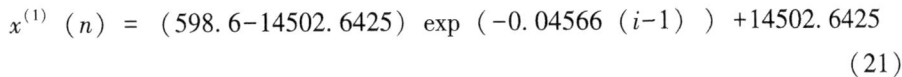

$$x^{(1)}(n) = (598.6-14502.6425)\exp(-0.04566(i-1)) + 14502.6425 \tag{21}$$

由公式（2）得到北京地区 GM（1，1）模型预测值，同理可得到天津、河北、京津冀地区 GM（1，1）模型预测值（见表3-3）。

根据表3-2，使用 Python 软件，利用后验差检验法对北京、天津、河北、京津冀地区灰色 GM（1，1）模型预测结果进行精度检验，得到后验差比即 C 值（均四舍五入保留四位小数）分别为 0.1056、0.2150、0.0251、0.0316，最小误差概率即 P 值分别为 1.0、0.9091、1.0、1.0。查表3-1检验标准可知，北京、河北、京津冀的预测结果精度均为1级，具有高拟合和预测精度，冷链物流需求预测效果好；而天津的预测结果精度为2级，拟合度相对差，预测结果精度较低，需要采用马尔科夫链模型做进一步数据修正。

表3-3 北京、河北、天津、京津冀需求预测结果

单位：万吨

年份	北京	河北	天津	京津冀
2019	358.80	13144.97	795.76	14228.31
2020	342.78	13529.12	820.95	14597.62
2021	327.48	13924.49	846.95	14976.51
2022	312.86	14331.42	873.77	15365.24
2023	298.90	14750.23	901.44	15764.06
2024	285.56	15181.29	929.99	16173.23
2025	272.81	15624.95	959.43	16593.03
2026	260.64	16081.57	989.82	17023.71

（三）马尔科夫链模型优化

利用 Python 软件，根据建立的 GM(1，1) 模型得到天津地区2006—2016年农产品冷链物流需求量的模拟值，通过与实际值比较得到相对误差率（见表3-4），并进行状态划分。

表3-4 天津需求预测状态划分

单位：万吨

年份	实际值	灰色预测值	相对误差率（％）	状态
2006	527.76	527.76	0	E_3
2007	487.76	550.17	-12.80	E_1
2008	535.65	567.59	-5.96	E_2

续表

年份	实际值	灰色预测值	相对误差率（%）	状态
2009	602.08	585.56	2.74	E_3
2010	644.53	604.1	6.27	E_4
2011	660.13	623.23	5.59	E_4
2012	675.02	642.97	4.75	E_4
2013	682.99	663.33	2.88	E_3
2014	698.49	684.33	2.03	E_3
2015	678.28	706.0	-4.09	E_2
2016	688.47	728.35	-5.79	E_2

注：状态 E_1 为相对误差率为 $-12.80\% \sim -6\%$，状态 E_2 为相对误差率为 $-6\% \sim -4\%$，状态 E_3 为相对误差率为 $-4\% \sim 3\%$，状态 E_4 为相对误差率为 $3\% \sim 6.27\%$。

根据表3-4及公式可计算状态转移概率：

$$P = \begin{bmatrix} 0 & 1 & 0 & 0 \\ 0 & 1/3 & 2/3 & 0 \\ 1/4 & 1/4 & 1/4 & 1/4 \\ 0 & 0 & 1/3 & 2/3 \end{bmatrix} \quad (22)$$

取初始状态概率向量为：

$$X(n) = [0, 1, 0, 0]$$

由马尔科夫链模型可得各个时间点的状态向量，即有：

$$X(1) = X(0)P = [0.1667, 0.2778, 0.3889, 0.1667]$$
$$X(2) = X(1)P = [0.0972, 0.3565, 0.3380, 0.2083]$$
$$X(3) = X(2)P = [0.0845, 0.3005, 0.3916, 0.2233]$$
$$X(4) = X(3)P = [0.0979, 0.2826, 0.3727, 0.2468]$$
$$X(5) = X(4)P = [0.0932, 0.2852, 0.3638, 0.2577]$$
$$X(6) = X(5)P = [0.0910, 0.2792, 0.3670, 0.2628]$$
$$X(7) = X(6)P = [0.0918, 0.2758, 0.3655, 0.2669]$$
$$X(8) = X(7)P = [0.0914, 0.2751, 0.3642, 0.2693]$$
$$X(9) = X(8)P = [0.0911, 0.2741, 0.3642, 0.2706]$$
$$X(10) = X(9)P = [0.0910, 0.2735, 0.3640, 0.2714]$$

根据2019—2026年的状态转移向量以及马尔科夫链预测值公式，对GM（1,1）模型预测结果做进一步修正，得到基于灰色马尔科夫组合模型的天津市2019—2026年农产品冷链物流需求预测值（见表3-5）。

表 3-5　天津市需求预测结果

年份	灰色预测值（万吨）	灰色马尔科夫修正值（万吨）	组合模型预测值概率（%）
2019	799.76	795.76	39.1590
2020	825.08	820.95	37.2717
2021	851.21	846.95	36.3830
2022	878.16	873.77	36.7043
2023	905.97	901.44	36.5502
2024	934.66	929.99	36.4219
2025	964.25	959.43	36.4212
2026	994.79	989.82	36.4004

七、京津冀地区农产品冷链物流模式及特点

（一）以农产品加工企业为核心的农产品冷链物流模式

随着社会需求的扩大、生产加工的专业化程度不断提高，以及国家高度重视农产品加工产业的科技发展问题，京津冀涌现出一大批以农产品生产加工为主要经营业务的企业，以农产品加工企业为核心的冷链物流模式出现并形成（见图3-1）。京津冀协同发展深入推进，三地农产品产前、产中、产后和初加工、精深加工及利用加工的梯次开始转移与发展。北京以科技要素优势重点发展高端化、康养型、精致化农产品精深加工；天津以区位优势重点发展城市服务型绿色、精品、特色菜篮子农产品加工；河北以资源禀赋优势重点发展主食加工和精深加工，实现京津冀农产品加工业优势互补、资源共享、利益共赢。以农产品加工企业为核心的农产品冷链物流模式，依托地缘优势，直接对接农产品生产基地，借助原材料的大批量采购、收集，通过对农产品原料进行批量加工与处理，将加工好的农产品成品通过冷链物流运输途径销往北京、天津和其他地区。其中，中小型农产品加工企业往往借助既有的批发商或连锁零售商网点完成对农产品的半成品化处理与销售。大型农产品加工企业，往往拥有自己的农产品冷链物流配送设施，使其经营范围上至原材料的供应与收集，下至成品的加工与销售，覆盖完整的农产品供应链上下游网络各节点，逐步形成"供销一体化的自营农产品冷链物流网络"。而大型农产品加工企业凭借其稳定运行的冷链物流网络体系，在农产品运输效率与质量、企业收益与社会成效上均优于中小型企业。

首农集团为打造京津冀农产品一体化供应网络，实现京冀两地环北京冷

链物流保障体系产业对接，为京津冀三地居民提供安全可靠、优质健康的农副产品，与河北交通投资集团、河北省供销社共同打造京津冀一体化食品供应冷链项目。三方将组建合资公司，总投资32亿元，拟占地1000亩，分两期建设。项目重点建设冷库、堆场、加工分包中心、交易中心、物流配套中心、外置保税仓库和综合服务区等。项目主要功能定位为河北省农产品进京通道，进口食品中转、加工中心，外置保税仓储三个方面。服务京津冀，对接首农天津港食品进出口贸易平台，立足北京，面向河北和天津消费市场。作为进口食品进入北京和河北的重要枢纽，同时集散河北区域农产品，供应北京、天津及河北省市场。

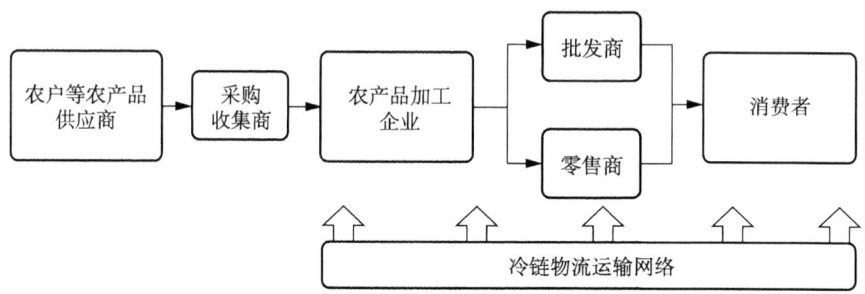

▶表示农产品流向　⇨表示冷链物流网络服务

图3-1　以农产品加工企业为核心的冷链物流模式

（二）依托大型批发市场的农产品冷链物流模式

尽管农超对接、电商等新的农产品流通模式发展迅速，但京津冀的批发市场依然占到流通份额的70%左右。这些批发市场依托京津冀销售地优势，又在当地政府的大力扶持下逐步成长起来，形成以大型冷冻批发市场为核心的集农产品收购、储存、配送、批量销售于一体的冷链物流模式（见图3-2）。批发市场的出现，使得农产品冷链物流链条的上下游紧密联系在一起。一方面，消费者在批发市场上表现出的市场需求被直接反馈给上游的农产品供应商以及相关加工企业，使得批发市场生产采购的农产品可以更精准地直接面向消费者需求，从而减少货存、降低销售风险；另一方面，批发市场有能力对农产品冷链物流上的各个环节进行指挥与调度，确保农产品以更好的品质销售至买家手中，增加顾客满意度、占领市场份额。由于我国国情的特殊性，依托大型批发市场这种农产品冷链物流模式在很长一段时间都不会消亡。

新发地农产品批发市场在北京周边和全国农产品主产区相继建设了15个产地分市场和400多万亩种植基地，已将部分加工仓储物流功能转移到河北、产地市场及种植基地,将毛葱加工、葱头理货、娃娃菜包装等分拣加工及部分仓储物流功能转移到津冀等产地市场和种植基地,形成了依托新发地农产品批发市场的冷链物流发展模式。

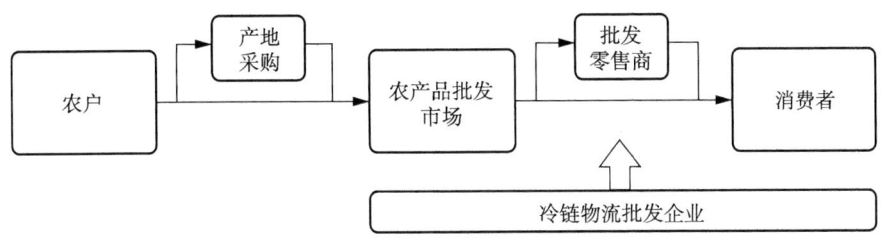

图 3-2 依托大型批发市场的农产品冷链物流模式

(三) 以连锁零售节点为主导的农产品冷链物流模式

在发达国家的冷链物流运输体系中,依靠连锁超市、食品售卖店等连锁零售节点进行水果、蔬菜、蛋奶等生鲜农产品销售十分普遍,并在整个农产品销售链条中占有重要的终端销售节点地位。在京津冀地区,有实力的连锁零售店甚至可以投资自建农产品生产基地、加工工厂,或选择与第三方冷链物流企业开展合作,将农产品收集、加工处理后直接运送至自营的连锁销售节点。另外,以连锁零售节点为主导的农产品冷链物流模式(见图3-3)可以绕过农产品供应链的中间经销商,达到生产者与消费者的即时对接,既提高了产品的品质、确保食品安全,又降低环节成本、获得竞争优势。正因如此,这种小批量、多批次、多种类的城市生鲜农产品配送使得以连锁零售节点为主导的农产品冷链物流模式要优于冷冻批发市场型农产品冷链物流模式,更有效地利用国内零散化、碎片化的产品资源。在当前,越来越多的冷链物流企业已经开始建立针对超市农产品售卖的大型中转配送中心了。

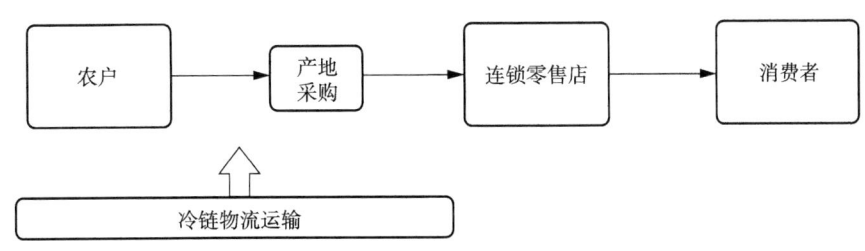

图 3-3 以连锁零售节点为主导的农产品冷链物流模式

(四)围绕第三方冷链物流企业形成的农产品冷链物流模式

一方面,第三方冷链物流服务企业(3PL)与第一方、第二方建立以合同为约束、以联盟为基础的合作,为其提供专业化、个性化、信息化的物流代理服务;另一方面,冷冻生产企业与经营企业通过信息系统完成对冷链物流服务企业运作过程的全程监督。其中,围绕第三方冷链物流企业可提供冷链物流与信息服务两种职能:前者可依托物流企业自有的冷链物流运输设施、配送中心等与农产品冷链物流各环节协调并对接合作;后者主要提供冷链物流问题诊断与信息咨询服务,可设计全面系统的农产品冷链物流运作与管理方案。这种模式(见图3-4)既有利于农产品冷冻冷藏生产经营企业集中企业实力做好主营业务并节约成本,又弥补了企业由于自身硬软件基础设施的欠缺,以及管理手段和技术等因素无法完成全部冷链物流活动的缺陷,是社会发展所需要的运营方式,属于高级别的冷链物流服务模式。

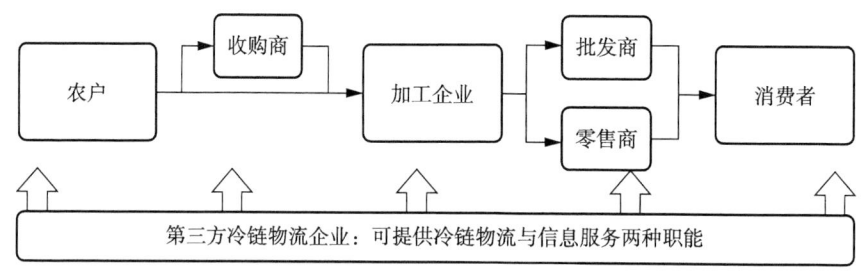

图3-4 围绕第三方冷链物流企业形成的农产品冷链物流模式

北京快行线食品物流公司是专业的第三方冷链物流解决方案提供商及运营商,目前快行线已经在全国范围内实现43个城市50000个超市的冷链生鲜配送和43个城市的冷链宅配。

(五)平台型农产品冷链物流发展模式

目前,国内出现了众多以电子商务和公共混合云为依托,整合国内冷链物流行业资源的冷链物流信息服务平台,成为现代平台型农产品冷链物流发展模式的孵化器。农产品冷链物流信息服务平台的服务范围往往面向全国,是可以为"物流三源"(车源、货源、库源)提供农产品交易撮合、冷链物流在线支付、冷链供应链金融、冷链保险服务、冷链行情指数发布等服务的综合冷链物流交易平台。一方面,农产品冷链物流信息服务平台致力于打造提供移动应用端的云路径优化、货物追踪管理等功能的SaaS模式,实现高效链接农产品供应链上下游多方及冷链物流作业监控与可视化的物流链云平台

(见图3-5)。另一方面，从顾客下单到承运方调度、转运、配送，平台通过整合物流各节点资源，优化交易方式，创新商业模式，解决农产品冷链物流环节信息不对称和诚信缺失两大瓶颈和难题，提供一站式、个性化、多元型的经营与服务，从而引领农产品冷链物流行业网络化的进程，促进现代冷链物流业的发展。

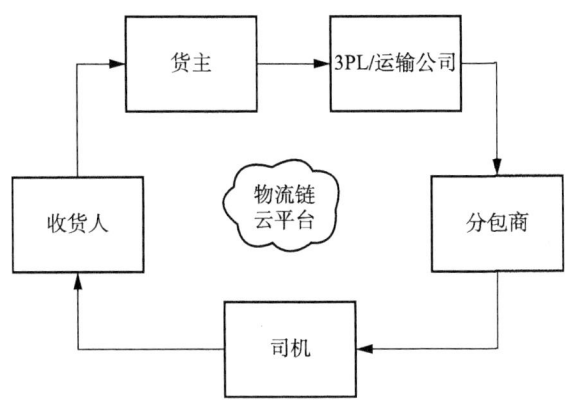

图3-5　物流链云平台

（六）租赁型农产品冷链物流发展模式

在市场需求的强烈催生和政府政策不断加码的推动下，我国对冷库、冷藏车等冷链设施装备部署需求越来越大，出现了众多从事农产品冷链租赁服务的物流公司，现代租赁型农产品冷链物流模式也应运而生。近年来，我国的农产品冷链租赁服务市场得到了跨越式的发展。一方面，众多专业经营农产品客户管理、押金管理、保证金管理、收费及成本管理等租赁业务的冷链物流公司出现了不断向集信息咨询、物流服务、仓储配送、全程运输、电子商务结算为一体的现代化智能冷链物流信息系统（见图3-6）转型的趋势。另一方面，部分从事冷库、冷藏车等冷链设备租赁业务的企业开始尝试与社会性专业物流企业结成联盟，并有效利用第三方物流企业，实现农产品冷链物流业务的对接与合作，从而建立起科学的、固定化的现代农产品冷链物流管理和运作体系。随着企业与客户建立起的合作关系趋向稳固，以及通过对生产商自有冷链资源、社会资源和自身资源的不断整合，一大批国内优秀的农产品冷链物流品牌迅速崛起，逐渐成为现代租赁型农产品冷链物流模式中的翘楚。

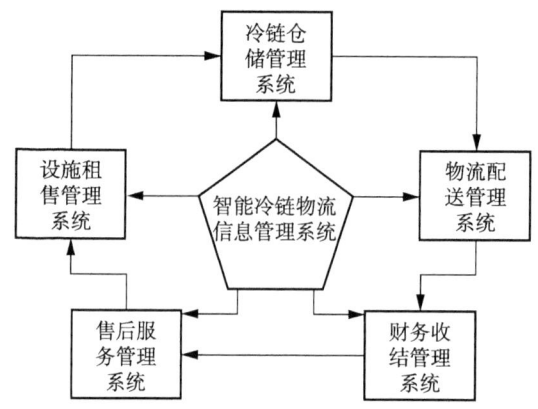

图 3-6　现代化农产品冷链物流公司信息化管理软件

（七）中央厨房型农产品冷链物流发展模式

2017年，中央一号文件提出了关于"大力推广中央厨房餐饮门店"的产销模式，原农业部也在全国范围内积极探索并扩展基于中央厨房模式为基础的农产品冷链物流新模式。

由于中央厨房需要全部直营店用冷藏车实行统一采购和配送，所以中央厨房模式中的农产品商品要具有一定规格的包装样式、可以实现远距离配送、拥有较长的存储期以及最好适应不同程度的冷链运输条件等特点。此外，这种冷链物流模式往往具有鲜明的行业特点：首先，在满足供给侧战略的条件下，针对农产品的不同细分市场，由国家支持、各行政主管部门搭台建立的规模化的中央厨房通过一致化采购、生产、配送等环节进行产业链细分并获得集聚效益。其次，通过兼并、整合冷链物流中小企业以及联合上下游优质供应商和渠道商合作，形成有影响力、有实力的大企业，打造以中央厨房为核心的精益化供应链管理体系。设想在未来，人们可以通过中央厨房型现代农产品冷链物流发展模式来打造各个小区内部的社区厨房，只要消费者在网上下单，就可以直接在社区厨房中取货（见图 3-7）。这样既解决了农产品冷链运输过程的全链条问题，从而保证蔬菜品质，又减少了农产品配送的中间环节，在时间和空间上更具灵活性。

北京嘉和一品企业管理有限公司创立于2000年，公司总部位于北京市顺义区，注册资金2400万元，是新希望六和股份公司旗下一家以粥为特色的中式连锁餐饮生产经营和服务企业。目前，公司在全国拥有130多家连锁餐厅，从全供应链服务模式向全生态服务模式发展。嘉和一品的中央厨房位于顺义南法信镇南陈路，建筑面积近3万平方米。目前月均生产量是1800吨。主要产品有：主食类——皮蛋粥、南瓜粥、山药粥、蔬菜粥、包子、焖面、米饭等；菜肴类有——黄焖鸡、酱牛肉、老北京扣肉、炖排骨、莴笋、五谷养生篮等，共计约200个品种。在移动互联网时代，嘉和一品利用现有京津冀为主的130家餐厅和网络平台（包括微信），把优质的产品和产业链优势服务给第三方餐饮客户，让他们和他们的消费者也享受这个产销模式和产业链的价值。中央厨房生产的产品，不仅仅为嘉和一品自己的餐饮门店提供服务，还向业内连锁餐饮企业如吉野家、老家肉饼、西贝、伏牛堂，便利店与商超如好邻居、美团等客户，提供优质的半成品。

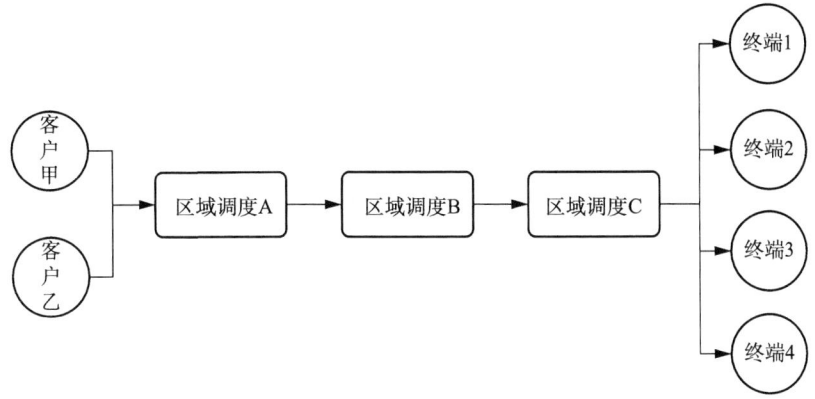

图3-7 中央厨房型现代农产品冷链物流发展模式

国内既有的农产品冷链物流模式各具特色，现将它们进行对比分析（见表3-6）。

表3-6 农产品冷链物流模式分析

农产品冷链物流模式	农产品加工企业为核心型	依托大型冷冻批发市场型	连锁零售节点主导型	围绕第三方冷链物流企业型	平台型农产品冷链物流发展模式	租赁型农产品冷链物流发展模式	中央厨房型农产品冷链物流发展模式
布局位置	农产品资源产地	农产品资源产地	农产品零售地	灵活	灵活	灵活	农产品零售地
企业规模	中	中	中、大	小、中、大	中、大	小、中	大
经营方式	私营加工	个体、私营批发	超市零售	物流、信息服务	信息服务	私营	公共单位
冷链能力	半程	半程	半程	全程	全程	全程	全程
技术支持	中	小	中、高	很高	高	中、高	高
竞争压力	中	大	中	小	小	小	小

续表

农产品冷链物流模式	农产品加工企业为核心型	依托大型冷冻批发市场型	连锁零售节点主导型	围绕第三方冷链物流企业型	平台型农产品冷链物流发展模式	租赁型农产品冷链物流发展模式	中央厨房型农产品冷链物流发展模式
利润获取	加工生产成本较低原材料	冷库对外有偿服务	冷链物流配送与销售	冷链物流信息	冷链物流信息	冷链设备有偿服务	冷链物流配送与销售
模式优势	原材料获取	农产品初始价格	面向消费市场	冷链物流功能齐全	冷链信息服务	冷链设施资源	冷链物流功能齐全
趋势预测	物流业务外包	企业联盟	物流业务外包	农产品供应链信息管理	农产品供应链信息管理	企业联盟	农产品供应链信息管理

结合表3-6可知，在布局位置方面，农产品加工企业为核心型与依托大型冷冻批发市场型农产品冷链物流模式需在农产品资源产地布局，连锁零售节点为主导型与中央厨房型农产品冷链物流模式需在农产品零售地布局，其余三种模式则布局相对灵活；在企业规模方面，租赁型、农产品加工企业为核心型、依托大型冷冻批发市场型农产品冷链物流模式以小、中型企业规模为主，连锁零售节点主导型、平台型、中央厨房型农产品冷链物流模式偏向于中、大型企业规模，围绕第三方冷链物流企业型农产品冷链物流模式则小、中、大型企业规模皆可；在经营方式方面，以上几种农产品冷链物流模式各有长处；在冷链能力、技术支持、竞争压力方面，农产品加工企业为核心型、依托大型冷冻批发市场型与连锁零售节点主导型农产品冷链物流模式皆具有"半程"冷链物流运输的特点，虽依托农产品产地进行原料采购或靠近农产品销售地进行零售活动以弥补"半程"冷链物流模式的缺陷，但仍存在着一定程度的空间局限性与时间滞后性，竞争压力较大；围绕第三方冷链物流企业、平台型、租赁型、中央厨房型的农产品冷链物流模式、提供全程一站式冷链物流服务，对企业技术与资金实力等要求较高且竞争压力相对较小，凭借发达的冷链物流信息进行专业化农产品供应链全程管理与操控，有极高的冷链能力要求，属于高级别的发展中的新型农产品冷链物流模式；在利润获取、模式优势、趋势预测方面，农产品加工企业为核心型、依托大型冷冻批发市场型与连锁零售节点主导型农产品冷链物流模式依托产地和销售地优势获得利润，业务外包与企业联盟是其发展的出路，围绕第三方冷链物流企业、平台型、中央厨房型的农产品冷链物流模式与租赁型的农产品冷链物流模式分别依托冷链物流信息与冷链物流硬件资源获取利润并发展壮大。

八、京津冀城市群现代农产品冷链物流发展模式的构建

由既有的农产品冷链物流模式对比与分析可知，目前建立现代农产品冷链物流发展模式的关键在于"链"而不是"冷"。只有生鲜农产品在生产、加工、运输、储存、包装等物流运作环节中始终处于可控的最佳低温环境，才可以保证产品的生鲜品质与质量安全，从而减少耗损、降低成本。随着物联网技术的逐步推广与应用，RFID 技术、GPS 技术、GIS 技术、EPC 技术、条形码技术等新技术手段广泛部署在冷链物流链的诸多环节中，智能终端与人工操作交互，不可避免地生成海量数据。我们可通过现代信息处理技术与新科技共享平台搭建手段达到准确、及时地"链"接农产品冷链物流过程中的诸多环节，从而突破当前我国农产品冷链物流发展的困境。因此，可将待处理的海量冷链物流数据信息储存在共享云服务器，同时运用大数据等现代信息处理技术进行冷链物流信息可视化全维度分析，将海量冷链物流数据转化为运营信息，并提炼出"城市大库"的一般运营适用规律，从而让信息与物流不再脱节，农产品冷链物流各个环节可以实现信息互通共享。而在农产品冷链物流配送的"最后一公里"环节，可利用互联网共享平台的思维联合中小型物流企业、社区便民店、连锁超市等作为节点，共同搭建社区冰箱、城市冰柜等用户自提"个人微库"。如此，信息变得价值连城，农产品整个供应链的效率和效益亦大大提高。

基础资源层通过物联网技术进行冷链物流资源汇聚，物理架构层依托数据库技术等软硬件将分散的数据交换资源集成并构建总调度信息管理平台，数据管理层将海量产品信息存储在公共共享云平台并运用大数据等数据分析与挖掘技术完成农产品冷链物流信息的可视化处理，应用服务层的应用系统及手机端 APP 实现全程农产品冷链物流信息的发布公开，以此驱动行业内企业间的快速反应，建立一种"城市大库"与"个人微库"通过信息链串接的"网络化、严标准、可追溯、高效率"的全链条式现代农产品冷链物流发展模式（见图 3-8）。

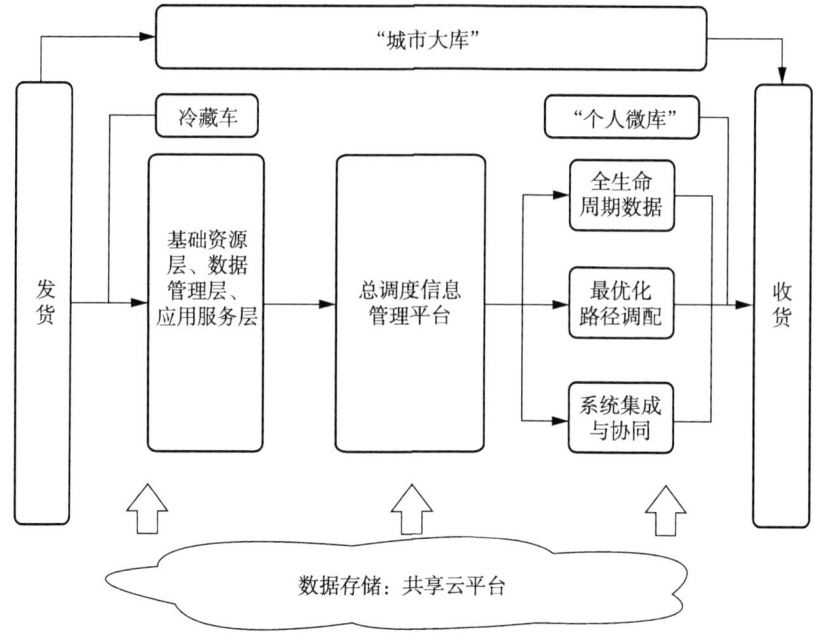

图 3-8 现代农产品冷链物流发展模式

(一)"城市大库"的全生命周期数据实现模式

生鲜农产品自生产加工之前,其自身相关信息便会被 RFID 读写器、温湿度传感器记录仪等进行详细信息记录与采集。加工出库装车完成后,车上所载产品的单品或者整体包装的电子标签整合至叉车的车载 RFID 电子标签,完成信息的整合并上传入政府监控与追溯系统。冷链运输、存储过程中,传感器实时感应车内、库内温湿度以及光照环境,根据共享云平台中的历史数据进行分析,以此调整车内农产品的最佳存储、运送环境。同时,车载终端通过移动通信系统与公司的服务器建立联系,互换数据,物流公司或者车队管理者可以直接访问 GPS 以及其他若干实时数据,方便承运人和托运人对货品运输情况的时时跟进,方便追查相关责任,并且在第一时间对冷链车做出相关指示,降低损失。监控与追溯子系统可将冷链各物流环节的数据与信息实时传递给"城市大库"的总调度信息管理平台,处理过后的信息反馈给各冷链物流节点的智能终端,以调整自身情况。这种全生命周期的数据实现模式为提供高品质的农产品质量保驾护航。

(二)"城市大库"的最优化路径调度功能

由于生鲜农产品的易腐特性,因此在冷链物流运输过程中,最讲究的是农产品运输的及时性与时效性。而果蔬等农产品在生产采购的过程中存在明显的季节性特征，这就对冷链运输企业提出了很高的要求并增加了其成本风险。在"城市大库"运输调度系统中，电子货单生成后，系统会立即对订单所需车辆要求、GIS、E-Map、CRM、营销计划等进行智能检索与匹配，设计出最优化的运输路径调度方案。这些分析数据涉及城市配送中每段路径在一天中各细分时段的通过时间、各路段交通事故的发生概率等基础交通信息，基于动态与随机车辆路径规划模型，在考虑各配送任务时间窗的情形下，快速生成各配送批次的初始优化路径。而在冷藏车辆运输的过程中，"城市大库"的总调度信息管理平台可根据途中车辆实时反馈的车辆运行状态数据以及共享云平台中的公共交通信息，借助量化的动态车辆路径优化模型，做出冷藏车辆的在途最优路径安排。

（三）"城市大库"的冷链物流系统自动集成与协同化

电子技术结合机械技术，同时注入先进的光感器技术、液态压缩技术、模糊控制技术、微电路技术到"城市大库"的机械驱动与中央智能控制系统中，实现冷链物流设备的自动化是现代农产品冷链物流模式的一大发展方向。同时，这些先进的冷链设施设备只有存在于一个完整的物流系统中，匹配与运作才能发挥出最大的功效。因此，在物流设备单机自动化的基础上，通过计算机把各种物流设备组成一个集成系统，通过中央控制室的控制，与物流系统协调配合，形成不同机种的最佳匹配和组合，将会取长补短，具有广阔的发展前景。换句话说，通过基础资源层、数据管理层、应用服务层、共享云平台以及总调度信息管理平台的多方联合，实现"城市大库"的冷链物流系统资源集成与运作协同化。

（四）"个人微库"的终端配送共享平台

利用互联网思维搭建平台的运作模式在我国的运用由来已久，并已经演变产生出多种成功的案例。最主要的尤以电商运营为主，它踏着90年代"社会主义市场经济建设"的政策浪潮而来，依托我国特殊的"碎片式"物流资源的国情发展壮大。此思维同样适用于农产品电子交易平台的"最后一公里"末端配送，即建立在互联网思维基础之上的做商家、快递公司、消费者之间的"最后一公里"的平台，联合平台中小型物流企业、社区便民店、连锁超市等作为节点共同搭建社区冰箱、城市冰柜等用户自提"个人微库"。客户通过微信或手机APP下单购买生鲜食品后，商家会将生鲜食品配送到"个人微库"的冷柜中，相当于商家直接把生鲜食品送到业主自己的冰箱里。"个人微库"应业主居家生活、物流公司冷链运输困境、商家客户群定位不清晰等需求而生，有效地解决了商家、物流公司、业主之间信息不对称的问题。

（五）政府+企业+第三方平台运营模式

在现有商务部冷链监管平台上，搭建京津冀区域冷链物流公共服务平台，搭建起与农产品批发企业、第三方物流企业、农户及零售商等各方主体的协调沟通平台。可以采取政府购买服务的方式，由第三方行业组织具体运营。通过建立重点、难点问题协调机制，加强人员配备及多方联动，明确分工及职责，统筹做好所在地区农产品冷链物流平台体系建设具体工作。条件成熟后，还应建立考核指标，加强动态监管和考核。

九、结论及政策建议

（一）结论

本章基于 L-OD 的需求预测思路，使用灰色模型（GM 模型）和马尔科夫链蒙特卡洛方法（MCMC 模型）相结合的方式预测农产品冷链仓储物流市场需求数量和需求趋势。结合预测值可以看出，北京市 2017—2026 年农产品冷链物流需求将继续呈现下降趋势，而天津、河北两地以及京津冀地区农产品冷链需求在未来十年将呈现持续增长的态势，冷链物流行业发展速度迅猛。

由此得出，北京市疏解政策在冷链物流行业发展趋势良好，天津、河北等地区有效承接了北京市的冷链物流行业的市场转移。可以在京津冀城市群建立一种"城市大库"与"个人微库"通过信息链串接的"网络化、严标准、可追溯、高效率"的全链条式现代农产品冷链物流发展模式。

（二）政策建议

1. 建立京津冀冷链物流联席会议制度

建立冷链物流发展联席会议制度，明确各成员单位的职能，共同推进规划实施，加快建立促进冷链物流发展的统筹协商机制，认真研究和解决冷链物流发展中的突出问题，并对规划加强监督和跟踪，全面推进冷链物流基础建设，加大农产品冷链物流市场监管；从整体上理顺和协调农村商品流通链条各环节主体的利益关系出发，清理整顿并制定法律法规，制定统一的现代农产品冷链物流发展规划；整合财税、金融、土地等政策，出台相互配套、紧密衔接的农村冷链物流发展的法规、规划、政策、标准规范，充分发挥政策组合的系统效应。

2. 实施京津冀冷链物流网络一体化工程

认真落实国家冷链物流相关扶持政策，根据京津冀冷链物流需求制定冷链物流产业发展用地、交通、税收等相关促进政策，将冷链物流作为准公共服务设施纳入城乡规划和土地利用总规划，在用地布局、审批、土地登记方面予以倾斜，实施京津冀物流一体化工程；政府密切与冷链物流相关协会、企业的合作，搭建以政府为引导、行业协会为主导、企业为主体的京津冀冷链物流产业公共服务综合信息平台。

3. 组织京津冀冷链物流企业联盟

鼓励符合国家有关规定的冷链运输物流企业、商贸流通企业等以联盟、共同持股等多种形式在京津冀开展共同配送，促进流通现代化，扩大居民消费；支持大型优秀冷链物流企业通过参股控股、兼并重组、协作联盟等方式，对分散的物流设施资源进行整合，鼓励中小冷链物流企业加强联盟合作，积极引导冷链运输物流企业通过统一组织、按需配送、计划运输的方式整合资源，降低物流成本，提升物流效率。

4. 成立京津冀冷链物流产业基金

充分发挥财政资金在网络对接融合、新模式和新技术的引导示范作用，成立京津冀冷链物流产业基金；银行金融机构加大对冷链物流企业的信贷支持力度，鼓励银行业金融机构，尤其是国家开发银行、农业发展银行等与冷链物流企业进行合作，加快推动适合冷链物流企业特点的金融产品和服务方式的创新，鼓励银行、信贷企业等金融机构探索多种贷款担保的方式，如用仓单质押、应收账单质押等新兴的冷链物流金融产品服务；支持符合条件的冷链物流企业上市和发行企业债券，鼓励产业发展基金及其股权投资、创业投资、信用担保等机构面向冷链物流企业开展业务。

5. 促进京津冀冷链物流人才产学研融合发展

建立高等院校、培训机构、中等职业院校与科研机构、行业协会还有企业联合培养冷链物流人才的模式，通过联合培养的方式，建立多渠道、多层次的冷链物流人才培育体系；加强校企合作，可采取"订单式"人才培养模式，学校与企业共同制定人才培养方案，共同组织教学，确保学以致用；加强与国外高等院校和专业培训机构的合作，引进国外高级冷链物流专业人才，加强国内外冷链物流知识与科技化信息水平相结合的交流与学习；开展冷链物流从业人员的岗前培训和在职培训，提高从业人员的职业技能和业务水平，鼓励培养冷链物流业高层次经营管理人才；建立完善的人才引进和激励政策，加大冷链物流业高层次创新型人才的引进力度，对符合条件的人才进行补贴。

第四章 京津冀能源类大宗商品物流

刘崇献 朱 粤 曹智慧 牛思佳 王 玲 雷艳灵 郑兴峰

一、京津冀能源类大宗商品物流概述

京津冀地区是我国煤炭、原油、天然气等能源类大宗商品的重要市场和集散地，是能源类大宗商品物流的重要生成地和关键储配枢纽之一。位于京津冀地区的国有大型企业，如中石油、中石化、神华集团等都是能源类大宗商品的重要进出口企业，京津冀地区的港口完成的大宗商品吞吐量在世界港口排名中也名列前茅。截至2017年11月数据显示，秦皇岛港（1.97亿吨）、黄骅港（1.77亿吨）、京唐港（0.92亿吨）、天津港（0.74亿吨）、曹妃甸港（0.54亿吨），上述环渤海五港合计煤炭发运量5.94亿吨，占我国沿海16个主要煤炭发运港口煤炭发运总量的90%。[①]

京津冀地区能源类大宗商品物流从流通范围看，既有国内物流又有国际物流，其中煤炭物流主要是国内物流，而石油物流主要是进口物流；从来源和去向看，可以分为本地物流和过境物流，其中煤炭和原油主要为过境物流；从物流性质看，可以分为消费物流和工业物流；从物流目的看，可以分为销地物流和中转物流。这些不同流向、性质和目的的大宗商品物流相互交织，构成了京津冀地区经济活动的一个重要方面，对保证京津冀地区乃至全国的工业生产和居民消费发挥着至关重要的作用。

鉴于京津冀地区大宗商品物流种类繁多，受篇幅所限，本章重点关注京津冀地区原油、天然气、煤炭等能源类大宗商品的物流发展状况，其他类大宗商品物流发展情况拟于今后另行研究。

本章主要梳理总结各类能源商品在京津冀地区物流发展现状和存在的问题，并使用数据包络模型（DEA）进行定量分析，通过效率对比研究京

---

① 2018年中国港口货物吞吐量及港口煤炭发运量情况分析［EB/OL］.（2018-03-07）［2018-03-07］. http：//www.chyxx.com/industry/201803/616482.html.

津冀各港口的综合效率、技术效率和规模效率状况，然后针对上述问题提出相应的对策建议，最后对各类能源大宗商品物流发展趋势进行简单展望和预测。

二、京津冀能源类大宗商品生产与消费情况

（一）全国能源生产、消费和进出口情况

1. 全国能源生产情况

2017年，全国一次能源生产总量35.9亿吨标准煤，比2016年增长3.6%。国家统计局数据显示，2017年原煤产量34.5亿吨（24.6亿吨标准煤），同比增长3.2%；原油产量1.9亿吨（2.7亿吨标准煤），同比下降4.0%；天然气产量1474.2亿立方米（1.96亿吨标准煤），同比增长8.5%[1]（见表4-1）。

表4-1　2008—2017年我国能源生产量及构成

单位：万吨标准煤

年份	能源生产总量	原煤生产总量	原油生产总量	天然气生产总量	水电、核电、风电生产总量
2008	277419	213058	27187	10819	26355
2009	286092	219719	26893	11444	28037
2010	312125	237839	29028	12797	32461
2011	340178	264658	28915	13947	32657
2012	351041	267493	29838	14393	39317
2013	358784	270523	30138	15786	42336
2014	361866	266333	30397	17008	48128
2015	361476	260986	30725	17351	52414
2016	346037	240816	28372	18338	58474
2017	359000	246433.5	27143	19607	65816.5

资料来源：崔晓利．中国能源大数据报告（2018）——我国能源发展概述［EB/OL］．（2018-08-07）［2018-08-07］．http：//shupeidian.bjx.com.cn/news/20180807/918810-3.shtml.

---

[1]　崔晓利．中国能源大数据报告（2018）——我国能源发展概述［EB/OL］．（2018-08-07）［2018-08-07］．http：//www.sohu.com/a/245684084_131990.

从产量来看，煤炭生产整体往北方尤其是"三西"地区集中。2017年北方地区的产量占比达到90.72%，"三西"地区的占比增速则快于北方地区，2017年产量占比达66.82%，而"三西"煤炭的外运主要是通过京津冀地区港口下水南运，煤炭物流成为京津冀地区主要的过境物流。

2. 全国能源消费情况

2017年，我国能源消费总量44.9亿吨标准煤，比上年增长2.9%（见图4-1）。国家发展和改革委员会的数据显示，全年原油表观消费量为6.1亿吨，同比增长6.0%。全年天然气消费量2373亿立方米，同比增长15.3%。天然气在我国一次能源消费结构中的占比增至约7.2%。①

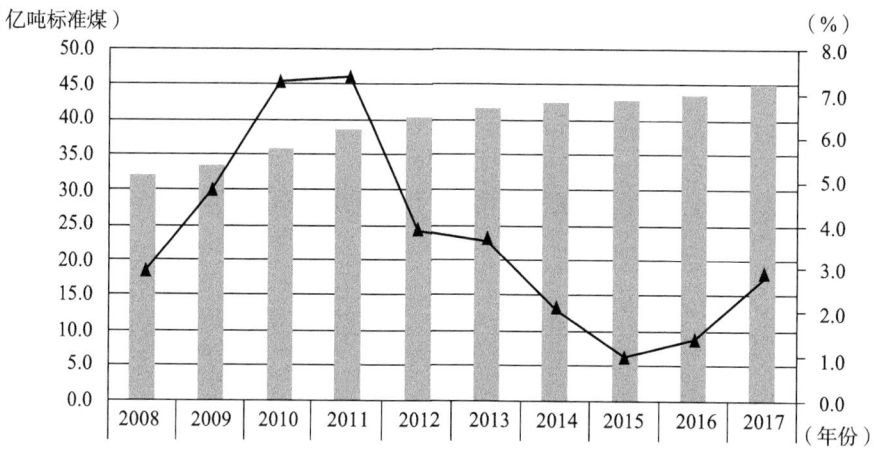

图4-1 2008—2017年能源消费总量及增速

资料来源：崔晓利. 中国能源大数据报告（2018）——我国能源发展概述［EB/OL］.（2018-08-07）［2018-08-07］. http://shupeidian.bjx.com.cn/news/20180807/918810-3.shtml.

2017年能源消费结构为：煤炭消费量占能源消费总量的60.4%，比2016年下降1.6个百分点；天然气及水电、核电、风电等清洁能源消费量占能源消费总量的20.8%（见表4-2）。

总体看来，我国能源构成中，煤炭处于主体性地位，石油消费量高但生产量低，供应依赖进口。清洁能源消费比重持续上升，发展潜力大。

---

① 崔晓利. 中国能源大数据报告（2018）——我国能源发展概述［EB/OL］.（2018-08-07）［2018-08-07］. http://www.sohu.com/a/245684084_131990.

表4-2 2008—2017年分品种能源占能源消费总量的比重

单位:%

年份	煤炭	石油	天然气	水电、核电、风电
2008	71.5	16.7	3.4	8.4
2009	71.6	16.4	3.5	8.5
2010	69.2	17.4	4.0	9.4
2011	70.2	16.8	4.6	8.4
2012	68.5	17.0	4.8	9.7
2013	67.4	17.1	5.3	10.2
2014	65.6	17.4	5.7	11.3
2015	63.7	18.3	5.9	12.1
2016	62.0	18.3	6.4	13.3
2017	60.4	18.8	7.2	13.6

资料来源：崔晓利. 中国能源大数据报告（2018）——我国能源发展概述［EB/OL］.（2018-08-07）［2018-08-07］. http://shupeidian.bjx.com.cn/news/20180807/918810-3.shtml.

3. 全国能源进出口情况

2017年，中国进口煤炭27090万吨，进口煤增速放缓至6.06%，但仍然突破2.7亿吨总量。

2017年，中国原油进口量突破4亿吨，增长10.1%，并创历史新高；2017年全年进口成品油2964万吨，增长6.4%。由于国内原油产量不足，而需求较大，所以出口量微乎其微，净进口量持续走高。

2017年，中国天然气进口量为6857万吨（约为956亿立方米），与2016年同期相比增长26.9%，对外依存度由2016年的34.8%增至38.8%。[1]

2018年上半年，我国原煤进口1.5亿吨，增长9.9%，比第一季度回落6.7个百分点；原油进口2.2亿吨，增长5.8%，回落1.2个百分点；天然气进口4208万吨，增长35.4%，回落1.9个百分点。[2]

从近年能源贸易情况看，煤、原油和天然气进口量均持续增加。出口量较小，与进口量相比有较大差距（见表4-3）。

京津冀地区港口是我国进口原油、液化天然气的重要接卸港和转运地。

---

[1] 崔晓利. 中国能源大数据报告（2018）——我国能源发展概述［EB/OL］.（2018-08-07）［2018-08-07］. http://www.sohu.com/a/245684084_131990.

[2] 王益烜. 能源供需保持稳定 节能降耗续见成效［EB/OL］.（2018-07-18）［2018-07-18］. http://www.stats.gov.cn/tjsj/sjjd/201807/t20180718_1610766.html.

表 4-3　2008—2017 年我国能源进出口情况

年份	煤（万吨）		原油（万吨）		天然气（亿立方米）		电力（亿千瓦时）	
	进口	出口	进口	出口	进口	出口	进口	出口
2008	4034	4543	17888	424	46	32	38	166
2009	12584	2240	20365	507	76	32	60	174
2010	16310	1910	23768	303	165	40	56	191
2011	22220	1466	25378	252	312	32	66	193
2012	28841	928	27103	243	421	29	69	177
2013	32702	751	28174	162	525	27	75	187
2014	29120	574	30837	60	591	26	68	182
2015	20406	533	33550	287	616	33	62	187
2016	25543	879	38101	294	753	34	61.9	189.1
2017	27090	817	41957	486	956	35.4	83.8	194.7

资料来源：崔晓利.中国能源大数据报告（2018）——我国能源发展概述［EB/OL］.（2018-08-07）［2018-08-07］.http://shupeidian.bjx.com.cn/news/20180807/918810-3.shtml.

（二）京津冀能源生产消费现状及特点

京津冀地区是我国煤炭、石油、天然气等大宗能源商品的需求大户和重要的中转储配以及进出口基地，同时也是我国煤炭、石油和天然气的重要产区之一，能源物流在物流总量中占据重要地位。整体上看，京津冀能源大宗商品消费量远大于生产量，属于能源类大宗商品的重要输入地区和过境运输地区。

1. 京津冀地区能源生产保持稳定

能源生产和消费是能源物流生成的基础。包括京津冀在内的环渤海地区是我国能源生产的重点产区之一，河北省的煤炭产能曾经位列我国前十，2017 年河北省生产煤炭 6010.8 万吨，北京市也有一定的煤炭生产能力，而天津市基本上不生产煤炭。京津冀地区近些年由于雾霾等环境问题日益严峻，煤炭的生产和消费都受到了严格限制，煤炭生产规模有缩减趋势（见表 4-4）。

表 4-4　2005—2017 年京津冀地区原煤产量

单位：亿吨

地区	年份								
	2005	2010	2011	2012	2013	2014	2015	2016	2017
北京	0.09	0.05	0.05	0.05	0.05	0.05	0.05	0.04	0.03
天津	0	0	0	0	0	0	0	0	0
河北	0.8	1.02	1.06	1.18	0.77	0.73	0.74	0.65	0.60

资料来源：2005—2016 年数据来源：国家统计局能源统计司.中国能源统计年鉴（2017）［M］.北京：中国统计出版社，2017；2017 年数据来源：中商产业研究院.2017 年 12 月中国各地区原煤产量排行榜［EB/OL］.（2018-01-25）［2018-01-25］.https://www.sohu.com/a/218818833_642249.

原油作为优质主力能源,在京津冀地区的产量、消费量和贸易物流量都较大。2017年天津市的原油产量为3102.4万吨,同比下降5.2%,全国排名第三。河北省2017年的原油产量为539.1万吨,同比下降1.3%,全国排名第八,见表4-5。① 北京市自身不生产原油,但有较高的原油加工能力。

表4-5 2000—2017年京津冀地区原油产量

单位:万吨

地区	年份									
	2000	2005	2010	2011	2012	2013	2014	2015	2016	2017
北京	0	0	0	0	0	0	0	0	0	0
天津	764.0	1793.0	3332.7	3187.8	3098.3	3044.5	3074.8	3496.8	3273.3	3102.4
河北	518.3	562.5	599.0	586.1	584.0	591.0	592.3	580.1	546.0	539.1

资料来源:2000—2016年数据来源:国家统计局能源统计司.中国能源统计年鉴(2017)[M].北京:中国统计出版社,2017;2017年数据来源:搜狐财经.中国各省市区2017年原油产量排行榜,基本上都出现了产量下滑![EB/OL].(2018-02-06)[2018-02-06].https://www.sohu.com/a/221320762_100023759.

京津冀三地目前都有天然气生产,合计产量49.15亿立方米(见表4-6),在全国天然气产量中占比较低,属于大量调入天然气的区域。

表4-6 2000—2017年京津冀地区天然气产量

单位:亿立方米

地区	年份									
	2000	2005	2010	2011	2012	2013	2014	2015	2016	2017
北京	0	0	0	0	0	7.50	12.80	16.88	21.68	15.4
天津	9.10	8.79	17.20	18.40	18.70	18.73	21.15	20.54	19.69	21.5
河北	5.14	6.92	12.70	12.20	13.40	15.58	17.50	10.43	7.78	7.4

资料来源:2000—2016年数据来源:北京市统计局.北京统计年鉴(2017)[M].北京:中国统计出版社,2017;2017年数据来源:中商产业研究院.2017年1—12月中国天然气产量数据分析[EB/OL].(2018-01-24)[2018-01-24].http://www.askci.com/news/chanye/20180124/104315116734.shtml.

2. 京津冀地区能源消费结构持续优化

京津冀地区人口稠密,经济发达,对能源的消费量较大。京津冀地区,尤其是河北省,是我国钢铁、火电等高耗能产业的重镇,消耗了大量的煤炭资源。

---

① 一秒时光.中国各省市区2017年原油产量排行榜,基本上都出现了产量下滑![EB/OL].(2018-02-06)[2018-02-06].http://www.sohu.com/a/221320762_100023759.

同时京津冀地处我国"南煤北运"和"西煤东运"的交叉地带,每年有巨量的过境煤炭物流和外贸煤炭物流。从能源消费结构看,北京市对煤炭的消费比例在快速下降,到2017年占比已经下降到5.65%;天然气的消费量快速增加,占比超过了31%;石油的消费比例则相对稳定在32%左右(见表4-7)。

表4-7 2010—2017年北京市能源消费量及消费结构

年份	能源消费总量（万吨标准煤）	占能源消费总量的比重（%）					
		煤品	油品	天然气	一次电力	电力净调入量	其他能源
2010	6359.49	29.59	30.94	14.58	0.45	24.35	0.09
2011	6397.30	26.66	32.92	14.02	0.45	25.62	0.33
2012	6564.10	25.22	31.61	17.11	0.42	25.38	0.26
2013	6723.90	23.31	32.19	18.20	0.35	24.99	0.96
2014	6831.23	20.37	32.56	21.09	0.41	24.03	1.54
2015	6852.55	13.68	33.54	28.97	0.40	21.55	1.86
2016	6961.70	9.81	32.93	31.68	0.66	23.20	1.72
2017	7132.84	5.65	33.80	31.80	0.64	25.99	2.13

资料来源:北京市统计局.北京统计年鉴(2018)[M].北京:中国统计出版社,2018.

河北省煤炭资源相对丰富,但水电、原油和天然气等资源相对不足,能源消费以煤炭为主。2017年煤炭占比仍高达83.7%,天然气和其他清洁能源占比不足9%,见表4-8。

表4-8 2010—2017年河北省能源消费量和结构

年份	能源消费总量（万吨标准煤）	占能源消费总量的比重（%）			
		煤炭	石油	天然气	一次电力及其他能源
2010	26201.41	89.71	7.75	1.51	1.03
2011	28075.03	89.09	8.12	1.66	1.13
2012	28762.47	88.86	7.48	2.04	1.62
2013	29664.38	88.69	7.22	2.23	1.86
2014	29320.21	88.46	6.98	2.54	2.02
2015	29395.36	86.55	7.99	3.30	2.17
2016	29794.40	85.01	8.63	3.14	3.22
2017	30385.9	83.7	8.0	4.2	4.1

资料来源:2010—2016年数据来源:河北省统计局.河北统计年鉴(2017)[M].北京:中国统计出版社,2017;2017年数据来源:河北省统计局.节能降耗促发展 生态文明谱新篇——改革开放40年河北经济社会发展成就系列报告之九[EB/OL].(2018-11-26) [2018-11-26].http://www.hetj.gov.cn/hetj/tjxx/101542969317734.html.

天津市能源消费结构中，煤炭消费占比超过50%，天然气消费占比在快速增长（见表4-9）。

表4-9　2012—2017年天津市能源消费量及消费结构

	单位	年份					
		2012	2013	2014	2015	2016	2017
合计	万吨标准煤	7325.56	7881.83	8145.06	8260.13	8244.68	8011.04
煤炭	万吨	5233.37	5278.67	5027.28	4538.83	4230.16	3875.61
焦炭	万吨	882.72	955.48	954.39	904.69	887.29	808.70
原油	万吨	1544.62	1759.15	1603.17	1616.72	1433.60	1624.85
天然气	亿立方米	32.05	37.27	45.09	63.62	74.06	82.31
电力	亿千瓦小时	743.19	794.48	823.94	851.13	861.60	857.00

资料来源：天津市统计局．天津统计年鉴（2018）[M]．北京：中国统计出版社，2018．

总体上看，京津冀地区属于我国重点能源调入地区。2017年京津冀地区的天然气调入量在快速增加，煤炭调入量维持在高位，由于河北和天津原油产量较大，调入量较少。从2016年数据看，京津冀三地煤炭生产量合计达到6900万吨，消费量合计达到33183.4万吨，超过2.62亿吨煤炭需要从外部调入；原油产量合计为3819.3万吨，而同期的原油消费量4016.53万吨，需少量调入；天然气产量为49.15亿立方米，而同期的天然气消费量为307.29亿立方米，远远不能自给，需要大量外部调入。这些能源生产、消费和跨区域调度会在京津冀区域内产生巨大的能源物流。

京津冀地区的煤炭生产主要集中在河北省和北京市，天津市目前已不生产煤炭。随着我国北方冬季雾霾的持续肆虐，国家已经大幅度加强了环保要求和执法标准，京津冀地区的煤炭生产和消费量受到了严格控制，逐步压减。北京市煤炭消费量占能源消费量的比例已经下降到了10%以下。根据《河北省煤炭工业发展"十三五"规划》，河北省煤炭产量将由"十二五"末的9000余万吨下降到5000万吨左右。北京市、天津市和河北省的煤炭消费量近些年也在逐步下降，"煤改气"工程正在大力推广。"十三五"期间，河北省将推动张家口、承德、秦皇岛、保定市加快成为"基本无煤矿市"。[①]

---

① 曹智．"十三五"张家口承德秦皇岛保定将成为"基本无煤矿市"[EB/OL]．(2018-01-22)[2018-01-22]．http://hebei.hebnews.cn/2018/01/22/content_6755069.htm．

三、京津冀能源类大宗商品物流状况分析

（一）京津冀地区港口能源物流业务规模

能源商品属于大宗散货，港口是大宗能源散货的集散中心，港口的大宗能源商品吞吐量对反映京津冀地区能源物流的规模具有很强的代表性。京津冀地区拥有天津港、唐山港、秦皇岛港、黄骅港等著名港口，这些港口承担着"三西"煤炭外运、铁矿石进口、石油天然气进口、粮食进口等物流任务，是京津冀地区大宗商品物流的核心枢纽和储配中心，大宗商品物流功能强大。

2017年，河北省港口完成货物吞吐量10.9亿吨（见表4-10），比2016年增长1.4亿吨，创河北省港口全年货物吞吐量新高。其中，增长最快的是秦皇岛港，共完成2.5亿吨，同比增长31.2%；唐山港完成5.7亿吨，同比增长10.1%；黄骅港完成2.7亿吨，同比增长10.4%。①

表4-10 2017年河北省港口分货类吞吐量统计

货物类别	单位	吞吐量
集装箱吞吐量	万TEU	374.3
货物吞吐量总计	万吨	108868
煤炭及制品	万吨	60491
石油天然气及制品	万吨	2777
金属矿石	万吨	29290
钢铁	万吨	6235

资料来源：中国港口协会. 中国港口年鉴（2018）[M]. 上海：中国港口杂志社，2018.

2017年，唐山港全港完成货物吞吐量57320万吨（见表4-11），同比增长10.12%。其中，外贸吞吐量29105万吨，同比减少0.69%；煤炭吞吐量17739万吨，同比增长23.84%；矿石吞吐量24749万吨，同比增长1.87%；石油、天然气及制品吞吐量1935万吨，同比增长3.28%；钢铁吞吐量5692万吨，同比增长8.52%；集装箱吞吐量2530303TEU，同比增长30.72%。

---

① 方素菊. 创新高！2017年河北省港口货物吞吐量10.9亿吨[EB/OL].（2018-01-11）[2018-01-11]. https://baijiahao.baidu.com/s?id=1589305505441559356&wfr=spider&for=pc. [EB/OL].（2018-01-30）[2018-01-30]. http://www.sohu.com/a/219810666_751989.

表 4-11　2017 年唐山港分货类吞吐量统计

货物类别	单位	吞吐量
集装箱吞吐量	万 TEU	253.03
货物吞吐量总计	万吨	57320
煤炭及制品	万吨	17739
石油天然气及制品	万吨	1935
金属矿石	万吨	24749
钢铁	万吨	5692

资料来源：中国港口协会. 中国港口年鉴（2018）[M]. 上海：中国港口杂志社, 2018.

曹妃甸港区完成货物吞吐量 28271 万吨，同比增长 13.30%。其中，外贸吞吐量 16054 万吨，同比减少 0.36%；煤炭吞吐量 6495 万吨，同比增长 49.07%；矿石吞吐量 13454 万吨，同比增长 2.72%；石油、天然气及制品吞吐量 1778 万吨，同比增长 3.23%；钢铁吞吐量 3982 万吨，同比增长 11.71%；集装箱吞吐量 525016TEU，同比增长 22.06%。

京唐港区完成货物吞吐量 29048 万吨，同比增长 7.19%。其中，外贸吞吐量 13051 万吨，同比减少 1.09%；煤炭吞吐量 11343 万吨，同比增长 13.82%；矿石吞吐量 11294 万吨，同比增长 0.88%；石油、天然气及制品吞吐量 46 万吨，同比增长 5.23%；钢铁吞吐量 1708 万吨，同比增长 1.73%；集装箱吞吐量 2005287TEU，同比增长 33.20%。[①]

2017 年，黄骅港完成吞吐量 2.7 亿吨（见表 4-12），同比增长 10.43%。其中，集装箱业务继续呈现稳定增长态势，完成吞吐量 65.36 万标准箱，同比增长 8.65%。按货类统计，煤炭完成 2.11 亿吨，占总量的 78.04%；矿石完成 3995 万吨，占总量的 15.9%；油品、粮食、钢材、矿建材料等其他货类完成 30 万吨，占总量的 6.06%。[②]

表 4-12　2017 年黄骅港分货类吞吐量统计

货物类别	单位	吞吐量
集装箱吞吐量	万 TEU	65.36
货物吞吐量总计	万吨	27028
煤炭及制品	万吨	21092

---

① 韩冬. 2017 年唐山港货物吞吐量超 5.7 亿吨 [EB/OL]. (2018-01-12) [2018-01-12]. http://tangshan.huanbohainews.com.cn/system/2018/01/12/011779696.shtml.

② 中国港口协会. 中国港口年鉴（2018）[M]. 上海：中国港口杂志社, 2018.

续表

货物类别	单位	吞吐量
石油天然气及制品	万吨	478
金属矿石	万吨	3995
油品、粮食、钢材、矿建材料等其他货类	万吨	30

资料来源：中国港口协会．中国港口年鉴（2018）［M］．上海：中国港口杂志社，2018.

2017年，秦皇岛港吞吐量重回"第一运煤大港"行列，超过2.16亿吨（见表4-13），但是和黄骅港的煤炭吞吐量相比领先优势非常微弱。

表4-13 2017年秦皇岛港分货类吞吐量

货物类别	单位	吞吐量
集装箱吞吐量	万TEU	55.93
货物吞吐量总计	万吨	24520
煤炭及制品	万吨	21660
石油天然气及制品	万吨	364
金属矿石	万吨	546
其他主要货类	万吨	514

资料来源：中国港口协会．中国港口年鉴（2018）［M］．上海：中国港口杂志社，2018.

2017年，天津港货物吞吐量完成5.01亿吨（见表4-14），同比减少9.1%；集装箱吞吐量完成1506.90万标准箱，同比增长3.8%。天津港口岸外贸货物吞吐量2.80亿吨，同比减少5.5%。其中，外贸进口18466.62万吨，同比减少4.3%；外贸出口9578.57万吨，同比减少7.8%。口岸外贸集装箱完成804.24万标准箱，同比增长5.4%。受汽运煤叫停影响，天津港2017年全年完成煤炭吞吐量7980万吨，同比减少2980万吨。

表4-14 2017年天津港口分货类吞吐量统计

货物类别	单位	吞吐量
集装箱吞吐量	万TEU	1506.9
货物吞吐量总计	万吨	50056
煤炭及制品	万吨	9700
石油天然气及制品	万吨	5707
金属矿石	万吨	10394

资料来源：中国港口协会．中国港口年鉴（2018）［M］．上海：中国港口杂志社，2018.

2017年，我国北方主要发煤港口合计发运煤炭达7.26亿吨，同比增长11.9%。秦皇岛港吞吐量重回"第一运煤大港"行列，黄骅港紧跟其后，全年完成煤炭吞吐量位居北方港口第二位（见表4-15）。①

表4-15　2017年京津冀各港口煤炭吞吐量及占比情况

港口名称	煤炭吞吐量（万吨）	占比（%）
秦皇岛港	21500	32
黄骅港	19300	29
京唐港	11343	17
天津港	7980	12
曹妃甸港	6495	10

资料来源：根据各港口网站披露数据整理。

整体上看，2017年，京津冀港口完成的能源、铁矿石和钢铁大宗商品吞吐量达到124594万吨。其中，煤炭及其制品吞吐量达到70191万吨；石油天然气及制品8484万吨；金属矿石39684万吨，钢铁吞吐量6235万吨。其中能源类大宗商品吞吐量占比为63.15%。从主要货类看，京津冀四大港口都是煤炭吞吐大港，其中秦皇岛港吞吐量最大，超过2.16亿吨；黄骅港吞吐量超过2.1亿吨，有赶超秦皇岛港的趋势；唐山港煤炭吞吐量超过1.77亿吨；天津港煤炭吞吐量0.97亿吨，居于末席。四大港口都承担了相当数量的石油天然气及制品吞吐量，其中以天津港的石油天然气吞吐量最大，达到5707万吨，唐山港次之，为1935万吨；四大港口都承担了相当数量的金属矿石吞吐量，其中唐山港的金属矿石吞吐量最大，超过2.47亿吨，天津港次之，接近1.04亿吨；钢材的运输量主要通过唐山港完成，唐山港钢材吞吐量达到5692万吨。

从能源物流的流向看，京津冀四大港口是我国"三西"煤炭实现"北煤南运"的主要下水港。其中，秦皇岛港、唐山港和黄骅港分别是北方三大运煤通道的主要下水港和枢纽港，吞吐量都接近2亿吨；而天津港过去主要是汽运煤的主要下水港，除了黄万铁路之外，缺乏专用运煤铁路线，目前由于环渤海禁止汽运煤政策，煤炭吞吐量受到显著影响，导致2017年天津港成为我国前十大港口中唯一出现吞吐量下降的港口。北方沿海水运运输港口相对

---

① 2017年北方主要发煤港口共发运煤炭7.26亿吨［EB/OL］．（2018-01-30）［2018-01-30］．http：//www.sohu.com/a/219810666_751989．

应的是江苏、上海、浙江、福建、广东等沿海地区以电厂等大型用煤企业自建的专用码头和公用码头组成的煤炭接卸港,主要接卸港包括上海港、宁波港、广州港,占接卸量50%以上。

与煤炭物流流向相反,京津冀各港口是原油、LNG和铁矿石的主要接卸港,2017年完成石油天然气及制品吞吐量8484万吨,其中天津港居于主枢纽地位,占比67%,并且主要是进口物流。

(二) 京津冀地区能源物流通道建设情况

京津冀地区交通基础设施相对完善,铁路和公路网密集,运输能力发达。按照《京津冀协同发展交通一体化规划(2014—2020年)》,京津冀地区的综合交通运输主骨架为"四纵四横一环",如图4-2所示。

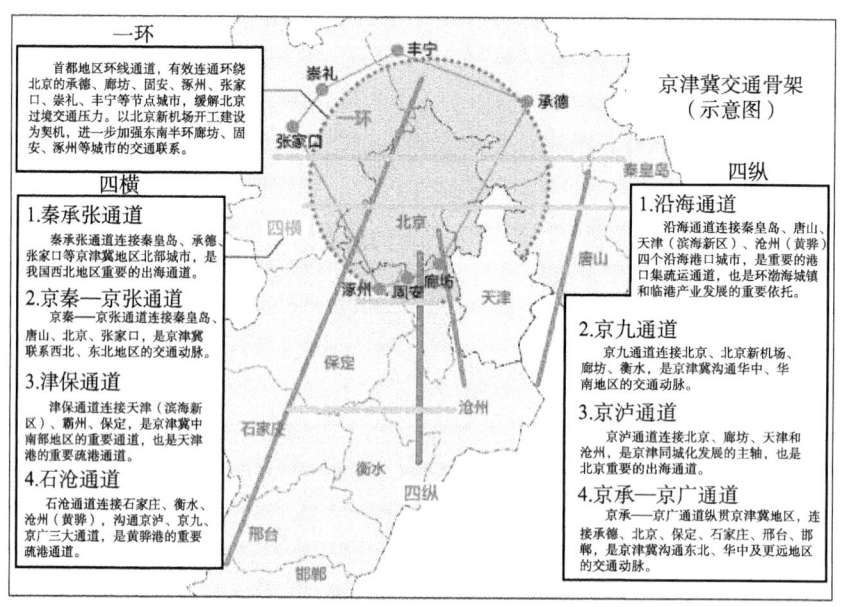

图4-2 京津冀综合交通运输通道"四纵四横一环"图

资料来源:刘亚力.《京津冀协同发展交通一体化规划》出台 构建"四纵四横一环"骨架 统一机动车排放标准[EB/OL]. 北京日报,(2015-12-14)[2015-12-14]. http://www.xinhuanet.com//politics/2015-12/14/c_128528368.htm.

其中的"四横",即秦承张通道、京秦—京张通道、津保通道和石沧通道,是京津冀地区煤炭等能源物流通道。秦承张通道连接秦皇岛、承德、张家口等京津冀地区北部城市,是我国西北地区重要的出海通道;京秦—京张通道连接秦皇岛、唐山、北京、张家口,是京津冀联系西北、东北地区的交通动脉；津保通道连接天津（滨海新区）、霸州、保定，是京津冀中南部地区的重要通道，也是天津港的重要疏港通道；石沧通道连接石家庄、衡水、沧州（黄骅），沟通京沪、京九、京广三大通道，是黄骅港的重要疏港通道。①

为守护京津冀"青山绿水、蓝天碧海"，按照要求，环渤海港口于2017年10月1日零时起率先终止汽运煤。京津冀地区的煤炭运输将以铁路和铁水联运为主要形式，石油和天然气的陆上运输将以管道为主，而煤炭、石油和LNG的进口将以海运为主。

根据国家发改委2013年发布的《煤炭物流发展规划》，京津冀地区是我国晋陕蒙（西）宁甘等煤炭主产区煤炭外运通道的主要途经地和储配中转基地，由北通路（大秦、朔黄、蒙冀、丰沙大、集通、京原）、中通路（石太、邯长、山西中南部、和邢）和南通路（侯月、陇海、宁西）三大横向通路和焦柳、京九、京广、蒙西至华中、包西五大纵向通路组成，满足京津冀、华东、华中和东北地区煤炭需求。这其中北通路和中通路都主要经由京津冀地区，除了满足京津冀地区的煤炭需求，还有大量的煤炭经由京津冀港口出口或转运我国南方省份。②

目前北方煤炭主产地连接北方港口的运煤通道主要有三条，也是京津冀地区主要的煤炭物流通道。

第一通道：大秦铁路及与之配套的秦皇岛港，主要承担晋北地区煤炭的下水任务，构成了"煤运第一大通道"。2017年大秦线完成运量4.32亿吨，铁路设计运力为4.6亿吨；2018年预计有2000万~3000万吨的运输增量空间，其可用运能增量已非常有限，如图4-3所示。

第二通道：神朔黄线（包括支线黄万铁路）和与之配套的黄骅港、天津港南疆煤码头，主要承担神府、东胜地区煤炭的外运任务。朔黄铁路2017年完成运量3.04亿吨，铁路设计运力为3.5亿吨。预计2018年可新增运力1000万吨左右，如图4-4所示。

---

① 刘亚力.《京津冀协同发展交通一体化规划》出台 构建"四纵四横一环"骨架［N］.北京日报，2015-12-14. http：//www.xinhuanet.com//politics/2015-12/14/c_128528368.htm.

② 2020年前建11个大型煤炭储配基地［EB/OL］.（2014-01-10）［2014-01-10］.https：//www.yicai.com/news/3340936.html.

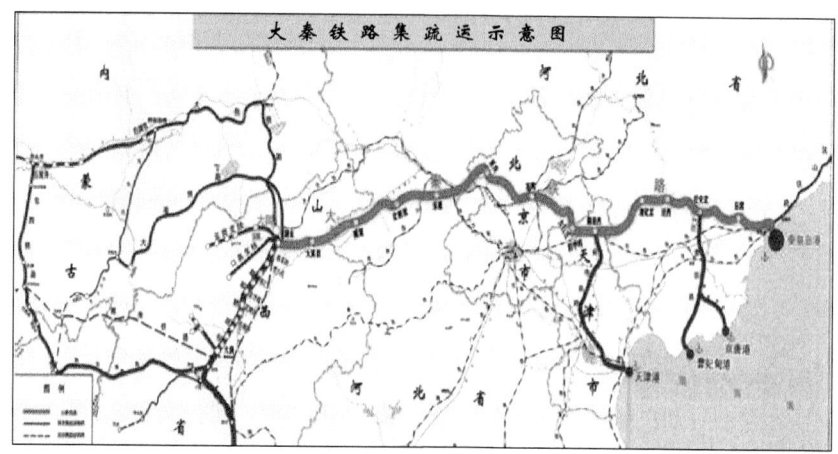

图 4-3 运煤通道大秦铁路及与之配套的秦皇岛港

资料来源：中国四大运煤通道 [EB/OL]. [2017-10-07]. https://www.meipian.cn/u6sfk49.

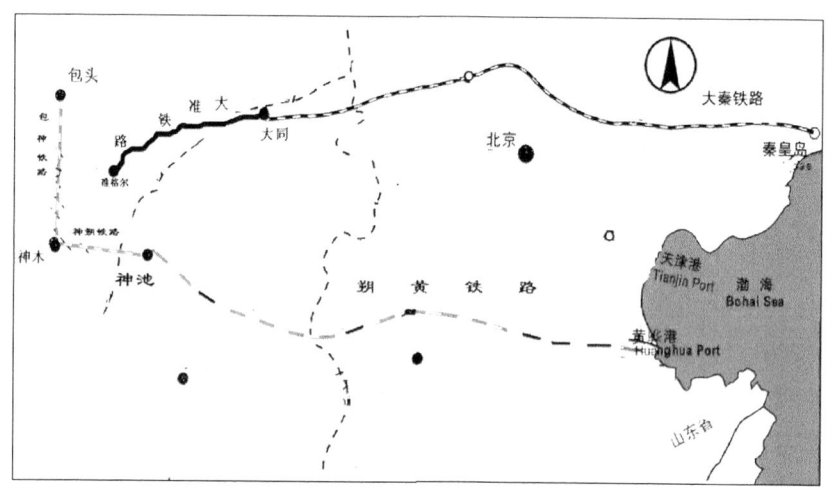

图 4-4 运煤通道神朔黄线及与之配套的黄骅港

资料来源：中国四大运煤通道 [EB/OL]. [2017-10-07]. https://www.meipian.cn/u6sfk49.

第三通道：蒙冀线，西起内蒙古鄂尔多斯，东到曹妃甸港的运煤大通道，设计运输能力为2亿吨/年，2017年完成铁路运量大约为5000万吨。2018年5月，蒙冀线开通万吨列车，因此，预计2018年全年可新增运力3000万~4000万吨，如图4-5所示。

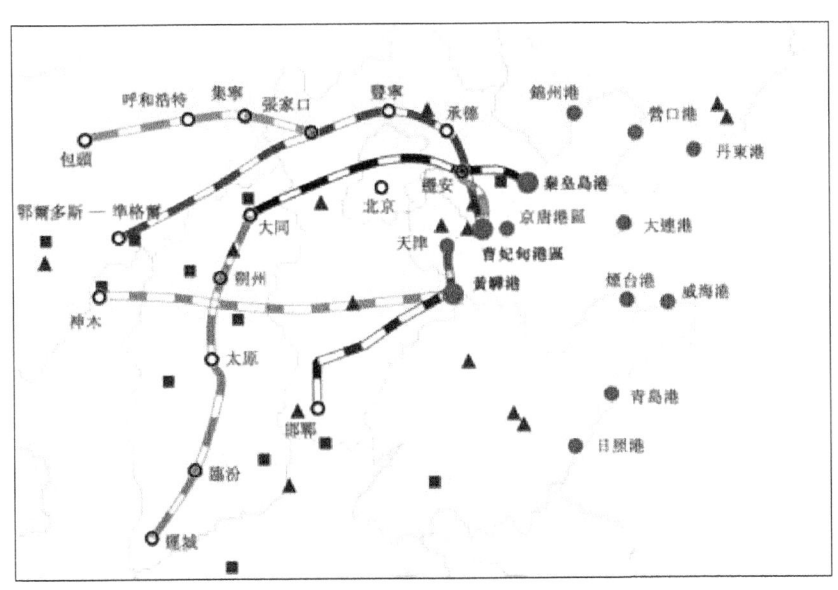

图 4-5 运煤通道蒙冀铁路及与之配套的曹妃甸港

资料来源：中国四大运煤通道 [EB/OL]. [2017-10-07]. https://www.meipian.cn/u6sfk49.

沿海水路运输煤炭具有运价低、运力大、能耗小，可直接到达用煤企业专用码头等优势，是中国东南沿海地区煤炭运输的主要方式。

但对于大企业而言，要将原产地的煤矿运输至港口，通常会选择铁路运输，所以水路加铁路成为煤炭大宗商品运输的主流方式。

管道运输是京津冀地区能源物流的主要实现形式，京津冀管道建设是我国油气管道建设的重点。根据《能源发展"十三五"规划》《天然气发展"十三五"规划》等公开信息，我们测算得到，截至 2016 年底，京津冀地区建成的天然气干线管道超过 8500 千米，年设计输气能力超过 1000 亿方。此外，京津冀地区在建天然气干线管道超过 8000 千米，年设计输气能力超过 1300 亿方，主要包括中石油所属的陕京四线、太原—石家庄煤层气管线、中俄东线，中石化所属的鄂尔多斯—安平—沧州管线，中海油所属的蒙西煤制气管线，河北天然气所属的京石邯复线。

京津冀地区有大港油田、华北油田，都敷设有外输原油管道。华北地区的炼化企业，有地处北京燕山的东方红炼油厂和大港炼油厂、天津炼油厂、沧州炼油厂、石家庄炼油厂、保定炼油厂等。原油管道总长度 1847.4 千米。

京津冀地区最早修建的原油主干线是秦皇岛至北京的秦京线，为北京东方红炼厂供应原料油。秦京线 1974 年 4 月开工，1975 年 6 月 19 日投产。管道全长 324.6 千米，年输油能力 600 万吨。

大港至周李庄输油管线 1968 年建设，这条管道是大港油田唯一的原油外输线，总长 210.5 千米，年输能力 500 万吨。

任丘至沧州原油管道，1976 年 1 月 1 日开工，4 月 1 日投产，全长 109 千米，年输油能力 500 万吨；1983 年经过改造，年输油能力 770 万吨。以华北油田为源头的原油管道，还有任沧复线、任沧新线、任京线（任丘至北京）、沧临线（沧州至临邑）、河石线（河间至石家庄）、任保线（任丘至保定）、阿赛线（阿尔善至赛汗塔拉）。①

（三）京津冀地区能源物流节点建设情况

京津冀地区四大港口目前都已跻身亿吨级大港，正在努力推进京津冀港口协同发展，在泊位数、专用码头、深水航道、物流信息化等方面取得了重大进展，见表 4-16、表 4-17、表 4-18。

表 4-16　天津市 2017 年港口泊位数统计

泊位长度（米）	泊位数（个）	集装箱吞吐量（万 TEU）	泊位年通过能力			
			旅客吞吐量（万人次）	煤炭及制品（万吨）	石油天然气及制品（万吨）	金属矿石（万吨）
37634	160	1131	92	9550	4820	2900

资料来源：中国港口协会. 中国港口年鉴（2018）[M]. 上海：中国港口杂志社，2018.

表 4-17　河北省 2017 年港口泊位数统计

类别	货类	泊位数量（个）	泊位长度（米）	设计年通过能力（万吨）
合计		71	18295	38485
秦皇岛港	煤炭	23	6147	18855
	油品及液体化工	7	1459	1700
	杂货	17	3813	1480
	集装箱	3	797	750000 标箱
曹妃甸港区	矿石	4	1598	6200
	散货	2	525	350
	煤炭	5	1179	5000

---

① 中国管道运输分析 [EB/OL]. （2018-03-2）[2018-03-2]. http://www.cmrn.com.cn/scyj21/201803/0228628.html.

续表

类别	货类	泊位数量（个）	泊位长度（米）	设计年通过能力（万吨）
黄骅港综合港区	散货	2	508.5	500
	通用散杂货	2	508.5	300
	多用途	4	1024	1000
	矿石	2	736	3000

资料来源：中国港口协会. 中国港口年鉴（2018）[M]. 上海：中国港口杂志社，2018.

表 4-18 北京市物流运输线路

项目	条数（条）		长度（千米）	
	2017 年	2016 年	2017 年	2016 年
铁路	56	56	1103.1	1103.1
公路	10317	9902	22226.0	22026
民航	—	—	—	—
中国国际航空公司	420	378	—	—
中国新华航空有限责任公司	631	459	—	—
管道	25	23	5439.5	4314.0

资料来源：北京市统计年鉴. 北京统计年鉴（2018）[M]. 北京：中国统计出版社，2018.

在煤炭集散节点建设方面，根据发改委 2013 年发布的《煤炭物流发展规划》，将重点建设 11 个大型煤炭储配基地和 30 个年流通规模 2000 万吨级物流园区。依托煤炭陆路和水路运输通道条件，在主要消费地、沿海沿江主要港口和重要铁路枢纽，建设环渤海、山东半岛、长三角、海西、珠三角、北部湾、中原、长株潭、泛武汉、环鄱阳湖、成渝等大型煤炭储配基地。在大型煤炭储配基地内，按照合理辐射半径，建设锦州、营口、秦皇岛、京唐港、曹妃甸、天津、黄骅、青岛、日照、龙口、宁波—舟山、罗源湾、莆田、广州、珠海、防城港、义马、濮阳—鹤壁、南阳（内乡）、镇江、靖江、万州、广元、荆州、岳阳、九江、芜湖、北海、武威、中卫等一批煤炭物流园区。[①]

从规划内容可以看出，京津冀地区是位列首位的煤炭储配基地，京津冀的主要港口秦皇岛、京唐港、曹妃甸、天津、黄骅等都位列 30 个重点建设的煤炭物流园区，已经建成了巨大的煤炭吞吐能力。

在液体散货，即原油和液化天然气、石油气存储方面，中国石化在京津

---

① 2020 年前建 11 个大型煤炭储配基地 [EB/OL]. (2014-01-10) [2014-01-10]. https://www.yicai.com/news/3340936.html.

冀地区已投用四个原油商业储备基地。中国石化先后于2012年投用曹妃甸商业储备基地、2013年投用天津商业储备基地、2015年投用大港商业储备基地、2017年投用天津实华商业储备基地，四个基地均由中国石化管道储运有限公司管理。①

（四）京津冀地区能源物流运输方式情况

从京津冀地区的大宗商品运输结构看，在2017年以前，陆上煤炭运输中汽车运输占绝大多数比重，造成了较为严重的环境污染。2016年，京津冀全年铁路货运量为2.5亿吨，而公路货运量为24.3亿吨，二者相差9.7倍，并且区域内公路货运以重型柴油车为主，氮氧化物排放占区域氮氧化物排放总量的1/5。生态环境部公布的《中国机动车环境管理年报（2017）》显示，截至2016年底，京津冀地区年货运量的84.4%依靠汽运，津冀港口群10亿多吨的货运量中七成以上由公路完成集疏运。日均通过北京过境的8000辆大货车中，至少85%为运煤车。② 仅以抵达天津港一地的车辆计算，单程500~900千米的运输约排放氮氧化物2.8万吨/年，相当于500多万辆国四排放标准的小汽车行驶同等里程的排放量。

相比之下，铁路的单位货物周转量能耗、单位运量污染排放分别为汽运的1/7、1/13。如将京津冀地区5%的煤炭运输改为铁路，每年便可减排氮氧化物3.5万吨、颗粒物0.5万吨。但目前，京津冀地区铁运比例依然偏低，港口周边重型柴油车高度密集。同时，因铁路回程疏港运量不足，火车"重去轻回"现象突出，大量铁路运力被浪费。

当前京津冀地区交通运输结构已经开始破局，"公转铁"成为突破点。按照要求，环渤海港口于2017年10月1日零时起率先终止汽运煤。唐山市政府与中国铁路北京局集团有限公司正式签署战略合作框架协议，以加强唐山地区铁路集疏港运输。铁路运输取而代之后，从延庆入境北京的运煤车辆同比下降50%以上，日均减少重型柴油车入境4000辆，每年可减少氮氧化物排放6000吨。在此基础上，新一轮"公转铁"继续展开，中国铁路总公司方面称将着力强化陕西、山西、蒙西等"三西"地区煤炭外运和沿海沿江港口集疏运组织，大力提升铁路货运市场份额。

中国铁路总公司也于近日宣布重点锁定京津冀五大港口，以煤炭和矿粉

---

① 方婧.中国石化：在京津冀地区投用原油商业储备基地增至4个 [EB/OL]. (2017-09-14) [2017-09-14]. http://www.cnr.cn/chanjing/gundong/20170914/t20170914_523949431.shtml.

② 朱妍."做了17年煤炭汽运，现在得改了……"京津冀运输结构调整在即 [EB/OL]. (2018-05-15) [2018-05-15]. https://www.sohu.com/a/231705821_468637.

运输为主要增长点，将陆续推动京津冀鲁等地15个港口集疏运实现"公转铁"。中国铁路总公司方面称，以增加煤炭及矿粉铁路运量为重点，2018年计划新增铁路货运2亿吨，其中煤炭运量同比增加1.5亿吨。据悉，这也是近年来力度最大的一次铁路增量行动，行动正从京津冀地区开始。[①]

陆上煤炭运输主要是依靠铁路运输完成，而陆上石油和天然气运输则主要依靠输油管道和输气管道完成。京津冀地区的输油、输气管道网络较为完善，是国家重点建设的地区，每年通过管道完成了大量的原油、天然气、成品油等能源运输任务。铁海联运和管道运输是未来京津冀地区能源运输的主要方式。

海铁联运是进出口货物由铁路运到沿海海港直接由船舶运出，或是货物由船舶运输到达沿海海港之后由铁路运出的，只需"一次申报、一次查验、一次放行"就可完成整个运输过程的一种先进的综合运输方式。[②]相对于公路，铁路运输具有运输成本低、污染气体排放少、安全性高等优点。

（五）京津冀地区能源物流铁海联运发展现状

作为我国北方经济重要核心区的京津冀地区，其五大港口的煤炭、铁矿石，大部分依靠汽车运输，对京津冀地区空气质量造成了极大的影响。据统计，2017年环渤海港口群（含东北7港）矿石疏港运输总量约6.6亿吨。其中公路承担量为4.87亿吨，约占总量的73.7%；铁路占比仅为26.3%。京唐港、曹妃甸和黄骅港矿石疏港运输中公路占比更是达到96.6%、97.8%、88.3%。[③]生态环境部和交通运输部先后提出推进大宗货物运输"公路转铁路、公路转水路"等多式联运方式。2017年，铁路总公司有力落实中央关于京津冀及周边地区大气污染防治工作部署，主动配合天津市政府实现了天津港集港煤炭全部"公转铁"。此后，京津冀主要港口已经全部停止汽运煤进港。

1. 天津港海铁联运现状

2017年，天津港集装箱吞吐量为1506.9万标准箱，同比增长3.8%，[④]但是海铁联运比例仅占约2%。

---

① 朱妍．"做了17年煤炭汽运，现在得改了……"京津冀运输结构调整在即[EB/OL]．(2018-05-15) [2018-05-15]．https：//www.sohu.com/a/231705821_ 468637．

② 应晓红，龙建辉．宁波海铁联运发展现状、瓶颈及对策[J]．宁波大学学报，2014 (1)：104-106．

③ 李彦林．国务院强调调整运输结构，打通海铁联运"最后一公里"[EB/OL]．(2018-08-07) [2018-12-09]．https：//www.iyiou.com/p/78574.html．

④ 中国港口协会．中国港口年鉴 (2018) [J]．上海：中国港口杂志社，2018．

国内海铁联运方面，天津港开通了到石家庄南、张家口南、包头、乌兰察布、郑州、安阳、银川南、新筑（西安）、绿化（嘉峪关）、枣园堡（宁夏中宁）、石河子、太原西、广州等站的海铁联运班列。国际海铁联运方面，天津港已开通到白俄罗斯明斯克（津新欧）和俄罗斯莫斯科（津蒙俄）的国际海铁集装箱联运班列。

在基础设施方面，天津港内共有 6 家铁路专用线所属的集装箱堆场。2016 年 6 月，天津海铁联运的综合性集装箱铁路枢纽——中铁天津集装箱中心站正式开通运营。新建的车站面积大、设备先进，装卸线长度达 1000 米以上，足够容纳整列集装箱班列。① 集装箱中心站的建立将缓解天津港的集装箱疏运压力，提高集装箱吞吐量。

2. 唐山港海铁联运现状

唐山港位于河北省东部，渤海湾中心地带，是京津冀港口群中重要的工业港口。唐山港地理位置优越，拥有天然深水航道，运输成本优势显著，在"一带一路"建设中正发挥着重要作用。目前，唐山港建成矿石、煤炭、LNG、原油、集装箱等各类泊位 126 个，航线通达 70 多个国家和地区的 150 余个港口，成为全国最大的进口铁矿石接卸港和钢材输出港。

铁路方面，由大秦、京秦、津秦、京山、张唐、唐遵、遵小、迁曹、坨港铁路组成纵横铁路网。水运方面，南部海岸线 229.7 千米，拥有京唐港和曹妃甸港两大港口。2017 年唐山港货物吞吐量 5.7 亿吨，排名全球港口第十位，其中集装箱吞吐量 253.0 万标准箱。内陆港建设方面，截至 2018 年 8 月，唐山市在内蒙古鄂尔多斯、乌兰察布、呼和浩特，新疆乌鲁木齐，山西忻州、朔州等城市开通了 15 个内陆港，初步形成覆盖内蒙古、新疆、宁夏及山西的内陆港海铁联运集疏运网络线，标志着唐山港的货源腹地向西北纵深，贯通欧亚的内陆港物流网络体系正在加速形成。②

3. 秦皇岛港海铁联运现状

秦皇岛港位于我国环渤海西岸，京津唐经济区东侧，港口长年不冻、不淤，水深、浪小，是一个天然良港。秦皇岛港是目前中国最大的能源输出港，也是我国主要对外贸易综合性国际港口之一。2017 年，秦皇岛港货物吞吐量为 2.38 亿吨，同比增长 32.3%，比 2016 年同期增长 59.4 个百分点；集装箱

---

① 张磊. 天津港集装箱海铁联运发展形势分析与对策 [J]. 港口经济，2017（2）：39-41.
② 杜庆君. 唐山推进唐山港内陆港建设系列报道综述之一 [EB/OL]. (2018-01-22) [2018-12-09]. http://tangshan.huanbohainews.com.cn/system/2018/01/22/011781220.shtml.

吞吐量为55.9万标准箱,增长8.5%。①

铁路方面,秦皇岛港港区铁路属于秦山地区铁路,秦山地区铁路由大秦线(大同—秦皇岛)、京哈线(北京—山海关—哈尔滨)、津山线(天津—山海关)、沈山线(山海关—沈阳北)4条铁路干线,以及进港线(南大寺—秦皇岛东)、柳江地方铁路、秦皇岛东站至津山线的秦东上下行联络线等组成地区路网框架,是客货混运、路港联运的铁路地区。② 自2004年秦皇岛开通了河北省唯——条至韩国仁川的国际客货班轮航线之后,秦皇岛港充分利用秦仁航线的优势,开通了韩国经秦皇岛港发往蒙古国乌兰巴托的国际集装箱技术直达列车。近年来,秦皇岛港陆续开通了秦皇岛至新疆阿拉山口口岸、新疆霍尔果斯口岸,再出境至蒙古、哈萨克斯坦、吉尔吉斯斯坦等地区的多式联运转口业务。

4. 黄骅港海铁联运现状

黄骅港是河北省沿海的地区性重要港口,也是我国的主要能源输出港之一,由杂货港区、煤炭港区、综合港区和河口港区4个港区组成,是河北冀东南地区运距最短的出海口。2017年完成吞吐量2.7亿吨,同比增长10.43%。其中,集装箱业务完成吞吐量65.36万标准箱,同比增长8.65%。

铁路方面,朔黄铁路、邯黄铁路、黄万铁路、沧港铁路、黄大铁路(正建)直通港口。朔黄铁路是神华集团煤运专线和黄骅港主要的铁路集疏运通道,为国家Ⅰ级干线电气化铁路。朔黄铁路直通煤炭港区,目前主线运输能力3.5亿吨。散货港区和综合港区铁路集疏运主要依托邯黄铁路。③ 沧港铁路为Ⅲ级地方铁路,与京沪线接轨,全长88千米,设计能力500万吨。现直通河口港区3000吨级码头,运输能力100万~200万吨。该线与朔黄铁路的连接线自沧县军马站至李天木站,全长4.8千米,改造后能力可达1000万吨。④ 自2015年黄骅港正式开通海铁联运起,黄骅港不断拓展铁矿石、集装箱等货物的海铁联运业务。2018年11月,交通运输部召开的多式联运现场推进会上,正式将黄骅港"西北内陆—东南沿海"集装箱海铁联运示范工程确定为全国第三批多式联运示范工程项目。

---

① 杭舟. 秦皇岛:山海间的改革"弄潮儿"[EB/OL]. (2018-08-24)[2018-12-09]. http://photo.china.com.cn/2018-08/24/content_60009569.htm.
② 靳雄焕. 秦皇岛港东扩港区铁路布置方案研究[J]. 铁路站场,2016(8):28.
③ 何冯斌,刘潘等. 黄骅港综合港区及散货港区铁路规划探讨[J]. 港口技术,2014(3):26.
④ 黄骅港港口章程[EB/OL]. (2018-07-25)[2018-07-25]. https://www.taodocs.com/p-144056877.html.

四、京津冀能源物流发展存在的主要问题

(一) 基础设施建设滞后，设施匹配度不高

近期看，主要铁路煤运通道能力不足，电煤请车满足率较低。目前在京津冀地区禁止汽车运煤之后，汽车运力向铁路运力转换需要一个过程，将进一步增加铁路的运煤负荷。煤炭储配基地建设滞后，主要港口吞吐能力不足，集疏运系统不匹配，应急保障能力有待进一步提高。

从目前数据看，尽管2017年4月10日全国铁路总公司调整了新的运行图，增加了一部分煤炭运力，但煤炭运力主要的增量还是集中在蒙冀线，主要是蒙冀线开行万吨大列，运能得到系统性提升。但运力提升是缓慢的过程：一是依赖于集运站装车的效率，对于某些装运已经饱和的集运站来说，目前效率如果不有效提升，增加运列也不一定能完成装车；二是集运站能获得的新增运力也并不是平均分配，集运站的运力最优分配还需要在运行过程中磨合。2018年"三西"地区煤炭外运需求有1亿吨的增量，但是目前北通道的主干铁路线，2018年合计运能提升上限也仅6000万~7000万吨，还是无法匹配煤炭供给的增加，容易出现结构性的矛盾。[①]

在铁海联运方面发展滞后，设施不配套，政策不能有效衔接。一方面，铁路、港口运输方式存在煤运能力较为紧张、专业化程度不高、作业效率较低等现象，不能充分发挥铁路及水运方式运量大、运费低廉的优势；另一方面，煤炭的多式联运方式未能充分发挥整体效益。从铁路运力与港口接卸水平的角度看，铁路货运专线不能直接延伸到港口作业区，导致铁路运来的煤炭需要卸下来再用卡车中转，大大提高了时间和经济成本，也增加了货物损耗，煤炭多式联运能力尚存在发展空间。不过，这需要对部分铁路运煤干线进行扩能改造，提高港口煤炭接卸能力。

中长期看，铁路运力并不存在瓶颈。过去几年运煤通道的建设大大低于预期。一方面是运力瓶颈消失，运力需求并不急迫；另一方面是部分运煤铁路有煤炭企业参股，行业前景下滑导致煤企投资力度减弱所致。从结构看，"十三五"运煤铁路改善最明显的就是"三西地区"，特别是蒙西地区。随着蒙冀铁路和蒙华铁路的建设和投入使用，铁路运能将有大幅度提升。但是与铁路煤炭运输相匹配的集疏运设施有待于完善和升级，否则煤炭物流在中转

---

① 2018年我国煤炭行业生产格局与通道分析 [EB/OL]. (2018-07-09) [2018-07-09]. http://jingzheng.chinabaogao.com/nengyuan/0034MR2018.html.

装卸等集疏运方面容易形成新的瓶颈。

(二) 综合物流成本高，市场主体服务水平低

就煤炭物流来看，长期以来，由于国内煤炭综合物流通道建设以及煤炭现代物流发展的不完善，我国煤炭物流成本高于日美等发达国家。据统计，中国1000千米的煤炭物流成本，是美国的10~15倍，日本的15~20倍。

目前，国内煤炭物流服务存在"小、散、弱"的问题，大多从事运输、仓储、装卸等单一业务，部分服务主体缺乏现代物流理念，供应链管理和社会化服务能力不强，综合服务能力弱。目前，我国煤炭第三方物流企业较少，大多数煤炭企业依赖自营物流业务，而煤炭企业的竞争焦点依然专注于资源扩张、成本降低以及提高劳动生产率，缺乏对高效低成本运输的认识。随着煤价走高，煤炭物流环节利润空间增大，第三方物流企业迅速出现。但大部分第三方企业缺乏现代化物流管理理念，物流技术手段落后、服务功能单一等，使得煤炭物流市场愈加混乱。煤炭第三方物流系统的艰难发展前景及不科学运营方式对于煤炭物流体系的绿色化形成阻碍。

物流资源配置不合理，装卸设备现代化、自动化程度不高，设施利用率低。煤炭物流各环节税率不统一，不合理收费多，税费重复征收，企业负担重。从铁路运输成本来看，包括煤炭集装站服务费、铁路计划费、铁路运费等。数据显示，煤炭使用铁路从山西大同运至秦皇岛港，再通过海运运至广州，运输费用及税金等非煤费用占终端支付费用达到了55%~60%。汽运成本包括燃油费、过路过桥费、日常维修费、司机工资、装卸费、亏吨扣款、信息费、运输税费、车辆保险以及年检费等，较铁路运输要高得多。随着供给侧改革的不断深化，各类货运方式相继出台政策以实现降本增效。继2017年6月下调铁路电气化附加费用后，2017年8月1日起，铁路总公司取消抑尘费每吨2.025元和自备车管理费每吨3元。铁路货运成本呈现较为明显的下降趋势。①

物流通道不完善，部分物流环节衔接不畅，流通效率低。煤炭从产地到主要消费地，长途汽运最不经济，一般需要经历公—海—公、公—海—铁，或铁—海—铁等运输方式组合，但这些运输区段往往不是连贯的多式联运，而是分段进行，需要多次装卸或存储，需要和多个承运人打交道，流通环节费用较高。②

---

① 张政. 多式联运下我国煤炭调运问题的实证研究 [D]. 北京交通大学, 2018.
② 2017年中国煤炭物流行业市场发展概况 [EB/OL]. (2017-11-20) [2017-11-20]. http://www.sohu.com/a/205439076_ 252291.

(三)污染和损耗问题严重

当前,我国大部分煤炭物流企业在运营方式上还比较落后,仍然沿用之前的高污染、高损耗、低效率的手段,使煤炭在运输途中造成了严重的污染和资源浪费,一定程度上还造成了煤炭质量的下降等问题。这不仅严重地影响到了相关企业的经济效益,还造成了社会资源的浪费以及环境的污染,严重地违背了现代社会发展提倡的节能减排、保护环境的发展理念。以煤炭铁路运输举例来说,煤炭运输列车在运输过程中,由于运输速度较快,所以会产生大量的气流,这不仅会造成煤炭的损耗,而且煤尘飞扬也会给沿线的环境造成严重的污染。

煤炭物流运输业绿色运输意识不强,绿色运输工具的使用率不高,基于此,需要有效降低废气的排放量,并且推行煤炭产品的有效包装制。与以往的煤炭运输相比,铁路煤炭运输损耗少、成本低,所以,应该加快铁路煤炭运输的建设。另外,在运输过程中,为了有效地降低污染,要尽量采用污染少的交通工具,如箱式封闭运输车辆。而且,针对煤炭扬尘的问题,也要采取有效的措施进行解决,如配备自动淋洒等除尘设施,对运输沿线的环境进行有效的保护。①

(四)整体技术水平较低,物流人才匮乏

以煤炭物流来看,煤炭物流企业对煤炭物流方面的管理仍然停留在传统粗放式的管理层面上,只注重生产领域效率的提高,对"第三利润源"的认识不充分。煤炭物流标准化程度低,各物流要素之间难以做到有效衔接和兼容。相对于集装箱运输,大宗商品物流的整体物流技术装备水平低,运行效率不高。能耗与排放仍未得到有效控制,环境污染严重。

由于煤炭物流在国内发展较晚,相关的煤炭物流人才缺乏,且专业素质不高。对于大多数煤炭企业来讲,它们一味强调技术领域和生产领域的专业人才,却忽略了对煤炭物流管理相关人才的引进和培训,未制定出解决实际问题的有效方案。物流人才培养机制不健全,人才数量少,专业结构不合理,复合型人才紧缺,难以适应煤炭物流快速发展的需要。相关煤炭物流人才的引进能够从根本上提高煤炭物流企业的运营质量,大大减少对资源的浪费。

(五)京津冀海铁联运发展滞后,转运效率不高

1. 疏港能力不足

目前,京津冀地区海铁联运以集港运输为主,疏港能力相对薄弱。京津

---

① 李乐.我国煤炭物流与供应链发展现状和趋势[J].物流工程与管理,2018(2):18-19.

冀"公转铁"业务大多是集港业务，铁矿石疏港使用汽车运输仍占八成以上。其主要原因有以下两点：

(1) 港内短倒环节多

我国港口的海铁联运模式主要有三种：第一种"水—铁模式"，铁路装卸建在码头后方堆场，码头堆场机械设备进行装卸作业，实现水铁"无缝"衔接；第二种"水—公—铁 A 模式"，铁路场站距港口码头较远（几十千米甚至上百千米），需经集装箱卡车运输衔接；第三种"水—公—铁 B 模式"，铁路集装箱场站距港口码头较近，但仍需社会集装箱卡车进行衔接。

京津冀地区海铁联运模式主要为第二种和第三种。港口内各个港区各有分工，集装箱货物、大宗散货作业港区并不相同，港口与装卸场站分离，致使货物下船后并不能与铁路无缝对接，衔接过程中需要汽车短倒，增加了装卸次数。这种短倒既增加了运输成本，也增加了货物作业时间，降低了海铁联运的竞争力。[①②]

(2) 定价机制不灵活，铁路运价优势不明显

在影响海铁联运发展的众多要素当中，运价是影响海铁联运发展的关键因素。当前，价格上影响京津冀海铁联运发展的原因主要有两点：一是海铁联运的价格偏高；二是装卸、短倒的中间环节附加费用太高。

京津冀地区海铁联运涉及的货物主要是煤炭、铁矿石、钢材等大宗货物，货主对于大宗货物运价的敏感性较高。京津冀地区近年来铁路运价基本保持不变，铁路运输的运价比公路运输运价偏高，并且定价机制不如公路运输灵活。同时，一些大型的汽车运输集团利用广阔的信息平台，在集港后返回时还可捎脚运输，降低了疏港费用。因此，许多发运企业从节省成本的角度选择公路运输。[③] 此外，由于港内的海铁联运衔接不紧密，致使装卸、短倒环节过多，由此产生的费用和时间成本是发运企业不愿选择海铁联运的另一影响因素。

对于钢铁企业而言，"公转铁"带来的影响直接反映到成本上。当前河北地区部分钢厂——首钢、唐钢、承钢以及燕钢等企业已经陆续开始执行"公转铁"，部分钢企钢材运输成本每吨增加 100 元上下，矿石运输成本每吨增加 40~50 元，且存在亏吨、块矿粉率增加等问题。

2. 信息管理跟踪滞后

海铁联运涉及的部门和企业众多，包括多式联运经营人、货主企业、港

---

① 孙雁胜. 天津地区集装箱海铁联运的实践与启示 [J]. 铁道货运, 2016 (3): 12-14.
② 骆洪涛. 如何提高北京铁路局海铁联运量的探讨 [J]. 大陆桥视野, 2016 (2): 180-181.
③ 张武中. 唐山曹妃甸地区铁路运营与发展对策研究 [J]. 铁道运输与经济, 2015 (7): 26-30.

口企业、铁路企业、船公司、海关与出入境检疫、货代、公路运输企业等。目前，京津冀地区的港口和铁路两大单位的信息管理系统基本是封闭运行，信息资源还不能够共享。[1] 这就造成了多方面信息不透明、传递不及时，从而降低了客户的服务水平。

3. 货源供求不稳定

京津冀港口海铁联运的内陆港大部分集中在西北内陆几个地区和中蒙俄经济走廊货运业务，因此产生了港口交叉腹地强烈的货源竞争现象。从货源种类上看，京津冀地区海铁联运的运力大部分集中在大宗散货上，而海铁联运发展潜力巨大的集装箱货物运力较少。同时，目前京津冀地区铁路运输能力不足，导致一些海铁联运班列缺乏稳定性和持久性。[2]

五、京津冀港口能源类大宗商品物流效率的实证研究

鉴于港口在京津冀能源物流中的枢纽地位和突出作用，本部分将对京津冀承担能源类大宗商品运输、储配和中转的主要港口的物流效率进行实证分析。

（一）DEA 方法介绍

DEA 方法由美国运筹学家 Charnes，Cooper 等在评价部门间的相对有效性的基础上发展而来，即 DEA 模型，是一种统计分析的方法。它涵盖了多门学科，应用于评价具有多投入和多产出的决策单元（DMU）生产效率，比如在金融、生产力、技术等领域都得到了充分的运用。而 DEA 在国内运用于学术领域是在 20 世纪 80 年代中期。此后，国内著名学者魏权龄、盛昭瀚、黄志民等，通过发表运用 DEA 方法相关的论文、著作，使得 DEA 不断得到完善和发展，DEA 方法以此得到广泛运用。

1. CCR 模型介绍

CCR 模型是一种研究"多投入—单产出"情况的一种模型，是 DEA 方法的第一种模型，后来随着应用范围扩大，逐渐演变成研究"多投入—多产出"情况的模型，主要利用线性规划评价相同类型部门间的相对有效性。假设有 n 个决策单元（DMU），每个决策单元有 m 种投入，s 种产出，通过线性规划对偶理论变换，可以得到对偶规划模型：

---

[1] 李琴. 长江三角洲地区发展海铁联运的探讨 [J]. 铁道运输与经济, 2009 (5): 80.
[2] 尹一白, 周丽娟. 我国集装箱海铁联运面临的发展问题与解决方案 [J]. 航海, 2016 (4): 76.

$$\begin{cases} \min \theta \\ s.t. \sum_{j=1}^{n} \lambda_j x_j \leq \theta x_0 \\ \sum_{j=1}^{n} \lambda_j x_j \geq y_0 \\ \lambda_j \geq 0, j = 0, 1, 2, \cdots, n \\ \theta \text{ 无约束} \end{cases} \tag{1}$$

为了计算方便，要引进松弛变量 s^+ 和剩余变量 s^-，将不等式约束变为等式约束，得到：

$$\begin{cases} \min \theta \\ s.t. \sum_{j=1}^{n} \lambda_j x_j + s^+ = \theta x_0 \\ \sum_{j=1}^{n} \lambda_j x_j - s^- = \theta y_0 \\ \lambda_j \geq 0, j = 1, 2, \cdots, n \\ \theta \text{ 无约束}, s^+ \geq 0, s^- \leq 0 \end{cases} \tag{2}$$

我们通常用 CCR（C2R）来判定是否同时技术有效和规模有效：

$\theta^* = 1$，且 $s^{*+} = 0$，$s^{*-} = 0$，则可以得出决策单元 j_0 为 DEA 有效，同时技术有效和规模有效。

$\theta^* = 1$，但 s^{*+}，s^{*-} 不同时为 0，则 j_0 为弱 DEA 有效，技术效率最佳，和规模最佳不能同时获得。

$\theta^* < 1$，则 j_0 非 DEA 有效，经济活动既不是技术效率最佳，也不是规模最佳，同时也判定了纯技术效率无效。

对于规模收益，我们可以通过 $\sum_{j=1}^{n} \lambda^*$ 的值判断得出：若 $\sum_{j=1}^{n} \lambda^* < 1$，则规模收益递增；若 $\sum_{j=1}^{n} \lambda^* = 1$，则规模收益不变；若 $\sum_{j=1}^{n} \lambda^* > 1$，则规模收益递减。

2. BCC 模型介绍

BCC 模型是在 CCR 基础上演变而来的，它将技术效率拆成纯技术效率和规模效率两部分，使分析更加精准，以下是 BCC 模型：

$$\begin{cases} \min \sigma \\ s.t. \sum_{j=1}^{n} x_j \lambda_j + s^+ = \sigma x_0 \\ \sum_{j=1}^{n} y_j \lambda_j - s^- = y_0 \\ \sum_{j=1}^{n} \lambda_j = 1 \\ \lambda_j \geq 0, s^+, s^- \geq 0, j = 1, 2, \cdots, n \end{cases} \quad (3)$$

根据规模效率 SE = TE/PTE，即为 θ^*/σ^*，若 $\theta^* = \sigma^*$，$\sum_{j=1}^{n} \lambda^* = 1$ 则决策单元规模收益不变；若 $\theta^* < \sigma^*$，且 $\sum_{j=1}^{n} \lambda^* < 1$，则规模收益递增；则反之，$\sum_{j=1}^{n} \lambda^* > 1$，则规模收益递减。

（二）京津冀港口煤炭物流效率实证分析

本部分拟对京津冀港口群中四个重要港口进行效率分析，选取天津港、秦皇岛港、唐山港、黄骅港作为研究样本。

根据港口的实际情况，一般对于以货币计量的投入要素为一类的投入指标，如固定资产净额、管理费用、各种资产等财务指标获取样本条件受到限制，所以，本书选择以实物量计量的一类作为投入要素，包括泊位数量、码头长度和铁路通道设计运输能力等港口的基础设施。同样，产出变量我们选取煤炭及制品吞吐量作为产出变量。选择泊位数量是因为泊位是船舶停靠进行一系列装卸活动的地方，泊位的数量决定着船舶是否能进行直接装卸货的时间；而泊位的数量由码头长度来决定，从一定程度上能够体现港口的资源和利用程度，以及港口的占地面积。

由于年鉴出版滞后性，我们以 2010 年、2013 年、2016 年、2017 年 4 个港口相关数据进行 DEA 分析，投入产出指标见表 4-19。

表 4-19 京津冀煤炭港口投入与产出变量表

年份	港口	投入指标					产出指标
		码头泊位（个）	万吨级泊位（个）	泊位长度（米）	通道设计运输能力（万吨）	泊位年通过能力煤炭（万吨）	煤炭及制品吞吐量（万吨）
2010	秦皇岛港	52	42	12151	30000	19265	22476
	黄骅港	20	10	4204	20000	6675	8934
	唐山港	44	41	10901	8700	8905	11136
	天津港	151	96	31915	9865	9550	8259
2013	秦皇岛港	52	42	12121	35000	19265	23828
	黄骅港	29	23	6642	35000	12975	13693
	唐山港	77	74	20359	23000	18905	18646
	天津港	160	103	35756	12580	9550	8962
2016	秦皇岛港	92	44	17246	40000	19455	16138
	黄骅港	48	31	9566	35000	18435	19248
	唐山港	106	101	28440	35000	29505	14324
	天津港	176	122	39389	16800	10050	13229
2017	秦皇岛港	72	44	17246	40000	22400	21400
	黄骅港	37	33	9566	35000	24500	18800
	唐山港	104	101	28440	35000	57101	13944
	天津港	176	122	39389	16800	46400	7947

资料来源：主要是根据《中国港口年鉴》(2011)、《中国港口年鉴》(2014)、《中国港口年鉴》(2017)以及各港口码头公司网站公布数据收集整理得到，其中天津港通道设计运输能力指标来自百度文库《天津港铁路道线建设》。

整理得到的数据通过 DEAP-xp1 计算各港口的综合效率值、纯技术效率值和规模效率值，所得结果见表 4-20。

表 4-20 港口基本效率测度表

年份	港口	综合效率 CCR	纯技术效率 BCC	规模效率 SE	规模报酬
2010	秦皇岛港	1	1	1	—
	黄骅港	1	1	1	—
	唐山港	1	1	1	—
	天津港	0.69	0.924	0.747	irs
	均值	0.923	0.981	0.937	

续表

年份	港口	综合效率 CCR	纯技术效率 BCC	规模效率 SE	规模报酬
2013	秦皇岛港	1	1	1	—
	黄骅港	1	1	1	—
	唐山港	1	1	1	—
	天津港	0.913	1	0.913	irs
	均值	0.978	1	0.978	
2016	秦皇岛港	0.783	0.906	0.865	irs
	黄骅港	1	1	1	—
	唐山港	0.69	0.835	0.826	irs
	天津港	1	1	1	—
	均值	0.868	0.935	0.923	
2017	秦皇岛港	1	1	1	—
	黄骅港	1	1	1	—
	唐山港	0.742	0.82	0.905	irs
	天津港	0.881	1	0.881	irs
	均值	0.906	0.955	0.946	

注：irs 表示规模报酬递增，—表示规模报酬不变。

通过以上 CCR 模型和 BCC 模型，对于 DEAP-xp1 软件计算的效率值可以解释，为 1 时表示港口的综合效率和纯技术效率为 DEA 有效，而若小于 1 则表示非 DEA 无效；当纯技术效率值为 1、综合技术效率不为 1 时，则纯技术效率有效，综合技术效率无效主要是由规模无效造成的，说明该港口在不增加现有投入的基础上可以获得更多的产出。规模报酬递增表示增加现有投入可以获得更多的产出回报，规模报酬递减表示即使在现有投入上增加也无法获得相应比例的收益增加。

1. 效率值分析

根据时间线来看，由表 4-20 可知，2010 年、2013 年、2016 年这三个节点年份天津港的综合效率值是从非 DEA 有效增加达到 DEA 有效。这和天津港近年来的基本情况有着很大关系。2016 年受相关扶持政策影响，天津港的汽运煤集港数量增加，煤炭运量快速增长。2016 年天津港煤炭的吞吐量创历史最高纪录，占货物吞吐量的 24%。这说明了天津港在不断提高通航能力，整体水平不断提高。但是，2017 年随着部分天津港汽运煤受限，回归到铁路运输，在铁路调度等方面存在困难，这一定程度上导致综合效率降低。

秦皇岛港作为"北煤南运"大通道中的主枢纽港,担负着东南沿海电煤运输以及国家外贸煤炭出口的主要任务。秦皇岛港2017年的综合效率值处于DEA有效,说明秦皇岛港投资建设相对比较成功,近年来发展势头不错,整体上技术设施利用率和机械化水平不断提高。2016年综合效率呈现非DEA有效,是受大秦线运量下降、进港资源减少等因素影响。从2016年4月开始,受我国实施严格的限产政策影响,导致煤炭供应端收缩,煤矿生产和销售数量大幅减少。此外,受准池线分流影响,部分内蒙古煤炭由大秦线转到准池线,拉动朔黄线和黄骅港运量大增,造成传统的第一运煤大通道——大秦线发运量持续下降,大秦线每日发运量由往年的125万吨下降到89万吨。"城门失火,殃及池鱼",大秦线配套港口"受灾严重",秦皇岛港进港资源减少,场存保持在250万~350万吨的低库存,船等货现象屡见不鲜,港口空泊成为常态化。[①] 2016年11月,秦港方面通过加强与矿路航电等各方的协调联系,增加货源调进,提高场存数量,确保了下游用煤需求。这在综合效率恢复到DEA有效上体现得淋漓尽致。

而唐山港的综合效率值呈下降趋势,从2010年DEA有效发展到2016年变为非DEA有效。2016—2017年,唐山港纯技术效率呈下降趋势,规模效率呈上升趋势,受国家去产能政策、水电等清洁能源挤压、进口煤冲击的多重因素影响,沿海内贸煤市场持续低迷,港口同质化竞争更加激烈。唐山港主要是由京唐港区和曹妃甸港区组成,京唐港以煤炭、矿石、一般散杂货和集装箱内贸等运输为主,战略地位显著。但是近年来,京唐港区大力推进以集装箱业务为重点的港口功能拓展,集装箱吞吐量比重不断提升,而煤炭吞吐量占比较小,对于煤炭运输存在资源过剩、利用不合理等现象;曹妃甸港区主要是以煤炭、矿石等大型干散货运输为主,直通曹妃甸港区的张唐铁路从2015年建成后投入运营。2016年,国投京唐港、国投曹妃甸港和京唐老港吞吐量出现下跌,总体上综合效率较低,但是唐山港口群积极吸纳优质资源,吸引客户拉运,确保了港口煤炭吞吐量保持稳中有升的态势,所以从2016年到2017年综合效率值呈现上升态势。从京津冀协同发展的资源配置整合和产业发展升级与转移角度来看,唐山港有着得天独厚的资源环境条件,但是泊位利用率偏低,需要进一步加强管理,提高管理效率。

根据效率结果可以看出,黄骅港四个年份节点均为DEA有效。自运营以来,黄骅港综合港区利用区位和业务优势,相继与山西、陕西、内蒙古等近

---

① 陈杰.2016年秦港煤炭运输形势分析[EB/OL].(2017-01-05)[2017-01-05].http://www.cctd.com.cn/show-270-157219-1.html.

百家货主签订下水煤炭合同，使下水煤炭业务成为业务新亮点。虽然煤炭吞吐第一大港还是秦皇岛港，但是黄骅港竞争优势依然明显，具有独特的煤炭集港优势，综合物流成本相对偏低，未来前景乐观。

2. 投入冗余和投入不足分析

DEA 的 CCR 模型提供了投入和产出指标松弛变量，不为 0 的变量所对应的指标是制约港口效率的因素。投入指标的松弛量代表既定产出水平下某一投入指标相对于其在有效前沿面上投影的冗余量；产出指标的松弛量则代表某一产出指标相对其在有效前沿面上投影的不足量。松弛变量可以提供 DEA 无效港口向有效前沿面调整的方向，在哪些方面表现不足，哪些投入需要减少，哪些投入需增加，调整更加具有针对性。2017 年四港口投入产出投影分析见表 4-21。

表 4-21　2017 年四港口投入产出投影分析

	指标	秦皇岛港	黄骅港	唐山港	天津港
原始值	投入 1	72.00	37.00	104.00	176.00
	投入 2	44.00	33.00	101.00	122.00
	投入 3	17246.00	9566.00	28440.00	39389.00
	投入 4	40000.00	35000.00	35000.00	16800.00
	投入 5	22400.00	24500.00	57101.00	46400.00
	产出	21400.00	18800.00	13944.00	7947.00
投入冗余	投入 1	0.00	0.00	-18.77	0.00
	投入 2	0.00	0.00	-18.23	0.00
	投入 3	0.00	0.00	-5131.81	0.00
	投入 4	0.00	0.00	-6315.52	0.00
	投入 5	0.00	0.00	-10303.50	0.00
	产出	0.00	0.00	0.00	0.00
产出不足	投入 1	0.00	0.00	0.00	0.00
	投入 2	0.00	0.00	-18.89	0.00
	投入 3	0.00	0.00	-3393.42	0.00
	投入 4	0.00	0.00	0.00	0.00
	投入 5	0.00	0.00	-14698.06	0.00
	产出	0.00	0.00	1089.94	0.00

续表

指标		秦皇岛港	黄骅港	唐山港	天津港
目标值	投入1	72.00	37.00	85.23	176.00
	投入2	44.00	33.00	63.88	122.00
	投入3	17246.00	9566.00	19914.77	39389.00
	投入4	40000.00	35000.00	28684.48	16800.00
	投入5	22400.00	24500.00	32099.44	46400.00
	产出	21400.00	18800.00	15033.94	7947.00

注：投入1到投入5分别表示码头泊位数、万吨级泊位数、泊位长度、通道设计运输能力、泊位年通过能力，产出代表煤炭及其制品吞吐量。

在表4-21中，采用产出主导模型，在保持原投入不变的前提下，如果提高效率则必须扩大产出。效率值小于1的港口即为无效的港口，这些港口无效主要是存在投入冗余和产出不足两种现象。秦皇岛港、黄骅港和天津港的投入冗余和产出不足都是0，这和DEA有效是相符的。而对于综合效率无效的唐山港，在产出不变的情况下，五个投入变量都要相应减少；从产出不足角度来看，万吨级泊位数、泊位长度、煤炭泊位年通过能力都应该分别减少18.89、3393.42、14698.06，产出增加1089.94就能实现DEA有效。

（三）天然气、石油及其制品港口物流效率分析

根据港口的实际情况，为了有针对性地分析京津冀港口对于天然气、石油及其制品的运输效率，特此选择码头泊位数、万吨级泊位数、泊位长度以及天然气、石油的泊位年通过能力作为投入指标，选取天然气、石油及其制品吞吐量作为产出指标。由于年鉴出版滞后性，我们以2016年4个港口相关数据进行DEA分析，投入产出指标见表4-22。

表4-22　2016年京津冀港口天然气、石油及其制品港口投入与产出变量表

港口	投入指标				产出指标
	码头泊位数（个）	万吨级泊位数（个）	泊位长度（米）	泊位年通过能力（万吨）	天然气、石油及其制品吞吐量（万吨）
秦皇岛港	92	44	15928	1766	378
黄骅港	48	31	9059	70	456
唐山港	106	101	28189	3255	1767
天津港	176	122	39389	4600	5143

资料来源：主要是根据《中国港口年鉴》（2017）以及各港口码头公司网站公布数据收集整理得到。

1. 效率值分析

整理得到的数据通过 DEAP-xp1 计算各港口的综合效率值、纯技术效率值和规模效率值,所得结果见表 4-23。

表 4-23　2016 年京津冀港口基本效率测度表

港口名称	综合效率 CCR	纯技术效率 BCC	规模效率 SE	规模报酬
秦皇岛港	0.204	0.336	0.607	irs
黄骅港	1	1	1	—
唐山港	0.57	0.685	0.833	irs
天津港	1	1	1	—
均值	0.694	0.755	0.86	

注：irs 表示规模递增，—表示规模报酬不变

由表 4-23 可知，天津港和黄骅港综合效率值都为 1，属于 DEA 有效。这说明了天津港作为北方最大的综合性港口，功能齐全，原油及制品、液化天然气的设施配置和利用率高，在天然气、石油及其制品的港口运输中，效率呈现较优态势。随着港口发展，黄骅港定位为以煤炭、石油化工产品、加工产品等运输为主的北方大型物流中心。黄骅港综合港区在完善港口航道条件，加快推进黄骅港 20 万吨级深水航道、20 万吨级矿石码头和原油码头、滚装码头建设，结合临港产业布局及结构调整，建设原油接卸泊位，拥有较优的资源配置，同时资源利用率相对较高，对于天然气、石油建设规模比较科学，总体发展态势向好。

而秦皇岛和唐山港，2016 年的综合效率较低，属于非 DEA 有效，纯技术效率和规模效率未达到 1。秦皇岛港拥有中国第一座管道运输油码头，油品运输由第一港务分工经营管理。到 2010 年，秦皇岛港拥有油品生产泊位 4 个，油罐 27 座，容量 28.1 万立方米，设计年通过能力 1540 万吨，除原油运输外，还可承担柴油、磷酸、航空煤油、石脑油、奥里油、汽油、甲醇等 20 余种成品油和液体化工原料的接转业务。但是秦皇岛港主营业务为煤炭，且近年来黄骅港的石油、天然气运输受到重视，导致秦皇岛港的天然气、石油运输竞争力小，资源利用不足，纯技术效率较低。

在原油领域，虽然唐山港和天津港的原油运输服务腹地基本相同，但由于码头经管和服务主体均为中石化集团，两港的原油接卸量主要受中石化集团内部的资源配置影响，唐山港的曹妃甸港区为主要的转运接卸基地，这一定程度上说明了唐山港天然气、石油运输规模较小，且整体资源配置和经营规模不匹配，造成了综合效率较低。

2. 投入冗余和投入不足分析

通过 DEA 模型的计算，石油、天然气及其制品的港口投入和产出指标的松弛变量见表 4-24。

表 4-24 京津冀港口投入产出投影分析

	指标	秦皇岛港	黄骅港	唐山港	天津港
原始值	投入1	92.00	48.00	106.00	176.00
	投入2	44.00	31.00	101.00	122.00
	投入3	15928.00	9059.00	28189.00	39389.00
	投入4	1766.00	70.00	3255.00	4600.00
	产出	378.00	456.00	1767.00	5143.00
投入冗余	投入1	0.00	0.00	0.00	0.00
	投入2	0.00	0.00	0.00	0.00
	投入3	0.00	0.00	0.00	0.00
	投入4	0.00	0.00	0.00	0.00
	产出	747.57	0.00	812.80	0.00
产出不足	投入1	−25.71	0.00	0.00	0.00
	投入2	0.00	0.00	−28.77	0.00
	投入3	−2536.14	0.00	−5386.72	0.00
	投入4	−1174.23	0.00	−1132.34	0.00
	产出	0.00	0.00	0.00	0.00
目标值	投入1	66.29	48.00	106.00	176.00
	投入2	44.00	31.00	72.23	122.00
	投入3	13391.86	9059.00	22802.28	39389.00
	投入4	717.14	70.00	2122.66	4600.00
	产出	1125.57	456.00	2579.80	5143.00

注：投入1到投入4分别表示码头泊位数、万吨级泊位数、泊位长度、泊位年通过能力数，产出代表煤炭及其制品吞吐量。

在表 4-24 中，采用产出主导模型，在保持原投入不变的前提下，如果要提高效率则必须扩大产出。效率值小于 1 的港口即为无效的港口，这些港口无效主要是存在投入冗余和产出不足两种现象。黄骅港和天津港的投入冗余和产出不足都是 0，这和 DEA 有效是相符的；而对于综合效率无效的港口，秦皇岛港 2016 年综合效率值为 0.204，码头泊位，泊位长度，天然气、石油及其制品的泊位年通过能力相对于天然气、石油及其制品吞吐量应该分别适当减少至66、13391.86、717.14，而天然气、石油及其制品吞吐量应扩大到1125.57，从而达到DEA有效；对于唐山港的投入和产出值来说，在保持投入不变的情况下，产出增加到2579.8万吨，才能实现DEA有效，或者万吨级泊位数，泊位长度，天然气、石油及其制品的泊位年通过能力都相应减少至72、22802.28、2122.66，也能实现效率最佳。

（四）结论

本书选用数据包络模型（DEA）作为港口物流效率的分析评价模型，通过构建指标体系、模型，充分考虑四大港口的特点，结合京津冀四大港口基础设施数据投入和煤炭吞吐量、天然气、石油吞吐量的分析，可以发现：

京津冀四大港口之间的效率相对有效性，四大港口的综合效率还有一定的提升空间，存在投入冗余和产出不足的现象。由2016年天然气、石油效率分析结果和煤炭效率分析结果可知，秦皇岛港和唐山港不论在天然气、石油运输资源利用率上，还是在煤炭运输资源利用率上都处于较低的状态，且规模效率也不高；2017年的京津冀四大港口煤炭运输效率中，秦皇岛港受政策影响，进行煤炭运输资源的合理配置和高效率的管理，使得综合效率值达到1；黄骅港仍保持综合效率为1的状态；然而天津港受到"公转铁"的影响，呈现非DEA有效；唐山港与2016年相比，综合效率值上升，但是要达到DEA有效还要加强技术和规模方面的管理与建设。我们可以通过效率分析和投入冗余分析，更确切地找出制约港口效率的因素，为决策者提供参考建议。

港口效率受到多种因素的影响，不仅受到关于内部因素的影响，例如泊位数量、泊位长度、铁路通道设计运输能力、泊位年通过能力等，还会受到外部因素，例如政府政策等因素的影响。近年来，煤炭"公转铁、公转水"政策的推出，导致汽运煤受限，然而铁路运力偏紧，专用铁路线和港口铁路设施并不健全，致使部分矿区至园区的短倒运费增加，煤炭运输环节和成本增加，部分依赖公路运输的中小贸易商将失去生存的空间。

秦皇岛港、唐山港、天津港、黄骅港组成京津冀港口群，对于港口群之间的协同发展，减少资源投入冗余，避免港口群间的恶性竞争，京津冀港口的协同发展还需要进一步分析与研究。

（五）建议

通过对京津冀四大港口的效率分析和投影分析，结合港口间的发展现状，给出以下几点建议。

1. 港口群协同发展，实现共赢

通过效率分析和投入产出分析，规模无效是导致综合效率值低的主要原因，而规模无效部分原因是由港口间的恶性竞争造成的。应该紧跟相关政策，推动京津冀的协同发展，构建功能合理、分工明确、优势互补、内外联通的港口群。京津冀的协同发展在一定程度上推动区域港口资源互补。根据各港口的临港定位，结合京津冀协同发展战略，实施错位分工。对于以集装箱和件杂货为主的综合性大港——天津港，以石油、铁矿石、煤炭为主的综合性港口且铁路通道运输能力不断加强的唐山港，作为世界最大煤炭输出港的秦皇岛港，以及以煤炭、石油化工产品、加工产品等运输为主的北方大型物流中心、"西煤东运"的最便利的出海口——黄骅港，要建立一体化的机制，走集约路线，实现差异化协同发展模式，最大化发挥各港口比较优势，优势互补，码头资源互补，避免资源闲置情况，提高港口效率，实现共赢。

2. 建设煤炭供应链，一体化服务

近年来，四大港口在煤炭运输方面的投入在当前煤炭供给不足的情况下略显冗余，并且河北省内港口在功能上略显单一，大部分都集中在煤炭、石化产品、铁矿石等大宗散货上，其他业务占比小。建立一个以煤炭物流为主的供应链物流是解决京津冀四大港口煤炭运输效率低下的有效途径，是新的港口运作商务模式，实现供应链一体化发展，从根源上解决港口定位和资源分配问题。

3. 构建现代化港口，持续发展

京津冀四大港口之间的物流信息无法实现共享与协作，信息不透明导致港口间的协同合作变得更加困难，因此需要建立信息平台，建设 ERP（企业资源系统）、CRM（客户关系管理系统）、SCM（供应链管理系统）等现代化网络系统，建立四大港口间的信息联动机制，整合煤炭港口供应链，包括煤矿、天然气、石油、铁路、港口、船公司、电厂用户以及港口与港口之间的各种信息资源，最大限度地实现相关信息共享，[1] 从而建设现代化港口，实现各港口的可持续发展。

六、京津冀能源物流发展的对策与建议

（一）加快发展海铁联运实现海铁联运的无缝衔接

1. 加快海铁联运基础设施规划，建设高效的集疏运系统

影响京津冀港口疏运能力的因素主要有港口铁路专用装卸区数量、铁路

---

[1] 侯贵宾，陈红梅. 津冀煤炭港口"热身"一体化 [J]. 港口物流，2016（9）：18-20.

装卸区的可达性、腹地铁路运输服务水平等。要想提高港口的疏运能力，一方面要对港口进行合理规划，修建铁路专用装卸区，把铁路线路延伸到码头，减少短倒环节，将水运与铁路运输无缝连接，实现"港站一体化"，[①]从而提高运输效率，降低海铁联运成本；另一方面要不断提高腹地铁路运输的服务水平，吸引更多内陆货源。[②]

京津冀各港口应重视采用新技术和新设备建设高效的集疏运系统。高效的集疏运系统具有三个优点：一是能够有效缩短煤炭停留在港口的时间，进而也间接地减轻了因煤炭停滞带给港口的堆存压力；二是能够相对减少来往船只的停留等待时间，进而不仅可以有效提高船只的利用率，还能提高运输公司的运营效益，可谓一举两得；三是采用集疏运系统能够大大减少货物运输的危险性以及不确定性，而且由于是集疏运，还能缩短货物的停港滞留时间，进而加速来往船舶的效率。同时，应重视对集疏运系统的运输时间进行优化，高效地控制三个时间节点：第一，卸车环节，也就是运输货物的车辆进入港口后，对其进行翻车卸货，然后再空车退出翻车机房这一时间点；第二，货物通过皮带机输送到堆场的环节，通过此环节可以在内部提高港口的运输效率；第三，装船环节。充分利用以上三点就可以高效控制运输时间点。[③]

2. 制定灵活的海铁联运定价策略

灵活的运价机制是京津冀地区争取海铁联运货源的重要手段，有助于吸引更多的客户使用海铁联运运输货物。[④]美国、日本等市场经济发达国家对铁路的运价管理都经历了一个从严格管制到灵活调整运价的过程，从而极大地促进了铁路货运的发展。应积极协调海铁联运参与企业开展定价策略制定的商定与讨论，允许铁路在开展海铁联运时采取灵活的运价机制，依照价格与供需关系相适应的原则，针对不同的货物、线路、运距、运量等因素经过调研，建立数学模型，制定合理的运输价格体系。[⑤]

3. 构建海铁联运信息交互平台，实现信息互通

构建统一的海铁联运信息交互平台，把铁路信息管理系统纳入口岸信息管理系统当中，使多式联运经营人、货主企业、港口企业、铁路企业、船公司、海关与出入境检疫、货代等各方面都能在平台上及时沟通信息，做到航

[①] 王薇, 何小明. 发展海铁联运, 拓展港口腹地 [J]. 水运工程, 2006 (12): 49.
[②] 张戎, 黄科. 集装箱港口集疏运体系影响因素通径分析 [J]. 同济大学学报, 2009 (1): 62.
[③] 周朝志. 港口煤炭物流集疏运网络优化策略 [J]. 现代工业经济和信息化, 2017 (2): 28-29.
[④] 陶学宗, 吴琴. 南昌集装箱海铁联运发展现状及对策 [J]. 铁道运输与经济, 2016 (10): 25.
[⑤] 吴峰, 施其洲等. 铁路适度灵活定价的意义和方法 [J]. 价格理论与实践, 2005 (11): 24-25.

班与班列的紧密衔接，减少运输延误和集装箱滞港，提高联运效率，减少运输成本。为客户提供准确、实时的信息服务，满足集装箱追踪等客户需求。①

4. 加强内陆无水港建设，提升一流服务水平

第一，京津冀地区应加强与山西、陕西、河南、内蒙古、新疆等间接腹地的政府的协商，合理规划拓展内陆无水港的建设，鼓励津冀港口企业共建共用内陆无水港，共享货运信息资源和联运网络，②避免因腹地交叉出现恶性竞争现象。第二，京津冀地区应加大铁路运输能力，简化货物中转环节和手续流程，提升物流服务水平。第三，积极规划设计海铁联运精品线路，在中西部货源地开展品牌宣传活动。③第四，拓展海铁联运货物的种类，发展集装箱海铁联运班列业务。

(二) 积极对接"一带一路"中俄蒙物流通道和亚欧大陆桥通道

京津冀地区地处"一带一路"中俄蒙物流通道和亚欧大陆桥通道的交汇处，在能源通道建设方面不仅应积极对接中俄蒙物流通道和亚欧大陆桥通道，而且要采取措施推进京津冀协同发展战略和"一带一路"倡议的对接和融合，京津冀各港口应重视通过在"三西""三北"和蒙古国设立内陆港，加强物流通道建设，推进通关合作等方式营造货源腹地，增强港口的吞吐能力和竞争能力。

海铁联运不仅能够促进中国、蒙古、日本、韩国等国的煤炭等能源商品的贸易，也能促进国际集装箱货物贸易，促进亚欧大陆桥业务的繁荣发展。此外，还可以促进石油、天然气的"海洋+管道"物流的发展。

(三) 大力发展集约化、一体化的第三方物流企业

目前，在能源物流领域，国企占主导地位，垄断性强，竞争不充分，第三方物流企业发展不充分。煤炭第三方物流企业的主要问题在于以下两点：一方面，煤炭行业的第三方物流企业有一部分是由其他领域的现代物流企业转型而来，而另外一部分则由大企业本身所属物流部门分离形成，这就造成现代第三方物流企业的体制混乱、功能不清晰、模式不合理的问题，使得第三方物流企业的竞争力和生存能力较弱，市场的经济效益不够，难以发展壮大；另一方面，国家进行产业转型升级，淘汰落后产能企业，逐步关闭、退

---

① 刘竹芃. 天津港集装箱海铁联运研究 [J]. 中国铁路, 2012 (7): 26-28.
② 交通部携手津冀推进港口协同发展将整合国有港口 [EB/OL]. (2017-07-19) [2017-07-19]. http://www.sohu.com/a/158306174_618586.
③ 凌乐云. 宁波海铁联运现状及发展对策 [J]. 水运管理, 2013 (10): 42.

出污染过大的企业。中小型企业不断进行改革转型，或者被大企业兼并合资，而大企业有独立的物流系统，不必依赖第三方物流。这两个主要因素使得第三方物流企业的发展空间受限，市场活力欠缺。

因此，第三方物流企业必须找准自身定位，积极迎合煤炭市场发展趋势，进行企业内部体制优化，提升企业竞争力，不断改善企业形象与业务模式，拓展业务范围，提高服务质量。另外，政府部门应当加速煤炭行业转型升级，规范市场环境。政府适当引导市场，帮助和推进第三方物流企业与煤炭企业的合作发展。建立合理恰当的竞争监督机制，淘汰生存能力较弱的第三方物流企业，整合资源发展竞争力更强的企业。最后，拥有独立物流系统的大型煤炭企业应鼓励第三方物流企业的发展，积极推动企业内部物流系统走向市场化道路，培养独立的煤炭物流体系，面向市场，服务市场，减少因体制混乱带来的非绿色因素。

（四）推进内外贸一体化发展，积极培育国际多式联运经营人

京津冀地区港口不仅是我国能源国内调配中转的枢纽地区，也是我国能源进出口的重要接卸港。京津冀能源物流中，国内物流和国际物流相互交织，难以分离开来。因此，在能源物流设施建设方面，应推进软硬件设施的一体化发展，促进内外贸协同发展。例如，在内陆建设无水港时要配置海关商检等行政执法部分，同时要配置运输、保险、结算等商务服务部分，积极建设内外贸功能一体化的"单一窗口"系统，外贸、内贸都可以通过"单一窗口"高效办理。在硬件上要配置自动化、机械化、智能化的装卸系统，并不断创新作业流程和方式，不断降低货物在途在港的各项经济成本和时间成本，提升港口的物流作业效率。

多式联运经营人是推动包括海铁联运在内的多式联运发展的重要主体，多式联运经营人往往拥有强大的运输资源调配能力和组织能力，也掌握发达的信息网络。由多式联运经营人协调组织多式联运，可以发挥专业化优势，降低相关成本和费用，提高运输的质量和效率。目前，我国能源物流领域由国企垄断现象比较突出，未来应进一步开放市场，打破垄断，引进竞争，让包括民营企业在内的物流企业在竞争中自发形成多式联运经营人。

（五）完善能源物流网络，建立健全能源物流信息系统

目前，我国煤炭运输主要有3种方式：铁路运输、公路运输和海上运输。国内铁路运输线路相对于我国煤炭生产与消费的空间格局分布较少，运输能力不足，且铁路运输多垄断，运输效率低；而由于港口建设滞后和地理条件的限制，海运存在一定局限性，进而导致公路煤炭运输需求量持续增加。另

外，三大运输方式的运费差别较大，汽运最高，铁路次之，海运最低。目前，京津冀地区虽然禁止煤炭长距离汽车运输，但在煤炭物流方面还存在着铁路运力不足、铁路和港口中转衔接不畅或低效率、煤炭中转或储配基地布局不均衡不合理、物流节点集疏运能力薄弱等问题。未来京津冀地区的能源物流网络应进一步完善运煤专用铁路、骨干输油输气管网、铁水联运的转运设施设备、短途的集疏运系统建设，重点加强煤炭储配能力建设，保障稳定供应，加强港口接卸和配送能力建设，提高能源物流的运作效率。

建立优化煤炭物流网络能够帮助企业利用先进的信息技术与网络资源，合理选用绿色的运输方式；同时要建立完整的物流信息处理系统，将煤炭资源的供应方和需求方置于同一平台，及时高效地反映煤炭资源的供求关系，合理配比不同区域、不同用煤企业的供求分配关系，减少因信息流通不畅、煤炭需求滞后而造成的不恰当物流。煤炭行业的供求双方能够及时、准确地了解煤炭市场的最新动态，也有利于根据市场行情和自身的特点选取最恰当的物流方式，优化煤炭物流网络，还能有效处理中小煤炭企业的物流委托，提高第三方物流企业的效率。[1]

七、京津冀能源物流发展前景展望与预测

根据 IMF 预测，2018 年，全球经济增速为 3.7%，全球贸易量增速为 4%，中国经济增速为 6.5%。由此预测 2018 年中国港口货物吞吐量增速微调为 7%，货物吞吐量达 135 亿吨。[2]

全球和全国的货物吞吐量增长前景，为京津冀能源物流的增长提供了依据和基础。2018 年京津冀地区的能源物流保持适度的增长，但会出现显著的结构性调整，能源物流中过境流量将持续上升。

（一）煤炭消费量将继续压减，天然气消费量将快速增长

京津冀地区将持续压减煤炭消费总量，淘汰燃煤锅炉或推动燃煤锅炉改造。北京的目标是基本实现能源清洁转型，大幅压减电厂、工业、采暖、民用燃煤总量，2020 年煤炭消费总量控制在 900 万吨以内。[3] 北京市和天津市还

---

[1] 蒋秀明，胡鑫蒙，赵迪斐，王瑾，徐汇. 我国煤炭绿色物流的研究现状与展望 [J]. 煤炭经济研究，2017（2）：22-27.

[2] 陈伟杰. 中国港口发展 2017 年回顾与 2018 年展望 [EB/OL]. (2018-03-05) [2018-03-05]. http://www.weiyun001.com/news/news_content?id=3997.

[3] 20 个省份公布"十三五"能源规划全文 [EB/OL]. (2016-04-25) [2016-04-25]. http://www.ne21.com/news/show-74896.html.

将在治理农村燃烧散煤方面下大力气整治。河北省将强化燃煤锅炉淘汰和燃煤锅炉的升级改造,积极开展清洁能源改造和集中供热替代,加快设区市城市建成区35蒸吨/时及以下燃煤锅炉淘汰进程。

在能源生产方面,坚持引进天然气等清洁能源,坚持实现能源化工领域的清洁生产。积极推进天然气的利用,三省市的目标也已明确:到2020年,北京清洁能源发电装机比重达到100%;天津将加快调整能源化工产业结构,多渠道增加天然气供应,加大燃气管道和储气库的建设规模,严格控制能源消费总量;河北省天然气消费比重达到11%,比2015年提高7.2个百分点。①

到2020年,北京市全市建成以电力和天然气为主体、地热能和太阳能等可再生能源为补充的清洁能源体系,优质能源消费比重力争达到90%以上,可再生能源比重达到8%左右。天津市鼓励发展分布式能源,加强太阳能、地热能、风能、生物质能的开发利用,非化石能源比重超过4%。河北省将推进风能、太阳能、地热能、生物质能、核能和海洋能等新型能源规模化发展和综合利用,优先安排可再生能源、清洁能源和高效电源上网。加速能源结构调整,加大非化石能源利用强度,非化石能源占一次能源消费比重达到10%,提高5个百分点。②

预计京津冀区域内煤炭物流(不含三大运煤通道)将会显著下降,而通过管道运输的天然气物流量将会显著上升。

根据能源局2017年发布的《能源发展"十三五"规划》,到2020年,天然气在能源消费结构中所占比例将提高到10%以上,对应2016—2020年我国天然气消费量的CAGR接近15%(见表4-25)。

表4-25 "十三五"全国能源消费结构变化情况

能源消费	2015年	2020年	2016—2020年CAGR(%)
能源消费总量(亿吨标准煤)	43	50	3.06
煤消费总量(亿吨标准煤)	27.50	29	1.07
煤炭消费占比(%)	63.95	58.00	-5.95
天然气消费总量(亿吨标准煤)	2.54	5	14.53

---

① 段丽茜.聚焦发展实施"蓝天行动",打好大气治理攻坚战.[EB/OL].(2016-11-24)[2016-11-24]. http://hebei.hebnews.cn/2016-11/24/content_6091978.htm.
② 京津冀"十三五"规划中关于能源发展与利用的要点综述[EB/OL].(2016-10-26)[2016-10-29]. http://www.a-site.cn/article/131808.html.

续表

能源消费	2015 年	2020 年	2016—2020 年 CAGR（%）
天然气消费占比（%）	5.90	10.00	4.10
其他能源消费总量（亿吨标准煤）	12.96	16	4.30
其他能源消费占比（%）	30.15	32.00	1.85

注：CAGR 是指"复合年均增长率"。

资料来源：2018 年我国能源消费量预测分析［EB/OL］.（2018-04-13）［2018-04-13］. http：//www.chyxx.com/industry/201804/629952.html.

（二）京津冀煤炭物流量将实现显著增长，但主要是过境物流

进入 21 世纪，随着城市化建设的加快，工业用电的快速增长，南方地区煤炭需求激增。尽管国家大力推动能源结构转型，倡导节能减排，减少传统能源的使用量，扶持清洁能源的太阳能、风能的使用规模，但是传统煤炭作为工业原料的地位依旧难以改变。按照此前中国煤炭工业协会的预测，2020 年，中国煤炭需求量将达到 45 亿~48 亿吨，也就是说，未来十多年内中国煤炭依旧有近 10 亿吨的增长空间。[①]

京津冀港口群和三大煤运通道将是我国煤炭物流增量的重要依托。为提高煤炭运输能力，缓解煤运紧张局面，促进国民经济可持续发展，国家将秦皇岛港煤炭运输能力提高到 2.5 亿吨，京唐三港煤炭运量达到 1.11 亿吨，以及大秦线运量提高到 4.5 亿吨之后，将后续煤运通道的建设放在了蒙冀线和曹妃甸煤港上。

作为北煤外运系统的配套工程，根据曹妃甸港区总体布局规划，曹妃甸港原计划建设七座 5000 万吨煤码头，合计设计能力 3.5 亿吨，后来降到 2.5 亿吨。曹妃甸港煤码头近期依靠大秦线支线——迁曹线供应煤炭，中远期为"第三通道"（蒙冀线）的煤炭下水港口。其中，国投项目两个 5000 万吨煤码头，分别于 2009 年和 2012 年建成投产。秦皇岛港投资建设的 5000 万吨码头，已于 2015 年下半年投产；华能建设的一个 5000 万吨煤码头，于 2017 年 7 月投产，华电建设的一个 5000 万吨煤码头于 2018 年底投产。[②]

2018 年，大秦线完成货物运量 4.5 亿~4.6 亿吨，大秦铁路设计运力为

---

① 2017 年煤炭行业物流成本及其发展趋势分析［EB/OL］.（2016-11-29）［2016-11-29］. http：//www.chyxx.com/industry/201611/472366.html.

② 环渤海港口煤炭运能继续扩张［EB/OL］.（2018-09-07）［2018-09-07］. http：//www.sohu.com/a/252585462_100020209.

4.6亿吨，2018年有2000万~3000万吨的运输增量空间，其可用运能增量已非常有限。

朔黄铁路2017年完成运量3.04亿吨，铁路设计运力为3.5亿吨，2018年可新增运力1000万吨左右。

2018年，蒙冀线运量计划为5000万吨，2017年占用大秦线运力的部分将回拨2000万吨，2018年全年可新增运力3000万~4000万吨。蒙冀线设计运输能力为2亿吨/年，未来尚有较大的运能上升空间。①

（三）京津冀能源进出口物流将实现显著增长

2017年，我国天然气表观消费量达到2394亿立方米，折合约1.72亿吨；进口依存度达到39.91%，进口量为6871.73万吨（约955亿立方米）。其中，液化天然气进口量为3828.56万吨，增幅46.39%，占天然气总进口量的55.71%；气态天然气进口量为3043.17万吨，增幅8.78%。2017年，中国超过韩国成为世界第二大液化天然气（LNG）进口国。2018年第一季度，我国进口天然气2062万吨，同比增长37.3%。

预计到2020年，天然气进口量要增加300亿~500亿立方米。我国天然气的进口有管道进口和沿海LNG进口两种途径。2017年，我国管道气进口量为492亿方，按照我国目前管道气的总设计进口产能670亿方测算，产能利用率73%左右。在2020年中亚天然气D线和中俄天然气东线通气之前，最大的新增进口量约178亿方，在2020年前我国管道气进口增量有限，预计增量120亿~150亿方。

随着我国天然气需求量的快速增长，仅靠管道气已经不能满足国内天然气的消费增长，LNG进口迎来了快速发展。我国从2006年开始进口LNG，当年的进口量仅为10亿立方米，2017年达到463亿立方米，11年间增长了46.3倍，年复合增速达到41.72%，2017年同比增速达到32.97%。预计未来因政策持续推进和LNG等相关配套设施的逐步建设完善，LNG进口有望延续"十二五"时期的高增长态势，在2020年达到700亿立方米，复合年均增长率（GAGR）为15.33%。②

---

① 2018年我国煤炭行业生产格局与通道分析［EB/OL］.（2018-07-09）［2018-07-09］. http://jingzheng.chinabaogao.com/nengyuan/0O34MR2018.html.

② 2018年中国天然气进出口统计及产量、消费量分析预测［EB/OL］.（2018-05-23）［2018-05-23］. http://www.chyxx.com/industry/201805/643374.html.

第五章 京津冀物流发展比较研究

刘 艳 高 原 王小臣 李 萌 宋瑞雪

一、我国物流业宏观政策及发展概况

（一）物流业宏观发展政策

物流业是融合运输、仓储、货代、信息等产业的复合型服务业，是支撑国民经济发展的基础性、战略性产业。加快发展现代物流业，对于促进产业结构调整、转变发展方式、提高国民经济竞争力和建设生态文明具有重要意义，见《物流业发展中长期规划（2014—2020年）》。国家政策是促进物流业高质发展的主要推动力。本章梳理了2014—2017年的物流发展政策，通过提取相关内容以总结物流业发展总体趋势。表5-1为近几年发布的政策汇总，其后对这些政策做了进一步的说明。

表5-1 2014—2017年国家物流业宏观发展政策汇总

年份	序号	政策名称
2014	1	物流业发展中长期规划（2014—2020年）
	2	关于促进商贸物流发展的实施意见
	3	促进物流业发展三年行动计划（2014—2016年）
2015	4	关于进一步促进冷链运输物流企业健康发展的指导意见
	5	关于协同推进农村物流健康发展、加快服务农业现代化的若干意见
	6	关于开展多式联运示范工程的通知
	7	关于智慧物流配送体系建设的实施意见
	8	关于加快实施现代物流重大工程的通知
	9	关于推进线上线下互动，加快商贸流通创新发展转型升级的意见
2016	10	国务院办公厅关于深入实施"互联网+流通"行动计划的意见
	11	营造良好市场环境，推动交通、物流融合发展实施方案
	12	物流业降本增效专项行动方案（2016—2018年）

续表

年份	序号	政策名称
2017	13	商贸物流发展"十三五"规划
	14	快递业发展"十三五"规划
	15	"十三五"铁路集装箱多式联运发展规划

资料来源：中国政府网站. 中国物流与采购联合会 [DB/OL]. [2018-8-2]. http://www.chinawuliu.com.cn/xsyj/class_76.shtml.

1.《物流业发展中长期规划（2014—2020年）》

为促进物流业健康发展，根据党的十八大、十八届三中全会精神和《中华人民共和国国民经济和社会发展第十二个五年规划纲要》《服务业发展"十二五"规划》等。2014年9月，国务院印发了《物流业发展中长期规划（2014—2020年）》。

该规划明确三大发展重点、七个主要任务、十二个重点工程。三大发展重点：一是着力降低物流成本；二是着力提升物流企业规模化、集约化水平；三是着力加强物流基础设施网络建设。七个主要任务：一是大力提升物流社会化、专业化水平；二是进一步加强物流信息化建设；三是推进物流技术装备现代化；四是加强物流标准化建设；五是推进区域物流协调发展；六是推动国际物流发展；七是大力发展绿色物流。十二个重点工程分别是多式联运工程、物流园区工程、农产品物流工程、制造业物流与供应链管理工程、资源型产品物流工程、城乡物流配送工程、电子商务物流工程、物流标准化工程、物流信息平台工程、物流新技术开发应用工程、再生资源回收物流工程及应急物流工程。

2.《关于促进商贸物流发展的实施意见》

为贯彻落实2013年国务院召开的部分城市物流工作座谈会和2014年6月国务院常务会通过的《物流业发展中长期规划》精神，促进商贸物流发展，降低物流成本，引导企业做大做强，完善服务体系，更好地保障供给，支撑国民经济稳步增长，商务部于2014年9月下发《关于促进商贸物流发展的实施意见》（以下简称《意见》）。

《意见》指出，要高度重视商贸物流工作；提高社会化水平；提高专业化水平；提高标准化水平；提高信息化水平；提高组织化水平；提高国际化水平；加强组织领导，完善保障措施。其中，提高专业化水平要大力发展电子商务物流、加强冷链物流建设、加快生产资料物流转型升级、鼓励绿色物流发展。

3.《促进物流业发展三年行动计划（2014—2016 年）》

为落实《物流业发展中长期规划（2014—2020 年）》，按照有目标、能落实、有抓手的原则，2014 年 12 月，国家发展改革委会同有关部门印发了《促进物流业发展三年行动计划（2014—2016 年）》（以下简称《行动计划》）。

《行动计划》共分五个方面六十二项重点工作任务。五个方面：一是着力降低物流成本。二是着力提升物流企业规模化、集约化水平。三是着力加强物流基础设施网络建设。四是加快推进物流业重点工程建设。主要涉及推进粮食仓储物流设施建设；推进棉花现代物流设施建设；加强农产品冷链物流设施建设；加强资源型产品物流设施建设；加快完善城乡配送网络体系；发展电子商务物流；加快推进物流标准化；加快物流公共信息平台建设；推进绿色物流发展；完善应急物流体系。五是抓好行业基础性工作。《行动计划》中每项任务都设定了牵头单位、具体目标和完成时限。

4.《关于进一步促进冷链运输物流企业健康发展的指导意见》

2015 年 1 月，国家发改委、财政部、商务部、国家税务总局、交通运输部、公安部、食药监局、央行、证监会、国家标准委等十个部委联合发布了《关于进一步促进冷链运输物流企业健康发展的指导意见》（以下简称《指导意见》）。

《指导意见》要求，进一步促进我国冷链运输物流企业健康发展，提升冷链运输物流服务水平，提出九条意见：一是大力提升冷链运输规模化、集约化水平；二是加强冷链物流基础设施建设；三是完善冷链运输物流标准化体系；四是积极推进冷链运输物流信息化建设；五是大力发展共同配送等先进的配送组织模式；六是优化城市配送车辆通行管理措施；七是加强和改善行业监管；八是加大财税等政策支持力度；九是发挥行业协会作用。

5.《关于协同推进农村物流健康发展、加快服务农业现代化的若干意见》

2015 年 3 月，交通运输部会同原农业部、中华全国供销合作总社、国家邮政局联合印发了《关于协同推进农村物流健康发展、加快服务农业现代化的若干意见》（以下简称《意见》）。

《意见》提出，以服务"三农"为宗旨，坚持部门协同和资源整合，进一步完善基础设施、优化组织模式、提升装备水平，加快构建覆盖县、乡、村三级农村物流网络体系，全面提升农村物流服务能力和水平，为实现"新四化"协调发展和全面建成小康社会目标提供有力支撑；完善县、乡、村物流基础设施网络；推广跨业融合发展新模式；各地优化物流运输组织，推广农村电子商务。

6.《关于开展多式联运示范工程的通知》

2015年7月，交通运输部、国家发展改革委联合印发了《关于开展多式联运示范工程的通知》（以下简称《通知》），共同开展多式联运示范工程。

《通知》提出了五项主要任务：一是强化多式联运基础设施衔接；二是探索创新多式联运组织模式；三是统一规范多式联运服务规则；四是推广应用快速转运装备技术；五是推进多式联运信息系统建设。

7.《关于智慧物流配送体系建设的实施意见》

根据国务院《物流业发展中长期规划（2015—2020年）》《国务院关于积极推进"互联网+"行动的指导意见》及商务部《关于促进商贸物流发展的实施意见》，2015年7月，商务部办公厅下发了《关于智慧物流配送体系建设的实施意见》（以下简称《实施意见》）。

《实施意见》要求，智慧物流配送体系建设要以"互联网+"理念为指导，将满足生产和消费需求作为出发点，把握互联网、物联网背景下物流业发展规律，以信息化、智能化设备为载体，加强技术创新和商业模式创新，优化供应链管理和资源配置，推动物流业与制造业、商贸业的融合，物流与商流、信息流、资金流的融合，互联网、移动互联网、物联网与车联网的融合，提高效率、降低成本，提升物流业综合服务能力和整体发展水平。

8.《关于加快实施现代物流重大工程的通知》

为落实《物流业发展中长期规划（2014—2020年）》和《促进物流业发展三年行动计划（2014—2016年）》，加强重要物流基础设施建设，发挥物流业投资对稳增长的重要作用，进一步完善物流业投资环境，引导社会资本加大投入力度，加快推进现代物流重大工程项目建设，2015年8月，国家发改委发布《关于加快实施现代物流重大工程的通知》（以下简称《通知》），要求多措并举推动现代物流发展。

《通知》共明确六大主要任务：一是建设连通国际、国内的物流大通道，增强物流对"一带一路"等倡议的支撑作用；二是打通长江经济带地区多式联运通道，实现运输的无缝化、低成本衔接；三是推动京津冀物流协同发展；四是建设一批适应电子商务等新型业态发展需要的物流设施；五是构建覆盖全国主要物流节点，便捷高效的物流基础设施网络；六是提升物流业信息化、标准化水平。

9. 《关于推进线上线下互动,加快商贸流通创新发展转型升级的意见》

2015年9月,国务院办公厅印发《关于推进线上线下互动,加快商贸流通创新发展转型升级的意见》(以下简称《意见》)。《意见》明确鼓励线上线下互动创新、激发实体商业发展活力、健全现代市场体系三个方面的任务。

《意见》提出要转变物流业发展方式。运用互联网技术大力推进物流标准化,重点推进快递包裹、托盘、技术接口、运输车辆标准化,推进信息共享和互联互通,促进多式联运发展。大力发展智慧物流,运用北斗导航、大数据、物联网等技术,构建智能化物流通道网络,建设智能化仓储体系、配送系统。发挥互联网平台实时、高效、精准的优势,对线下运输车辆、仓储等资源进行合理调配、整合利用,提高物流资源使用效率,实现运输工具和货物的实时跟踪和在线化、可视化管理,鼓励依托互联网平台的"无车承运人"发展。推广城市共同配送模式,支持物流综合信息服务平台建设。鼓励企业在出口重点国家建设海外仓,推进跨境电子商务发展。

10. 《国务院办公厅关于深入实施"互联网+流通"行动计划的意见》

"互联网+流通"正在成为大众创业、万众创新最具活力的领域,成为经济社会实现创新、协调、绿色、开放、共享发展的重要途径。实施"互联网+流通"行动计划,有利于推进流通创新发展,推动实体商业转型升级,拓展消费新领域,促进创业就业,增强经济发展新动能。为贯彻落实国务院决策部署,深入实施"互联网+流通"行动计划,进一步推进线上线下融合发展,从供需两端发力,实现稳增长、扩消费、强优势、补短板、降成本、提效益,2016年4月国务院提出《国务院办公厅关于深入实施"互联网+流通"行动计划的意见》(以下简称《意见》)。

《意见》指出,要加大对物流基地建设、冷链系统建设等的政策性扶持力度,科学规划和布局物流基地、分拨中心、公共配送中心、末端配送网点。加大流通基础设施信息化改造力度,充分利用物联网等新技术,推动智慧物流配送体系建设,提高冷链设施的利用率。科学发展多层次物流公共信息服务平台,整合各类物流资源,提高物流效率,降低物流成本。

11. 《营造良好市场环境,推动交通、物流融合发展实施方案》

为进一步落实物流业发展中长期规划和工业稳增长的有关部署,促进交通与物流融合发展,有效降低社会物流总体成本,进一步提升综合效率效益,2016年6月,国务院办公厅印发《营造良好市场环境,推动交通、物流融合发展实施方案》(以下简称《方案》)。

《方案》提出，要以提质、降本、增效为导向，以融合联动为核心，充分发挥企业的市场主体作用，抓住关键环节，强化精准衔接，改革体制机制，创新管理模式，加强现代信息技术应用，推动交通、物流一体化、集装化、网络化、社会化、智能化发展，构建交通、物流融合发展新体系。

12.《物流业降本增效专项行动方案（2016—2018年）》

按照党中央、国务院关于推进供给侧结构性改革和降低实体经济成本的决策部署，为解决物流领域长期存在的成本高、效率低等突出问题，大力推动物流业降本增效，推进物流业转型升级，提升行业整体发展水平，更好地服务于经济社会发展，根据《物流业发展中长期规划（2014—2020年）》，2016年9月，国家发改委印发《物流业降本增效专项行动方案（2016—2018年）》（以下简称《方案》）。

《方案》提出，要以创新体制机制为动力，以推广应用先进技术和管理手段为支撑，以完善落实物流管理支持政策为路径，加快补齐软硬件短板，大力发展新模式、新业态，优化物流资源配置，建立现代物流服务体系。

13.《商贸物流发展"十三五"规划》

商贸物流是指与批发、零售、住宿、餐饮、居民服务等商贸服务业及进出口贸易相关的物流服务。加快发展商贸物流业，有利于提高流通效率，降低物流成本，引导生产，扩大消费。根据《国民经济和社会发展第十三个五年规划纲要》《物流业发展中长期规划（2014—2020年）》，2017年2月，商务部、国家发展和改革委员会、原国土资源部、交通运输部、国家邮政局发布《商贸物流发展"十三五"规划》（以下简称《规划》）。

《规划》提出构建多层次商贸物流网络，加强商贸物流基础设施建设、标准化建设和信息化建设，推动商贸物流集约化发展、专业化发展、国际化发展，促进商贸物流绿色化转型，建设商贸物流信用体系，实施包括城乡物流网络建设工程、商贸物流标准化工程、商贸物流平台建设工程、商贸物流园区功能提升工程、电子商务物流工程、商贸物流创新发展工程、商贸物流绿色发展工程在内的七大工程。

14.《快递业发展"十三五"规划》

促进快递业健康快速发展，有利于进一步搞活流通、扩大内需、促进就业，有利于服务大众创业、万众创新，拉动新兴业态发展，有利于更好地服务生产、普惠民生。根据《国民经济和社会发展第十三个五年规划纲要》和《邮政业发展"十三五"规划》，2017年2月，国家邮政局发布了《快递业发展"十三五"规划》(以下简称《规划》)。

《规划》明确了"十三五"时期我国快递业发展的七项主要任务:一是壮大市场主体,打造快递航母;二是强化服务能力,加快普惠发展;三是深化"互联网+快递",推进创新发展;四是拓展海外市场,加速国际化发展;五是加强寄递渠道综合治理,保障安全发展;六是加快信用建设,推进诚信发展;七是高效利用资源,推动绿色发展。

15.《"十三五"铁路集装箱多式联运发展规划》

集装箱多式联运具有产业链长、高效便捷、集约经济、安全可靠等优势,是货物运输发展的重要方向。为增强铁路货运市场竞争能力、提升运输整体效率效益,2017年5月,国家发改委、交通运输部、中国铁路联合印发《"十三五"铁路集装箱多式联运发展规划》(以下简称《规划》)。

《规划》明确了五项重点任务:一是完善联运通道功能;二是加强综合枢纽建设;三是扩大服务有效供给;四是加快技术装备升级;五是推动信息开放共享。

近几年,中国物流业发展正朝向绿色、智能、高效的新方向快速发展。综合近几年国家颁布的关于物流的宏观政策可以看出,国家高度重视农村物流、多式联运、智慧物流、商贸物流及绿色物流五个领域的发展。

(二)全国物流发展现状

2017年,我国物流业发展总体运行缓中趋稳、稳中向好。[①]2017年,全年社会物流总额252.8万亿元,按可比价计算,同比增长6.7%;社会物流总费用12.1万亿元,同比增长9.2%;全国货运量479亿吨,同比增长9.3%。中国沿海散货运价指数呈逐月上涨态势,全年均值1148点,较上年上涨25.1%。社会物流总费用与GDP的比率从2015年的16%、2016年的14.9%,进一步下降到2017年的14.6%;全年物流业总收入8.8万亿元,同比增长11.5%。

货物运输量保持较快增长。全年货物运输总量479亿吨,比上年增长9.3%。货物运输周转量196130亿吨千米,增长5.1%[②]。综合运输大通道也基本贯通。截至2017年底,全国铁路营业里程达12.7万千米,其中高铁营业里程为2.5万千米,占世界总量的66.3%;公路总里程为477.35万千米,其中高速公路里程为13.6万千米,覆盖全国97%的20万以上人口

[①][②] 中国物流与采购联合会. 中国物流发展报告(2017—2018)[M]. 北京:中国财富出版社, 2018.

城市及地级行政中心；港口万吨级以上泊位达2366个，通江达海、干支衔接的航道网络进一步完善；民航运输机场发展到229个，覆盖全国88.5%的地市。

2017年，多式联运上升为国家战略，交通运输部、国家发展和改革委员会（以下简称"国家发改委"）先后确定了两批，共46个示范项目。首批16个示范工程企业累计开行示范线路140余条，完成集装箱多式联运量60万TEU（标准箱）。2014年以来，重点港口集装箱铁水联运量年均增长16.8%。《"十三五"铁路集装箱多式联运发展规划》发布，铁路集装箱日均装车量占比超过10%。国家铁路全年货物发送量约29.2亿吨，较上年增长10.1%。[①]全年重型卡车销量首次突破100万辆，车辆大型化、标准化、现代化步伐加快。

2017年，消费成为物流需求增长的重要推动力。单位与居民物品物流总额同比增长29.9%。[②]消费物流中的电商物流增势明显，中国电商物流指数中的总业务量指数全年均值为143.4。电商物流带动快递业务加速扩张，12月中国快递物流指数为106.3；全年快递业务量约401亿件，同比增长28%。冷链物流成为吸引社会投资的热点，全国冷库总容量可达4775万吨。与消费相关的快速消费品、医药汽车、服装等细分市场增势良好。工业制造业物流仍然是物流需求的主要来源。全年工业品物流总额235万亿元，按可比价计算，同比增长6.6%，占社会物流总额的93%。工业品物流中的高技术产业、装备制造业等物流需求增长较快，高耗能产品、大宗商品物流需求延续回落走势。

我国物流业总体仍然处于可以大有作为的战略机遇期。伴随着供给侧结构改革的深化，我国物流业将会在物流需求、供给主体、基础设施、资源要素、发展方式、增长动力和政策环境多个方面发生深刻变化，物流市场格局也将出现新的调整。

二、京津冀物流发展概况

（一）京津冀物流发展政策与发展探索

1. 京津冀物流发展相关政策

《物流业中长期规划（2014—2020年）》中进一步明确了物流在国民经

---

①② 中国物流与采购联合会．中国物流发展报告（2017—2018）[M]．北京：中国财富出版社，2018．

济发展中的基础性、战略性产业地位，当前物流业发展正处于需求广阔时期，国家和各地政府的政策引导对促进物流业高质发展具有重要意义。政策因素作为推动京津冀物流业发展的主要动力，对于促进京津冀物流业发展起到了至关重要的作用，且以政策工具来揭示现状已成为学术界研究问题的趋势。本章梳理了2014—2017年国家和区域两个层面为促进京津冀物流业发展提出的政策。

（1）国家层面

从表5-2可以看出，国家颁布促进物流业发展政策的发布单位主要有国务院、商务部、国家发展和改革委员会、交通运输部等。整体看来，在政策中都重点提出了对于京津冀区域的规划，可以看出京津冀物流业的发展得到了国家和相关部门的高度重视。政策内容主要涉及商贸物流、交通规划、物流降本增效和京津冀物流协同发展等规划。以上政策是国家在制定整个物流业发展规划中，对京津冀区域的物流业发展提出的总体规划。物流业的发展，离不开政策的支持，为进一步促进京津冀区域物流业协同发展，各部门联合制定了针对京津冀区域物流业发展的规划。

表5-2 国家层面促进京津冀物流业发展的政策

发布时间	发布单位	政策名称	内容
2014年9月	国务院	物流业发展中长期规划（2014—2020年）	《规划》中提到，要落实国家区域发展整体战略和产业布局调整优化的要求，继续发挥全国性物流节点城市和区域性物流节点城市的辐射带动作用，推动区域物流协调发展。按照推动京津冀协同发展、环渤海区域合作和发展等要求，加快商贸物流业一体化进程
2015年7月	交通运输部	关于开展多式联运示范工程的通知	《通知》指出，为服务"一带一路"、京津冀协同发展、长江经济带协同发展等倡议和国家战略，深入贯彻落实《物流业发展中长期规划（2014—2020年）》，加快推进物流大通道建设，不断完善综合交通运输体系，交通运输部、国家发展改革委决定开展多式联运示范工程
2015年8月	国家发展改革委	关于加快实施现代物流重大工程的通知	《通知》推动京津冀物流协同发展，落实京津冀协同发展整体战略和产业布局调整优化的要求，推动建立跨区域物流合作机制，促进京津冀地区物流基础设施互联互通和信息资源共享，实现京津冀物流一体化协同发展

续表

发布时间	发布单位	政策名称	内容
2015年9月	国务院办公厅	关于推进线上线下互动，加快商贸流通创新发展转型升级的意见	《意见》指出，要深化京津冀、长江经济带、"一带一路"、东北地区和泛珠三角四省区（福建、广东、广西、海南）区域通关一体化改革，推进全国一体化通关管理，建立健全适应跨境电子商务的监管服务体系，提高贸易便利化水平
2016年9月	国家发展改革委	物流业降本增效专项行动方案（2016—2018年）	《方案》提出建立与现代产业体系相匹配的国家级物流枢纽体系。按照服务现代产业发展的要求和物流业围绕节点城市、沿交通通道集群式发展的特点，结合"一带一路"建设的倡议，京津冀协同发展、长江经济带发展的战略，布局和完善一批具有多式联运功能的综合物流枢纽，统筹推进公路、铁路、水运、民航等基础设施无缝衔接
2017年1月	商务部等5部门	商贸物流发展"十三五"规划	《规划》提出，为服务于"一带一路"建设、京津冀协同发展、长江经济带发展等倡议和国家战略，构建具有国际竞争力、区域带动力的全国性商贸物流节点城市和具有地区辐射能力的区域性商贸物流节点城市。京津冀中，全国性商贸物流节点城市包括北京、天津、石家庄、唐山；区域性商贸物流节点城市包括保定、秦皇岛、邯郸
2017年2月	国家邮政局	快递业发展"十三五"规划	《规划》明确依托物流节点城市，结合行业发展需求，加快布局建设快递专业类物流园区，实现产业集聚、经营集约、功能集成。京津冀中一级快递专业类物流园区布局城市包括北京、天津、廊坊；二级快递专业类物流园区布局城市包括石家庄、保定

资料来源：中国政府网站、中国物流与采购联合会。

（2）区域层面

从表5-3中可以看出，对京津冀区域物流业发展规划发布单位有国家发展改革委、商务部、原农业部、交通部、地方政府等。从主要内容来看，为推进京津冀区域物流协同发展，各项政策规划从不同方面提升促进区域物流的协同发展。要发展物流首先就要保障交通的疏通，政策规划中提到要将京津冀地区打造成国际一流航空枢纽、世界级现代港口群；在其他方面也提出要使京津冀成为全国农产品流通体系创新的先行示范区、快递业与交通运输业协同发展的示范区等。可见，京津冀区域的物流不仅要协同发展，还要做全国物流发展的先驱者。

表 5-3 区域层面京津冀物流发展政策

发布时间	发布单位	政策	内容
2016年2月	国家发展和改革委员会	"十三五"时期京津冀国民经济和社会发展规划	"十三五"时期,京津冀地区将打造国际一流航空枢纽,构建世界级现代港口群,加快建设环首都公园,打赢河北脱贫攻坚战,建立健全区域联防联控体系,全面提高首都服务国际交往的软硬件水平,加强与长江经济带的联动,建立统一规范的市场体系,探索建立行政管理协同机制、生态环保联动机制、产业和科技创新协同机制
2016年6月	国家发改委、原农业部、商务部、交通部、海关总署以及质检总局	京津冀农产品流通体系创新行动方案	经过3年左右的努力,基本建立统一开放、分工协作、竞争有序、畅通高效的京津冀农产品流通网络体系,市场布局更加优化,组织化、专业化、标准化程度显著提高,流通效率和服务质量明显提升,流通成本大幅降低,培育壮大一批具有较强竞争力的龙头示范企业,成为全国农产品流通体系创新的先行示范区
2017年3月	国家邮政局	京津冀地区快递服务发展"十三五"规划	围绕建成"普惠城乡、技术先进、服务优质、安全高效、绿色节能、定位清晰、优势互补、互利共赢"的京津冀快递服务体系总体目标,重点将京津冀地区打造成为快递业改革创新的试验区、快递业与交通运输业协同发展的示范区和北方快递业发展核心区
2017年5月	北京市商务委联合天津市商务委、河北省商务厅	环首都1小时鲜活农产品流通圈规划	推进京津冀区域协同发展,规划建设"一核双层、五通道、多中心"的环首都鲜活农产品流通网络。经过5年的发展,京津冀鲜活农产品流通环境进一步完善,流通环节进一步减少,流通成本明显降低,产销对接更加紧密,流通现代化水平显著提升;到2020年,基本形成布局合理、高效畅通、环境友好和协作共赢的环首都1小时鲜活农产品流通圈
2017年7月	交通运输部、天津市人民政府、河北省人民政府	加快推进津冀港口协同发展工作方案(2017—2020年)	到2020年,津冀港口集疏运体系日臻完善,集装箱和大宗散货运输系统高效协同,天津北方国际航运核心区辐射能力不断增强,区域港口资源节约集约利用,做强、做优、做大国有骨干港口企业,基本建成以天津港为核心、以河北港口为两翼,布局合理、分工明确、功能互补、安全绿色、畅通高效的世界级港口群,先行示范带动港口资源跨省级行政区域整合,为更大范围的协同发展创造条件

续表

发布时间	发布单位	政策	内容
2017年11月	国家发展改革委、民航局	推进京津冀民航协同发展实施意见	2020年，北京新机场建成投入使用，首都机场国际旅客占比提高2~3个百分点，北京"双枢纽"机场与天津机场、石家庄机场实现与轨道交通等有效衔接，初步形成统一管理、差异化发展的格局，京津冀机场群协同发展水平显著提升，整体服务水平、智能化水平、运营管理力争达到国际先进水平。2030年，北京"双枢纽"机场成熟运营，协调发展、适度竞争，国际竞争力位居世界前列；天津、石家庄机场区域航空枢纽辐射能力显著增强，将天津建成我国国际航空物流中心；基本实现京津冀地区主要机场与轨道交通等有效衔接，打造形成分工合作、优势互补、空铁联运、协同发展的世界级机场群

资料来源：中国政府网站、中国物流与采购联合会

2. 物流一体化发展探索及效果

京津冀三地在国家及区域政策引导下，对促进区域物流发展，促进物流一体化发展开始了新的探索。根据规划，京津冀地区要着力构建交通一体化，大力发展商贸物流、港口物流、农产品物流等，在积极促进区域物流一体化发展的探索中，三地都做出了不同的贡献。表5-4是对京津冀三地出台的物流相关政策的汇总。

表5-4 京津冀三地出台的物流相关政策

地区	发布时间	发布单位	政策名称
北京	2015年8月	北京市政府	北京市提高生活性服务业品质行动计划
	2016年6月	北京市商务委员会、市发改委	北京市"十三五"时期物流业发展规划
	2016年7月	北京市交通委	北京市"十三五"时期交通发展建设规划
	2017年1月	北京市政府	北京市"十三五"时期现代产业发展和重点功能区建设规划
天津	2015年4月	天津市政府办公厅	现代物流业发展三年行动计划
	2015年5月	天津市交通运输委	推进全市海空联运建设的指导意见
	2015年7月	天津市市场和质量监督管理委员会批准	天津市冷链物流储运销地方标准
	2016年11月	天津市政府办公厅	天津市人民政府办公厅关于印发我市支持快递业加快发展十项措施的通知
	2017年7月	天津市政府办公厅	天津市现代物流业发展"十三五"规划

续表

地区	发布时间	发布单位	政策名称
河北省	2015年1月	河北省人民政府	关于促进物流业加快发展的若干意见
	2015年3月	河北省政府办公厅	关于促进内贸流通健康发展的实施意见
	2016年2月	河北省政府办公厅	河北省建设全国现代商贸物流重要基地规划（2016—2020年）
	2016年9月	河北省政府办公厅	河北省现代服务业发展"十三五"规划
	2017年7月	河北省邮政管理局	关于推动快递服务制造业发展的三年行动计划（2017—2019）

资料来源：中国物流与采购联合会。

京津冀三地在区域物流发展过程中进行了探索并取得了一定的成效，主要体现在以下几个方面：[1][2]

（1）交通一体化

2016年，京张、京沈高铁等加快建设，京唐、京滨城际铁路获批并开工建设先期工程，平谷线市郊铁路规划方案获批，中铁天津集装箱中心站建成运营，京津冀交通一体化加速突破。2016年12月，京台高速北京段开通，京津冀区域内的三条"断头路"已开通一条。北京、河北两地还有两条"断头路"，分别是京秦高速和首都地区环线高速。京秦高速目前正在抓紧建设中，预计2020年通车；首都地区环线高速于2018年8月正式通车。海港空港方面，2016年天津放大、用足比较优势，助推交通运输协同发展。截至目前，天津港在京冀两地建设了10个无水港；津冀渤海港口投资公司已投入运营；天津港与唐山港签署合作协议，整合集装箱运输软硬件资源。在航线网络方面，天津加快打造进出北京的第二空中通道，主动承接北京机场溢出需求，新增加密客货运航线100余条，在京冀等地建设异地候机楼20座，加快推进7.6平方千米航空物流区建设。

（2）商贸物流

2016年9月，北京市丰台区非首都功能疏解对接合作签约仪式在京举行，固安着力打造以"京津冀（固安）国际商贸城"为平台的高端智慧物流商贸物流产业集群。为努力实现有序、精准承接北京市非首都功能疏解，河北省商务厅会同北京市商务委研究制定了《河北省承接地批发市场建设工作方

---

[1] 中国物流与采购联合会. 资讯［DB/OL］. ［2018-09-02］. http：//www.chinawuliu.com.cn/zixun/.

[2] 京津冀协同发展数据［DB/OL］. ［2018-09-03］. https：//www.jingjinjicn.com/skwx_3j/sublibrary? ID=9557&SiteID=46&showDetail=true&RootFlag=Y.

案》，截至2017年2月，河北省27个承接地批发市场项目中，已建成并有北京商户入驻的市场包括：承德双滦国际物流园、白沟新城、安国中药都仓储物流商贸区、北京新发地高碑店农副产品物流园、乐城·国际贸易城、永清临港经济保税商贸园区、沧州明珠商贸城。为承接非首都功能，石家庄将全力打造为现代商贸物流中心城市。2017年5月，石家庄物流、商贸领域48个项目进京推介，总投资目标约2200亿元，最终实现签约17个，涉及金额881亿元。其中，作为非首都功能疏解的批发市场主承接地，石家庄乐城国际贸易城与北京鞋业流通商会等10家商协会签约，建立了战略合作关系。

（3）快递服务

推动实施京津冀"黄金三角"快递园区集聚带工程；优化发展空间布局，石家庄和保定为全国二级快递专业类物流园区布局城市，廊坊为全国一级快递专业类物流园区布局城市。北京逐步疏解区域性快递集散分拨功能；天津打造快递专业类国际航空物流中心、跨境快递基地和先进制造业与快递业联运示范区；河北将发挥环京津的区位优势，建设全国现代商贸快递物流重要基地。三地将依托首都机场、天津滨海机场、北京新机场和河北石家庄正定机场，提升快递航空运输集散能力。同时，三地还将推动建设立体化快递综合运输枢纽，形成公路、民航、铁路、海运多种运输方式的无缝衔接，提升快递运能，共同打造京津冀连接全国的"48小时快递圈"。

（4）港口物流

2016年底，由天津港（集团）有限公司和唐山港集团股份有限公司共同出资成立的津唐国际集装箱码头有限公司正式揭牌，将进一步优化津冀港口集装箱业务布局，形成以天津港为中心，以唐山港、黄骅港为两翼的港口布局；京津两地合力打造通州口岸，主要对外提供消费品保税展示区、商检海关保税仓储、生鲜跨境电商、大宗商品保税以及生产资料保税等服务。近年来，天津港陆续在内陆腹地辟建了5个区域营销中心和25个"无水港"，区域营销中心负责统筹"无水港"运行，基本形成了辐射东北、华北、西北等内陆腹地的物流网络。截至2017年9月，天津港共建25个"无水港"，推动了港口功能内陆延伸。

（5）农产品物流

北京市沿"一环两港三线"优化物流节点布局，建设环京4小时粮食物流圈；天津市编制《天津市建设京津冀农产品物流中心区建议方案》，建设连接国内外、服务京津冀、面向三北地区的"大流通、大集散"的现代化农产品物流服务体系；河北省与北京市共建承德农产品冷链物流产业园、北京新发地高碑店农副产品物流园、廊坊永清清源仓储配送中心等鲜活农产品物流配送圈重点项目；北京市商务委、天津市商务委共同举办的"京津冷链物流产业合作对接会暨天津冷链物流推介会"在京召开，多家北京和天津企业签署了多项服务合作项目，包括产品经销、冷冻冷藏存储及货物管理服务，进口贸易及冷冻品托管服务，通关、报检、仓储等。

（二）京津冀物流发展现状

1. 北京市物流发展现状

2017年北京市GDP达到28000.4亿元，在全国四大直辖市中排名第二，仅次于上海市。2017年北京市人口达到2171万人，良好的经济条件及庞大的人口基数加大了对物流的需求，推动了北京市物流业的发展。

2017年北京市社会物流总额71105.0亿元，同比上升11.3%。其中，农产品物流总额为260.7亿元，同比下降9.0%；受非首都功能疏解影响，工业品社会物流总额为14154.2亿元，同比下降3.1%。物流业务收入总额达到2805.2亿元，同比增长11.4%。其中，运输收入为2057.6亿元，同比上涨14.2%；保管收入为669.5亿元，同比增长3.1%；一体化物流业务收入为78.0亿元，同比上涨11.3%。2017年北京市社会货运周转量详细情况见表5-5。

表5-5　2017年北京市社会货运周转量统计情况

货运周转量（亿吨·千米）		货运周转量占比（%）
全社会货运周转量	700.0530	—
铁路货运周转量	246.4289	35.20
道路货运周转量	159.2419	22.75
民航货运周转量	74.3891	10.63
管道货运周转量	219.9932	31.43

资料来源：北京市统计局. 北京市统计年鉴（2018）[M]. 北京：中国统计出版社，2018.

2017年，北京市社会消费品零售总额达到11575.4亿元，年均增长5.2%，[1] 消费需求快速增长推动了城市物流保障体系不断完善。各类消费品的物流配送体系进一步健全，商业连锁统一配送率持续提高。涉及民生的冷链物流体系和设施建设取得较大进展，全市冷库总容量140多万吨。

电子商务类快递业务发展迅猛。2017年，全市快递服务企业业务量累计

---

[1] 北京市统计局. 北京市统计年鉴（2018）[M]. 北京：中国统计出版社，2018.

达到 22.75 亿件,① 满足"最后一公里"物流需求的快递服务不断完善,社区及高校共同配送网点不断完善。

物流发展模式创新步伐加快。电子、医药、制造业企业与第三方物流企业合作,实现联动发展。物流技术支撑体系逐步完善,物联网、移动互联网、可视化、快速分拣等新兴技术在行业企业推广应用,物流信息化、自动化、标准化建设持续推进。食品冷链可视化系统得到示范应用,医药流通全过程可视化监控和追溯体系得到完善。绿色物流创新及应用加快。

2. 天津市物流发展现状

天津市市中心距海岸50千米,离首都北京120千米,是海上通往北京的咽喉要道,得天独厚的区位优势和通江达海的交通优势为天津现代物流业的发展奠定了坚实的基础。

商贸经济平稳运行。2017年,天津市批发和零售业商品销售额49133.33亿元,增长7.1%。社会消费品零售总额5729.67亿元,增长1.7%。发展享受型消费增长较快。全市亿元以上批发市场共60家,全年交易额2146亿元。②

交通运输稳步发展。2017年,交通运输、仓储和邮政业增加值780.40亿元,增长6.1%。全年货运量52992.42万吨,其中,公路34720万吨,铁路8734.93万吨,水运8344.08万吨。货物周转量1939.94亿吨·千米,其中,公路398.02亿吨·千米,铁路236.52亿吨·千米,水运1298.09亿吨·千米。港口货物吞吐量5.01亿吨,下降9.1%;集装箱吞吐量1506.90万标准箱,增长3.8%;货邮吞吐量26.83万吨,增长13.2%。③

邮政电信快速发展。2017年,邮电业务总量406.81亿元,增长55.2%。其中,电信业务总量300.68亿元,增长71.3%;邮政行业业务总量106.13亿元,增长22.7%。全年快递业务量5.02亿件,增长22.4%。④⑤

2017年天津市社会货运周转量统计情况见表5-6。

---

① 北京市统计局. 北京市统计年鉴(2018)[M]. 北京:中国统计出版社,2018.

②③④ 天津市统计局. 天津市2017年国民经济和社会发展统计公报[EB/OL]. (2018-03-11)[2018-9-12]. http://stats.tj.gov.cn/Item/28216.aspx.

⑤ 天津市统计局,国家统计局天津调查总队. 天津市统计年鉴(2018)[M]. 北京:中国统计出版社,2018.

表 5-6　2017 年天津市社会货运周转量统计情况

货运周转量（亿吨·千米）		货运周转量占比（%）
全社会货运周转量	1940	—
公路货运周转量	398	20.52
铁路货运周转量	237	12.22
水运货运周转量	1298	66.91
民航货运周转量	1	0.05
管道输油气量	6	0.31

资料来源：《天津市 2017 年统计公报》《天津市 2018 年统计年鉴》（2018）。

3. 河北省物流发展现状

2017 年，河北省物流业运行延续良好的发展态势，物流运行质量进一步提升，呈现出稳中向好的发展态势。

物流运行稳中上升。一是社会物流总额平稳增长，2017 年河北省社会物流总额为 96698.9 亿元，同比增长 7.2%，增速比 2016 年同期提高 0.7 个百分点，消费带动相关物流需求保持较快增长，与消费相关的单位和居民物品物流总额为 137.2 亿元，同比增长 30.9%；二是物流增加值增长明显，2017 年河北省实现物流业增加值 2851.07 亿元，增速比 2016 年同期提高 1.74 个百分点。物流业增加值占服务业增加值的比重达到 18.9%。①

商贸经济平稳运行，邮政快递业务快速增长。2017 年，河北省社会消费品零售总额实现 15907.6 亿元，比 2016 年增长 10.7%。② 城镇消费品零售额完成 12324.3 亿元，增长 10.6%；乡村消费品零售额完成 3583.3 亿元，增长 11.4%。邮政业务总量完成 268.5 亿元，居全国第 11 位，增幅 36.4%。其中，快递业务量 12.8 亿件，快递业务收入 128.5 亿元。邮政快递在服务生产生活、支撑电商发展、扩大就业渠道、助力经济社会发展等方面的作用日益凸显。

物流提质增效取得新进展。2017 年，河北省社会物流总费用增速明显，全年实现社会物流总费用 6197.2 亿元，同比增长 7.92%。在多式联运、甩挂运输等相关政策的推动下，物流运输效率进一步提升，物流成本有所下降，

---

① 河北省统计局. 河北省 2017 年国民经济和社会发展统计公报 [DB/OL]. （2018-03-01）[2018-9-10]，http://tjj.hebei.gov.cn/hetj/tjgbtg/.
② 中国物流与采购联合会. 中国物流年鉴（2018）[M]. 北京：中国财富出版社，2018.

社会物流费用占GDP的比率为17.23,下降0.81%。[①]

交通运输稳步发展,港口实现新发展。全社会固定资产投资完成33406.8亿元,比2016年增长5.2%。其中,交通运输、仓储和邮政业固定资产投资2116.3亿元,比2016年同比增长1.7%;交通运输、仓储和邮政业实现增加值2494.9亿元,比2016年增长8.5%。全年货物运输总量22.9亿吨,比2016年增长8.6%;货物周转量13383.6亿吨·千米,增长8.5%。河北省初步形成以唐山港为龙头,秦皇岛港、黄骅港为两翼的综合性港口群,沿海港口货物吞吐量首次突破10亿吨大关,达到10.9亿吨,增长14.3%;沿海港口集装箱吞吐量374.3万标准箱,增长22.7%,[②]具体货物运输量及增长情况见表5-7。

表5-7 2017年河北省货物运输量及增长速度

指标	单位	绝对值	比2016年增长(%)
货物运输总量	亿吨	22.9	8.6
铁路	亿吨	1.7	4.8
公路	亿吨	20.7	9.2
货物运输周转量	亿吨·千米	13383.6	8.5
铁路	亿吨·千米	4278.4	15.5
公路	亿吨·千米	7897.0	8.3
沿海港口货物吞吐量	亿吨	10.9	14.3

资料来源:《河北省2017年国民经济和社会发展统计公报》《中国物流年鉴》(2018)。

(三)三地物流发展对比分析与总结

作为经济发展最具潜力的区域,京津冀高效成熟的交通物流系统不仅是区域经济发展的"助推器",更是区域协调发展的引导手段。在疏解非首都功能持续深化的背景下,发挥京津冀城市优势,整合区域资源,加快推进京津冀物流一体化发展是当务之急。根据三地发布的政策可以看出:

第一,北京市重点提高生活性服务业品质,物流主要服务于城市生活、城市功能运作。2016年颁布的《北京市"十三五"时期物流业发展规划》提出,要构建"功能匹配、布局合理、集约高效、绿色低碳"的现代城市物流服务体系。2017年颁布的《北京市"十三五"时期现代产业发展和重点功

[①②] 中国物流与采购联合会.中国物流年鉴(2018)[M].北京:中国财富出版社,2018.

能区建设规划》提出，要推动冷链物流、电商物流、居民消费"最后一公里"物流等配送网络建设；支持统一配送、共同配送、城市配送、电子商务物流等发展；鼓励发展集零售、配送和便民服务等多种功能于一体的末端配送网点。

第二，天津物流行业发展依赖于地理优势，形成了包含铁路、航空、陆路、海港、管道等功能齐备的物流网络。根据《天津市现代物流业发展"十三五"规划》，天津市将高标准建设天津航空物流区，构建全球航空货运枢纽，打造全球航空物流资源配置载体。大力发展航空运输、邮件快递、电子商务等，打造特色鲜明、功能完善、产业聚集、协同京津冀面向全球的国家航空物流核心功能区。

第三，河北省的商贸物流是重点发展方向，当前河北省的农村电商物流及快递物流增长显著。相对于北京和天津，河北省的农村覆盖率更高，其农村电商物流发展也较其他两地较好。从2016年河北省发布的《河北省现代服务业发展"十三五"规划》中可以发现，河北省要集中布局发展电子商务、现代物流等高端服务业，重点发展商贸物流，重点布局建设农产品物流园区，打造商贸物流基地，形成全省服务业发展高地。要积极发展商贸物流服务，健全村级商贸物流网点，统筹发展物流配送服务。

根据三地颁布的政策及发展现状，可以发现当前京津冀三地物流业发展有各自的特征，也有各自的不足。表5-8将从优劣势两方面对比京津冀三地的物流发展，可以总结出，三地物流业应基于协同发展的考虑，错位发展，优劣互补，需在政策的引导下，采用新技术创新模式，优化交通网络，发挥京津冀城市优势，整合区域资源，更快、更稳、更强地推进京津冀物流一体化发展。

表5-8 三地物流发展优劣势对比

地区	北京	天津	河北
功能定位	保障城市功能运转，支撑高、精、尖经济结构，服务区域协同，助力首都对外开放	北方国际物流新平台、京津冀物流网络的战略核心、"一带一路"的北方物流桥头堡和我国物流创新示范高地	建设全国现代商贸物流重要基地，初步建立联通全球、面向全国、服务京津、带动周边、发展自身的智慧物流服务网络

续表

地区	北京	天津	河北
优势	京津冀协同发展战略为北京发展创造了良好条件，有利于提升北京在全球资源配置中的地位和作用，为北京物流发展提供更广阔的发展空间。"一带一路"建设是全面布局新一轮对外开放的倡议，可为北京市扩大对外开放、发展国际物流提供广阔空间。加快转变外贸发展方式，推进加工贸易企业向全球贸易价值链高端延伸。这些举措将显著增强环渤海地区和北方腹地对保税物流、国际物流以及进出口报关、货运代理等相关物流业务的需求。	①产业规模持续扩大。"十二五"期间，天津市物流业增加值年均增长9.9%，天津港货物吞吐量居全球第四位 ②企业实力显著增强。初步形成了功能齐全、运作高效的物流市场主体，物流企业数量已超2万家 ③基础设施网络日趋完善 ④专业化能力不断提升。围绕天津支柱产业的发展，建设了一批专业化物流中心，汽车物流、电子信息物流专业化水平显著提升。农产品及冷链物流服务能力明显增强 ⑤区域协同发展稳步推进。依托港口航运优势，推进京津冀交通与物流一体化发展 ⑥发展环境逐步改善 ⑦信息化、标准化建设加快。依托天津港电子商务网，搭建综合性一体化物流服务平台，促进数据共用、资源共享、信息互通。编制《天津市冷链物流储运销地方标准》	①市场需求旺盛。京津冀地区是全国商贸物流最活跃的经济区域，商贸物流业已成为河北省现代服务业中的第一产业，是京津冀区域商贸物流的主要支撑 ②区位条件优越。内环京津，承接首都商贸物流功能转移，区位条件得天独厚。东临渤海，拥有秦皇岛港、唐山港、黄骅港等天然港口，是华北、西北内陆腹地便捷的出海口，良好的物流通道可与中亚欧丝绸之路经济带、东北亚经济带、长三角、珠三角及21世纪海上丝绸之路衔接 ③交通设施日益完善 ④产业规模快速增长。河北省商贸流通领域形成批发、零售、电子商务、跨境电商、O2O等多层次、立体化商贸流通服务体系
劣势	城市物流的服务功能与建设国际一流的和谐宜居之都的要求还有差距，物流网络布局仍需进一步优化；冷链物流、农产品物流等专业物流体系还不够健全；物流信息化、标准化水平相对较低，服务管理不够规范，服务质量和效率有待提升；国际物流和国内市场的衔接还需加强。	天津市物流业已步入转型升级新阶段，但物流运行效率仍偏低，物流业整体发展水平与京津冀协同发展、自由贸易试验区建设和"一带一路"建设等要求仍有一定差距。 ①产业规模偏小。2015年天津市物流业增加值低于上、深、广等物流发达地区 ②社会物流成本偏高。天津市社会物流总费用与GDP的比率高达18.5%	①河北省商贸物流发展总体水平不高，发展方式还比较粗放，全国性商贸物流集散地发展滞后，缺乏具有全国影响力的大型商贸中心 ②产业关联度较弱，特别是对本省制造业的物流支撑水平较低，规模庞大的煤炭、钢铁等资源型物流以过境运输为主，落地增值服务不多，第三方物流发展水平不高，对其他产业的专业化服务供给不足。与京津特大型物流企业总部协同联动能力较弱

续表

地区	北京	天津	河北
劣势	③高值高端服务缺乏。与航运紧密结合的综合物流、金融服务、供应链一体化服务等高端、高值的物流服务能力较弱，产业链高端延伸能力弱 ④全球资源配置能力较弱。缺乏具有全球影响力和国际竞争力的物流总部、平台型及跨国型物流企业。高端港航物流服务体系尚未形成	③为京津服务能力不强。现代化仓储配送体系不完善，与京津特大型物流企业协同联动能力较弱，高端化、定制化业态发展缓慢，不能无缝对接京津市场需求 ④信息化和标准化水平不高。新业态、新模式发展滞后，缺乏对大数据、云计算等新一代信息技术的应用，标准化体系建设尚处于起步阶段 ⑤物流成本相对较高，河北省产业结构偏重，产品成本中运输费用所占比重较大，物流成本占GDP的比重高于全国平均水平3个百分点左右	

资料来源：北京市商务委员会，北京市发展和改革委员会．北京市"十三五"时期物流业发展规划［R］．2016；河北省人民政府．河北省建设全国现代商贸物流重要基地规划（2016—2020年）［R］．2016；天津市发改委．天津市现代物流业发展"十三五"规划［R］．2016．

三、京津冀物流协同发展分析

随着京津冀协同发展上升为国家战略，三地之间人流、物流、信息流的往来合作日益密切，而国家宏观政策的调整、三地城市定位的明确与区域市场环境的日益改善，使得区域物流一体化成为京津冀物流界关注的焦点。为推进京津冀物流协同发展，加快京津冀各地区协同步伐，接下来将对京津冀协同发展进行研究，通过复合系统协调度模型从宏观上对京津冀区域协同进行定量分析，分析该地区物流业协同发展水平，并从微观上采用引力模型从节点城市层面对区域物流业空间联系强度进行分析，以期对京津冀物流业协同发展进行深入探讨与研究。

（一）京津冀区域物流协同发展现状

京津冀区域协同发展上升为国家战略，标志着京津冀协同发展和非首都核心功能疏解进入了更高层次的发展阶段，京津冀区域物流业协同发展步伐不断加快，各地协同进展不断取得成效。

一是河北省加快承接非首都功能项目转移。2016年，河北省围绕京津大型仓储、城市配送等功能疏解，打造环首都1小时鲜活农产品物流配送圈工作，承德、唐山、保定、张家口、廊坊等地已启动的对接项目主要有：承德农产品冷链物流产业园、北京新发地高碑店农副产品物流园、石家庄北方（国际）农产品物流园、怡达进京农产品冷链物流仓储中心暨首都农产品应急储备基地项目、滦平进京蔬菜生产基地暨农产品冷链物流中心项目、围场满族蒙古族自治县远通蔬菜经销有限公司农产品冷链物流项目、唐山市开平区越河镇圣宸农产品物流园、乐亭县冀东国际农产品物流中心、汇通图腾高碑店国际物流园区、香河县五百户镇李庄农产品物流基地、永清县大辛阁乡农产品物流基地等。2016年，为承接北京市非首都核心功能疏解，建设全国现代商贸物流重要基地，河北省已累计签约引进北京市场商户23140户。

二是交通一体化程度提升。京津冀地区城际铁路网规划获国家批复，首都地区环线高速河北段全线贯通，京津冀交通一体化进入新阶段。唐山港集团与天津港集团正式签约，合资组建唐山集装箱码头有限公司，此举是京津冀协同发展上升为国家战略以来，河北与天津港口资源整合的重大突破。京津冀地区首个大型铁路综合物流园区——北京铁路局定州物流园区正式开工建设，建成后，年物资吞吐量可达亿吨以上，将有效整合区域物流资源，降低运输和交易成本。

三是建立京津冀标准化联盟。2016年，在京津冀三地商务部门指导下，由物流行业组织牵头，在各自成立的物流标准化联盟的基础上，正式成立京津冀物流标准化联盟。该联盟将提高京津冀区域物流运作效率，推动区域内物流标准化工作的政策协同、工作协同和标准对接，搭建京津冀地区企业交流与合作平台。

四是"京津冀区域物流公共平台"落户马坊物流基地。该平台又称"物流中国"，立足京津冀，辐射全国，是目前全国物流行业最大的车源、货源实时交易撮合和匹配线上平台，设立了365×18小时的"95006"区域物流综合呼叫服务中心，预计每年将产生百亿级营业收入，有效解决北京市物流业外迁后的城市配送问题。该平台全国注册物流用户已达12万户，日均线上运输服务交易量近30万单，线下日均货运量近200万吨，运费交易额约2亿元。

五是打通纵横"两通道"，优化物流空间。河北省将建设京唐秦物流带和石黄物流带。京唐秦物流带以唐山港、秦皇岛港为出海口，依托京秦、大秦、张唐铁路和京秦、京藏高速公路等综合交通运输干线，以唐秦张承物流枢纽为支点，形成物流大通道，着力开展矿石、煤炭等资源产品大宗交易、跨区转运分拨等物流业务。石黄物流带以黄骅港为龙头，依托黄骅港—石家庄—太原—银川、黄骅港—邢台—邯郸—长治和朔黄、邯黄铁路的综合交通运输干线，打通沧州、衡水、石家庄、邢台、邯郸出海通道，大力发展装备制造、石油化工、现代农业、医药、新材料等专业物流。南北向综合物流通道将发挥国家经济和城镇布局主轴线作用，推进跨区域公铁联运体系建设，建设高效、便捷的商贸物流网络。其中，沿海物流带将依托秦皇岛—唐山—天津（滨海新区）—黄骅沿海综合运输干线，推进传统卸载港向现代物流商贸港转型。京广物流带则依托京承、京广综合运输干线，发挥冀中南城市群和交通区位优势，大力发展装备制造业等专业物流，着力打造一批具有全国影响力的商业中心、商品集散地和会展中心。

（二）京津冀区域物流协同水平测算

本章选用复合系统协同度评价模型对京津冀区域物流业协同水平进行测算。协调发展强调的是子系统间、子系统各要素间相互促进。在复合系统中，子系统既相互独立，又相互作用，复合系统的协调运行条件是各子系统的协调发展。根据协同论的基本原理，协调程度决定了系统由无序走向有序的趋势。

1. 区域物流复合系统协调度模型

我们将京津冀看作整个系统，北京、天津、河北分别为三个子系统，子系统间相互独立，同时又互相影响，并通过这种作用对系统进行动态的调控，以达到更加和谐的状态。我们据此建立京津冀物流业复合系统，并通过复合系统协调度模型对三个子系统各要素的协同度以及三个子系统的协同度进行测算，来考察京津冀地区物流业复合系统整体协同度的特征与变化趋势，从而为京津冀区域物流业协同发展提供合理参考。

有序度表示的是序参量对系统有序性的贡献度，协同度是指系统之间或系统要素之间在发展过程中和谐一致的程度，描述的是系统内部各要素或子系统间协调状况的好坏，体现系统由无序走向有序的趋势。[1] 协同程度越高，则证明系统相关要素之间的配合越出色，对于系统目标的实现有着直接的促进作用；反之，区域物流系统快速有序发展的阻力越大，则越不利于系统目标的实现。

京津冀物流业复合系统协同度的测度是以时间序列为基准的动态协同状态，其变动范围在 0~1 之间，若其取值越大，则表明复合系统整体协同度越高，反之则其协同度就越低。一般说来，协调度（D）可划分为 4 个阶段：$D \in (0, 0.3]$ 为低；$D \in (0.3, 0.5]$ 为中；$D \in (0.5, 0.8]$ 为高；$D \in (0.8, 1)$ 为极高。[2] 对复合系统协同度模型进一步探讨可以得知部分系统有序度提高幅度大而其余提高幅度较小的情况，其协调度会比同步提升得要小。

2. 指标选取与数据来源

我们基于协同发展的视角，从区域物流功能、区域物流网络、区域物流

---

[1] 樊华，陶学禹. 复合系统协调度模型及其应用 [J]. 中国矿业大学学报，2006（4）：515-520.
[2] 张毅，陈圻. 中国区域物流业与经济发展协调度研究——基于复合系统模型与 30 个省区面板数据 [J]. 软科学，2010，24（12）：70-74+79.

需求、区域经济4个要素来构建京津冀区域物流发展复合系统。① 在指标选取上坚持科学性、系统性、可操作性、动态性的原则,通过对指标的相关性和鉴别力分析,逐步对相关指标进行优化和筛选,得到合理的二级指标(子要素),最终得到表5-9的京津冀区域物流业协同发展指标体系。其中,"A级物流企业竞争力"是根据中国物流与采购联合会"A级物流企业评选"中各地"A级物流企业数量"计算的。数据主要来源于《中国统计年鉴》、各地统计公报和中国物流与采购联合会。

表5-9 京津冀区域物流业协同发展指标体系

总系统	子系统	序参量	二级指标
京津冀物流业协同发展水平	某区域物流业协同发展水平(北京、天津、河北)	区域物流功能	A级物流企业竞争得分(分)
			货运量(万吨)
		区域物流网络	铁路营业里程(千米)
			公路里程(千米)
			电信业务量/可比价格(亿元)
			移动电话用户数(万户)
			互联网上网人数(万人)
		区域物流需求	农业总产值(亿元)
			工业增加值(亿元)
			城镇居民消费水平(元)
			农村居民消费水平(元)
			社会消费品零售总额(亿元)
			进出口总额(万美元)
		区域经济	地区生产总值(亿元)
			人均GDP(元)
			第三产业占GDP的比重(%)

3. 结果分析

(1)各子系统有序度的测算

依据京津冀物流业协同演化的模式和特征,运用Excel软件,以2012年

---

① 吕红波,王清.区域物流协同水平测度实证研究——以浙江省为例[J].物流科技,2017,40(6):15-18+21.

为基期，计算2012—2016年京津冀区域物流业子系统有序度，测算结果如图5-1所示。

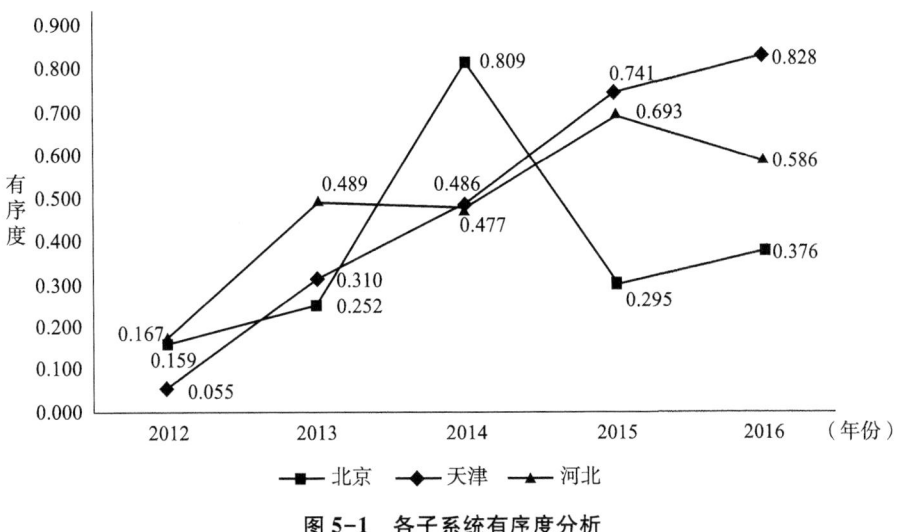

图5-1 各子系统有序度分析

从整体来看，北京、天津、河北的有序度在2012—2016年都呈现上升趋势，北京市在2014年出现短暂大幅增长之后仍保持匀速提升，产生这种结果的原因可能是2014年京津冀协同发展战略上升为国家战略。

分别对各子系统的有序度进行分析可以看到，北京市物流业系统有序度在2014年出现大幅提升之后又下降，表明北京物流业协同系统正处于调整转型期，仍处于不稳定状态。天津市的物流业系统有序度从0.055直线上升到0.828，且提升速度较快，说明天津物流业协同系统有序度在稳步提升，有序化进程处于上升状态。河北省物流业系统有序度整体处于上升态势，除2012年外有序度的值在0.5附近波动，表明河北省物流业系统有序度处于中等水平且较为稳定，需要等待新的契机使其物流发展协同有更大的提升。

（2）各子系统协同度的测算

根据京津冀区域物流业协同系统发展的不同阶段，选择2012年为基期，利用复合系统协同度模型对京津冀区域物流业各子系统协同度进行测算，结果如图5-2所示。

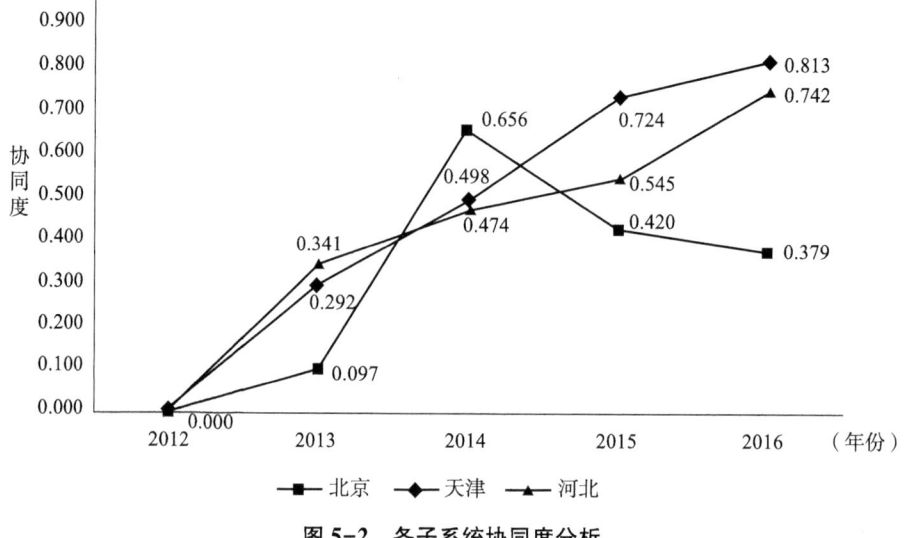

图 5-2　各子系统协同度分析

从图 5-2 可以看出，北京市、天津市、河北省的物流业协同系统展现出不一样的演进路径。其中，天津物流业协同系统表现出良好的发展形势，它的有序度和协同度均稳步上升，并且最高值都在 0.8 以上，这说明天津市物流业协同发展进入积极的上升轨道，其子系统的内部质量和数量一致性程度较高。

河北省的物流业子系统协同度也在稳步上升，2012—2013 年系统协同度提升较快；2013—2015 年处于调整时期，增长速度放慢；2015 年之后系统协同度上升逐渐加快。整体来看，系统有序度与协同度都处于稳步增长的状态，可以看出河北省物流业系统内部质量和数量发展的同步趋势比较显著。

北京市物流业子系统在 2012—2014 年有序度与协同度都呈上升趋势，此阶段北京市物流业协同发展水平稳步提升；2014—2016 年协调度逐渐下降，表明北京市物流业系统发展不稳定、不协调，说明北京市物流业系统协同化发展仍有很大的提升空间。

（3）复合系统整体协同度

在测算京津冀区域物流协同系统的整体协同度时，要计算权系数，本书以 GDP 的指标为变量，利用公式 $\eta_i = \dfrac{\text{GDP}_i}{\sum\limits_{i=1}^{3}\text{GDP}_i} \eta_j = \dfrac{\text{GDP}_i}{\sum\limits_{i=1}^{3}\text{GDP}_i}$，其中 η_i 是 i 地区的权系数，$i=$ 北京、天津、河北，得到京津冀区域物流业各子系统在区域内的权重系数（见表 5-10）。

表 5-10　京津冀物流业协同系统中的权重系数 η_i

年份	北京		天津		河北		京津冀
2012	87474.74	0.40	93172.96	0.43	36584.49	0.17	217232.2
2013	94647.88	0.41	100105.4	0.43	38909	0.17	233662.3
2014	99994.52	0.41	105231.4	0.43	39984.28	0.16	245210.2
2015	106497	0.42	107960.1	0.42	40255	0.16	254712.1
2016	118198	0.43	115053	0.42	43062	0.16	276313

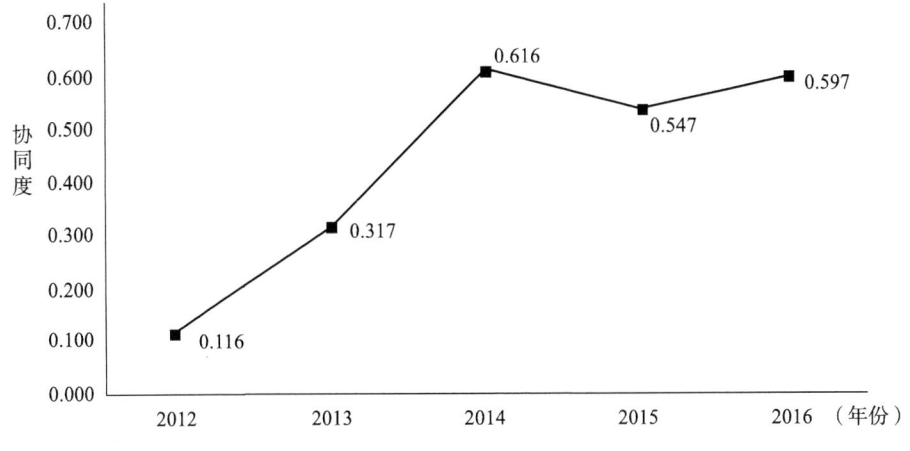

图 5-3　京津冀区域物流业协同系统整体协同度

由图 5-3 可以看出，2012—2014 年京津冀物流业复合系统表现出较好的增长势头；2014—2016 年协同度发展趋于稳定，说明京津冀物流业的协同发展得到国家和全社会的大力支持。从发展过程看，2012—2014 年，京津冀物流业协同系统的协同度增长得较快，在 2015 年系统协同度出现短暂回落，这主要是因为京津冀协同发展上升为国家战略之后，各地根据地区定位不同进行调整转型，会出现短暂的不稳定、不协调现象；2015—2016 年，系统整体协同度又呈现上升趋势，说明结构调整、转型升级取得了一定的效果。从发展程度上看，京津冀物流业系统协同度仍较低，到 2014 年才达到最高点 0.616，仍处于中等协同水平，这表明三省市的物流业协同仍然有很大的提升潜力。

（三）京津冀区域物流空间联系分析

上文运用复合系统协调度模型从宏观角度对京津冀三地物流业协同发展水平进行了定量分析。通常情况下，物流联系越强的城市，越容易实现协同发展，对于京津冀区域内的 13 个地级市来说，城市间物流联系强度如何，区

域内的主要联系方向和空间格局怎样，仍需进一步的测算。本部分从微观角度，通过测算节点城市的物流发展水平，基于引力模型构建物流联系网络，描述京津冀区域物流联系的空间格局，分析区域内部城市间的物流协同关系。

1. 城市物流业发展水平评价

京津冀地区是以北京市和天津市为龙头，包括河北省承德、张家口、秦皇岛、唐山、廊坊、保定、沧州、石家庄、衡水、邢台和邯郸11个地级市，是我国交通网络最密集的地区。在区域经济联系的相关研究中，中心职能指数常用来评价城市的综合经济实力和规模，并作为城市等级划分的依据。区域物流是区域经济发展的重要组成部分，也可考虑使用中心职能指数[①]对物流发展水平进行测算。

本章从物流基础设施、物流需求规模、物流从业人员、区域经济水平和信息化水平5个方面考量京津冀地区物流业发展水平，根据京津冀区域物流发展特点，京津冀三省市的公路货运量均占整个货运量的大部分，故选取境内公路里程数、公路货运量，交通运输、仓储及邮电通信业从业人数、地区GDP、移动电话用户数5个指标建立评价指标体系。表5-11为2016年原始数据，分别计算物流基础发展指数、物流需求指数、物流人员指数、区域经济水平指数和信息化水平指数，最后计算得出地区中心职能强度。

表5-11 京津冀地区基础数据

准则层	物流基础设施	物流需求规模	物流从业人员	区域经济水平	信息化水平
指标层	公路里程数（万千米）	公路货运量（万吨）	交通运输、仓储及邮电通信从业人数（人）	地区GDP（亿元）	移动电话用户数（万人）
北京	2.2	19972	582306	25669	3869
天津	1.68	32841	146712	17885	1500
石家庄	1.92	40639	73771	5928	1170
唐山	1.8	38965	50338	6355	955
秦皇岛	0.92	6300	29724	1349	356
邯郸	1.61	18744	30937	3337	805
邢台	1.93	20190	9638	1976	617
保定	2.1	11042	21479	3477	1023
张家口	2.14	12188	16784	1466	386

---

① 朱慧，周根贵.基于引力模型的内陆型区域物流空间联系研究——以浙江金衢丽地区为例[J].地域研究与开发，2015，34（1）：43-49.

续表

准则层	物流基础设施	物流需求规模	物流从业人员	区域经济水平	信息化水平
指标层	公路里程数（万千米）	公路货运量（万吨）	交通运输、仓储及邮电通信从业人数（人）	地区GDP（亿元）	移动电话用户数（万人）
承德	2.21	4326	10982	1439	319
沧州	1.64	21728	18872	3545	680
廊坊	1.07	10384	9713	2706	604
衡水	1.26	4770	12494	1420	410

资料来源：北京市、天津市、河北省各城市2016年统计公报和2017年统计年鉴以及《中国城市统计年鉴》（2011），其中衡水市公路里程数为2015年末数据。

将表5-11数据进行无量纲化处理，依据公式计算得到各城市中心职能强度，见表5-12。

表5-12 京津冀各城市物流中心职能强度

城市	职能强度	城市	职能强度
北京市	4.362	邢台市	0.59
天津市	2.076	张家口市	0.458
石家庄市	1.403	承德市	0.327
唐山市	1.235	廊坊市	0.269
保定市	0.728	衡水市	0.129
邯郸市	0.67	秦皇岛市	0.098
沧州市	0.655		

由表5-12可以看出，得分最高的北京（4.362）是得分最低的秦皇岛市（0.098）的44倍多，城市物流中心职能强度得分在1以上的仅为北京市、天津市、石家庄市和唐山市四个城市。由于北京市和天津市的得分明显高于其他城市，为京津冀地区的一级中心城市。石家庄市和唐山市几乎相等，与一级中心城市相差较明显，为京津冀地区的二级中心城市。其余9个城市得分均小于1，为京津冀地区的三级中心城市。京津冀地区物流中心城市划分见表5-13。

总体来看，三级中心城市占京津冀13个城市比重接近70%，其中有半数以上得分均在0.5以下。由此可见，京津冀地区各城市物流综合发展情况相差悬殊，两极化明显。同时，整个区域二级中心城市只有石家庄和唐山，在京津冀一体化发展和区域协同背景下，有序疏解北京非首都功能是京津冀协同发展的关键环节和重中之重，对推动京津冀协同发展具有重要先导作用，但整个地区缺乏承接非首都功能的二级中心城市，加大了非首都功能疏解和产业转移过程的衔接困难程度。

表 5-13　物流中心城市划分

一级中心城市	北京、天津
二级中心城市	石家庄、唐山
三级中心城市	保定、邯郸、沧州、邢台、承德、张家口、廊坊、衡水、秦皇岛

2. 城市间物流空间联系测度

（1）引力模型介绍

引力模型源于物理学的万有引力定理和空间距离衰减规律，首先被应用于城市空间相互作用分析，[①] 后逐步被引入经济[②][③]、旅游[④]、物流[⑤]等研究中。引力模型可以衡量城市间物流因货物往来产生的相互作用力，即物流空间联系，引力模型其计算公式为：

$$F_{ij} = k \frac{M_i M_j}{d_{ij}^2}$$

式中：F_{ij}表示城市i和城市j之间的物流空间引力；M_i，M_j表示城市i和城市j的物流业发展水平；D_{ij}表示城市i、城市j间的距离。k为引力调节系数，一般取1。

（2）物流空间联系测度

在本章中用京津冀地区13个城市的物流中心职能强度来解释各城市的物流业发展质量，即式中的M。对于京津冀区域两城市间的距离来说，考虑到京津冀区域物流体系中公路运输占货物运输量的比重较大，因此本书通过高德地图导航，以两城市间推荐方案中的驾车行驶里程作为两城市的从至距离。用京津冀地区13个城市的物流中心职能强度来代替各城市的物流业发展质量，结合极值化处理后的距离，代入引力模型公式中，得到京津冀区域城市间物流联系强度，具体数值见表5-14。

---

① 徐长乐, 吴梦. 基于修正引力模型的成渝城市群空间联系分析 [J]. 管理现代化, 2018, 38 (3): 85-87.

② 梁经伟, 文淑惠, 方俊智. 中国—东盟自贸区城市群空间经济关联研究——基于社会网络分析法的视角 [J]. 地理科学, 2015, 35 (5): 521-528.

③ 彭芳梅. 粤港澳大湾区及周边城市经济空间联系与空间结构——基于改进引力模型与社会网络分析的实证分析 [J]. 经济地理, 2017, 37 (12): 57-64.

④ 李山, 王铮, 钟章奇. 旅游空间相互作用的引力模型及其应用 [J]. 地理学报, 2012, 67 (4): 526-544.

⑤ 唐建荣, 张鑫, 杜聪. 基于引力模型的区域物流网络结构研究——以江苏省为例 [J]. 华东经济管理, 2016, 30 (1): 76-82.

表 5-14 京津冀区域城市间物流联系强度

	北京	天津	石家庄	唐山	秦皇岛	邯郸	邢台	保定	张家口	承德	沧州	廊坊	衡水
北京	/	217.22	32.11	74.88	2.28	6.50	7.17	57.29	22.49	12.13	33.15	162.33	3.46
天津	217.22	/	12.97	63.34	1.20	2.98	3.02	20.54	3.84	3.12	47.10	26.13	1.87
石家庄	32.11	12.97	/	4.30	0.19	14.15	23.11	22.50	1.54	0.76	7.62	2.09	3.89
唐山	74.88	63.34	4.30	/	2.38	1.09	1.15	4.82	1.81	4.98	6.95	5.42	0.50
秦皇岛	2.28	1.20	0.19	2.38	/	0.06	0.06	0.17	0.09	0.29	0.21	1.96	0.02
邯郸	6.50	2.98	14.15	1.09	0.06	/	44.83	2.47	0.37	0.21	3.14	0.42	0.93
邢台	7.17	3.02	23.11	1.15	0.06	44.83	/	3.02	0.38	0.22	1.92	0.46	1.36
保定	57.29	20.54	22.50	4.82	0.17	2.47	3.02	/	1.80	0.72	8.71	3.86	1.72
张家口	22.49	3.84	1.54	1.81	0.09	0.37	0.38	1.80	/	0.45	5.48	2.43	1.08
承德	12.13	3.12	0.76	4.98	0.29	0.21	0.22	0.72	0.45	/	0.59	0.52	0.08
沧州	33.15	47.10	7.62	6.95	0.21	3.14	1.92	8.71	5.48	0.59	/	3.17	1.70
廊坊	162.33	26.13	2.09	5.42	1.96	0.42	0.46	3.86	2.43	0.52	3.17	/	0.25
衡水	3.46	1.87	3.89	0.50	0.02	0.93	1.36	1.72	1.08	0.08	1.70	0.25	/

通过分析物流联系强度数值,将其划分为强引力、较强引力、较弱引力、弱引力四个类型,结果见表5-15。

表5-15 按引力大小将城市联系分类

类型	城市—城市
强引力 (F>100)	北京—天津、北京—廊坊
较强引力 (50<F<100)	北京—唐山、北京—保定、天津—唐山
较弱引力 (10<F<50)	北京—石家庄、北京—张家口、北京—承德、北京—沧州、天津—石家庄、天津—保定、天津—沧州、天津—廊坊、石家庄—邯郸、石家庄—邢台、石家庄—保定、邯郸—邢台
弱引力 (1<F<10)	北京—秦皇岛、邯郸、邢台、衡水 天津—秦皇岛、邯郸、邢台、张家口、承德、衡水 石家庄—唐山、张家口、承德、沧州、廊坊、衡水 唐山—邯郸、邢台、保定、张家口、承德、沧州、廊坊 邯郸—保定、沧州、衡水　秦皇岛—廊坊邢台—保定、沧州、衡水 保定—张家口、承德、沧州、廊坊、衡水　承德—沧州、廊坊 张家口—沧州、廊坊、衡水　沧州—廊坊、衡水

3. 物流空间联系网络研究

本节以京津冀地区13个城市作为社会网络的节点,构建联系网络图。为了分析的准确性,防止一些微弱物流联系影响整体分布,需对表5-14城市间物流联系强度矩阵的元素设定阈值,将阈值联系量设置为10,得到物流空间联系矩阵。将物流空间联系矩阵导入Ucinet软件,运用Net Draw绘图工具生成京津冀地区13个城市的可视化联系网络图,如图5-4所示。

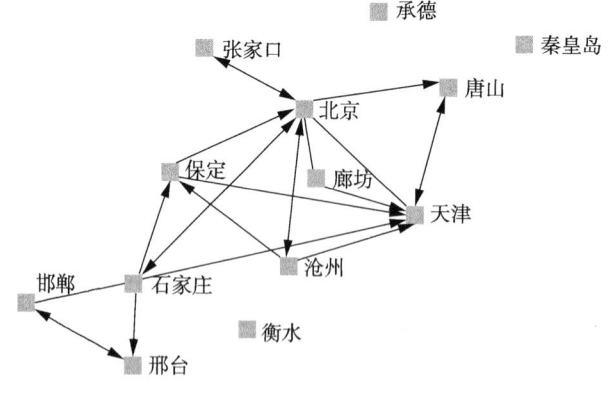

图5-4 京津冀13个城市物流联系网络图

从总体联系情况看,京津冀城市群城市物流联系强度的地域分异特征明显,其联系强度以"北京—天津—廊坊"一线为出发点,向南北方向逐渐递减。少数处于地理边缘的城市由于缺乏引力,导致其与周边城市的物流引力联系出现断层。

《京津冀协同发展规划纲要》(以下简称《纲要》)明确了以"一核、双城、三轴、四区、多节点"的空间格局。"双城"为北京、天津;"多节点"包括石家庄、唐山、保定、邯郸等区域性中心城市和张家口、承德、廊坊、秦皇岛、沧州、邢台、衡水等节点城市。对于《纲要》中的"双城"即北京市、天津市来说,北京处于京津冀地区的核心地位,是整个区域内物流的轴心城市,与北京空间联系强度最大的城市主要是天津、廊坊、唐山和保定。与天津空间联系强度最大的城市依次为北京、唐山、沧州、廊坊;北京、天津与其他各城市之间的引力强度与其距离呈现出非常明显的负相关关系。这表明:京津冀城市群的中心城市辐射范围普遍不强,对外影响力作用仍主要围绕其周边城市,而对区域内处于边缘的城市的作用力普遍较弱。

对于《纲要》中提到的石家庄、保定等区域性中心城市来说,河北省会石家庄与其他城市间互动较低,影响范围有待进一步提升。保定市处于北京、天津、石家庄三个城市地理位置所形成的三角形的中心位置,位于京津石三城市影响叠加区域,具备良好的中介、桥梁、过渡作用。在京津冀地区各城市物流综合发展情况相差悬殊,两极化明显的现状下,保定市为促进京津冀物流一体化所起到的桥梁作用十分明显,且综观整个京津冀区域,类似保定市的城市较少。对于张家口、承德、廊坊、秦皇岛、沧州、邢台、衡水等节点城市来说,受限于城市规模和地理位置等原因,其联系量和联系关系普遍较少。但廊坊市、沧州市凭借靠近京津两地的地理优势,与其他城市的物流联系量普遍高于同级别的其他节点城市。

综上所述,京津冀城市间物流空间联系强度随着距离的不断增加而逐渐降低,整体呈现"双核带动"的空间结构。物流联系意味着资源要素的跨区域流动,联系越紧密,区域间要素流通渠道越畅通。但河北省缺少与京津相互衔接的特大城市,未出现较为明显的核心,相互之间的物流联系较为薄弱。河北省不合理的城市等级体系和空间格局,导致区域内物流发展水平存在较大差异,省会城市带动能力不足,中小城市发展滞后,制约了京津冀物流的协同发展。

四、三大城市群物流发展比较分析

（一）三大城市群发展概况

长三角、珠三角和京津冀地区是引领我国区域经济发展的"三大引擎"，在我国经济社会发展中具有举足轻重的地位。三大经济圈的经济实力从北向南依次递升，与改革开放所释放的能量成正比。总的来说，这三大经济圈的发展寄托着我们振兴中华的使命，也承载着我们国富民强的期望。

珠三角各城市间经济联系使其形成一个不可分割的经济圈，其产业也共同成为珠三角产业链的一部分，各城市以自身产业为支柱，分工协作不断强化，形成合作发展的物流体系。广州发达的制造业为其物流发展提供了良好的空间，将建设成为综合性的国际物流中心；深圳外向型经济明显，拥有优良的海港和空港，以及良好的集疏运条件，正日益成为跨国集团的采购中心；佛山以纺织、陶瓷、电器等行业为骨干的主导产业群物流需求量大，将建设成为珠三角区域性的商贸物流中心；中山则利用医药产业优势，大力发展医药物流。

长三角城市群经济腹地广阔，是"一带一路"与长江经济带的重要交汇地带，拥有现代化江海港口群和机场群，高速公路网比较健全，公铁交通干线密度全国领先，立体综合交通网络基本形成，为物流业的发展奠定了良好的基础。长三角城市群通过海陆空大联运，加快了港口货物的集散，成为国家沿海大通道的重要组成部分。

京津冀协同发展上升为国家重大战略以来，三地协同发展持续推进，商贸往来也更为密切。作为经济发展最具潜力的区域，京津冀高效成熟的交通物流系统不仅是区域经济发展的"助推器"，更是区域协调发展的引导手段。在疏解非首都功能持续深化的背景下，京津冀发挥城市优势，整合区域资源，加快推进京津冀物流一体化。

2017年，珠三角、长三角、京津冀三大城市圈的地区生产总值分别占全国的9.15%、16.67%和9.98%，三者合计占比为35.8%，在区域经济发展中发挥了重要的引领和带动作用。

从表5-16可以看出，从地区生产总值增长速率看，长三角最快，珠三角和京津冀基本一致，但珠三角、长三角及京津冀三大城市群增长速率均低于全国平均增长率，这体现出国内其他地方经济正处于迅速发展期。得益于2015年制定的《京津冀协同发展规划纲要》，京津冀协同发展迎来实质发展期，保持中高速增长。

表 5-16　三大城市群 2017 年经济情况对比

	地区生产总值（亿元）	增长率（%）	一般公共预算收入（亿元）
全国	827121.7	11.2	172593
珠三角	75710.14	9.6	7455.96
长三角	137841.6	10.5	17235.02
京津冀	82574.28	9.5	10974.2

资料来源：《中国统计年鉴》、各省市统计年鉴。

（二）各城市群物流发展政策

长三角、珠三角和京津冀三大城市群在国家及区域政策引导下，落实国家区域发展战略，紧密结合行业发展实际与区域地理优势，科学谋划区域发展思路和功能定位，合理设定区域发展目标，制定区域物流业发展政策，促进各地区物流业发展。

1. 珠三角城市群物流发展政策

2014 年 11 月，由广东省人民政府办公厅发布的《推进珠江三角洲地区物流一体化行动计划（2014—2020 年）的通知》提出，要以建设与港澳地区错位发展的国际物流中心为目标，以物流市场一体化、物流网络一体化、物流产业一体化、物流信息一体化、物流标准一体化、物流营商环境一体化为重点，以主辅分离、联动发展为抓手，推进珠三角物流业逐步实现社会化、专业化、标准化、智慧化，构建布局合理、技术先进、节能环保、便捷高效、安全有序的珠三角现代物流体系。为推进珠三角物流业发展，国家及区域等层面颁布了诸多政策进行引导。从表 5-17 可以看到，为促进珠三角城市群物流业发展，国务院、国家邮政局、广东省人民政府以及交通运输部办公厅出台了一系列相关政策，主要围绕物流大通道、智慧物流、绿色物流等多个方面，充分发挥了珠三角得天独厚的沿海区位优势，同时针对珠三角地区物流业发展中存在的顽固问题提出针对性的规划。如珠三角地区各种运输方式没得到合理衔接，基础设施和技术装备等缺乏连贯性和相互衔接，存在绕道运输和重复运输等问题。《关于深化泛珠三角区域合作的指导意见》指出，要鼓励泛珠三角地区发展多式联运，加快建设具有多式联运功能的货运枢纽和物流园区，完善枢纽节点集疏运体系。

表 5-17 珠三角地区物流相关政策

发布时间	发布单位	政策名称	主要内容
2016 年 3 月	国务院	关于深化泛珠三角区域合作的指导意见	《意见》指出要鼓励泛珠三角地区发展多式联运,加快建设具有多式联运功能的货运枢纽和物流园区,完善枢纽节点集疏运体系,畅通"最后一公里"
2016 年 6 月	国务院办公厅	营造良好市场环境,推动交通物流融合发展实施方案	《方案》提出要构建便捷通畅的骨干物流通道。依托综合运输大通道,率先推进集装化货物多式联运。编制实施推进物流大通道建设行动计划和铁路集装箱运输规划,做好骨干物流通道布局,在长三角、珠三角等客货流密集地区,研究推进客货分流的铁路、公路通道建设
2016 年 9 月	广东省人民政府办公厅	广东省深入推进"互联网+流通"行动计划的实施方案	《方案》对提升流通基础设施建设水平,加强智慧冷链体系建设,推动流通领域绿色发展等重点工作进行了推动部署
2016 年 11 月	广东省人民政府办公厅	广东省现代物流业发展规划(2016—2020 年)	《规划》提出要积极营造有利于现代物流业发展的政策环境,着力构建高度社会化、专业化、标准化、智慧化现代物流体系,推动现代物流业供给侧结构性改革。加快现代信息技术和交通运输技术在物流体系中的应用,大力推进"互联网+"高效物流发展
2017 年 3 月	国家邮政局	珠江三角洲地区快递服务发展"十三五"规划	《规划》提出加强创新驱动、突出供给改革、提升基础能力、深化交邮协同、扩大开放合作、推进区域联动、促进绿色发展、加强行业监管八项任务,提出交邮融合工程、快递进出境通道建设工程和寄递渠道安全监管"绿盾"工程等重点工程
2017 年 5 月	交通运输部办公厅	深入推进水运供给侧结构性改革行动方案(2017—2020 年)	《行动方案》提出紧抓交通运输基础设施发展、服务水平提高和转型发展的黄金时期,大力推进水运供给侧结构性改革,加快水运提质增效升级。全面建成珠江三角洲高等级航道网,并向北江上游延伸,统筹推进各支线高等级航道建设

资料来源:中国政府网站,中国物流与采购联合会。

2. 长三角城市群物流发展政策

2016 年 6 月,由国家发改委、住房和城乡建设部联合印发的《长江三角洲城市群发展规划》中提出,要将长三角城市群打造成在亚太乃至全球有重要影响力的国际物流网络体系,在更高层次参与国际合作和竞争;打造引领长江经济带临港制造和航运物流业发展的龙头地区;将沪杭金发展带打造成海陆双向开放高地,建设以高技术产业和商贸物流业为主的综合发展带;要大力发展现代物流,重点加强物联网、大数据、云计算等信息技术应用和供应链管理创新,发展第三方物流、"无车(船)承运人"、共同配送等新型业态。长三角城市群的发展受到了国家乃至各地方的高度重视，而政策无疑为区域的发展提供了有力的支持。表5-18梳理了长三角物流业发展的相关政策，可以看到，长三角各省相关部门均制定或修订了物流业专项规划，如《江苏省"十三五"物流业发展规划》和《上海市现代物流业发展"十三五"规划》等，同时，杭州市、宁波市等也出台了相应的地方性现代物流业发展规划。可以看到长三角围绕港航发展、多式联运、智慧物流等方面提出了一些促进物流业发展的意见，既贯彻落实国家《物流业发展中长期规划》的要求，也发挥了长三角独特的地理区位优势，为该地区的物流业发展提供了良好的政策环境。

表5-18 长三角地区物流相关政策

发布时间	发布单位	政策名称	主要内容
2016年10月	上海市人民政府	上海市现代物流业发展"十三五"规划	回顾"十二五"期间的成效与不足，展望"十三五"，明确"十三五"期间发展目标，针对构筑协调互联空间格局、打造"六位一体"物流服务体系提出具体的措施，以及坚实有力的保障机制
2016年10月	江苏省人民政府	江苏省"十三五"物流业发展规划	《规划》一方面提出深入实施创新驱动，努力实现物流业的技术、服务、管理和体制机制创新；另一方面围绕新型城镇化战略，适应城乡居民消费升级需求，提出了完善城乡配送、电商物流、冷链物流、逆向物流四大民生物流体系的有力举措，更好地服务民生需求，推动省物流业提质增效，加快推进"强富美高"新江苏的建设
2016年11月	杭州市人民政府	杭州市现代服务业发展"十三五"规划	《规划》提出建成以快递物流、跨境电商物流为特色，立足长三角、辐射全国的全国智慧物流中心的建设目标，并采取推进公路港、空港、信息港"三港"建设，畅通城乡物流配送网络，加强智慧物流技术推广应用，积极搭建智慧物流公共平台，制定完善智慧物流标准体系等重点举措
2016年12月	浙江省交通运输厅	关于实施浙江交通大物流降本增效专项行动的通知	《通知》明确了浙江省交通大物流建设总体要求，从提升物流基础设施服务能力、构建集约化物流组织体系、优化市场主体结构、规范行业监督管理方面安排了重点工作内容，并对组织实施做了详细安排
2017年3月	国家邮政局	长江三角洲地区快递服务发展"十三五"规划	《规划》从推进创新发展、推动协调发展、推进绿色发展、加快开放发展、推进共享发展、完善体系机制等方面提出六项任务。提出空间优化工程、快递"三上"工程、路由优化工程、服务制造业工程、跨境寄递工程、冷链快递工程、智慧快递工程、末端服务工程、"绿盾"平安工程、诚信体系工程等重点工程。

续表

发布时间	发布单位	政策名称	主要内容
2017年3月	宁波市交通运输委员会	宁波市"十三五"港航发展规划	《规划》提出以打造"四个一流"为依托,以建设全球一流的现代化枢纽港和"一圈三中心"为主线,主动适应新常态、把握新常态、引领新常态,通过改革创新,推进宁波市港航业转型升级,为全面建成国际港口名城、打造东方文明之都当好排头兵
2017年3月	市政府办公室(外事侨务办)	铜陵市人民政府办公室关于促进快递业发展的实施意见	《意见》明确了总体要求和发展目标,制定了加快基础设施建设、完善快递服务网络、培育壮大快递企业、推进"互联网+快递"、衔接综合交通体系、加强"平安快递"建设等重点任务以及保障措施
2017年5月	安徽省人民政府	安徽省公路建设规划(2017—2021年)	《规划》针对安徽省未来五年在高速公路、国省干线公路、农村公路和综合交通枢纽等方面公路基础设施建设制定了具体目标和重点建设任务,以提升公路运输服务水平和保障能力
2017年5月	安徽省人民政府	安徽省水路建设规划(2017—2021年)	《规划》对安徽省航道、港口、支撑体系的发展现状、存在的问题以及发展形势与需求进行了分析,提出了具体的建设目标和任务
2017年10月	宁波市人民政府	宁波市人民政府办公厅关于加快服务业提升发展的若干意见	《意见》提出发挥港口优势和开放优势,做大做强港航物流服务业,加快建设更具国际影响力的港航物流服务中心

资料来源:中国政府网站,中国物流与采购联合会。

3. 三大城市群物流政策比较分析

2017年3月30日,国家邮政局发布了长三角、珠三角和京津冀地区的快递服务发展"十三五"规划,针对三大城市群的发展优势,对其提出不同的功能定位。京津冀地区打造成为快递业改革创新的试验区、快递业与交通运输业协同发展的示范区和北方快递业发展核心区;长三角地区发挥企业总部集聚优势,培育引领动力,深化网络一体,增强国际竞争力,加快建立全国快递业的改革创新先行区、转型提效示范区和高端服务引领区;珠三角地区以国家"一带一路"倡议和广东自贸区建设为契机,以改革创新为动力,加快转变发展方式,促进快递转型升级、提质增效,打造成为世界知名快递企业聚集地、快递服务"走出去"先行地、全国快递转型升级示范区。

由此可见,不同区域根据其发展优势的不同,其政策的重点发展方面也是有所差异的。珠三角依托其交通区位优势,其物流相关政策中多次提到交通与物流的融合发展,提出要大力发展多式联运,加快交通运输技术在物流体系中的应用等。而长三角城市群交通条件便利，经济腹地广阔，拥有现代化江海港口群和机场群，高速公路网比较健全，公铁交通干线密度全国领先，立体综合交通网络基本形成，各地方制定的政策中多次提到航运物流业的发展。而京津冀区域因交通网络还未完善，所以在制定的政策中多次提出要健全交通网络体系，重点发展商贸物流、农产品物流等。

但综合三大城市群的政策制定部门来看，长三角地区区域性的政策极少，大部分政策都是地方出台，很少有围绕区域发展而制定的相关政策。珠三角地区因主要涉及的城市都在广东省境内，所以省级发布的政策即包含了区域的发展。对比来看，京津冀区域性的政策是发布数量最多的。政策是支撑引导区域发展的重要手段，京津冀在区域性政策制定上要好于其他两大城市群。

（三）三大城市群物流发展探索及效果

珠三角、长三角、京津冀物流业的发展在国家宏观政策的指引下积极推进，充分利用各项资源。各地方政府制定和出台相关政策加以保障，对物流业的发展进行鼓励和引导。根据规划，各地方围绕当地的发展重点进行积极宣传和引导工作，并取得了一定效果。

1. 珠江三角洲物流发展相关效果

（1）绿色物流

2017年9月，深圳市人大常委会组织快递行业代表座谈，共同分析快递绿色发展过程中的重点、难点问题，并就日前发布的《快递包装绿色发展调研报告》广泛收集各方意见和建议，为下一步立法营造人人关心的社会氛围，并加快组织制定快递包装的"深圳标准"，力争为国家标准的制定提供参考。2016年6月，深圳提出将全面推动电动、天然气等新能源、清洁能源车替代轻型柴油车，其中明确提出了要大力发展新能源物流车，实施轻型物流车电动化。截至2016年6月，深圳市共完成推广纯电动物流车9112辆（以车辆在公安交警部门登记上牌为准），其中2016年新增数量为842辆，而实际在路上已经运营的车辆数超过4100辆。[①]

（2）跨境电商

2016年10月，借助广东自贸区建成的契机和省政府加快广州、深圳跨境电子商务发展的政策，广东省在推动快递"向外"发展上不断发力，放大快递与跨境电商发展的协同效应，积极争取设立跨境通关绿色通道，促成广东

---

① 中国物流与采购联合会. 资讯 [DB/OL]. [2018-09-02]. http：//www.chinawuliu.com.cn/zixun/.

快递跨境业务呈现良好发展态势。①

(3) 物流基础设施建设

2017年3月，广东机场集团积极贯彻落实广东省委、省政府和广州市委、市政府的工作部署，制定了《广州白云国际机场航空枢纽建设工作方案》，按照近、中、远期规划全面系统推进国际航空枢纽建设。广东机场集团全力加快推进白云机场扩建工程，确保按目标任务如期建成使用。同年4月，"营口—高栏—衡阳"北粮南运海铁大通道正式开通，珠海港货源腹地首次延伸至我国北方地区，珠海高栏港多式联运物流通道与国内航道网络不断取得突破。同年10月，为落实国家"一带一路"倡议，贯彻《推进物流大通道建设行动计划（2016—2020年）》，加快形成物畅其流、经济便捷的物流大通道，广东省物流行业协会于12月20—22日举办"国际物流创新展览会（2017·广州）"。会议以"创新共建共享'一带一路'国际物流大通道"为题，立足国际、中国港澳地区和中国内地，汇聚最前沿的物流创新模式、物流创新技术、物流金融、物流地产、物流装备、招商引资、产品及解决方案，融入市场主体创新发展需求的科研成果，邀请国内外商协会、物流大通道沿线政府和科研机构，物流模式及技术创新、冷链物流及装备、物联网+智慧物流、综合物流等企业参与，搭建一个创新、开放、共享、共赢的展示、发布、推介、合作平台，共享物流创新成果。②

(4) 智慧物流

2017年10月，改造升级后的深圳国际快件运营中心在深圳机场已正式启用，实现了国际快件包裹"智能分拣、集中查验、分区操作"，到深圳的国际快件通关时间比以往缩短1/3。此次升级改造基本实现了快件包裹上线、查验、下线、放行、扣仓和装车等作业链条的全程自动化。国际快件包裹在机场的通关由此前的"货等人、人找货"，变为改造后的"货找人、人等货"。深圳地区所有进出口快件将在此实现集中审单、集中查验、自动分拣，实现"一站式"快速通关。③

2. 长江三角洲物流发展相关效果

(1) 港航发展

2015年8月，浙江海港集团正式成立，整合浙江全省五大港口宁波港、舟山港、嘉兴港、台州港、温州港统一运营，实现优势互补。同年9月，宁波舟山港集团成立，将有助于增强宁波港与其他港口之间竞争的优势。2016

---

①②③ 中国物流与采购联合会. 资讯 [DB/OL]. [2018-9-2]. http://www.chinawuliu.com.cn/zixun

年9月28日，随着跨园泄泾的沪杭铁路老桥水中墩全面拆除，历时7年的杭申线航道整治工程全面完工，成为"十三五"期间建成的首条内河高等级航道。此后，浙江嘉兴、湖州等地1000吨级船舶或90标准箱集装箱船可直达黄浦江，将有效促进长三角地区内河航运业的发展，也为2020年上海国际航运中心建成、内河高等级航道网建设添上了浓墨重彩的一笔。同年10月19日，"浙江智能航运服务物联网应用示范项目"——RFID电子船名牌推广应用项目在省政府采购中心完成招标工作，标志着浙江万艘内河船舶率先将拥有"第二代身份证"，长三角江浙沪两省一市船舶信息互联互通、数据共享实现新突破，内河货运船舶普遍存在船舶标志标识残缺不全、故意遮挡和干脆不悬挂船舶号牌等现象必将成为历史。[①]

（2）智慧物流

2015年始，宁波港全面开始推进智慧港区建设，为货代船代等提供一站式服务的单一窗口已陆续启用；同时加快港口网络和通信基础设施建设，推广应用物联网和GPS、RFID等智能化技术。依托港口EDI平台，通过物流整体解决方案设计，整合港口生产业务系统和物流经营主体业务操作系统，拓展信息共享和信息服务功能，打造统一、高性能的宁波港口物流信息平台，按标准、协议规范化和格式化的要求进行自动交换处理，实现数据共享，提高物流信息数据处理效率，对物流中心各环节进行全程管理和控制。2016年9月9日，长三角铁路快捷货运平台"上铁捷运"正式上线运营，客户通过平台在线下单、支付运费，铁路提供全程门到门服务，开启了"铁路货运+互联网"物流新模式，这也是全国首家上线运营的铁路网上快捷货运平台。[②]

（3）冷链发展

2017年，两岸冷链物流产业合作研讨会在宁波国际海洋生态科技城举行。会上，"中欧班列冷链物流""两岸食品一日配送""两岸海产品贸易与冷链物流合作"等项目签约。近年来，宁波市在冷链物流基础设施建设、市场主体培育及服务能力提升等方面取得了长足进步。到2018年底，全市冷库库容达到50万吨，形成以宁波港冷链物流中心、梅山保税港区物流中心为核心，招商局物流中心、国际空港物流园、宁南贸易物流园区等多极发展的长三角重要进出口冷链物流集散地。[③]

结合京津冀对物流业的探索及效果可以看出，三大城市群对于物流业重点发展的方面各有差异。京津冀地区要着力构建交通一体化，大力发展商贸

[①][②][③] 中国物流与采购联合会. 资讯 [DB/OL]. [2018-9-2]. http://www.chinawuliu.com.cn/zixun/

物流、港口物流、农产品物流等。长三角地区不断完善物流基础设施建设，大力发展智慧物流、绿色物流、跨境快递等。珠三角地区不断强化港航发展，重点发展冷链物流和智慧物流等。

五、一体化背景下京津冀物流发展的思考

（一）强化政策引导

京津冀三地都比较重视物流产业的发展，通过近几年颁布的政策可以看出，北京市和天津市都分别制定了物流业的发展规划，河北省出台了促进物流业、商贸物流发展的相关规划。除了地方政策，对于区域的规划近几年也开始丰富，但在政策规划中涉及的物流相关领域应该更加多元化。

2014年颁布的《物流业发展中长期规划（2014—2020年）》提出要大力发展绿色物流、多式联运工程。对于多式联运工程，交通运输部、国家发展改革委联合颁布了《关于开展多式联运示范工程的通知》。其他物流相关政策中也多次提到要大力发展绿色物流。而对比长三角和珠三角城市群的物流发展可以看出，其绿色物流和智慧物流发展得也相对较好，这也是国家近几年重点发展的方面。但通过对近几年区域层面政策的梳理可以发现，京津冀在这几方面的政策相对匮乏。

降低物流成本，保障生态环境，是物流业在发展过程中应始终关注的重点，地方与区域的重视和推动必将对京津冀区域物流业的发展起到强心剂的作用。所以，在相关政策的制定上应该更加全面。从近几年的政策制定及区域的探索效果可以看出，强化政策的引导，无疑对京津冀区域物流的发展有良好的作用。

（二）完善立体综合交通网络

交通运输是现代物流业发展的基础，也是京津冀物流一体化的关键。对比长三角城市群，其交通条件便利，拥有现代化江海港口群和机场群，高速公路网比较健全，公铁交通干线密度全国领先，立体综合交通网络基本形成，而京津冀区域立体综合交通网络还未形成。且京津冀物流业要发展，交通必须先行，围绕提升京津冀交通一体化水平，统筹各种交通方式协调发展，构建快速便捷、高效安全、大容量、智能化、低成本的现代化综合交通体系。

因此，要有效整合区域内港口资源，形成优势突出、功能完备、协同互补的现代化综合性港口群网络。深化津冀港口协同合作，推进港口群合理分工，港口资源优化配置，实现优势互补、错位发展，打造全国最大、最具竞

争力的港口群。完善运输机场布局，提升保障能力，推动京津冀机场一体化运营，构建区域干支结合的航线网络，形成便捷、安全、广覆盖的民航运输体系。强化综合交通枢纽功能，完善全国性综合物流枢纽功能和其他区域性物流枢纽功能，加快发展以沿海港口、铁路枢纽、北京新机场、正定机场等为节点的多式联运，统筹推进公路、铁路、水运、民航等基础设施无缝衔接，提升转换效率。开展京津冀货物多式联运试点，强化多式联运基础设施衔接，推动开展公路甩挂运输。

（三）强化区域协同，培育桥梁城市

通过对京津冀区域物流业协同水平测算可知，受京津冀协同发展及非首都功能疏解政策影响，京津冀区域物流业协同度在2014年之后发生较大转变，处于调整转型发展阶段，三地物流业协同水平经历短暂阵痛之后继续朝着协同方向发展。通过物流空间联系分析可知，京津"双核"对外影响能力作用仍主要围绕其周边城市；河北省缺少与京津衔接互动、起到桥梁中介作用的城市，省会城市石家庄带动能力不足，不合理的城市等级体系和空间格局，制约了京津冀物流的协同发展。

因此要强化区域协同，促进联动发展。以有序疏解北京非首都功能、推动京津冀协同发展为目标，坚持立足本地与服务区域并重原则，加快三地物流业的调整和转型升级，建立京津冀物流业联动发展机制，引导三地企业加强合作，深化区域物流协作。河北省要着力调整城市物流功能布局和空间结构，优化区域物流网络体系。继续完善"一环""两通道""多节点"相互支撑的层级网络结构。积极培育中介桥梁城市，构建多中心、梯度化的物流联系格局。河北省各城市充分发挥利用各自区位特点，依据功能定位和产业优势，提升物流业水平，实现错位发展。

（四）构建综合物流平台

物流平台包括物流基础设施平台和物流信息平台。物流基础设施平台包括公路、铁路、航空、仓储等与物流相关的基础设施。物流信息平台就是通过对相关信息的采集和集成，为生产、销售及物流企业的信息系统提供基础物流信息，满足企业物流信息系统对物流公用信息的需求，支撑企业信息系统各种功能的实现。同时，通过物流共享信息，支撑政府部门间行政管理与市场规范化管理方面协同机制的建立和运作。

2016年，国务院提出《国务院办公厅关于深入实施"互联网+流通"行动计划的意见》。该意见指出，要科学发展多层次物流公共信息服务平台，整合各类物流资源，提高物流效率，降低物流成本。京津冀三地物流发展具有

不同的优势,各省市交通又有其各自的特征,应遵循"区域统筹、优势互补、合理分工、合作共赢、协调发展"的原则,推进公路、铁路、水路等运输方式信息平台与社会化物流信息平台的对接,以信息共享提升运输组织效率。通过综合物流平台的建立和健全,可以促进京津冀地区物流协同发展,对区域物流一体化发展起到重要作用。

第六章　战略视角的京津冀物流人才发展对策

李广义　刘思嘉　孙宏杰　牛静睿

京津冀是中国的"首都经济圈",涉及人口总数约为9000万人。2017年4月,中共中央、国务院决定设立河北雄安新区,为京津冀协调发展再次扩大了回旋空间和动力。随着国家对京津冀协同发展的顶层设计不断完善,叠加了几项国家战略的京津冀物流产业迎来了前所未有的机遇与挑战。因此,京津冀物流一体化能否成功,域内物流人才成为抓住本次机遇的关键,了解并探讨京津冀物流人才发展路径及影响因素,将成为推动京津冀协同发展的重要内容之一。随着中国经济发展以及结构调整,消费对经济增长的促进作用越来越突出,物流产业的蓬勃兴起与快速增长逐步显现,因此,对物流人才的需求量也伴随着物流产业的快速增长而越来越大。京津冀协同发展是否顺利,具有决定性的因素是人才发展问题,而物流产业作为一个未来重要的基础性产业,物流人才发展将具有举足轻重的影响。

目前,京津冀区域内部物流人才在总量、结构、有序合理流动、竞争优势、人才环境等方面还存在严重的不平衡和发展障碍。从实际情况看,人才政策、人才环境、人才使用与激励、人才储备等关乎发展的问题,都会对人才作用的有效发挥产生影响,所以,京津冀协同发展过程中的人才发展如何破局,从战略角度思考物流人才储备、人才环境建设、人才政策完善、人才使用与激励等人才发展路径问题,如何挖掘与构建京津冀物流人才发展与成长的积极因素,集聚人才而形成区域竞争优势,这是本项目希望通过研究而努力的方向。

一、京津冀物流人才发展问题的提出

京津冀物流一体化对物流人才的需求提出了更高、更专业的要求,这就涉及物流人才综合素质如何持续提升,并相互传导、相互影响,带动物流人才发展与成长,造就出更多更优秀的物流高端人才。因此,如何使京津冀成为物流人才的培养基地,并全方位打造知识与技能融合的跨专业人才,就是物流人才发展的问题。物流人才发展与成长需要提供什么环境条件?国家及地方政府在这方面对物流人才发展具有怎样的角色与作用?物流企业的角色和作用又是什么?他们如何分工协作,才能对物流人才发展最有利、最有效?

所以,本章从战略角度探讨物流人才发展对策及路径,针对京津冀物流人才发展整体性、长期性、基本性问题,研究在京津冀物流一体化协同发展过程中,如何使物流企业人力资源有效快速发展成为所需要的人才,以推动京津冀物流企业获得强有力的国际竞争力。

二、相关人才发展战略文献综述

(一)关于人才及人才发展战略

关于人才及人才发展战略的研究,王通讯等对人才的定义为:"人才是指那些拥有优秀的内在素质,凭借一定的外在条件在某一领域、某一行业或某一工作上通过不断地创造性劳动成果,对社会的进步和发展产生了较大影响的人。"[1]《国家中长期人才发展规划纲要(2010—2020年)》中把人才定义为:"人才是指具有一定的专业知识或专门技能,进行创造性劳动并对社会做出贡献的人,是人力资源中能力和素质较高的劳动者。"人才的激烈竞争使得区域人才发展战略的研究引起越来越多国内学者的关注。

王志田等从人才发展的自身特点角度对人才进行理解,认为人才发展具有以下特点:人才链条化、优势累积化、能力素质化和学习终身化;并提出了人才发展战略的5种模式:教育发展模式、科技带动模式、经济拉动模式、政策导向模式和协调互动模式。[2] Evert Pruis 提出人才发展的五大原则:①制定一个清晰的人才政策;②人才发展是一个整体的过程;③人才发展必须能够满足组织的现有目标;④充分发挥人才榜样的力量;⑤进行人才储备,充分激发人才潜力。[3] Thomas N. Garavan 等认为人才发展侧重于对人才发展战略的规划、选择和实施,从而确保组织目前和未来的人才需求能够满足战略目标,并且使开发活动与组织人才管理过程相一致,提出人才发展体系结构:人才发展需求政策、发展路径、有效的人力资源管理系统的支持、人才的评

---

[1] 王通讯,范运年. 人才如何做到高端引领 [J]. 中国电力教育,2010 (17):9-11.

[2] 王志田,韩金远,刘海英. 人才发展战略模式探讨 [J]. 中国科技论坛,2003 (3):125-128.

[3] Evert Pruis. The five key principles for talent development [J]. Industrial and Commercial Training, 2011, 43 (4):20-216.

估和发展规划。① Mark E. Haskins 等认为人才建设是以业务驱动、未来导向能够衡量的一个整体的发展过程。②

戴雪珊等运用协同学理论研究产学研协同合作下人才发展的战略机制，从人才发展的培养体系、人才发展途径及配套制度、环境保障机制等方面系统探索人才发展战略。③ 李年俊等认为新时代习近平人才观赋予了人才发展战略新的时代内涵：人才战略思维、现代人才治理、人才开放发展、人才教育培养、人才科学使用、人才生态环境。④

周华认为国有企业的人才发展战略和对策包括：①人才的选拔与配置；②人才的培养与使用；③人才的考评与激励。⑤ 潘锡辉等指出国家高新区人才发展战略措施包括：①明确人力资本是第一资本；②正确认识人力资源的投资观；③完善国家高新区人力资源相关政策和高新区人才服务体系；④实施以高新技术企业人才战略为重点的高新区人才战略；⑤率先在高新区建立以人力资本为中心的现代企业制度；⑥建设学习型园区和新型的园区创业文化；⑦大力吸引和培养国际化人才；⑧高度重视火炬计划培训工作。⑥ 何庆明等指出人才发展战略对策为：①吸引人才策略；②留住人才策略；③开发利用人才策略。⑦ 曹维江指出公路施工企业人才发展战略观点是：①挖掘人才，搭建良好的人才发展平台；②留住人才，建立有效的激励机制；③用好人才，给予员工足够的成长空间；④尊重人才，坚持以实绩选用干部的正确导向；⑤吸引人才，以企业文化增强企业凝聚力。⑧

唐盈认为各个城市、各个区域之间在人力资源的政策、配置、管理和利益导向等方面都是不一致的，也是不衔接的，因此，各地区政府在人才分类、人才认定、人才使用、人才吸引以及确定人才待遇等方面都存在着较大差异，

---

① Thomas N. Garavan, Ronan Carbery, Andrew Rock. Mapping talent development: Definition, scope and architecture [J]. European Journal of Training and Development, 2012, 36 (1): 5-24.

② Mark E. Haskins, George R. Shaffer. A talent development framework: Tackling the puzzle [J]. Development and Learning inOrganizations: An International Journal, 2010, 24 (1): 13-16.

③ 戴雪珊，林存文. 产学研协同视角下跨境电子商务人才发展战略研究 [J]. 商业经济，2018 (6): 95-97.

④ 李年俊，李增华. 新时代习近平人才观探析 [J]. 学术探索，2018 (1): 7-13.

⑤ 周华. 国有企业人才发展的战略与对策 [J]. 湛江海洋大学学报（社会科学版），2005 (5): 37-38.

⑥ 潘锡辉，徐东岳，施祖麟. 国家高新区人才发展战略探讨 [J]. 中国软科学，2007 (6): 69-74+85.

⑦ 何庆明，李和昌. 中小科技型企业人才发展战略研究——白云化工实业有限公司的案例研究 [J]. 管理现代化，2006 (2): 39-41.

⑧ 曹维江. 论公路施工企业人才发展战略 [J]. 交通标准化，2012 (3): 159-160.

从而导致各区域人才发展战略的差异。① 唐盈和贺岚持相同看法，认为区域经济一体化的趋势正越来越明显，各个经济圈之间的竞争也越来越激烈。区域经济竞争的关键是人才，各地区间对人才的争夺和占有是该区域经济发展的重要保障，人才成为支配并决定其他资源和资本要素运作效益的第一资本。研究发现，东部、南部沿海多为人才聚集地和人才流向区，区域人才资源使用较好，为东南部经济区域的经济发展做出了贡献。贺岚探讨珠三角地区的区域人才发展战略：一方面，珠三角各城市已有的人才优势很大程度上来源于区域的整体优势，并且只有形成整个区域强大的人才竞争力优势，才能带动区域内各城市持久的人才优势；另一方面，也只有区域内各城市人才资源开发的超前谋划、联动发展，才能引导整个珠三角区域的人才资源开发的整体优化。②

林秀君认为国内学者对区域人才发展战略的研究分别从国家、省级行政区域、科技开发区域和城市四个层面展开，更多的研究成果集中在省级行政区域和城市层面，而对于跨行政的经济区域层面的人才发展战略问题，进行研究的学者比较少。③ 然而，随着区域一体化趋势逐渐明显，区域经济社会的发展在地域上逐渐连成一片，越来越多的学者开始研究跨行政经济区域层面的人才发展战略问题，并且多集中于创新型科技人才的研究。

莫永然发现珠江—西江经济带重视对人才资源教育质量的提升，产业结构开始从劳动密集型逐渐转向智力密集型社会；发现该经济带人才资源分布不均衡。他还提出珠江—西江经济带的人才发展战略：政府宏观调控结合市场经济化配置，优化人才资源配置；把人才管理体制创新、培养攻关科技型人才和聚集紧缺型专业人才引入作为未来人才发展的建设任务。④ 曾红颖通过对雄安新区人才流入意向研究、吸引人才地域分布研究和科技人才流动全景分析雄安新区的人才供需，发现高学历人才仍持续关注雄安机会，并且青年男性是流入雄安新区的主力；科技人才对城市未来发展至关重要；城市人才结构不能过于单一；提高城市软实力，需要一支和城市文化相匹配的文化人才队伍支撑。⑤

---

① 唐盈. 创新人才队伍建设，推动东部沿海区域经济发展［J］. 知识经济，2018（18）：20+22.
② 贺岚. 实施珠三角人才规划的战略背景和意义［J］. 广东科技，2009（12）：13-14.
③ 林秀君. 区域人才发展战略研究综述［J］. 沈阳工程学院学报（社会科学版），2012（4）：474-477.
④ 莫永然. 珠江—西江经济带人才发展区域战略分析［J］. 教育教学论坛，2016（37）：101-102.
⑤ 曾红颖. 雄安新区人才发展战略思考［J］. 前线，2018（5）：79-81.

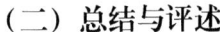

（二）总结与评述

综上所述，不同学者对人才发展观点和战略视角各有不同，但基本上都认为，人才发展离不开环境优化、政策支持、人才使用与激励等方面的因素；认为人才发展战略是一个动态的整体发展过程，人才的培养与开发，科学地规划和使用人才，为人才创造良好的发展环境构成了战略性人才发展的整体框架。一些研究文献把人才发展重点描述为受工作环境、薪酬待遇、人才供给、人才流动、人才培养和职业发展空间等影响，认为区域或企业应该结合人才需求，提出人才发展的建议对策。战略性人才发展可以从区域和企业两个角度来理解，也就是从区域和企业两个角度设立组织的战略目标，人才发展战略目标依赖于组织目标，组织目标引导并转化为人才发展整体性、长期性、基本性问题的人才管理规划和政策，使人力资源发展成为人才资源。但上述所有的研究都没有给出具体明确的政府视角和企业视角系统性人才发展的战略方向和影响因素。也就是说，政府需要抓哪些主要战略因素，企业主要抓哪些战略因素，各种因素是怎么影响人才发展的，这也就是本章希望努力解决的问题。

因此，京津冀物流人才，是泛指进入京津冀从事物流企业工作的人员，运用一定知识，经过实际工作经验积累，发展成为具有创造力并对社会做出贡献的人。物流人才发展就是着重强调如何让从事物流工作的人力资源逐步发展成为能力和素质较高的劳动者。因此，战略视角的物流人才发展也就是人才发展及成长的路径、人才综合素质提升的战略路径及方法。一般来讲，区域人才发展战略首先体现在人才发展的宏观环境，即区域（行业）人才的竞争力及行业人才的流入；其次是企业物流人才的发展，也就是宏观环境下，区域人才发展体现在企业对人才使用、培养以及职业发展空间等方面。京津冀物流人才发展研究不针对个体，而是基于战略视角从行业区域整体人才发展去思考，属于政府主体去推进的战略层次，主要是对人才的吸引力，通过自然竞争推进人才发展与成长，高端人才的加入以及人才相互带动与学习，知识及经验的有序快速积累，实现物流人才发展目标。本章通过探讨战略视角的京津冀物流人才发展的路径及影响因素，把人才发展看作持续推进人才成长与综合素质提升的过程，包括人才发展的环境，如区域或行业人才政策、人才发展自然环境、人才供给与培养、人才使用与激励、职业发展空间等不同层次的发展路径选择等。在这一思想指导下，使人才发展目标不断上层次，人才素质持续得到改进与完善，最终实现拥有一流人才，创建一流企业。

三、京津冀物流人才发展现状分析

本项目组查阅、收集、整理了近10年京津冀物流人力资源的发展、变化及相关资料，了解近10年来京津冀物流人才发展动态。为了有效实施本次调查，保证调查对象属于物流行业内的企业，依据国家标准GB/T 18354—2006中关于物流企业的概念，即物流企业是指"从事运输（含运输代理、货运快递）或仓储等业务，并能够按照客户物流需求对运输、储存、装卸、搬运、包装、流通加工、配送等进行组织和管理，具有与自身业务相适应的信息管理系统，实行独立核算、独立承担民事责任的经济组织"。因此，为了确保调查范围和调查对象的准确，本次调查范围是在京津冀行政区域内第三方物流中采取随机方式开展调查。项目组于2018年6月15日开始走访京津冀物流园区，针对物流园区物流企业发放电子调查问卷1200份，电子调查问卷由企业人力资源部门负责填写，2018年8月15日电子调查问卷收集完成，实际获得调查问卷826份，其中北京320份、天津268份、河北238份。2018年12月31日完成对电子调查问卷的整理分析，本章中关于调查情况的数据均来自本次调查。

（一）京津冀物流企业发展的数量

京津冀物流企业发展的数量变化情况，可以初步展示近年来物流行业未来发展的趋势，进而决定物流人才需求数量的变化趋势。表6-1数据表明，京津冀三地的物流企业数量在2010—2017年一直在逐年增长。就增长速率来说，河北省增长率领先，每年在20.0%以上；天津次之，年增长率为16.1%以上；北京物流企业数量增长最慢，年增长率约为11.5%。2017年，河北、天津区域物流企业出现巨量增长，与北京市疏解有一定关系。

总体而言，天津、河北两地的物流企业数量增长较快，尤其是在最近两年增长迅猛。这说明京津冀物流行业一直处于迅速增长阶段，表明京津冀对物流人才的需求将会出现大致同步增长的趋势，为物流人才发展提供了广阔的空间。

表 6-1　2010—2017 年京津冀物流企业数量发展情况①

单位：家

年份	规模以上法人单位数		
	北京	天津	河北
2010	7755	7347	6529
2011	7850	8376	7234
2012	8098	9726	7754
2013	14150	10440	9582
2014	14437	13246	11511
2015	14754	15560	14280
2016	14864	17852	18661
2017	14913	19379	27657

注：企业数量是指全国各行业城镇单位中，交通运输、仓储及邮电通信业等企业数量。

资料来源：国家统计局. 中国统计年鉴（2011—2018）[M]. 北京：中国统计出版社.

（二）2008—2017 年京津冀物流人才发展的数量及其趋势

2008—2017 年京津冀物流人才发展的数量及趋势，可以通过京津冀物流行业人力资源发展在这 10 年间的变化来反映。

全国和京津冀就业人员情况与同区域物流行业的就业人员情况见表 6-2，反映了京津冀物流行业人力资源总量及分布状况。数据表明，北京市物流从业人员远高于天津或河北的就业人员，说明北京的物流企业可能在结构复杂程度和服务种类等方面要高于天津和河北，北京在物流服务方面的需求以及服务的质量更好、更高，但也可能存在组织结构不合理带来的冗员问题。另外，京津冀三地近 5 年物流从业人员的增长率并不高，与增长迅速的物流企业相比，物流人才的数量增长相对缓慢。2015—2017 年京津冀物流企业就业人员均出现增长停滞现象，一方面说明就业人员供给可能难以应对迅速发展的物流行业高质量服务需求；另一方面可能是信息化、技术创新与新装备等运用，导致对人员就业的挤出效应。

---

① 为了进行对比分析，我们把《中国统计年鉴》和《中国劳动统计年鉴》可以对比的相关历年数据界定为"物流行业"数据，主要指"交通运输、仓储及邮电通信业的城镇单位"的相关数据。

表 6-2　2008—2017 年京津冀物流行业就业总量及占比状况

单位：万人

年份	全国就业人员①	全国物流就业人员②	京津冀就业人员③	京津冀物流就业人员④	北京就业人员⑤	北京物流就业人员⑥	天津就业人员⑦	天津物流就业人员⑧	河北就业人员⑨	河北物流就业人员⑩
2008	12192.5	627.3	1271.9	85.9	570.3	47.7	200.6	12.5	501.0	25.7
2009	12573.0	634.4	1324.1	87.9	619.3	50.1	201.7	12.3	503.1	25.5
2010	13051.5	631.1	1371.9	88.6	646.6	51.0	205.7	12.5	519.6	25.1
2011	14413.3	662.8	1509.5	93.2	685.9	57.4	268.2	11.4	555.4	24.4
2012	15235.4	667.5	1626.4	96.2	717.4	57.8	289.1	14.1	619.9	24.3
2013	18108.4	846.2	1698.1	101.1	742.3	59.2	302.4	14.3	653.4	27.6
2014	18277.8	861.4	1707.6	103.5	755.9	60.2	295.5	14.3	656.2	29.0
2015	18062.5	854.4	1695.8	104.2	777.3	60.0	294.8	15.0	623.7	29.2
2016	17888.1	849.5	1717.1	101.7	791.5	58.3	286.0	14.7	639.6	28.7
2017	17643.8	843.9	1617.99	96.5	812.86	57.69	269.48	14.54	535.3	24.27

注：表中的全国就业人员①是指全国就业人员；全国物流就业人员②是指交通运输、仓储及邮电通信业的城镇单位就业人员；京津冀就业人员③是指北京、天津及河北三地的城镇单位就业人员；京津冀物流就业人员④是指全国各行业城镇单位就业人员，其他依此类推。

资料来源：《中国劳动统计年鉴》(2008—2018)，由项目组整理计算获得。

从人力资源发展总量对比情况看,北京的物流企业就业人员总量最多,河北其次,天津最少。从表6-3可以发现,2008—2017年物流行业就业人员占相应区域总就业人员比例大小排序是:北京、天津、河北、全国,说明了京津冀物流人才技术发展的总体趋势和变化。

表6-1中,北京物流企业数量从2010年的7755家增加到2017年的14913家,天津物流企业数量从2010年的7347家增加到2017年的19379家,河北物流企业数量从2010年的6529家增加到2017年的27657家。可见,京津冀区域物流企业总体上表现出逐年增长与发展的趋势,但在总量、规模上三地还存在严重的不平衡。表6-3中,北京和天津物流行业就业人员占比在2010—2017年持续高于河北物流行业就业人员占比,可见北京和天津在人才吸引方面具有城市地理位置优势,而河北省物流企业在人才吸引上严重不足,使得京津冀物流人才数量及素质的配置存在巨大差异。加上对人才的认识不足和无法承担具有竞争力的人才待遇费用,存在严重的人才短缺。尽管河北对人才具有强烈的需求和渴望,由于缺乏具有竞争力的人才薪酬优势和经济实力,也只能望才兴叹。表6-3中,北京物流行业就业人员比例在2010—2017年总体变化不大,2013年之后稳定在7%以上;天津物流行业就业人员比例2011年从6.08%下降到4.25%,2011年之后逐年小幅度回升;河北物流行业就业人员比例在京津冀地区最低,且在2010—2017年呈小幅度波动下滑趋势。可见在物流人才变化上,北京物流企业保持了人才吸引的持续稳定性;天津发展变化较大,对物流人才在增量、素质及待遇上具有较大进步。而河北省物流企业人才有发展,但一直未形成整体重视人才的环境,全面处于落后状态,而且落后于全国平均状况。

表 6-3 2008—2017 年京津冀物流行业分区域的就业人员占比情况

单位：%

全国 ②/①	京津冀 ④/③	北京 ⑥/⑤	天津 ⑧/⑦	河北 ⑩/⑨	北京 ⑤/③	北京 ⑥/④	北京 ⑦/③	天津 ⑧/④	天津 ⑨/③	河北	河北 ⑩/④
2008	5.14	6.75	8.36	6.23	5.13	44.84	55.53	15.77	14.55	39.39	29.92
2009	5.05	6.64	8.09	6.10	5.07	46.77	57.00	15.23	13.99	38.00	29.01
2010	4.84	6.46	7.89	6.08	4.83	47.13	57.56	14.99	14.11	37.87	28.33
2011	4.60	6.17	8.37	4.25	4.39	45.44	61.59	17.77	12.23	36.79	26.18
2012	4.38	5.91	8.06	4.88	3.92	44.11	60.08	17.78	14.66	38.11	25.26
2013	4.67	5.95	7.98	4.73	4.22	43.71	58.56	17.81	14.14	38.48	27.30
2014	4.71	6.06	7.96	4.84	4.42	44.27	58.16	17.30	13.82	38.43	28.02
2015	4.73	6.14	7.72	5.09	4.68	45.84	57.58	17.38	14.40	36.78	28.02
2016	4.75	5.92	7.37	5.14	4.49	46.10	57.33	16.66	14.45	37.25	28.22
2017	4.78	5.96	7.10	5.40	4.53	50.24	59.78	16.65	15.07	33.12	25.15

注：本表数据是根据表 6-2 中的原数据进行计算得来的，如第二列②/①是依照表 6-2 中的全国物流就业人员②占全国就业人员①的百分比计算得来的，其他数据依此类推。

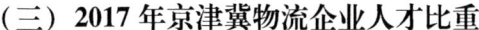

(三) 2017年京津冀物流企业人才比重

京津冀参与问卷调查的物流企业人才占员工总数比例分布情况见表6-4。从京津冀三地参与问卷调查的物流企业总和来看,参与问卷调查的物流企业人才占员工总数比例分布为:物流企业人才占员工总数10%以下的占36.23%,人才占员工总数11%~30%的占15.94%,人才占员工总数为31%~50%的占20.29%,人才占员工总数51%~80%的占17.39%,人才占员工总数81%以上的占10.14%。其中,物流企业人才占员工总数10%的比重最高,可能与物流行业发展不均衡、人才缺乏以及参与调查的小型私营企业占比重较大等因素有关。被调查的北京市和天津市的物流企业人才比例比较高,河北省物流企业的人才比例相对偏低。

表6-4 2017年京津冀物流企业人才占员工总数比例

单位:%

	人才占员工比例范围	被调查企业比例
北京	10以下	4.55
	11~30	22.73
	31~50	36.36
	51~80	31.82
	81以上	22.73
天津	10以下	27.27
	11~30	18.18
	31~50	22.73
	51~80	22.73
	81以上	9.09
河北	10以下	81.82
	11~30	9.09
	31~50	4.55
	51~80	0.00
	81以上	0.00
总计	10以下	36.23
	11~30	15.94
	31~50	20.29
	51~80	17.39
	81以上	10.14

资料来源:项目组根据问卷调查数据计算得出。

(四) 2017年京津冀物流人才发展的学历情况

京津冀物流企业人才受教育程度的调查主要围绕着"学历情况"展开（见表6-5）就京津冀被调查的物流企业员工学历特征而言，北京和天津物流企业员工的学历主要集中在大专和本科，河北物流企业员工的学历主要集中在初中及以下和本科学历。从学历特征判定，京津冀接受调查的物流企业人才①占总员工的比例指标中，北京人才占员工比例是58.70%，天津人才占员工比例为58.27%，河北人才占员工比例为32.55%。京津冀总体物流企业学历人才占员工比例为52.18%，说明学历人才在企业中的比例有显著提升，这也是适应京津冀物流发展对人才发展提出的要求之一。

表6-5 京津冀物流企业员工学历分布

单位:%

	北京	天津	河北	京津冀
初中及以下	9.56	9.52	30.81	10.24
高中（中专）	10.23	10.39	21.69	17.05
大专	21.51	21.82	14.95	20.53
本科	45.67	46.68	28.45	43.59
研究生	11.98	11.46	4.10	8.21
博士	1.05	0.13	0.00	0.38

资料来源：项目组根据问卷调查数据计算得出。

(五) 2017年京津冀物流人才技术等级与专业职称需求

2017年京津冀物流行业用人需求对职业技术等级或专业技术职称是有明确要求的情况见表6-6。用人单位的岗位需求对劳动者的技术等级或专业技术职称有明确要求的，北京要求比例最高，其次是天津与河北。数据表明，三地对技术等级有要求的比例均高于对专业技术职称有要求的比例。这也从另一个角度说明，物流企业对人才技能的实际需要促进了物流人才的发展与成长。

---

① 物流企业人才是指本科及其以上学历的企业员工。

表 6-6　2017 年用人需求对技术等级有明确要求的变化情况①

单位:%

技术等级占比			专业技术职称占比		
北京	天津	河北	北京	天津	河北
65.0	59.2	42.5	48.7	41.1	31.6

资料来源：项目组根据调查问卷数据整理。

2017 年京津冀物流行业求职者具有职业技术等级或专业技术职称的状况见表 6-7。从求职者具有技术等级或专业技术职称的情况看，2017 年求职者具有技术等级资格证书的比例高于具有专业技术职称证书的比例。

表 6-7　2017 年求职者具有职业技术等级的变化情况

单位:%

技术等级占比			专业技术职称占比		
北京	天津	河北	北京	天津	河北
60.3	55.5	40.9	42.1	38.8	27.3

资料来源：项目组根据调查问卷数据整理。

（六）京津冀物流人才激励情况

对京津冀物流企业人才的激励情况调查表明，在股权激励方面，有 92.25% 的企业没有股权激励制度；在岗位匹配方面，52% 的人才对工作缺乏足够的兴趣；在晋升空间和机制方面，有 48.2% 的人才认为晋升机制存在问题；在工资福利待遇方面，有 38.56% 的人才认为工资福利水平和待遇不能体现自己的贡献。另外，调查发现，京津冀物流企业在外在激励方面措施不到位，在内在激励方面几乎很少涉及。可见在物流人才激励方面，京津冀物流企业对人才发展的促进作用没有发挥出来。参见表 6-8 的物流企业员工离职原因指标，可以看出激励方面存在的问题。

表 6-8　京津冀物流企业人才离职因素情况

单位:%

人才离职原因	京津冀占比
收入待遇水平	42.01
晋升空间和机制	29.28

---

① 技术等级指以国家职业资格证书为凭证的职业技能水平，专业技术职称指以国家认可的专业技术职务证书为凭证的专业技术水平。在调查中，技术等级和专业技术职称相互独立，以招聘要求或个人具有的最高等级或水平为准进行统计。

续表

人才离职原因	京津冀占比
学习和发展	20.76
管理不规范、不合理	8.85
工作压力过大	30.58
文化不认同	16.09
人际关系不和谐	8.07
个人生活家庭问题	43.22
其他	5.98

资料来源：项目组根据调查问卷数据整理。

（七）京津冀物流人才发展的企业培养

京津冀物流人才的发展与企业对人才的培养是分不开的。项目组从两个方面对物流企业人才培养现状开展了调查：一是企业系统性人才培养计划；二是企业人才参加培训的情况。

1. 京津冀物流企业系统性物流人才培养计划的建立情况

建立系统有效的物流人才培养计划是人才发展在企业内部的制度性保障，可以帮助企业合理地挖掘、开发、培养公司战略物流人才队伍，建立起适合企业发展的物流人才梯队，并为企业的可持续发展提供有力的保证和支持。

项目组对企业是否建立系统的物流人才培养计划进行了调查，在所有接受调查的物流企业中，有52.32%的企业已经建立系统的物流人才培养计划，没有建立的企业占47.68%。一般而言，在私营企业中，由于员工规模较小，很少建立系统性技能人才培养计划，国有企业的技能人才培养计划一般相对比较完善。

2. 企业物流人才参加培训的情况

京津冀物流人才参加培训的情况，可以反映企业对物流人才培训方面的重视程度。项目组本次对京津冀物流企业人才参加培训的"年人均次数"进行了调查（见表6-9），对物流人才进行培训年人均1次及以下的企业占比6.22%，从不开展人才培训的企业占比5.93%。调查数据表明，90%以上的企业对物流人才都开展了培训，京津冀物流企业培训工作普遍开展得相对较好。

表 6-9 企业技能人才年人均参加培训的企业情况

单位:%

年人均参加培训次数	比例
3 次及以上	26.50
2 次及以上	31.25
1 次及以上	30.10
1 次及以下	6.22
从不开展培训	5.93
合计	100

资料来源：项目组根据问卷调查数据整理计算得出。

（八）2017 年京津冀物流人才的职业生涯管理情况分析

职业生涯管理是企业帮助员工制定职业生涯规划和帮助其职业生涯发展的一系列活动，旨在留住人才、培养人才、发展人才。本次对企业是否重视物流人才的职业生涯管理进行了调查（见表 6-10）。被调查的企业对技能人才职业生涯管理的重视程度普遍不高，访谈中了解到，国企相对比较重视人的智慧、技艺、能力的提高与全面发展，而相对规模较小的和成立年限较短的企业对物流人才的职业生涯管理还没有提上议事日程。新兴企业和私营企业，正在逐步重视物流人才的职业生涯管理，但一些小的私营企业，由于经营管理不完善，仍然无法顾及物流人才的综合素质问题。以上几个方面，也许就是企业总体对物流人才职业生涯管理重视不够的原因。

表 6-10 2017 企业技能人才的职业生涯管理情况

单位:%

重视程度	比例
非常重视	34.31
比较重视	32.81
一般重视	21.96
不重视	6.17
非常不重视	4.75
合计	100

资料来源：项目组根据问卷调查数据整理计算得出。

四、京津冀物流人才发展的障碍及问题

从京津冀物流人才发展现状看，物流企业规模不断扩大，人才不断流入，

薪酬待遇一直处于国内相对领先的水平，物流人才的综合素质与企业对物流人才的重视程度较好，不同层次物流人才的需求一直相对旺盛，物流企业内对人才培养、使用、激励、职业生涯管理等相对比较重视。京津冀总体上对人才具有一定的吸引力，与目前京津冀物流企业发展对人才的需求基本一致，但不可否认，京津冀三地在物流人才发展上仍然存在着严重的不平衡，存在的障碍和问题如下：

（一）物流人才相对短缺

京津冀物流人才的数量增长还跟不上物流企业的发展需要，特别是高端综合人才普遍紧张，与物流企业对高级物流人才需求旺盛的现实形成反差。而企业对物流人才的学历要求并不高，企业在招聘物流管理专业人才时，有46%的要求大专即可，有19%的不限学历，而对本科学历的要求仅占大约12%。我们在强调本科以上学历时，是否出现了人才培养的相对过剩，或者与企业发展的人才需求层次还难以吻合，这是值得深思的。这样过低的要求导致物流人才因看不到未来发展前景"望而却步"，其背后的根本原因还是企业发展动力不足。

本次调查数据分析后发现，京津冀物流人才对该区域物流发展发挥了巨大作用，京津冀区域物流企业总体上都表现出人力资源总量逐年增长与发展的趋势，但在总量、规模上还存在严重的结构不平衡，主要表现在区域分布、企业性质分布等方面。北京和天津在人才吸引方面具有城市地理位置优势，而河北省物流企业在人才吸引上严重不足，使得京津冀物流人才数量及素质的配置存在巨大差异。在企业性质分布上，国有物流企业具有一定规模优势，私营物流企业多以中小规模出现，加上多数私营物流企业对人才的认识不足，无法承担具有竞争力的人才待遇经费，存在严重的人才短缺，尽管有对人才的需求和渴望，但由于缺乏具有竞争力的人才薪酬优势和实力，只能望才兴叹。

企业由于物流人才短缺，长期处于低端经营，这又使得企业在艰难应对工作的时候经常捉襟见肘，物流人才的精力处于极限状态中，人才发展束之高阁，人才能力就自然每况愈下，经验积累也只不过是低端重复而已，长此以往，物流人才发展就只是空谈了。

（二）人才发展的培养机制存在障碍

物流产业是一个跨行业、跨部门的复合产业，同时又是劳动密集型、资本密集型、知识密集型和技术密集型相结合的产业，所以发展物流产业，不仅需要高级物流管理人才、技术创新型人才、物流执行型和操作型人才，还需要懂经济、懂技术、懂金融的知识型综合人才。不仅要在人才培养中掌握大量理论知识，而且要在人才成长中练就因地制宜的丰富经验；不仅要在意识和理念上符合京津冀物流企业发展的要求，而且还要在工作过程中具有适应环境的心理素质。

从目前情况看，京津冀地区还没有形成和物流产业发展相协调、超前于产业发展的人才培养体系和布局，没有形成物流人才发展的综合素质培养机制。面对社会物流人才需求量的日益增大，尽管京津冀各高校增设物流专业和加大了物流人才的培养，但也没有满足行业发展对人才综合素质的要求，尤其是不能满足市场对高级物流人才的需求。同时，物流企业在物流人才开发、物流行业学会及协会和职业资格认证方面还存在一些对接问题，影响了京津冀物流人才培养的针对性和有效性。

京津冀地区作为采购、制造与供应地区，各级各类采购人才缺口明显不足。就人才结构而言，物流行业迫切需要高级专门人才。现代物流业已不再是简单的劳动密集型服务行业，而是一个兼有知识密集和技术密集、资本密集和劳动密集特点的服务行业。物流管理和营运工作越来越需要具备较广知识面、较高综合素质的复合型人才。如配送中心主管，需要同时具备物流基础知识、财务知识、营销知识和IT技能等。在本项目组调研中，访谈物流企业不约而同地提到了对高级综合物流管理人才的渴望，高校物流人才培养体系也明显存在该方面的不足。培养人才的专业数量呈现出物流管理专业较多、物流工程和采购管理数量相对较少的不平衡发展局面。物流专业区域布点与地区经济发展水平密切相关，尤其是高层次人才培养，如研究生，呈现出北京、天津密集，河北较弱的状况。显然还缺乏一套科学合理的人才培养机制，不能够很好地与企业实际需求相对接，限制了物流人才发展的正常进程。

（三）企业对物流人才发展缺少适宜的投入与激励

物流企业普遍存在"招人不易，留人更难"的现象。物流行业工作地点大多偏僻，劳动强度大，工作时间不固定，工作机械重复枯燥。行业"太苦太累"，要求物流人才"多能多岗"，人才流失严重，特别是物流人才缺乏职业自豪感，跳槽现象普遍，人才流动率非正常地高。除了这些问题外，背后所隐藏的问题其实是对人才投入的欠缺和用人留人的激励机制的不完善。

调查认为，物流企业一般对缺乏工作经验的物流类应届毕业生缺乏社会责任和包容度，更缺少系统的培训体系和投资，只知用人，却很少关心他们的真正需求，激励机制不健全，福利待遇水平与付出没有形成合理的比例，限制了物流人才的绩效贡献；而且缺乏必要有效的内在激励措施，没有形成物流人才的职业生涯高点，让物流人才处于半迷茫状态，高端物流人才发展受到了极大制约。

（四）企业自身环境条件阻碍了物流人才发展

从企业自身的环境看，物流行业小企业过多，货运企业普遍规模小，运力分散，不需要具备专业知识的人才。具有一定知识的专业人才，在信息传递的现代化处理手段缺乏的情况下，心理落差较大，难以安心长期坚持。这种环境谈论物流人才发展问题就是一句空话。

从京津冀就业人员比重的影响因素分析看，物流人才流入受到了行业的工资水平、固定资产投资、城镇化水平、居民收入水平、人均GDP、产业技术进步等因素影响，但京津冀的确在这些因素上存在一定问题，主要归纳为三个方面：一是在所在区域的宏观环境上，京津冀三地在不同基础设施条件和优质社会服务方面发展不平衡带来的失衡问题，刚好物流行业就处于京津冀这种环境洼地之处，因此，物流一体化的人才发展受到了影响；二是京津冀物流人才政策的不统一，增加了域内人才的不合理流动，只要三地政府在行政管理上存在各自主导权，物流一体化的人才发展政策就协调不息，这是先天性的体制缺陷，只能削减对物流人才发展的负面影响，但永远不可能消除；三是缺乏物流人才发展实际信用。一般而言，制度红利是人才发展的最好信用。但是，京津冀物流一体化发展过程中，物流人才发展所需要的制度信用，总是表现在企业制度的频繁调整、宏观人才政策的频繁改变等，这都是限制物流人才自由流动的毒药，变相限制了物流人才发展。

总之，京津冀区域内的北京是人才竞争力"领头羊"，无疑为京津冀物流人才环境提升发挥了标杆作用。但域内河北省相对过于落后，使得京津冀人才环境失衡，差距过大，可能带来物流人才配置的失衡，这是京津冀物流人才发展战略环境的最大劣势。京津冀区域合作过程的脆弱性、人才政策冲突、管理体制障碍、基础设施及环境差距过大等，使得京津冀物流人才发展既具有先天优势，又存在发展不平衡的巨大障碍。

五、战略视角的京津冀物流人才发展环境的定性分析

习近平总书记提出了一系列人才发展的思想和观点，指出需要营造良好的人才发展环境来吸引人才，"环境好，则人才聚、事业兴；环境不好，则人才散、事业衰"，"改革人才培养、引进、使用等机制"，努力形成有利于人才成长的育人环境。这一思想和观点为京津冀物流人才发展环境的完善提供了重要的战略方向。下面主要从京津冀的人才发展环境、人才政策等战略方面思考对物流人才发展的影响。

(一) 京津冀物流人才发展环境

发达国家区域经济发展人才竞争战略实践表明，推动京津冀物流业持续创新发展的决定性要素是集聚人才、保持人才、发展人才，物流人才竞争的关键是人才发展以及人才效能价值的展现，而不再是人才数量的简单比拼，需要在政策引导下的教育、金融、社会服务、领军企业、创新文化等多元要素相互支持与有效融合才会发挥效用。对物流人才发展的战略影响是一系列综合因素的共同作用。

1. 国际优势区域比较

国际上人才集聚、最具有经济活力的顶级区域环境特点，可以成为京津冀人才发展环境的对象。著名的纽约湾区、旧金山湾区、东京湾区，都是人才发展和竞争力很强的区域，人才集聚效应明显，高端人才云集，为各类人才发展及创新提供了最好的人文自然环境，国际三大湾区①人才环境特点及因素见表6-11。

表6-11 国际三大湾区环境特点及因素

	纽约湾区	旧金山湾区	东京湾区
区域范围	3州31县	1州9县	1都3县
	纽约州、康涅狄格州、新泽西州等31个县	分为5个区域：北湾、旧金山市区、东湾、半岛、南湾	依托东京湾发展起来的东京大都市圈，包括东京都、琦玉县、千叶县、神奈川县
核心城市	纽约市、纽瓦克市、曼哈顿、新泽西市	旧金山、奥克兰市和圣何塞（硅谷）	东京、横滨、川崎、船桥、千叶
地域划分依据	纽约大都市圈规划	湾区政府协会	首都圈规划法案
代表产业	金融业	互联网、电子科技等高新技术产业	汽车、石化等制造业
高等院校/科研院所	58所	20多所高校	225所

---

① 张锐. 湾区经济：国际步伐与中国格调 [J]. 对外经贸实务，2017（5）：93-96.

续表

	纽约湾区	旧金山湾区	东京湾区
基础设施及交通网络	拥有北美最大的交通运输网络：长岛铁路系统、新泽西运输系统、Metro-North Railroad（MNRR）铁路系统 五个机场，其中肯尼迪国际机场、纽瓦克自由国际机场和拉瓜迪亚机场是最主要的三大机场	陆地交通：高速公路、桥梁、大众运输（旧金山城市铁路及旧金山湾区捷运系统） 空中运输：旧金山国际机场、奥克兰国际机场（美国）及诺曼·峰田圣荷西国际机场	拥有横滨港、东京港、千叶港、川崎港、横须贺港和木更津港等六大港口。这六大港口与羽田、成田两大国际机场和东海道、北陆、东北等新干线以及数条高速公路一起，构成了东京湾区与日本国内和全球主要城市之间的海陆空立体交通网，为人流、物流的大进大出提供了有力支撑
	湾区内部公路的分布均是围绕核心城市呈现蛛网特点，越靠近核心城市，公路密度越大①。 三大湾区均是三面环水且气候宜人，由机场、港口、高速公路、城际铁路、轨道交通等构成的便捷交通网络，吸引和推动人才、资金、技术等要素的快速流动与高效配置。 湾区内的港口与港口之间、港口与城市之间、城市与城市之间、沿海与腹地之间，物流、人才流、技术流以及资金流等都会在最短的时间圈中完成配置与投放，企业经营效率、人员工作效率因此大大提高，湾区的城市网络效应得以充分彰显		
开放的经济结构	开放是湾区经济发展的先决条件和根本优势，世界三大湾区依托港口作为连接内陆和国际市场的重要节点，具有天然开放的属性。三大湾区的发展得益于最先吸纳外商投资、引进国外先进技术和生产方式，率先接轨世界经济，同时对周边区域产生巨大的产业外溢效应；而湾区的周边区域为谋求自身发展，主动承接产业转移，建立起开放性的城市群网络空间，在城市间形成了横向经济关系、密切沟通与联系的双向开放经济空间，有效地促进了城市群创新要素的流动②		
强大的原始创新能力和国际化的创新网络	世界三大湾区通过集聚国际化创新人才、全球创新企业，营造包容开放的创新文化，形成链接全球资源的创新网络。一是三大湾区具有强大的人才资源吸引能力，集聚了一批国际化高端人才。此外，大量技术移民涌入让不同母语、不同文化背景的工程师、科学家和企业家成为联结企业与其母国科技中心的纽带。二是一批具有国际影响力的企业能够有效吸引全球创新资源。世界三大湾区充分发挥巨头企业的总部经济效益，在全球各地布局分支机构，形成了强大的全球产业链掌控能力。三是包容开放的创新文化和良好的人居环境成为吸引全球资源的重要因素。三大湾区拥有依托高度开放包容的环境和充满竞争性的工作机会，吸引了大量移民，来自世界各地的多元文化不断碰撞融合，进一步促进了湾区的开放和创新发展③		
灵敏的分工协作	湾区经济一般涉及多个行政区，不管是产业的分工合作、城市基础设施的衔接，还是生态环境的保护，都需要区域协调，而且发展成熟的湾区经济无不有着合理的分工协作体系，包括加强统筹规划，明确城市与港口的角色定位，成立湾区政府协会、交通委员会等多种治理组织，等等		

---

① 谢瑜宇. 借鉴世界三大湾区发展经验把杭州湾经济区打造成一流湾区 [J]. 宁波经济（三江论坛），2017（12）：119.

②③ 段艳红，何悦，胡品平. 世界三大湾区的创新发展路径与特征 [J]. 科技创新发展战略研究，2018（4）：27-30.

续表

	纽约湾区	旧金山湾区	东京湾区
包容的文化氛围和社会开放度	基于高度开放的市场环境以及宜人的住居生态，外加丰饶的创业土壤和充满竞争性的工作机会，湾区成为大量外来人口的聚集地，从而荟萃来自世界各地的多民族文化，而且多元文化也进一步促进了湾区的开放，激发与反哺湾区城市的创新发展。湾区的开放本质正是引入外部要素刺激经济、社会、文化的发展活力，而没有比人口更能携带生产力和吸附其他资源的要素了。高素质移民是促成北美人均生产效率提升和新兴经济文化活动的直接因素，旧金山湾区的高素质技术移民催生了硅谷高科技生产力的发展，纽约也因丰富多样的移民文化成为"二战"后新兴的文化、艺术、时尚之都[①]		

京津冀区域与之对标分析如下：

(1) 区域范围：京津冀是中国的"首都圈"，包括北京市、天津市以及河北省的保定、唐山、廊坊、沧州、秦皇岛、石家庄、张家口、承德、邯郸、邢台、衡水11个地级市。其中，北京、天津、保定、廊坊为中部核心功能区。京津冀区域和国际三大著名湾区都有一个或多个城市为核心城市，而且每个城市的地位与作用不尽相同。

(2) 核心城市：北京、天津、保定、廊坊。建设以首都为核心的世界级城市群，发挥北京的辐射带动作用，打造以首都为核心的世界级城市群。全方位对接支持河北雄安新区规划建设，建立便捷高效的交通联系，支持中关村科技创新资源有序转移、共享聚集，推动部分优质公共服务资源合作。国际三大著名湾区之所以具有高度竞争力，原因之一就是它拥有多个能量各异的世界级港口城市。京津冀区域的港口经济效应没有国际三大著名湾区显著，其他城市与核心城市之间产业和职能的错位发展水平有待提高。

(3) 地域划分依据：三大湾区均覆盖多个行政区，港口之间、城市之间、湾区—腹地之间，均立足各自区位优势与产业特色，形成较为完善的产业分工体系。[②] 京津冀区域和国际三大著名湾区的地域划分因区域发展水平、发展方向、区域特色、国情等因素的不同而有所区别。

(4) 代表产业：北京市定位为"全国政治中心、文化中心、国际交往中心、科技创新中心"；天津市定位为"全国先进制造研发基地、北方国际航运核心区、金融创新运营示范区、改革开放先行区"；河北省定位为"全国现代

---

① 谢瑜宇. 借鉴世界三大湾区发展经验把杭州湾经济区打造成一流湾区 [J]. 宁波经济（三江论坛），2017（12）：1-19.

② 张昱，眭文娟，谌俊坤. 世界典型湾区的经济表征与发展模式研究 [J]. 国际经贸探索，2018（10）：45-57.

商贸物流重要基地、产业转型升级试验区、新型城镇化与城乡统筹示范区、京津冀生态环境支撑区"。中国500强企业在京津冀各有99家、20家、24家。① 纽约湾区的著名企业主要包括威瑞森电信、摩根大通、花旗集团、IBM、强生、百事公司、保德信金融集团、辉瑞制药、高盛、时代华纳等,重点发展金融、证券、期货及保险等产业,拥有2900多家世界金融、证券、期货、保险和外贸机构,是世界金融的心脏;旧金山湾区发展信息技术产业,并推动信息服务业、新兴商业模式发展,依靠科技创新引领全球产业发展,是谷歌、苹果、Facebook等互联网巨头和特斯拉等企业的全球总部;东京湾区集聚了钢铁、有色冶金、炼油、石化、机械、电子、汽车、造船、现代物流等特色产业,京浜、京叶两大工业地带以东京为中心,分别向环抱东京湾的两侧延伸,集聚了丰田汽车、日产汽车、索尼、佳能、软银等众多世界顶级跨国企业。② 国际三大著名湾区主要依靠具有国际竞争力的产业体系促进其经济发展,而京津冀区域的产业体系尚不完善,区域之间的良好合作与分工有待进一步磨合。

(5) 高等院校/科研院所:京津冀各类高等院校有270所,研究院所云集,有北京大学、清华大学、中国科学院大学、天津大学以及国家科学研究院等。纽约湾区各类高等院校有55所,有普林斯顿大学、耶鲁大学、哥伦比亚大学、纽约大学、洛克菲勒大学、罗格斯大学、纽约理工学院、福特汉姆大学等。旧金山湾区有20多所高校,其中,有5个世界级研究型大学:斯坦福大学、加州大学伯克利分校、加州大学戴维斯分校、加州大学旧金山分校、加州大学圣克鲁兹分校;有5个国家级研究实验室:劳伦斯伯克利国家实验室、劳伦斯利弗莫尔国家实验室、航空航天局艾姆斯(Ames)研究中心、农业部西部地区研究中心、斯坦福直线加速器中心。东京湾区聚集了225所高等院校,有东京大学、庆应义塾大学、武藏工业大学、横滨国立大学等。京津冀区域和国际三大著名湾区都以人才为纽带,依托区内相对集中的高等院校和科研机构,通过产学研之间的紧密合作推动区域内的知识创造、技术商业化和创新扩散。不同的是,京津冀区域的产学研合作创新能力和成果转化能力与世界著名湾区还有一定差距。

(6) 其他方面:京津冀是中国北方经济规模最大、最具活力的地区,整

---

① 张玉满.京津冀协同发展中高职院校的发展策略研究[J].北京市经济管理干部学院学报,2017,32(3):55-59.

② 段艳红,何悦,胡品平.世界三大湾区的创新发展路径与特征[J].科技创新发展战略研究,2018(4):27-30.

体上具有良好的地理、经济、文化教育、科技创新等优势,基础设施相对完善,人才集聚效应强大,拓展空间弹性大,结构优化前景广阔。但与上述对标最大的差异是京津冀三地差距过大与不平衡的问题,拉低京津冀总体的竞争力。

2. 与国内优势区域比较

根据《中国区域人才竞争力研究报告(2017)》,对国内三大经济圈进行比较,"珠三角地区综合实力较强,长三角地区次之,京津冀地区人才竞争力水平在三大经济圈中相对较弱。具体来看,长三角地区主要在成长环境、制度环境和人才吸引倾向上具有一定优势,在发展贡献上还有较大的提升空间。珠三角地区在人才总量和发展贡献上具有一定优势,在人才吸引倾向和人才素质上还有很大的提升空间。京津冀地区在人才素质上具有一定优势,在制度环境、成长环境和发展贡献上还有很大的提升空间"。[①]

根据《中国区域人才竞争力研究报告(2017)》分析,北京人才环境在全国31个省份排名第一,天津、河北分别排在第16位和第24位,京津冀人才竞争力分别排第1、第12、第22位。就京津冀地区而言,北京无论是在人才资源竞争力总分还是在分项指标得分上均遥遥领先;其次是天津,无论是总分还是分项得分上均位列第二;相比而言,河北在人才总量和人才素质的提升上还有很大的进步空间。在这种大背景下,京津冀物流人才环境差距比较明显,人才成长环境、制度环境及人才吸引方面都需要去努力。

3. 发展环境的优势和劣势

(1)优势:京津冀地域上的环绕性,为实现区域物流一体化发展提供了天然地理条件和区位优势。北京作为我国的首都,是全国的政治、经济和文化中心;天津市是中国一流的物流运输城市。京津冀共计有700多里的海岸线以及众多港口,海上运输极为方便,铁路、公路等也是四通八达。三地的海陆空运输体系已经较为健全。尽管河北省相对较弱,但在京津冀协调发展的推动下,差距已经明显在缩小,京津冀物流人才发展环境具有达到国际发达经济区域的环境潜力和条件。北京集聚了京东、百度、小米、搜狐等大量领军型公司,拥有北大、清华和科学研究院等著名高校和院所。京津冀拥有大量的科学研究机构,实力雄厚,并且仍然具有继续提升与发展的空间,为

---

① 人民论坛测评中心. 中国区域人才竞争力研究报告 [R/OL]. (2017-06-15) [2019-03-12]. http://www.rmlt.com.cn/2017/0615/478772_4.shtml.

京津冀物流人才发展提供了战略优势条件和发展空间。北京和天津的社会服务体系非常健全，服务质量相对较好，人才资源丰富，人才效能发挥良好。与其他区域相比，京津冀总体上具有物流人才发展的比较优势，随着京津冀一体化协调发展的推进，河北省相对较弱的趋势很快会得到改观，使得京津冀物流人才发展优势得到巨大提升。

（2）劣势：京津冀在人才环境上尽管不是全国区域经济最好的，但仍然具有很大优势，特别是北京的"领头羊"位置，无疑为京津冀物流人才环境提升发挥了标杆作用。一是河北省相对落后，使得京津冀域内环境失衡，差距过大，可能带来物流人才配置的失衡，这是京津冀物流人才发展环境的最大劣势；二是对国际化高端人才吸引力还不足，技术移民科学家和企业家联结纽带的集聚效应仍有差距；三是包容开放的创新文化和良好的人居环境对人才的吸引力相对缺乏；四是人才创新动力及效应仍未展现出来。因此，京津冀区域物流一体化要做到无缝对接，将三个地区现有的物流基础设施资源以及基本要素进行合理布局与结构优化调整。特别是物流人才的有序流动与合理配置，要让物流人才愿意来、留得住，让物流人才效能得到发挥，显然还存在京津冀物流一体化区域合作过程的不平衡、人才政策冲突、管理体制障碍、基础设施及环境过大差距等，使得京津冀物流人才发展既具有先天优势，又存在一定的发展障碍。

（二）政策环境

京津冀物流人才发展的政策环境，总是与对物流人才的吸引力联系在一起的。国家以及京津冀地方政府均出台了一系列人才政策，这些政策对于吸引高端人才和大量人力资源的流入发挥着重要的作用，如《引进海外高层次人才暂行办法》（中组发〔2008〕28号）、《北京市高级人才奖励管理规定》（京政办发〔2010〕40号）、天津市关于人才选拔政策的津人才办〔2012〕1号和津人才办〔2012〕2号等，为京津冀物流人才发展提供了强大的动力。

为了更好地促进京津冀人才发展，京津冀一体化在人才政策合作方面也做了大量工作，京津冀三地签订人才开发一体化合作协议书，实现区域内人才资源共享、优势互补、政策互惠。根据该协议，三省市将在人才交流服务、高层次人才智力共享、紧缺人才培训、博士后工作、专业技术职务任职资格和国际职业资格互认、专业技术人员继续教育、公务员互派交流学习、引进国外智力、编制人才开发规划、人事争议仲裁十个方面首先开展合作。例如，京津冀三地推出了"人才绿卡"，启动三地人才挂职交流，从党政人才、专业技术人才、农业人才、社会工作人才等重点领域选派人才异地挂职，推动京津冀三地体制机制改革，健全区域人才一体化管理机制，构建一体化人才服务体系，提升区域人才配置市场化程度，实现人力资源信息系统互联互通，将实施高端人才柔性引进政策、设立一体化人才发展基金、实行一体化创新创业扶持政策、建立一体化科研管理体制等11个方面。京津冀还建立了人才开发一体化联席会议制度。这些举措无疑在吸引人才的同时，推动了人才创新能力的发展。

国家以及京津冀多年来出台了大量的人才引进、培养、使用、激励和服务政策，根据需求设立了不同人才专项基金，对引进高级人才促进京津冀整体发展发挥了巨大作用。然而，当前人才政策在三地还存在人才投资与效果不尽如人意的情况，政策很好，但现实执行难、执行不到位情况时有发生。人才潜力巨大但使用不到位，人才效能发挥不理想，创新动力不足，三地政策错位而不一致现象等阻碍人才的合理配置和流动，大量政策问题还需要去解决，需要重新梳理审视。京津冀物流人才发展，需要在人才聚焦引进、使用和激励方面具体落实，在细节上系统化安排，在签证居留、资质互认、科技金融、股权激励、平台搭建、税收支持、生活保障等方面采取创新性举措，为人才优先发展提供有效支撑，在提升人才竞争力水平上才可能取得突破性进展。

总之，京津冀物流人才发展离不开人才政策的支持，政策看起来也很丰富，问题是各地人才政策上的无序竞争，产生了一定的负面影响，造成了政府财政资金与企业资金的大量浪费。不惜重金吸引人才，有其好的一面，但关键是人才不培养、不发展，仅靠重金吸引，很难达到理想效果。因此，人才政策环境一定程度上需要有序制度化，形成良好的物流人才发展机制。从实践看，区域环境带来的人才集聚效应、人才发展机会与平台建设更为关键，区域环境对物流人才发展的影响力量要比单一人才政策的影响更大。

六、战略视角的京津冀物流人才发展影响因素的量化分析

京津冀物流人才发展的影响因素是多元的。一般而言，京津冀物流人才发展总是与行业吸纳人才的效应密切相关，人才吸纳力越强，高端人才进入的可能性就越大，高端人才反过来又影响整体区域人力资源发展。如果域内物流企业对人才进行科学规划与培养，并合理加以使用与激励，物流人才的创新激情将得到释放。某一地区某一行业所吸纳人数占总就业量的比例，一方面反映区域环境的综合因素影响程度，另一方面反映行业在区域内的价值，

间接反映了人才价值水平和程度,可以从定性和定量两个方面进行细分。在定性方面,体制和政策法规、就业观念以及全社会对物流产业发展意义的认识程度、居民生活习俗、文化背景、对外开放程度以及物流行业提供岗位的稳定情况等均对物流产业吸纳人才产生影响;在定量方面,人均 GDP 水平、城镇化水平、固定资产投资情况、社会经济发展的技术水平、行业平均工资、产业产值等对物流产业的就业都有一定程度的影响。

本着实证分析的要求以及数据的可获得性,本章根据实际情况主要选择了产业产值、行业薪酬水平、城镇化水平、固定资产投资情况、技术进步水平、人均 GDP 和居民可支配收入 7 个方面作为分析的主要指标,以此揭示京津冀物流行业人才吸纳力程度,进而确定影响物流人才发展的战略因素。

(一) T 型关联度分析的建模机理

T 型关联分析又称为灰色关联系统分析,是指"部分信息已知、部分信息未知"的"贫信息"不确定性系统。灰色关联分析的基本思想是从不完全的信息中根据序列几何形状的相似程度来判断其关联程度,找出影响系统的主要因素,进而分析灰色系统主行为因子与相关行为因子的关系密切程度。[1] 传统的邓氏灰色关联度[2]存在着一些缺陷,具体表现在:一是关联度受两级最小绝对差和两级最大绝对差的影响较大,一旦数列中出现某个极大值点或极小值点,那么各时点的关联系数都将受到影响,从而影响关联度的值;[3] 二是各时点的关联系数受样本量的影响;三是关联系数、关联度还受分辨率的影响。这使得灰色关联分析方法的应用范围受到了一定的限制,T 型关联度作为一种新的灰色关联分析算法则很好地解决了这一问题。

T 型关联度是按照因素的时间序列曲线的相对变化趋势的接近程度来计算关联度的,[4] 是判断事物之间、因素之间相关性的一种较为科学的方法。本次采用 T 型关联度分析的方法,对各个因素影响京津冀物流行业吸纳人才的程度进行研究。

T 型关联度的计算步骤如下:

第一步,给出原始数据参数列:$X_0 = \{x_0(1), x_0(2), \cdots, x_0(n)\}$。

M 个比较列:$X_i = \{x_i(1), x_i(2), \cdots, x_i(n)\}$,$i = 1, 2, 3, \cdots, m$。

---

[1] 李学全. 灰色关联度量化模型的进一步研究 [J]. 系统工程, 1995 (13): 58-61.
[2] 邓聚龙. 灰色预测与决策 [M]. 武汉: 华中理工大学出版社, 1986: 103-104.
[3] 梅振国. 灰色绝对关联度及其计算方法 [J]. 系统工程, 1992 (5): 43-44.
[4] 唐五湘. T 型关联度及其计算方法 [J]. 数理统计与管理, 1995 (1): 34-37.

第二步，标准化，从而使各序列之间具有可比性：

$$D_i = \frac{1}{n-1}\sum_{k=2}^{n}|x_i(k)-x_i(k-1)|, i=0,1,2,3,\cdots,m。$$

再求出标准化序列，$Y_i = X_i/D_i = \{y_i(1), y_i(2), \cdots, y_i(n)\}$，$i=0,1,2,3,\cdots,m$。

第三步，求增量序列，$\Delta Y_i = \{\Delta y_i = y_i(k)-y_i(k-1)\}$，$k=2,3,\cdots,n$，$i=0,1,2,3,\cdots,m$。

第四步，计算各时段的关联系数：

$$\varepsilon[y_0(k),y_j(k)] = \text{sgn}[\Delta y_0(k)\times\Delta y_j(k)]\times\frac{\min[|\Delta y_0(k)|,|\Delta y_j(k)|]}{\max[|\Delta y_0(k)|,|\Delta y_j(k)|]}$$

$k=2,3,\cdots,n$；$j=1,2,\cdots,m$。

第五步，计算关联度，$r(X_0,X_j) = \frac{1}{n-1}\sum_{k=2}^{n}\varepsilon[y_0(k),y_j(k)]$，$j=1,2,3,\cdots,m$。

(二) 京津冀物流人才吸纳影响因素分析及其测度指标的选取

京津冀物流行业吸纳人才比重（%）记为 X_0，X_0 = 京津冀城镇单位交通运输仓储和邮电通信业就业人数/京津冀城镇单位就业人员总数。相关影响因素及测度指标的选取与说明如下：

1. 产业产值

产业发展是增加物流产业吸纳量的基本前提，大量的理论与实证研究均表明，伴随着某一产业的发展，该产业吸纳人才的能力会有不同程度的增强。物流产业产值是反映物流产业发展的重要指标，也是影响物流产业吸纳人才的重要因素。这里采用京津冀交通运输、仓储和邮电通信业产值反映物流行业的产值情况，记为 X_1。2008—2017 年京津冀物流产业产值见表 6-12。

表 6-12 2008—2017 年京津冀物流产业产值

单位：亿元

年份	北京	天津	河北	京津冀
2008	505.74	320.63	1281.27	2107.64
2009	556.64	471.01	1491.92	2519.57
2010	712.01	585.37	1745.91	3043.29
2011	808.95	632.10	2046.22	3487.27
2012	816.31	683.56	2212.93	3712.80

续表

年份	北京	天津	河北	京津冀
2013	883.58	725.05	2377.59	3986.22
2014	948.10	720.72	2396.40	4065.22
2015	983.87	729.09	2359.09	4072.05
2016	1060.97	725.31	2369.27	4155.55
2017	1208.40	780.40	2497.88	4486.68

来源：国家统计局. 中国统计年鉴（2009—2018）[M]. 北京：中国统计出版社.

2. 行业工资水平

行业工资水平直接影响到人才选择在某一行业就业。劳动者在进行职业与就业岗位选择的时候，在其他条件相同或相似的情况下，往往从个人效用最大化的角度出发，选择可以提供较高工资的岗位就业。本章用京津冀交通运输、仓储和邮电通信业城镇单位就业人员平均工资作为衡量物流行业工资水平的指标，记为 X_2。2008—2017 年京津冀物流行业我才年均工资水平见表 6-13。

表 6-13 2007—2017 年京津冀物流行业人才年均工资水平

单位：元

年份	北京	天津	河北	京津冀
2007	38426	39554	21953	33311
2008	45285	45725	25666	38892
2009	46087	48453	29787	41442
2010	51342	55912	33141	46798
2011	59540	64805	38548	54298
2012	65986	75420	45696	62367
2013	72006	82315	46599	66973
2014	78183	84736	52425	71781
2015	81695	89389	57090	76058
2016	90682	91615	59527	80608
2017	97567	9663	67700	87310

资料来源：国家统计局. 中国统计年鉴（2008—2018）[M]. 北京：中国统计出版社.

3. 城镇化水平

京津冀区域的城镇化水平反映了整体的经济、文化、政治以及信息等多种生产要素的集聚和交流集中程度,大量的人口聚集以及社会分工的深化,会增加对物流业的服务要求。作为第三产业的重要组成部分,物流产业的发展需要城市化作为载体,城市化的进程直接影响了物流产业对人才吸纳力的水平。本章采用京津冀城镇化率(%)作为衡量京津冀城镇化水平的指标,记为X_3,X_3=城镇人口数/总人口数量。2008—2017年京津冀城镇化率见表6-14。

表6-14 2008—2017年京津冀城镇化率

单位:%

地区	北京	天津	河北	京津冀
2008	84.92	77.21	41.89	53.74
2009	85.00	78.01	43.74	55.48
2010	85.93	79.60	44.50	56.63
2011	86.18	80.44	45.60	57.77
2012	86.23	81.53	46.80	58.93
2013	86.29	82.00	48.11	60.07
2014	86.34	82.27	49.32	61.05
2015	86.46	82.61	51.33	62.51
2016	86.52	82.91	53.32	63.88
2017	86.46	82.92	55.01	64.94

资料来源:原始数据来自2009—2018年中国统计年鉴和地方统计年鉴,由项目组计算获得表中数据。

4. 京津冀物流产业固定资产投资因素

资本和劳动力是物流产业发展中的两个基本生产要素,两者之间存在着互补与替代的关系。一方面,固定资产的投资,使物流产业的规模不断扩大,派生出更多的对于劳动力的需求,创造出更多的就业岗位,吸纳更多的物流人才;另一方面,固定资产投资使物流产业的资本有机构成提高,产生对劳动力的排挤效应。本章采用京津冀交通运输、仓储和邮电通信业固定资产投资额来衡量京津冀物流产业的固定资产投资情况,记为X_4,2008—2017年京津冀物流产业固定资产投资见表6-15。

表 6-15　2008—2017 年京津冀物流产业固定资产投资

单位：亿元

地区	北京市	天津市	河北省	京津冀
2008	615.18	324.02	623.97	1563.97
2009	662.5	483.74	1026.16	2172.4
2010	694.4	539.3	1524.2	2754.9
2011	505.99	506.45	1433.06	2445.5
2012	696.43	729.86	1543.25	2969.54
2013	656.84	603.15	2123.59	3383.58
2014	767.99	750.63	2046.49	3565.11
2015	714.95	757.19	2077.54	3549.68
2016	761.16	735.14	2095.25	3591.55
2017	1128.4	573.02	2135.45	3836.87

资料来源：国家统计局．中国统计年鉴（2009—2018）［M］．北京：中国统计出版社．

5. 技术进步

技术进步对于物流产业吸纳劳动力也存在正反两个方面的效应。一方面，技术进步有利于提高资本的有机构成，促进劳动生产率的提高，在短期内，先进的技术设备会替代简单的体力劳动，对物流产业吸纳劳动力产生负面的影响；另一方面，技术进步可以降低物流服务的价格，扩大人们对于物流服务的需求，从而增加物流产业对人才的需求。本章用资金产值率（%）反映物流产业的技术进步情况，记为 X_5，X_5 = 京津冀交通运输、仓储和邮电通信业增加值/交通运输、仓储和邮电通信业固定资产投资额，2008—2017 年京津冀物流产业资金产值率见表 6-16。

表 6-16　2008—2017 年京津冀物流产业资金产值率

单位：%

年份	北京	天津	河北	津京冀
2008	81.10	134.67	214.36	145.32
2009	84.02	97.37	145.39	115.98
2010	102.54	108.54	114.55	110.47
2011	159.87	124.81	142.79	142.60
2012	117.21	93.66	143.39	125.03
2013	132.63	111.92	110.43	115.00
2014	123.45	96.02	117.10	114.03

续表

年份	北京	天津	河北	津京冀
2015	137.61	96.29	113.55	114.72
2016	139.39	98.66	113.08	115.70
2017	107.09	136.19	116.97	116.94

资料来源：原始数据来自2009—2018年中国统计年鉴和地方统计年鉴，表中数据由项目组计算获得。

6. 人均GDP

人均GDP是反映社会发展所处阶段的关键指标，大量的理论研究表明，社会经济发展程度与包括物流产业在内的第三产业的发展以及产业吸纳人才密切相关。人均GDP提升，社会经济不断的发展进步，能有效地促进物流产业的发展，进而提升物流产业的人才吸纳力，形成对物流人才发展的推进作用。京津冀地区人均GDP（元）记为X_6，2008—2017年京津冀区域人均GDP见表6-17。

表6-17 2008—2017年京津冀区域人均GDP

单位：元

年份	北京	天津	河北	京津冀
2008	90198.66	68964.56	22910.24	60691.15
2009	97417.52	76388.00	24503.10	66102.87
2010	112190.62	93649.34	28348.99	78062.98
2011	127174.86	113476.78	33856.87	91502.84
2012	137803.09	129821.59	36464.06	101362.91
2013	150423.22	143849.02	38787.60	111019.95
2014	159973.23	154692.13	39844.46	118169.94
2015	171086.75	161049.66	40142.91	124093.11
2016	188347.52	171250.38	42932.33	134176.74
2017	206113.45	176660.63	45234.47	142669.52

资料来源：原始数据来自2009—2018年中国统计年鉴和地方统计年鉴。

7. 居民收入水平

居民的收入水平直接影响到居民对于物流服务的需求，进而影响到物流产业服务和物流人才的吸纳需求。大量的理论和实证研究表明，伴随着收入水平的提高,居民会增加包括物流产业在内的第三产业的服务需求。当这种需求不断增加时,物流人才的价值就会得到体现,为满足市场的创新力量就会不断上升,从而决定了物流人才发展的程度。本章用京津冀区域城镇居民人均可支配收入(元)反映居民的收入水平,记为X_7,详见表6-18。

表6-18 2008—2017年京津冀区域城镇居民人年均可支配收入

单位:元

年份	北京	天津	河北	京津冀
2008	24724.9	19422.5	13441.1	17636.2
2009	26738.5	21402.0	14718.3	19242.3
2010	29072.9	24292.6	16263.4	21313.1
2011	32903.0	26920.9	18292.2	23971.9
2012	36468.8	28979.8	20543.4	26550.9
2013	40830.0	29626.4	22226.8	28763.7
2014	44488.6	31506.0	24141.3	31105.8
2015	48458.0	34101.4	26152.2	33620.9
2016	52530.0	37110.0	28249.0	36229.3
2017	62406.3	40277.5	30547.8	40457.6

资料来源:原始数据来自2009—2018年中国统计年鉴和地方统计年鉴。

(三)各影响因素的T型关联度分析

对上述指标所涉及数据进行T型关联计算可知,$D_0 = \frac{1}{13}\sum_{k=2}^{14}|x_0(k) - x_0(k-1)| = 0.0746$,$D_1 = 986.2012$,$D_2 = 1904.0769$,$D_3 = 1.1792$,$D_4 = 1261.6754$,$D_5 = 0.1323$,$D_6 = 1391.3067$,$D_7 = 850.9001$。对上述指标所涉及数据进行标准化处理,并求增量序列,计算可得各时段的关联度系数见表6-19。

表6-19 京津冀物流人才吸纳效应各时段关联度系数

K	$\varepsilon[0,1]$	$\varepsilon[0,2]$	$\varepsilon[0,3]$	$\varepsilon[0,4]$	$\varepsilon[0,5]$	$\varepsilon[0,6]$	$\varepsilon[0,7]$
2	0.6630	0.621	0.6888	0.2837	0.0941	0.7668	0.8322
3	0.3368	0.9634	0.9355	0.7614	-0.3425	0.9182	0.9466
4	0.6331	0.7908	0.6470	0.8865	-0.2323	0.3791	0.3923
5	0.8289	0.5115	0.4220	0.4609	0.4201	0.1861	0.4013
6	0.5930	0.8792	0.8108	0.4524	0.5908	0.6806	0.6353
7	-0.3017	0.7698	0.4124	0.6588	0.5619	0.4562	0.4191
8	-0.2095	0.7921	0.5032	0.8966	-0.9117	0.4576	0.3272
9	0.1098	0.8651	0.3123	0.3736	0.0484	0.1712	-0.1527

续表

K	$\varepsilon[0,1]$	$\varepsilon[0,2]$	$\varepsilon[0,3]$	$\varepsilon[0,4]$	$\varepsilon[0,5]$	$\varepsilon[0,6]$	$\varepsilon[0,7]$
10	-0.7634	0.8656	0.9677	0.8381	0.2153	-0.8989	-0.8128
11	-0.2622	0.8629	0.4541	0.4135	0.2138	-0.3257	0.3165
12	0.4071	0.8368	0.8612	0.8992	0.3899	0.8205	0.7581
13	0.7732	0.4245	0.2932	0.3879	-0.2305	0.2626	0.2878
14	0.8673	0.2566	0.3281	0.2282	0.8965	0.2221	-0.2356

资料来源：由项目组运用软件计算获得。

由表 6-19 中的数据，根据各时段的关联系数计算求得 T 型关联度 r_{ij}，见表 6-20。

表 6-20　T 型关联度

r_{01}	r_{02}	r_{03}	r_{04}	r_{05}	r_{06}	r_{07}
0.2956	0.7211	0.5576	0.5895	0.1372	0.3082	0.3267

资料来源：由项目组运用软件计算获得。

由表 6-20 所示的 T 型关联度数据可知，$r_{02}>r_{04}>r_{03}>r_{07}>r_{06}>r_{01}>r_{05}$。

计算结果表明，2008—2017 年，对京津冀物流人才吸纳影响因素的 T 型关联度排序为行业工资水平、固定资产投资水平、城镇化水平、居民收入水平、人均 GDP、产业产值和技术进步。因此，在这些因素方面着力加强推进政府有关政策，就可以吸纳更多物流人才，进而影响物流人才发展。显然这属于战略性宏观的影响因素。

七、京津冀物流人才发展的高校培养状况分析

物流人才是物流产业发展的关键，是物流企业成长的摇篮和基础。教育是提高第三方物流服务效率和品质的根本保障。职业教育的迅猛发展，为第三方物流业提供了充足的技术工人，也为物流人才发展提供了有力的供给保障。物流产业对于信息技术、人工智能、先进技术和管理系统的广泛应用，增大了物流企业经营多元化的可能性，引起了对研发人员、技术人员、管理人员等人才供给的极大关注。组织结构、技术、工作场所和空间、工作方式、多元化以及管理方式等变化与创新，影响了物流人才发展模式和路径。如果把物流人才的社会培养看作影响物流人才发展的战略环境因素，那么，仅仅将物流专业人才看作物流人才就过于狭隘，而就狭义的物流人才而言，各类院校及社会机构对物流专业人才培养的数量，可以看作物流人才发展的主要供给来源。京津冀区域内高校和社会机构对于物流人才的培养，是奠定京津

冀物流人才发展的主导力量，决定着京津冀物流人才发展的整体素质和高度。高校物流人才培养是物流人才发展的基石。

（一）本科、专科、高等院校数量及学生数量

如表6-21、表6-22、表6-23所示，可以看出京津冀本专科院校的数量从2007年以来一直处于增长状态，为京津冀物流企业各类人才发展与培养奠定了基础。从整体上看，河北省虽然省部共建高校多，但总体上实力不强，还需要进一步提升；北京高校多、层次高，居于较高水平状态。

表6-21 2008—2017年京津冀本专科学校数量

单位：所

地区	北京	天津	河北	京津冀总计
2008	85	55	105	245
2009	86	55	109	250
2010	87	55	110	252
2011	87	55	112	254
2012	89	55	113	257
2013	89	55	118	262
2014	89	55	118	262
2015	91	55	118	264
2016	91	55	120	266
2017	92	57	121	270

资料来源：中华人民共和国统计局．中国统计年鉴（2009—2018）［DB/OL］．［2019-2-15］．http：//data.stats.gov.cn/easyquery.htm? cn=E0103.

表6-22 2014—2017年京津冀普通高等学校本科培养学生数量

单位：万人

年份	北京		天津		河北	
	招生数	毕（结）业生数	招生数	毕（结）业生数	招生数	毕（结）业生数
2014	12.53	11.51	8.11	7.32	16.44	15.31
2015	12.63	11.77	8.21	7.56	16.72	15.85
2016	12.77	12.00	8.51	7.96	18.21	16.36
2017	12.82	12.14	8.57	7.90	18.91	17.04

资料来源：中华人民共和国统计局．中国统计年鉴（2015—2018）［DB/OL］．［2019-2-15］．http：//data.stats.gov.cn/easyquery.htm? cn=E0103.

表 6-23　2014—2017 年京津冀高等学校专科培养学生数量

单位：万人

年份	北京		天津		河北	
	招生数	毕（结）业生数	招生数	毕（结）业生数	招生数	毕（结）业生数
2014	3.16	3.41	5.81	5.03	15.38	19.14
2015	2.72	3.68	5.65	5.65	16.20	16.95
2016	2.34	3.53	5.40	5.83	17.59	17.16
2017	2.23	3.41	5.29	6.02	17.60	15.96

资料来源：中华人民共和国统计局．中国统计年鉴（2015—2018）[DB/OL]．[2019-2-15]．http://data.stats.gov.cn/easyquery.htm?cn=E0103．

（二）物流类人才培养

从整体上看，京津冀物流人才总体培养规模每年约 13000 人，所培养的人才数量在全国来讲还相对较多，其中京津冀物流类本科、专科、硕士研究生、博士研究生具体培养规模见表 6-24。

表 6-24　2017 年京津冀物流类人才培养数量

单位：人

地区	本科、专科	硕士研究生	博士研究生
北京市	1295	1528	165
天津市	2993	1765	142
河北省	4317	460	29
合计	8605	3753	336

资料来源：项目组从各高校公开资料整理获得。

值得注意的是，尽管京津冀物流人才培养还不能完全满足该区域内对人才绝对的需求数量，但是全国高校向该地区的人才流动也是非常可观的，加上其他非物流专业的高校毕业生也是物流行业的重要人才来源，因此，单就这一点而言，对京津冀高校物流人才培养状况只能作为宏观指导参考。

（三）京津冀中等职业学校学生培养数量情况

2014—2017 年京津冀中等职业学校培养学生数量情况见表 6-25，是满足京津冀物流企业技能人才的主力军，也是物流企业人才发展的重要构成之一。

表 6-25 2014—2017 年京津冀中等职业学校培养学生数量

单位：万人

年份	北京		天津		河北	
	招生数	毕（结）业生数	招生数	毕（结）业生数	招生数	毕（结）业生数
2014	2.98	6.70	3.08	3.32	22.41	29.77
2015	2.71	4.14	3.80	3.06	24.32	25.41
2016	2.34	2.98	3.74	3.11	27.43	19.66
2017	1.94	2.90	3.03	2.91	28.71	22.01

资料来源：中华人民共和国统计局．中国统计年鉴（2015—2018）[DB/OL]．[2019-2-15]．http://data.stats.gov.cn/easyquery.htm?cn=E0103.

八、战略视角的京津冀物流人才发展路径及对策

京津冀区域人力资源需求总量一直处于增长态势，从业人员素质与物流发展的需求相比还有进一步提升的空间，还存在区域人才配置不合理、区域人才供需结构性矛盾、人才制度差异阻碍区域间人才的流动、人才激励保障机制不完善等问题。尽管北京物流人才相对具有一定竞争力，但京津冀物流人才发展很不平衡，物流人才的层次、结构布局等还需要进一步优化，人才的吸引力有待于进一步提升，因此，京津冀物流产业要实现全球化战略优势，就必须从物流人才发展的路径上给予战略思考与设计。

（一）政府角度

京津冀整体物流人才发展路径设计，实际上是政府宏观层面的京津冀物流人才发展推进计划，搭建物流人才发展平台，为京津冀物流人才发展提供人力资源吸纳的优良环境，完善物流人才政策及保障制度，创建一流的社会化服务体系，为推动区域经济发展做出战略安排。

1. 共享人才资源

制定和完善京津冀物流产业发展的总体规划，明确京津冀物流人才发展目标，京津冀区域要打破人才流动共享行政区域界限，制定三地人才互助合作政策，同时，依据京津冀物流产业发展总体规划，引导京津冀物流企业创新育才、选才、用才、留才路径，使物尽其才、才尽其用。

2. 调整人才吸引影响因素

根据物流产业人才吸纳的要素变化情况，动态调整人才发展的要素推进计划和对策。从 2008—2017 年京津冀物流人才吸纳影响因素看，京津冀物流

行业工资水平、物流产业固定资产投资水平、城镇化水平、居民收入水平、人均 GDP、物流产业产值和物流产业的技术进步等，成为吸引物流人才的重要因素。因此，京津冀整体人才发展的推进，需要随着物流产业发展变化而随时调整影响人才流入的因素，加强政府在关键影响因素方面相关政策的设计，就可以吸引更多物流人才，进而影响物流人才发展。

3. 完善基础设施建设

根据京津冀经济发展需求，不断完善基础设施和交通网络，提供国际一流的政府服务，确保物流、人才流、技术流以及资金流等都会在最短的时间圈中完成配置与投放。

4. 构建社会化服务体系

构建开放、包容、宜居和世界一流的社会化服务体系。通过集聚国际化创新人才和全球创新企业，营造开放包容的创新文化，宜人的住居生态、创业创新环境、充满竞争性的工作机会，将成为吸引物流人才的良好环境。集聚大批国际化高端人才，交流与融合将激发物流人才发展。

5. 重视京津冀地区物流人才的培养

合理布局与扶持京津冀高等院校、科研院所的发展，为京津冀物流人才的发展搭建高端人才培养平台。研究型大学、一流实验室、企业研究机构、著名研究院等不同创新主体百花齐放、优势互补，共同构建完善的区域创新体系。京津冀依托域内相对集中的研究型大学和科研机构，物流产业必将以人才为纽带，推动大学、科研机构与企业之间紧密合作，物流人才的原始创新能力得到了极大的提高，并推动京津冀物流产业知识生产、技术商业化和创新扩散，带动物流人才发展与成长。

6. 合理布局京津冀物流一体化协调发展的区域分工

京津冀三地发展存在着较大的差异，物流产业发展定位也有不同，涉及三个行政区，分工合作与区域协调有一定难度。因此，需要加强政府统筹规划，政出一门，明确京津冀各行政区、城市、港口的角色定位，在港口之间、城市之间、园区之间，按照各自区位优势与物流特色，形成最佳物流利益共同体系，进而实现物流人才合理流动与优化配置，克服"政出多门"，实现"一地政策三地共享"的有利于物流人才发展的市场配置效应。

（二）企业角度

各级政府为京津冀物流人才发展搭建平台之后，物流企业能否实现组织愿景和价值，能否推动物流人才发展目标的实现，就需要物流企业按照市场经济规则进行相关路径设计。企业物流人才发展路径设计越完善，越接近于企业战略目标，越符合市场经济规律，就越能体现物流人才发展的价值，最终推动物流企业的持续发展。探讨人才发展整体性、长期性、基本性问题的人才计划和政策，是本次京津冀物流企业人才发展路径设计的主体。根据京津冀物流企业人才的实际情况及存在的问题，企业物流人才发展路径设计如下：

1. 确定物流企业的战略定位

现代物流领域打破了领域界限，企业往往由单一业务的小公司最终发展为多元化的集团公司，这一过程对物流人才的需求是随着企业的发展而变化的。物流人才与企业发展相互促进，物流企业的战略定位决定着人才发展的高度，物流人才发展反过来又促进企业的快速成长。京津冀物流企业的领域无界，表现在企业集劳动密集、资本密集、知识密集、技术密集于一身，其战略定位决定了其对物流人才发展的平台高度，从而决定了物流人才发展的高度。一般而言，物流企业的战略定位可以从三个方面来确定人才发展的走向和要求：国际领先、国内领先、区域领先。

2. 物流人才发展的吸引计划

根据前述京津冀物流人才的需求及存在的问题，物流人才的素质还无法满足实际工作的需求，物流人才被要求在现实中是多面手，物流技术、经济、管理、生产加工、电子商务、信息技术、财务、国际贸易、金融等知识都需要掌握，对物流人才发展具有较高的期待和要求。因此，物流企业在人才吸引过程中，就需要明确各层次、各类别物流人才结构的最佳配置，以促进物流人才进入企业相互学习与相互影响，提升综合能力。选人永远比培养人更重要，选择合适的人能够减少资源和成本的浪费。物流人才发展的吸引计划主要关注：名校人才在团队结构中的占比、高端国际人才在团队结构中的占比、高精尖专业人才在团队结构中的占比、各层各类储备人才在团队结构中的占比等。

3. 物流人才发展的开发与培养计划

物流人才开发与培养计划，是物流人才发展的关键环节。物流人才发展是否有序、有效，就在于企业对人才发展路径设计得是否科学合理。从京津冀物流人才发展的现状及问题看，职业发展规划不明朗，高端物流人才缺乏，总体素质培训开展不到位，说明物流人才发展的开发与培养层级不够明晰，目标不够明确。因此，物流人才发展应该构建有梯度的人才开发与培养计划，主要关注人才分类开发与培养。人才分类要结合企业实际需要，一般可以分为新任人才发展的开发与培养（包括员工、基层主管、部门主管、总经理、集团经理等）、在岗人才发展的开发与培养、后备人才发展的开发与培养；也可以从组织整体考虑，按照 Scott A. Snell 教授的人才类别观点，把物流人才发展分为核心人才、独特人才、通用人才、辅助人才的开发与培养；还可以把物流企业人才从"兵、将、帅"三类加以区别，进行开发与培养。不论选择哪一种分类，企业要具有物流人才开发与培养的针对性，符合企业发展的市场需求和战略目标。

关于人才发展，从刚加入企业的成员开始，按照职业生涯规划，经过 1~2 年的发展，绩效与能力优秀，就可以进入后备核心人才；第 3~5 年的发展持续优秀，转为核心人才；第 10 年转为精英人才；第 10~15 转为高端人才。每个阶段有培养的方案和效果评价标准，使物流人才发展具有"天高任鸟飞"的空间和"海阔凭鱼跃"的平台。

4. 物流人才发展的使用与激励计划

任用是最好的发展。干中学，学中干，工作和实践中发展人才。除了全员提升计划之外，对于有潜质的人才，企业要及时发现和挖掘，助力其发展成为高精尖人才。我们在调查中发现，京津冀物流人才使用并未达到应有的效果，物流人才效能还需要进一步激发。因此，通过人才推动企业发展，通过企业发展体现人才价值，这是物流人才发展重要路径之一。物流人才发展的使用计划路径主要关注：战略目标牵引关键任务目标，关键任务目标提出关键能力目标，关键能力目标成为设计物流人才发展的执行和绩效衡量依据。这些具体使用计划应该能够引导物流人才发展的几个核心素质的形成，包括忠诚、流程优化、执行力、承担重任四个方面。物流人才发展的核心素质培养可以通过使用过程的一系列细化措施来实施，如物流人才发展的团队发展策略、人才合作发展策略、充分授权发展策略、轮岗发展策略、优势利用发展策略、聚集发展策略、促进发展策略、投资发展策略、问题牵引发展策略、效能激发发展策略、企业文化发展策略等。从激励角度考虑，设置因岗制宜的绩效考核指标体系，注重长期激励与短期激励的平衡、物流人才付出贡献大小与待遇高低的平衡、外资激励与内在激励的平衡、内在公平与外在公平的平衡，以激励促进物流人才发展。企业在物流人才使用过程中，可以结合内部不同类别层次的人才实际，物流人才发展计划要考虑企业整体人才的劣势和优势，灵活选择适合的物流人才发展策略，实现物流人才发展与成长。

第七章 京津冀物流企业空间布局特征及其影响因素

魏国辰　李孟婷　马燕涛　刘潇涵

一、绪论

(一) 研究背景和意义

1. 研究背景

京津冀协同发展和雄安新区建设是当前中国社会经济发展中的重大历史性战略选择，是千年大计、国家大事。国家出台了相关支持政策，将持续发力推动京津冀协同发展。"政策红利"将对京津冀物流企业发展产生重大影响，如何巧借"东风"，充分利用国家政策和规划，实现京津冀物流企业合理空间布局，促进企业合理集聚，优化其空间结构，既是京津冀物流业自身发展的迫切要求，也符合京津冀区域经济发展的需要。

京津冀物流企业作为京津冀物流服务、市场行为主体，是京津冀物流空间组织的承担者，其行为影响着京津冀物流的组织模式，对区域内经济结构调整升级、整体竞争力提升起着促进作用。而物流企业空间分布决定城市物流空间格局，影响城市资源和生产空间的合理配置。因此，研究京津冀物流企业空间布局特征，把握物流企业空间分布演化趋势，对于优化区域内物流产业空间结构，指导物流企业合理空间布局，提升京津冀物流企业竞争力具有重要的理论与现实意义。如何引导物流企业科学合理布局和分析影响区域内物流企业空间布局的因素，充分发挥各类物流企业的规模效益和集聚效益，已成为解决当前物流发展面临的现实性和紧迫性问题的一种重要手段。

2. 研究意义

（1）理论意义

本章将地理学中的指标应用于区域内物流企业分布特征的研究中，提出了京津冀物流企业空间布局特征，丰富了国内外关于京津冀物流企业空间布局研究，发展了物流空间布局理论和区域经济理论。通过以经济地理和物流工程理论为指导，综合地理学、经济学、管理学等多学科的研究方法，运用 GIS 空间分析方法，揭示京津冀地区物流企业的空间布局特征及其影响因素，为有效引导不同类型、不同区域物流企业合理布局提供科学依据，为政府进行物流系统规划提供理论指导。

（2）现实意义

研究京津冀物流企业空间布局特征和影响因素，有利于区域内物流企业科学合理布局，从而实现物流资源的优化配置，提升物流企业的竞争力；有利于优化物流产业空间结构，满足京津冀区域经济发展需要，增强区域内产业协同发展水平，为区域内经济发展做贡献；有利于提高物流效率，降低物流成本，同时满足京津冀协同发展和雄安新区建设的新需要，以及物流企业高质量发展的新目标；有利于有效引导京津冀物流企业合理聚集，形成规模效益，为合理规范产业发展布局提供决策依据。

（二）文献综述

为全面了解当前国内外研究现状，本章主要对国内外物流企业空间布局、影响因素和物流企业空间分布研究方法等相关文献进行了整理。

1. 物流企业空间分布研究

（1）国外研究现状

物流企业空间分布研究是物流地理学从微观视角分析产业空间组织的重要内容。早期关于物流空间特征的理论与实践研究主要基于传统的区位论，强调经济因素的作用，以最小费用区位为原则，认为每一种生产类型为使运输成本最小而产生不同的选址决策。其后，受 Marshall 外部经济理论的影响，学者开始关注劳动力市场共享、中间产品投入和知识技术外溢对物流企业选址的影响。Jara-Díaz S. R.、Basso L. J. 认为物流企业毗邻分布可以充分享受共同市场带来的益处，[①] 一方面两者的地理邻近提高了交易的匹配效率；另一方面也节约了运输和交易成本。Malmberg A.、Maskell P. 认为外部规模经济效应的存在，促使劳动者和关联企业的地理集中，使知识、技术的交流与共享成为可能。[②] Devereux M. P. 等认为物流企业分属于供应链不同环节，市场

---

① Jara-Díaz S. R., Basso L. J. Transport cost functions, network ex-pansion and economies of scope [J]. Transportation Research Part E, 2003, 39 (4): 271-288.

② Malmberg A., Maskell P. The elusive concept of localization economies: Towards a knowledge-based theory of spatial clustering [J]. Environment and Planning A, 2002, 34 (3): 429-449.

需求多样，劳动力市场集聚吸引物流企业集中分布。① Boschma R. A.、Frenken K. 从演化经济学的视角对企业选址进行了研究，发现物流企业的发展常伴随着交通枢纽的形成和发展，一旦交通枢纽的物流需求被激发，将吸引更多物流企业入驻。② Grazia 认为公司成本控制、外部交通环境以及新的商业机会将改变物流企业分布。③ 但也有部分学者对此表示质疑，Heuvel F. P. 等以新经济地理学"集聚的外部不经济性"为依据，分析了物流企业集聚将导致道路拥挤、成本增加、效率降低等问题，从而使企业放弃进驻集聚区。④ Dragan Pamular 等运用 P-中值模型对城市物流中转站的选址问题进行了分析，运用模糊神经网络方法对环境、社会因素进行预测，发现城市物流中转站选址直接影响到城市某些地区的交通流量，进而影响到城市环境的污染和噪声。⑤

（2）国内研究现状

莫星、千庆兰等基于广州市 3040 家运输型物流企业的空间属性资料，揭示广州市运输型物流企业的空间分布规律，剖析不同区域运输型物流企业的集聚机理。⑥ 千庆兰、陈颖彪等单基于广州市 3771 家物流企业调查资料，运用 GIS 空间分析方法，探究广州市物流企业的空间集聚特征，⑦ 研究表明，广州市物流企业的空间分布具有显著的向心集聚性，从城市中心区向郊区和外围县级市，物流企业数量明显递减；物流企业沿城市交通主、次干道呈轴线状分布；物流企业区位选择具有服务依赖性，城市工业区和商务区是物流企业的重要集聚区。王成金、张梦天选择中国 1855 家 A 级物流企业为样本，从宏观区域、省级行政区和城市等多层尺度，刻画和分析中国物流企业的布局特征，包括总体格局、空间集聚、覆盖水平等，并从多种角度考察了物流企

---

① Devereux M. P., Griffith R., Simpson H. The geographic distribution of production activity in the UK [J]. Regional Science and Urban Economics, 2004, 34 (5): 533-564.

② Boschma R. A., Frenken K. The emerging empirics of evolutionary economic geography [J]. Journal of Economic Geography, 2011 (11): 295-307.

③ Grazia. Trends in transportation and logistics [J]. European Journal of Operational Research, 2018, 264 (4): 830-836.

④ Heuvel F. P., Langen P. W., Donselaar K. H., etc. Spatial concentration and location dynamics in logistics: The case of a Dutch province [J]. Journal of Transport Geography, 2013 (28): 39-48.

⑤ Dragan Pamular, Ljubislav Vasin, Predrag Atanaskovi T., Milica Milili T. Planning the city logistics terminal location by applying the green [J]. Hindawi Publishing Corporation Computational Intelligence and Neuroscience, 2016 (19): 12-26.

⑥ 莫星，千庆兰，郭琴等. 广州市运输型物流企业空间分布特征分析 [J]. 热带地理，2010，30 (5): 521-527.

⑦ 千庆兰，陈颖彪，李雁等. 广州市物流企业空间布局特征及其影响因素 [J]. 地理研究，2011，30 (7): 1254-1261.

业布局的形成机制。① 梁双波、曹有挥等选取 2006—2013 年中国无船承运经营者作为研究样本，从宏观区域、省级行政区和城市等多层尺度及空间和时间维度综合分析了中国无船承运企业的分布特征。② 王瑞、蒋天颖等以宁波市为例，基于港口物流企业空间数据，研究宁波市港口物流企业总体空间分布特征，从物流企业分布情况、物流企业性质等方面进行了分析。③

2. 物流企业空间分布影响因素研究

（1）国外研究现状

Hesse 研究发现郊区以其廉价的土地租金、联系城市中心和远程物流的优势成为物流企业优先选择的因素。④ Junjie Hong 等认为市场规模、交通基础设施、劳动者素质是吸引外商投资物流企业区位选择的因素。⑤ Bowen 通过研究美国物流企业仓储选址与交通网络可达性的关系，发现高速公路可达性对物流仓储布局具有较大影响。⑥ Ann V.、Roselinde K. 等通过 GIS 分析和意向调查，分析了比利时佛兰德斯地区物流企业的选址影响因素，发现土地租金的影响最大，其次是临近港口、高速、工业园区、内陆运输中转站等，而临近铁路枢纽则无显著相关性。⑦

（2）国内研究现状

韩增林、李晓娜从理论上深入分析了影响第三方物流企业区位选择的因素，运用层次分析法对指标权重进行分析，表明政策环境、客户分布、竞争环境和完善的运输网络是影响第三方物流企业空间布局的主要因素。⑧ 曾小永、千庆兰对广州 335 家仓储型物流企业空间布局和影响因素进行分析，研

---

① 王成金，张梦天. 中国物流企业的布局特征与形成机制 [J]. 地理科学进展，2014，33（1）：134-144.

② 梁双波，曹有挥，吴威等. 中国无船承运企业空间格局演化及影响因素 [J]. 长江流域资源与环境，2017，26（8）：1123-1130.

③ 王瑞，蒋天颖，王帅. 宁波市港口物流企业空间格局及区位选择 [J]. 地理科学，2018，38（5）：691-698.

④ Markus Hesse, Jean-Paul Rodrigue. The transport geography of logistics and freight distribution [J]. Journal of Transport Geography, 2004 (12): 171-184.

⑤ Junjie Hong, Anthony T. H. CHIN. Modeling the location choices of foreign investment in Chinese logistics industry [J]. China Eonomic Review, 2007, 18 (4): 425-437.

⑥ Bowen J. T. Moving places: The geography of warehousing in the US [J]. Journal of Transport Geography, 2008, 16 (6): 379-387.

⑦ Ann V., Roselinde K., Peter G, etc. Location of logistics companies: A stated preference study to disentangle the impact of accessibility [J]. Journal of Transport Geography, 2015, 42 (1): 110-121.

⑧ 韩增林，李晓娜. 第三方物流企业的区位影响因素研究 [J]. 地域研究与开发，2007（2）：16-19，25.

究表明交通、区位、产业关联、政策是影响仓储型物流企业区位的重要因素。① 莫星、千庆兰等认为影响广州运输型物流企业分布的主要因素有：城区历史因素、交通基础设施因素、经济活动中心因素、物流节点因素、规划政策因素和土地因素。② 蒋天颖、史亚男认为区位通达度、集聚要素、政府政策是宁波市物流企业空间格局形成的主要影响因素。③ 李晶将绿色物流发展理念与空间布局相结合，探讨了物流发展对商贸流通业空间布局模式的影响，绿色物流与商贸流通业之间的密切关系及其影响，并提出促进我国绿色物流发展的一系列相关措施。④

3. 物流企业空间分布研究方法研究

（1）国外研究现状

研究方法方面，Frank P. van den Heuvel 等分析了西班牙某省的物流节点的区位相关指数和位置的动态变化情况，发现大型的城市物流节点经常分布在物流节点布局密集的地区，城市物流节点的再选址也会在布局密集的地区，而不再考虑其他地区。⑤ Takanori 等利用大量货运调查数据，考察了东京都市区物流企业的分布变迁，结果表明，1986—1991 年日本土地资产价格泡沫的出现很可能导致了 1980—2003 年该区域物流企业的离心式分布，当 2002 年土地价格回到先前水平并趋于稳定时，物流企业的离心分布趋势显著减弱。⑥ Liliana 等则以西班牙 Zaragoza 地区为例，通过结构方程模型，发现为追求资源合作与服务增值，物流企业倾向于集中分布，且大型物流公司的这种倾向性更为明显。⑦

（2）国内研究现状

王瑞、蒋天颖等以宁波市为例，基于港口物流企业空间数据，运用冷热

---

① 曾小永，千庆兰. 广州市仓储型物流企业空间分布特征及其影响因素分析 [J]. 中国市场，2010（32）：6-9.

② 莫星，千庆兰，郭琴等. 广州市运输型物流企业空间分布特征分析 [J]. 热带地理，2010，30（5）：521-527.

③ 蒋天颖，史亚男. 宁波市物流企业空间格局演化及影响因素 [J]. 经济地理，2015，35（10）：130-138.

④ 李晶. 绿色物流发展对我国商贸流通业空间布局模式的影响 [J]. 商业经济研究，2016（24）：73-75.

⑤ Frank P. van den Heuvel, Peter W. de Langen, Karel H. van Donselaar, Jan C. Fransoo. Spatial Concentration and Location Dynamics in Logistics [J]. The Case of a Dutch Province, 2013 (28): 39-48.

⑥ Takanori S., Kazuya K., Tetsuro H. Logistics facility distribution in Tokyo Metropolitan area: Experiences and policy lessons [J]. Tranportation Research Procedis, 2016 (12): 263-277.

⑦ Liliana R. Yossi S. Desiree K. Logistics clusters: The impact of further agglomeration, training and firm size on collaboration and value added services [J]. Production Economics, 2016, 179 (9): 285-294.

点分析和泊松回归等方法，研究宁波市港口物流企业空间分布特征及影响因素。① 蒋天颖、史亚男应用负二项回归模型，验证宁波物流企业空间分布及区位选择的影响因素，并比较了其对物流企业、运输型物流企业、非运输型物流企业影响差异。② 朱慧、周根贵利用标准差椭圆分析、样方分析、核密度和 Ripley's K 函数，分别对 2002 年、2008 年、2015 年义乌市物流企业空间集聚水平进行了测度，利用负二项回归模型探讨了区位、市场、政府等因素对物流企业区位选择的影响，发现市场临近、政府决策等对物流企业区位决策影响较大。③ 蒋天颖、伍婵提等基于 2005—2015 年 A 级物流企业的时空数据，利用最近临点指数、Ripley's K 和最近距离层次分析法，从时间和空间视角分析了浙江省 A 级物流企业的空间格局特征及其形成机制。④ 刘艳、雷柯萍利用 CRITIC 与 TOPSIS 组合法，对京津冀区域 13 个节点城市的物流业发展水平进行测算，进而利用探索性数据法研究了京津冀区域物流业的时空演化过程。⑤

4. 国内外研究评述

综上所述，关于物流企业空间布局和影响因素的研究成果较为丰富，大多集中在市场集聚和交通区位优势等有利条件吸引物流集中分布、物流企业集聚对城市发展的不利影响、珠江三角洲和长江三角洲各类型企业的布局特征和影响因素、物流企业布局形成机制，以及物流企业空间分布方法等方面，有极大的学术与应用价值，但是在物流企业空间布局和影响因素中还存在一些尚待研究的问题。①对于京津冀区域物流企业空间分布的文献较少，大多数学者研究区域主要集中在上海市、广州市、港口城市等南方经济发达区域，更多对单一类型物流企业的研究。②对京津冀物流企业空间布局方法和影响因素研究还较少，系统性不够，没有找到京津冀 A 级物流企业空间布局的特征和真正的影响因素。基于此，本章在吸收当前最新研究成果的基础上，对京津冀物流企业进行研究，重点对京津冀物流企业发展布局现状进行了分析，

---

① 王瑞，蒋天颖，王帅. 宁波市港口物流企业空间格局及区位选择 [J]. 地理科学，2018，38 (5)：691-698.

② 蒋天颖，史亚男. 宁波市物流企业空间格局演化及影响因素 [J]. 经济地理，2015，35 (10)：130-138.

③ 朱慧，周根贵. 国际陆港物流企业空间格局演化及其影响因素——以义乌市为例 [J]. 经济地理，2017，37 (2)：98-105.

④ 蒋天颖，伍婵提，陈改改. 浙江省 A 级物流企业时空格局特征研究 [J]. 地理科学，2017，37 (11)：1720-1727.

⑤ 刘艳，雷柯萍. 非首都功能疏解背景下京津冀区域物流时空演化研究 [J]. 商业经济研究，2018 (13)：147-150.

以京津冀 A 级物流企业为研究对象，利用中国物流与采购联合会提供的企业信息和城市黄页等资料，搜集京津冀物流企业 A 级地理信息坐标，采用 GIS 分析方法，探讨物流企业空间布局特征，从生产要素条件、需求条件、相关产业条件、企业战略和竞争对手、政府五个方面揭示其对物流企业区位选择的影响，为有效引导物流企业集聚、合理规划产业发展布局提供决策依据。

二、京津冀物流企业空间布局现状

物流企业是指至少从事运输（含运输代理、货运快递）或仓储一种经营业务，并能够按照客户物流需求对运输、储存、装卸、包装、流通加工、配送等基本功能进行组织和管理，具有与自身业务相适应的信息管理系统，实行独立核算、独立承担民事责任的经济组织。根据物流企业提供物流服务功能的特征，一般把物流企业分为运输型物流企业、仓储型物流企业和综合服务型物流企业三大类。本章所调查的京津冀物流企业主要指交通运输、仓储和邮政快递企业等，本章选取了京津冀 A 级物流企业进行调研分析，同时采用抽样调查的形式，与中国冷链物流联盟、中国物流信息中心和中国物流与采购联合会评估办合作，通过专家访谈调查京津冀物流企业的情况，分析了京津冀物流企业布局情况。

（一）数量布局

京津冀地区是中国大陆经济增长最快和最开放的地区之一，也是最热门的外商直接投资地及最大的出口地区之一，拥有十分突出的战略地位。2013—2017 年京津冀地区国内生产总值不断增长，据初步核算，2017 年，京津冀地区生产总值合计 8.3 万亿元，占全国的 10.03%。[1][2][3] 由此带来该地区的区域物流迅猛发展，前景诱人。

随着 2013—2017 年京津冀地区国内生产总值的不断增长，京津冀地区社会物流总额也快速增长，物流需求旺盛，从而促进了京津冀物流企业总体数量和规模的不断发展。

据国家统计局相关数据显示，京津冀从事交通运输、仓储和邮政业法人单位数有 6 万多家。由图 7-1 可以发现，京津冀地区的物流企业法人个数逐

---

[1] 北京市统计局网站［EB/OL］.（2017-05-08）［2018-07-20］. http：//www.bjstats.gov.cn.
[2] 天津市统计局网站［EB/OL］.（2018-03-12）［2018-07-20］. http：//www.stats-tj.gov.cn.
[3] 河北省统计局网站［EB/OL］.（2017-04-07）［2016-07-20］. http：//www.hetj.gov.cn.

年上升，2013—2017年年平均增长速度为16.04%。其中河北省增长速度最快，年均增长速度为30.34%，跃升为京津冀物流企业最多的区域；天津市物流企业法人年均增长率16.72%，自2015年已经超过北京市，成为区域物流企业数量增长较快区域；北京市法人数量增长速度缓慢，年均增长率仅为1.32%。

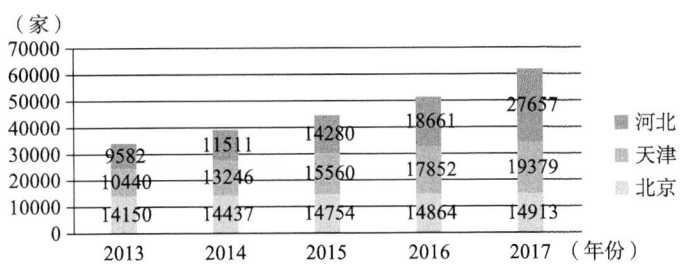

图7-1 京津冀交通运输、仓储和邮政业法人单位数统计图

资料来源：国家统计局［EB/OL］．（2019-01-02）［2019-01-06］．http：//data.stats.gov.cn/index.htm.

1. 规模以上法人单位物流企业数量布局特点

根据国家统计指标，一般统计规模以上的物流企业，即物流服务营业收入1000万元及以上或年末从业人员50人及以上的物流业法人企业。截至2017年底，京津冀地区物流业在经营主体规模上，较之2013年有了很大变化（见表7-1）。

表7-1 京津冀地区规模以上法人单位数量统计表

单位：家

地区	年份					年均增长率（%）
	2013	2014	2015	2016	2017	
北京	1098	1002	989	988	951	-3.53
天津	952	1167	1248	1418	1344	9.00
河北	953	969	1170	1378	1513	12.25
合计	3003	3138	3407	3784	3808	6.12

资料来源：北京市统计局网站［EB/OL］．（2017-05-08）［2018-07-20］．http：//www.bjstats.gov.cn；天津市统计局网站［EB/OL］．（2018-03-12）［2018-07-20］．http：//www.stats-tj.gov.cn；河北省统计局网站［EB/OL］．（2017-04-07）［2016-07-20］．http：//www.hetj.gov.cn；中国物流信息中心数据库。

从表7-1可以看出，京津冀地区规模以上物流法人单位数量自2013年逐年增加，年均增长率为6.12%，至2017年末，该地区共有3808家，占全国规模以上物流业法人单位数的10.33%。北京市规模以上物流企业数量自2013年起,呈现逐年减少的趋势,出现负增长,在京津冀地区所占比重降低;天津市规模以上法人单位数量增加速度较快,物流企业数量有增有减;河北省物流企业数量增长速度最快,年均增长速度为12.29%,到2017年成为京津冀地区规模以上法人单位数量最多的地区。

2. A级物流企业数量布局特点

为了改善和提高物流企业发展环境、市场占有率、服务功能和服务水平,促进行业自律,引导行业规范发展,中国物流与采购联合会于2005年开始对我国物流企业进行分类评估,依据《物流企业分类与评估指标》国家标准,按照不同标准,从物流企业经营状况、资产、设备设施、管理及服务、人员素质和信息化水平等方面把物流企业分为A、AA、AAA、AAAA、AAAAA共五类企业。全国各地物流企业在自愿申报的基础上,经过严格的评审程序,由中国物流与采购联合会评估办向社会公布,截至2018年8月,已经公布了二十六批A级物流企业。

京津冀地区共有A级物流企业206家,占全国A级物流企业的4.31%。其中京津冀AAAAA级物流企业共计45家,占全国AAAAA级物流企业的15.36%;京津冀AAAA级物流企业共计105家,占全国AAAA级物流企业的5.97%;京津冀AAA级物流企业共计48家,占全国AAA级物流企业的2.26%;京津冀AA级物流企业共计8家,占全国AA级物流企业的1.42%。从京津冀A级物流企业占全国比重来看,AAAAA级物流企业较多,大型物流企业发展较好,具体数据见表7-2。

表7-2 2018年京津冀地区A级物流企业数量

单位:家

	AAAAA	AAAA	AAA	AA	A	合计
北京	32	39	16	5	0	92
天津	3	19	8	0	0	30
河北	10	47	24	3	0	84
合计	45	105	48	8	0	206

资料来源:中国物流与采购联合会评估办.第二十六批物流企业授牌大会会刊[Z].2018-12-31.

根据表7-2中数据,北京A级物流企业数量占京津冀地区A级物流企业的44.66%,且5A级和4A级企业数量占(北京A级企业)77.17%。河北省的A级物流企业数量占京津冀地区A级物流企业数量的40.78%，且5A级、4A级企业占（河北省A级企业）67.86%。而天津A级物流企业数量占京津冀地区A级物流企业的14.56%，近74%为4A级和3A级物流企业。

全国范围内（不含港澳台）A级企业共有4778家，其中长三角物流圈（江苏省、浙江省、上海）共有A级物流企业1086家，珠三角物流圈（广东省、深圳特区）共有A级物流企业255家，川渝城市群物流圈（四川省、重庆市）共有A级企业208家，具体数据见表7-3。

表7-3　2018年长三角、珠三角、川渝地区A级物流企业数量对比

单位：家

区域物流圈	级别					
	AAAAA	AAAA	AAA	AA	A	合计
长三角	47	426	497	112	4	1086
珠三角	18	119	97	16	5	255
川渝	9	46	121	31	1	208
合计	74	591	715	159	10	1549

资料来源：中国物流与采购联合会评估办.第二十六批物流企业授牌大会会刊[Z].2018-12-31.

京津冀地区A级物流企业数量占全国的4.31%，长三角物流圈A级物流企业数量占全国的22.73%，珠三角物流圈A级物流企业数量占全国的5.34%，川渝地区A级物流企业数量占全国的4.25%。将这四个地区的A级物流企业数量进行对比，如图7-2所示，京津冀地区的"头部"，即5A级和4A级物流企业数量较多；长三角物流圈A级物流企业数量巨大，且"两端小，中间大"，多为2A级、3A级、4A级物流企业；珠三角4A级和3A级物流企业数量较多，而两端数量较少；川渝地区的"中间和尾部"，即4A级、3A级、2A级物流企业数量较多。从总量上来看，京津冀地区A级物流企业与川渝地区相似，与珠三角地区的数量相差不大；从分布来看，京津冀地区5A级和长三角数量相差不大；较之珠三角和川渝地区发展较好、较快，但是在4A级、3A级、2A级数量上较之其他地区发展较慢。可见京津冀地区A级物流企业总量与长三角物流圈有较大差距，但与珠三角以及川渝地区总量相仿，且分布较为合理。

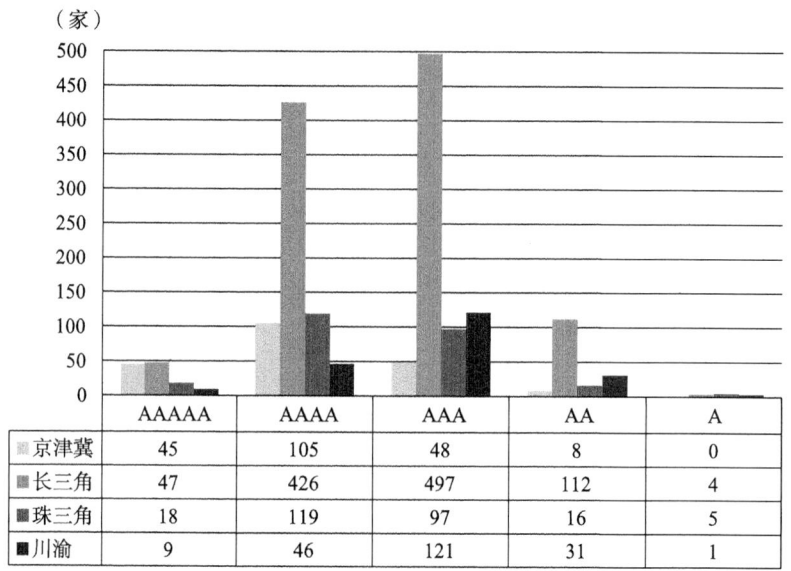

图 7-2　2018 年各地区 A 级物流企业数量对比图

（二）规模布局

截至 2017 年底，京津冀地区物流业在经营主体规模、从业人员规模、业务收入等方面，均比 2013 年有较大发展（见表 7-4）。

表 7-4　2013—2017 年京津冀物流企业总体数量和规模

年份	规模以上法人单位数（家）			平均从业人员（万人）			交通运输、仓储和邮政业增加值（亿元）		
	北京	天津	河北	北京	天津	河北	北京	天津	河北
2017	951	1344	1513	57.69	14.54	24.27	1208.40	780.40	2497.88
2016	988	1418	1378	47.70	14.58	27.50	1060.97	725.31	2369.27
2015	989	1248	1170	50.30	14.46	28.03	983.87	729.09	2359.09
2014	1002	1167	969	50.80	15.56	27.73	948.10	720.72	2396.40
2013	1089	952	953	51.90	13.69	22.56	883.58	725.05	2377.59

资料来源：北京市统计局网站［EB/OL］.（2017-05-08）［2018-07-20］. http：//www.bjstats.gov.cn；天津市统计局网站［EB/OL］.（2018-03-12）［2018-07-20］. http：//www.stats-tj.gov.cn；河北省统计局网站［EB/OL］.（2017-04-07）［2016-07-20］. http：//www.hetj.gov.cn；中国物流信息中心数据库。

从表 7-4 可以看出，2017 年末，京津冀地区规模以上物流业法人单位数为3808个,占全国规模以上物流业法人单位数的10.33%;从业平均人数96.50万人,占全国规模以上物流业法人单位从业人员数的11.44%。物流业整体市场需求稳中趋缓,物流业增速有所下降。北京市近五年物流增加值持续提升,年平均增长率达8.14%;天津市近五年物流业增加值年平均增长率为1.86%;河北省为1.24%。河北省企业物流业务收入增长速度最低,发展速度缓慢。五年间京津冀地区的物流业从业人员平均人数有升有降,但都基本趋于稳定,并无较大变动。

1. 北京市物流企业规模

截至2017年12月,北京市物流企业从业人员平均人数57.69万人。根据《北京市统计年鉴》数据,总结出2013—2017年北京市物流业活动规模情况见表7-5。

表7-5 2013—2017年北京市物流业活动规模情况

年份	物流业务收入（亿元）	社会物流总额（亿元）	物流业从业人员平均人数（万人）	交通运输、邮电、快递企业数量（个）
2017	2805.2	71105.0	57.69	951
2016	2517.3	63877.6	47.7	988
2015	2409	67648.7	50.3	989
2014	2482.5	75923.6	50.8	1002
2013	2267.6	72440	51.9	1089

资料来源:北京市统计局网站[EB/OL].(2017-05-08)[2018-07-20]. http://www.bjstats.gov.cn.

2. 天津市物流企业规模

截至2017年12月,天津市物流业从业人员平均人数14.54万人。根据天津市统计公报数据,筛选出2013—2017年天津市物流业活动规模情况见表7-6。

表7-6 2013—2017年天津市物流业活动规模情况

年份	交通运输、仓储、邮电增加值（亿元）	全年货运量（万吨）	全年港口吞吐量（亿吨）	全年邮电业务量（亿元）	快递数量（万件）
2017	780.40	52992.42	5.01	406.81	50200
2016	725.31	51579.86	5.51	483.85	41000
2015	729.09	53179.15	5.41	321.58	25600

续表

年份	交通运输、仓储、邮电增加值（亿元）	全年货运量（万吨）	全年港口吞吐量（亿吨）	全年邮电业务量（亿元）	快递数量（万件）
2014	720.72	50947.75	5.4	243.64	12404.23
2013	725.05	51602.54	5.01	220.53	9418.5

资料来源：天津市统计局网站［EB/OL］．(2018-03-12)［2018-07-20］．http：//www.stats-tj.gov.cn．

3. 河北省物流企业规模

截至2017年12月，河北省物流业从业人员平均人数24.27万人。根据《河北省统计年鉴》和国家统计局相关数据，筛选出2013—2017年河北省物流业活动规模情况见表7-7。

表7-7　2013—2017年河北省物流业活动规模情况

年份	交通运输、仓储、邮电增加值（亿元）	全年货运量（万吨）	快递数量（万件）	全年邮电业务量（亿元）
2017	2497.88	228854	119389.30	1365.23
2016	2369.27	210586	90392.39	819.99
2015	2359.09	198024	54911.94	997.93
2014	2396.40	209946	34019.15	825.53
2013	2377.59	198009	20755.74	728.72

资料来源：河北省统计局网站［EB/OL］．(2017-04-07)［2016-07-20］．http：//www.hetj.gov.cn；国家统计局［EB/OL］．(2019-01-02)［2019-01-06］．http：//data.stats.gov.cn/index.htm．

（三）类型布局

运输型物流企业是指以从事货物运输，包括货物快递服务或运输代理服务为主，并包含其他物流服务的企业。仓储型物流企业指以从事仓储业务为主，为客户提供货物储存、保管、中转等仓储服务，具备一定规模的企业；能为客户提供配送服务以及商品经销、流通加工等其他服务；自有一定规模的仓储设施、设备，自有或租用必要的货运车辆；具备网络化信息服务功能，应用信息系统可对货物进行状态查询、监控等。综合服务型物流企业是可以为客户制订整体性的物流方案，并对物流活动要素进行规划、组织、实施和系统化运作的物流企业。

1. 类型布局整体情况

根据北京市统计局、天津市统计局、河北省统计局相关数据的查找和统计,京津冀地区物流企业仍主要集中在运输、仓储等传统行业。2017年末,规模以上运输业法人单位数2069个,占京津冀地区规模以上物流业法人单位数的54.33%;规模以上仓储业法人单位数621个,占京津冀地区规模以上物流业法人单位数的16.31%。二者所占比重达到70.64%,反映出运输、仓储等传统物流行业仍是物流业的主要组成部分,在运输业中以道路运输为主,如图7-3所示。

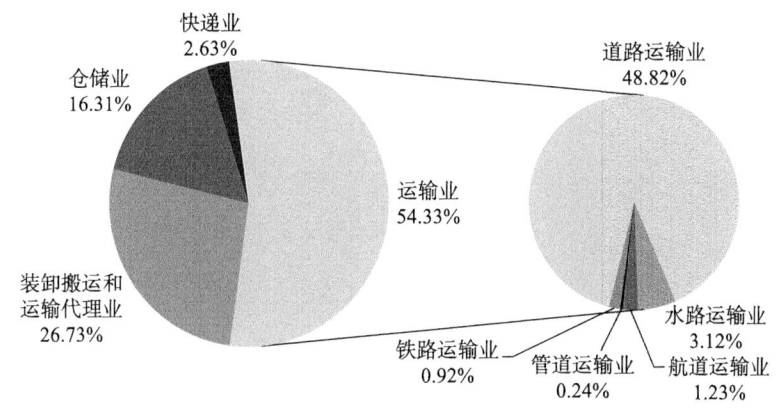

资料来源:北京市统计局网站[EB/OL].(2017-05-08)[2018-07-20].http://www.bjstats.gov.cn;天津市统计局网站[EB/OL].(2018-03-12)[2018-07-20].http://www.stats-tj.gov.cn;河北省统计局网站[EB/OL].(2017-04-07)[2016-07-20].http://www.hetj.gov.cn.

图7-3 2017年京津冀地区规模以上物流企业结构情况

2. A级物流企业类型布局情况

根据中国物流与采购联合会的统计,京津冀地区A级运输型物流企业共计19家,占京津冀A级物流企业的9.22%(见表7-8)。

表7-8 2018年京津冀A级运输型企业分布情况

单位:家

	级别					
	AAAAA	AAAA	AAA	AA	A	合计
北京	2	3	0	0	0	5
天津	0	0	0	0	0	0
河北	0	6	6	2	0	14
合计	2	9	6	2	0	19

根据表7-8中数据,北京A级运输型物流企业数量占京津冀地区A级物

流企业的 2.43%，其中 5A 级、4A 级企业占（京津冀 A 级运输型企业）26.32%以上。河北 A 级运输型物流企业数量占京津冀地区 A 级物流企业数量的 6.80%，在京津冀 A 级运输型物流企业中占比为 73.68%，4A 级、3A 级企业共有 12 家。而天津 A 级物流运输型企业数量为 0，没有申请 A 级的运输型物流企业。根据中国物流与采购联合会的统计，京津冀地区 A 级仓储型物流企业共计 21 家，占京津冀 A 级物流企业的 10.19%（见表 7-9）。

表 7-9　2018 年京津冀 A 级仓储型企业分布情况

单位：家

	级别					
	AAAAA	AAAA	AAA	AA	A	合计
北京	4	1	2	1	0	8
天津	0	2	2	0	0	4
河北	2	3	4	0	0	9
合计	6	6	8	1	0	21

根据表 7-9 中数据，北京 A 级仓储型物流企业数量占京津冀地区 A 级物流企业的 3.88%，其中 5A 级、4A 级企业占（京津冀 A 级仓储型企业）23.81%以上。河北 A 级仓储型物流企业数量占京津冀地区 A 级物流企业数量的 4.37%，且 5A 级、4A 级企业占（河北省 A 级仓储型企业）23.81%。而天津 A 级物流仓储型企业数量占京津冀地区 A 级仓储型物流企业的 23.81%，全部为 4A 级和 3A 级物流企业。

根据中国物流与采购联合会的统计，京津冀地区 A 级综合服务型物流企业共计 166 家，占京津冀 A 级物流企业的 80.58%（见表 7-10）。

表 7-10　2018 年京津冀 A 级综合服务型企业分布情况

单位：家

	级别					
	AAAAA	AAAA	AAA	AA	A	合计
北京	26	35	14	4	0	79
天津	3	17	6	0	0	26
河北	8	38	14	1	0	61
合计	37	90	34	5	0	166

根据表 7-10 中数据，北京 A 级综合服务型物流企业数量占京津冀地区 A

级物流企业的 38.35%，其中 5A 级、4A 级企业占（京津冀 A 级综合服务型企业）36.75% 以上。河北 A 级综合服务型物流企业数量占京津冀地区 A 级物流企业数量的 29.61%，且 4A 级、3A 级企业占（河北省 A 级综合服务型企业）31.33%。而天津 A 级综合服务型物流企业数量占京津冀地区 A 级综合服务型物流企业的 12.62%，近 13.86% 为 4A 级和 3A 级物流企业。

三、京津冀地区物流企业空间布局特征

为更准确、更全面地把握京津冀物流企业布局特征，本章对京津冀 A 级以上物流企业总体布局特征和核心节点城市内 A 级以上物流企业布局特征进行统计、研究、分析。首先以城市地理边界格局、城市功能定位和不同经济带为划分依据，对京津冀 A 级以上物流企业进行调查研究，从而对京津冀地区物流企业的总体布局特征进行宏观分析；其次对京津冀 A 级以上物流企业数量多、密度大的北京、天津、石家庄、唐山等物流核心节点城市，进行城市内部的物流企业空间布局分析；最后再结合不同功能的经济带包含的物流企业的数量、位置、类型、规模数据，分析出不同功能的区域内物流企业的布局特征，为京津冀物流企业空间布局影响因素的分析与归纳提供有力的依据。

（一）总体布局特征

京津冀物流企业的总体布局特征是把京津冀地区内的物流企业看作一个整体，以城市层面为尺度，按照物流企业的布局特点，对其宏观特征的总结分析。根据中国物流与采购联合会 2018 年对我国 A 级物流企业评估结果，本章选取了京津冀地区的（206 家）A 级以上物流企业作为样本进行分析。通过 Google Earth 和 Global Map 等地图软件，对上述 A 级物流企业进行坐标统计，由于一个物流企业在同一地区会有一个或多个大型集散中心，因此共统计出 295 个坐标点，见表 7-11。

表 7-11　京津冀 A 级物流企业坐标点数量统计表

单位：个

省市	北京	天津	河北（石家庄）	总计
A 级物流企业数量	92	30	84（23）	206
A 级物流企业坐标点数	141	48	106（30）	295
占总坐标点数的百分比（%）	47.8	16.2	35.9（10）	100

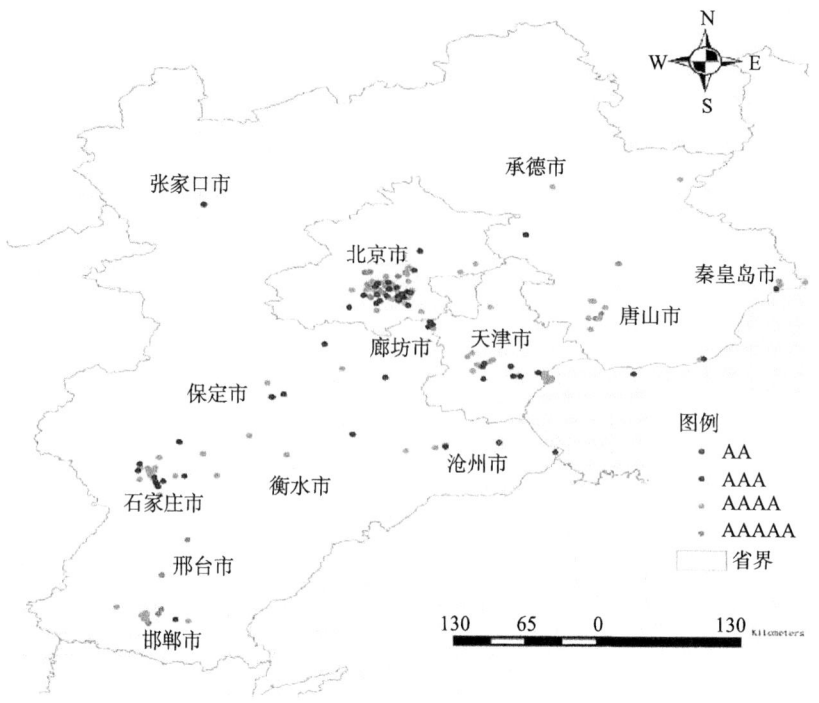

图 7-4　京津冀 A 级物流企业分布图

因此，可以看出京津冀 A 级物流企业的宏观布局呈现地区间的明显差异化，具体布局特征可归纳为以下几点。

1. "三足鼎立"的核心城市集聚型

物流企业作为一个大型的服务产业，主要以仓储、运输、配送等为主营业务，对产业聚集区密集程度和城市交通基础设施水平有着高度依赖的倾向。长期以来，北京、天津、石家庄都是京津冀地区产业发展和经济增长的核心区，也是 A 级物流企业主要的聚集区。由表 7-11 和图 7-4 可知，京津冀地区物流企业呈现"三足鼎立"的核心城市集聚型特征，"三足"分别是石家庄（1.5848 万平方千米）、北京（1.641 万平方千米）和天津（1.1946 万平方千米），这三个地区占了京津冀（21.8 平方千米）地区 20.27% 的土地，A 级以上物流企业数量却占据京津冀地区总数的 70%。尤其是北京地区，是"三足"中最为庞大的一支，北京地区 92 家 A 级以上物流企业，占 A 级企业总数的 44.7%。天津作为第二大物流企业集中的城市，A 级物流企业共 30 家，占京津冀统计数量的 14.5%，约占北京数量的 32.6%。A 级物流企业聚集数量第三的城市就是河北省石家庄市，共有 23 家 A 级物流企业，占京津冀地区的

11.16%，也是京津冀南部地区的物流核心城市。在以上核心城市已经形成传统的大型国有物流企业、发达的外资物流企业和多样的民营物流企业多元发展的格局，物流企业发展水平明显高于周边地区，无论是从数量还是质量上都占有绝对的优势，包括大型的国际巨头物流企业 DHL（敦豪货运）、UPS（联合包裹）、FEDEX（美国联邦快递）、TNT 快递公司、马士基等大批著名的国际物流企业；中远、中海、中铁、招商局等国有物流企业巨头都在积极开拓京津冀地区物流市场，民营企业在这些地区也呈现出遍地开花式的分布和增长。

2. 由核心城市向周边扩散型分布

从物流企业分布来看，京津冀地区的物流企业主要分布在北京和天津地区，布局尤为密集，企业数量比较庞大，种类比较多样，但核心城市不断发展壮大，人口密度越来越高，物流用地紧张，物流成本不断上升，再加上疏解非首都功能的政策引导以及国际班列的开通等原因，对物流企业空间布局产生了巨大影响，尤其是以大型仓储和运输为主物流企业布局的变化表现得尤为明显。因此，出现了核心城市的物流企业逐渐外迁，周边市县 A 级物流企业数量迅速增加的特点，主要体现在京津经济圈及周边市县。例如，唐山、廊坊、保定及雄安新区，共 44 处 A 级物流企业坐标点，占河北省总数量的 41.5%。

从地理位置、交通便捷性以及地区工业发展需求来看，唐山、廊坊、保定地区都在环首都经济圈的最内侧，并且有发达的公路线和铁路线、水运的连接，交通条件得天独厚。唐山是天津北部的一座城市，距离天津 123 千米，有发达的高速公路线和铁路线。唐山市共有 A 级物流企业 18 家，占河北省的 21.4%，对北京和天津物流企业起到了很好的辅助和保障作用。对于廊坊来说，随着京津冀一体化进程进入新阶段，近几年来，廊坊物流企业数量快速增长，到 2019 年 3 月，廊坊共有 A 级物流企业坐标点 7 个，占河北省的 6.6%。许多大型物流企业在廊坊都设有自己的仓库，例如京东、苏宁等都高调宣布进驻廊坊。此外，廊坊还位于北京六大通道的京廊沧通道的中间节点，是京廊沧物流企业的主要集中区。保定介于石家庄和北京之间，毗邻雄安新区，是位于京石通道、京港澳高速、京广铁路线上的重要枢纽和节点城市，共有 A 级物流企业坐标点 10 个，占河北省的 9.4%，成为北京与石家庄物流连接的主要节点，同时对雄安新区的建设和发展提供了有力的帮助。

3. 多点环绕辐射型分布

京津冀地区包括北京、天津在内的 13 个地级市，从地理位置和聚集程度上划分，形成了京津物流圈、石家庄物流圈、唐山物流圈，如图 7-5 所示。

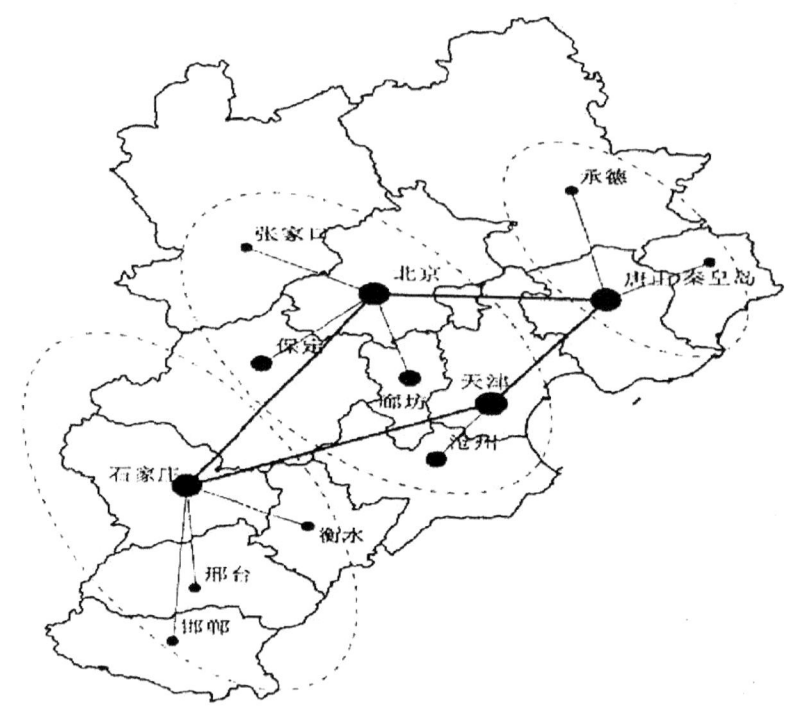

图 7-5　京津冀物流圈宏观布局图

在京津物流圈中共有 A 级物流企业坐标点 217 处，占京津冀地区的 73.5%，以北京、天津为核心，覆盖保定、廊坊、唐山、张家口、沧州地区，在京津外围形成一个环形的物流企业圈，与北京、天津呼应，联系紧密，起到了对京津冀北部和西部边缘地区的物流服务的辐射和带动作用。石家庄物流圈以石家庄为核心辐射邯郸、邢台、衡水、保定，共有 A 级物流企业坐标点 56 个，占京津冀地区的 18.98%，其中邯郸 3 个、衡水 2 个，共占京津冀 A 级物流企业坐标总数量的 1.7%。因此环石家庄物流圈，物流综合实力相对薄弱，作为构成京津冀东南地区的重要的物流节点城市，有很大的发展空间。唐山物流辅助圈主要覆盖京津冀地区的东北部，以唐山为核心包含秦皇岛、承德以及曹妃甸在内，共有 A 级物流企业坐标点数 32 个，占京津冀地区的 10.8%。该物流圈毗邻京津地区，加强了京津物流圈与京津冀东北区域的物流联动。

综上所述，京津冀 A 级物流企业宏观布局特征主要表现为：物流企业主要集中在经济体量大、发展水平相对较高、市场机制完善、制造业集中、交通发达且以北京和天津为核心周边 150 千米范围内的地区，形成了京津物流圈；其次就是京津冀南部地区以石家庄为核心的周边城市，形成石家庄物流圈，以及京津冀东北部的唐山物流辅助圈。这三个物流圈"三足鼎立"核心聚集，外围以多点圆弧状的辐射宏观格局，实现京津冀地区的全覆盖。但是京津冀物流企业数量区域差异比较大，仅北京、天津两个城市就占京津冀地区总数的 64.1%，而广阔的河北省 A 级物流企业所占比例不高，分布极为不均匀，并且半数以上物流企业分布在京津两城的周边城市，如唐山、保定、廊坊等。因此，河北省的西南地区整体物流布局和发展水平相对缓慢，A 级物流企业密度较低，需要大力优化物流企业空间布局。

（二）核心节点城市内物流企业分布特征

京津冀城市群是中国北方经济的重要核心区，包括北京、天津两大直辖市和河北省的保定、唐山、石家庄、廊坊、秦皇岛、张家口、承德、沧州、衡水、邢台、邯郸 11 市。在京津冀都市圈中，城市所承担的京津冀地区发展的功能不同，主要发展产业不同，交通设施种类不同，所处经济带的种类的差异，会影响到每个节点城市内的物流企业空间布局，下面就对京津冀地区核心节点城市内物流企业空间布局进行分析，从微观层面总结京津冀 A 级物流企业空间布局特征。

1. 呈现向外扩散的郊区化分布

随着近几年，京津冀地区经济不断发展，核心节点城市的物流企业数量也持续增长，如北京、天津、石家庄等城市，逐渐出现物流企业由中心城区向郊区扩散的趋势。天津与石家庄两市的扩散速度相对缓慢，北京的物流企业扩散速度则相对显著。北京市物流企业空间分布与广州以及长三角地区的向心聚集性有明显不同，呈现空心状的环绕聚集型，并且聚集区域逐渐趋向郊区。从城市中心向郊区外围物流企业数量明显增加，在四环以内的 A 级物流企业坐标点 31 处，占北京总数量的 21.9%，环内与环外比例为 3∶11。北京市物流企业向外扩散倾向的区域主要有海淀、怀柔、丰台的交界处区域，顺义区、通州区东南侧、房山东侧和大兴区连接处。以上地区共同点是拥有发达的交通干线，聚集大量的工业园、经济开发区等产业园区，为物流企业提供了便利的交通支持和源源不断的客户需求。

2. 多点聚集型分布

天津市 A 级物流企业共 30 家，A 级物流企业坐标 48 处。天津市的 A 级物流企业呈现多核心聚集分布，主要分布在滨海港区的港口附近、东丽区机场、红桥区的天津站和天津西站之间，以及西青区的工业园和天津市物流货运中心周边3千米范围内。此外，天津市的物流企业在空间布局上与北京相比，密度较小，聚集程度不明显，呈多点分散的弱聚集。天津市A级物流企业虽然只有30家，但是种类较多，涉及的运输类型也比较广泛，每种运输方式所占的比例也比较均衡。海陆空重点物流园区建设使许多保税物流功能全覆盖，无论是从高速沿线还是沿海地区都形成了多种类型的物流园。例如滨海新区综合保税区、滨海综合物流园区、开发区保税物流中心、东疆保税港区、天津港集装箱中心等。

在北京市区周围，物流企业有四个核心聚集区。第一个密集区在北京市的西北角，海淀区与昌平区交界处的京包高速、京藏高速沿线，连接北京市区与延庆、张家口两个地区。这里聚集了大量的物流企业，大约占北京市物流企业的26%，主要以公路货运公司和铁路物流公司为主，如德邦货运公司、京铁物流公司、北京福田物流有限公司等。第二个物流企业密集分布区在北京市东北角的顺义区，北京机场周边，京承高速、京平高速和北京东六环沿线，对首都机场区位呈现环绕状，辐射密云、怀柔两区，连接京津冀的承德地区，延伸到沈阳、长春两市。在该区域主要有以公路物流、仓储物流和航空物流为主要类型的物流企业，代表性的企业有北京顺丰物流有限公司、北京中远汽车物流有限公司、北京普罗旺斯物流有限公司、百世快递有限公司等，其中顺丰在首都机场有北京集散中心，航空港物流园是顺丰华北地区的快件集散地和一级中转场，并且在三个航站楼有快递业务，该区域的航空物流业务较多。第三个物流企业密集分布区在北京市东南部通州区的亦庄，京津唐高速、京沪高速、京哈高速、东六环、东五环沿线。在该区域内密集度最高的区域在亦庄经济技术开发区和马驹桥开发区附近，由于这里铁路和公路运输比较发达，通向京津冀的东南地区，辐射天津、唐山、秦皇岛等环渤海城市，这里聚集了大量的港口物流企业、铁路物流物企业以及快递企业，如北京京津港国际物流有限公司、亦庄的京东物流总部、顺丰速运有限公司、中铁物流有限公司、京铁物流有限公司等。因为依靠着发达的交通体系，该地区是北京连接天津、唐山、秦皇岛以及中国东北部地区进行货物运输的重要物流枢纽。第四个物流聚集区在北京市西南部的大兴区和房山区的东侧，京开高速、南六环、京津铁路沿线，连接天津、廊坊、沧州、保定、衡水等城市，是京津冀物流一体化东南地区的重要枢纽。在该区域大多数物流企业倾向于集中在大兴经济开发区周围，京津高速铁路、京开高速沿线，覆盖了该区域 80%以上的物流企业。

3. 沿交通干线带状分布

货物运输作为物流重要的组成部分，交通基础设施就成了物流企业生存和发展的根基。京津冀地区作为华北地区的经济核心区，交通基础设施相对完善。因此，京津冀地区物流企业在各个节点城市都呈现了沿交通干线的带状分布特点，主要分布在铁路线、高速公路线、沿海海岸线等沿线，贯穿了京津冀地区物流企业聚集的核心城市。

铁路沿线物流集群以铁路货运站为核心，依靠公路运输辅助集疏运形成物流枢纽，可以不依赖其他运输方式而形成独立的物流集群。在城市间，京津冀铁路营业里程已达 9500 千米，京哈、京沪、京九、京广、京原、京包、京承等线路在北京汇集，加上京津、京保石、京唐秦三大通道为主轴的新建铁路网以及定仓城际铁路沿线连接，北京、高碑店、保定、石家庄、邯郸、天津、沧州、唐山、秦皇岛等城市组成了京津冀地区物流网络的重要节点。这些节点城市在铁路枢纽处也出现了物流企业集聚的特点。

公路沿线物流集群有一个共同的特点，就是沿城市内主干道（一级、二级公路）和城市间主要交通路线，呈现带状分布。其中表现最为明显的城市就是天津、北京、保定、石家庄。从北京市的物流企业分布来看，由于自身业务要求具有交通依附性，因此部分物流企业在环境和地租压力的双重驱动下，选择次要干道布局，形成了主次干道分布的格局。其中，主要交通干道五环、六环沿线分布着众多物流企业，在南五环、南六环，有 61 家物流企业，占样本总数的 66.3%，是全市物流企业分布最密集的地区之一。这是因为除物流企业选址对大型交通基础设施有着强烈的依附性外，南六环接近通往中心市区的主干道，并且地价较低，是北京货物运往天津的主要通道，因而在周边形成了规模等级不同的物流企业集聚地。从天津市的物流企业分布来看，物流企业主要受公路、铁路和海运设施的影响呈现聚集区内的带状分布。

海岸港口沿线物流集群是围绕港口装卸码头、堆场、航运交易中心形成的物流集群。京津冀东临渤海，有秦皇岛、唐山、黄骅、曹妃甸、天津五大海港，码头长度 4 万多米，生产性泊位 400 多个，并形成了煤炭、原油、矿石、集装箱等港口运输系统，中外航线 200 多条。京津冀沿海港口 A 级物流企业坐标数京津冀五大港口共有 A 级物流企业坐标点 32 处，占京津冀总数量的 10.8%，见表 7-12。

表 7-12　京津冀沿海港口 A 级物流企业坐标数

单位：家

秦皇岛港	唐山港	曹妃甸港	天津港	黄骅港	总计
5	5	3	16	3	32

4. 按城市功能的差异性聚集

北京的高端制造业和高端服务业发展程度很高，对物流的需求更多表现为订单拉动式、快速反应性、成本意识弱化、集成程度高等特征。初级的物流集群已经难以适应北京的产业层次，因此供应链物流占据主导地位，代表 A 级物流企业有：中通服供应链管理有限公司、北京盛丰供应链管理有限公司、北京数据在线国际供应链管理股份有限公司、北京高利多国际供应链管理有限公司等。因物流企业的区位选择具有对其服务对象的依赖性，所以经济技术开发区和商务区也是北京市物流企业集聚的主要区域。

天津经济结构以中高端制造业为主，降低物流成本和快速反应需求并重，处于过渡阶段，正在从一体化物流向供应链物流转化。同时，在京津冀发展进程中，天津主要承担电子信息、生物技术与现代医药、装备制造、新能源环保设备等先进制造业。因此，在这些制造业区域集中了大量的相关物流企业。

河北省的钢铁、建材和一般性制造业的产业比重较大，物流过程更注重成本和效率，因此以初级的储运物流和一体化物流为主。河北省定位在原材料重化工基地、现代农业基地和重要的旅游休闲度假区，也是京津高技术产业和先进制造研发转化及加工配套基地，主要有工业生产、汽车制造和农产品种植等产业，聚集了大量的冷链物流企业，工业产品运输、存储为主的综合型物流企业和服务于汽车零部件运输的物流企业。

5. 承接非首都功能产生新的集聚点

雄安新区地处天津、北京、保定三区交界腹地，其范围覆盖雄县、安新、容城三县，以及县区周边区域，具有区位优势明显、交通便捷通畅、生态环境优良、资源环境承载能力较强等特点。雄安新区是京津冀协同发展"黄金三角"中最新、最有潜力的一角。雄安新区的建设，已经成为京津冀一体化发展的重要发力点。相关调查数据显示，2016 年 7 月至 2017 年 7 月之间，三县辖区内发运军用品 15.86 万吨、发运化肥量为 12.8 万吨、发运零散货源量为 6.75 万吨。而菜鸟调查数据的相关报道显示，雄县农村单量物流货运全国第一，而其中电商交易额占 79.58%。雄安新区虽然在初期建设中，但临近市县 A 级物流企业数量明显增加，如保定、高碑店、白沟等，新区内已经进驻了 1 家 A 级物流企业和多家小型物流企业。随着雄安新区的建设和发展，物流需求潜力巨大，已成为京津冀物流企业新的集聚点。

综上所述，根据对京津冀地区核心城市和具有代表性的物流企业聚集区域进行城市内的物流企业空间布局特征分析，从中微层面总结出了五大分布特征：物流企业空间分布呈现向外扩散的郊区化；城市外围呈现多点聚集；沿城市交通干线呈带状分布；按城市功能的差异性聚集；承接非首都功能产生新的集聚点。

四、京津冀物流企业空间布局的影响因素

波特钻石理论认为，某个国家或地区要取得竞争优势，必须从四项关键要素来讨论，即生产要素条件、需求条件、相关产业和支持产业的条件、企业的战略/结构和竞争对手。此外，政府和机遇作为两个辅助影响以上因素。在该理论应用的过程中，不同学者针对研究问题的不同，对钻石理论进行了扩展：卡特莱特在研究新西兰竞争力的过程中提出了多因素钻石理论，添加了海外要素创造能力、与海外相关的支持产业的联系、满足客户需求的途径、海外市场竞争、企业面向国际的目标和结构五个海外影响因素；邓宁在研究全球经济发展背景下的国家竞争力中，认为跨国公司的活动为钻石理论的一大影响因素；鲁格曼和克鲁兹提出了双钻石理论模型等。不同学者针对不同国家发展现状以及全球经济发展状况，都引入了海外市场影响因素。基于京津冀物流企业发展现状，本章从生产要素条件、需求条件、相关产业条件、企业战略和竞争对手、政府五方面研究物流企业空间布局的影响因素。

（一）生产因素

1. 区位因素

区位因素直接影响物流企业空间布局，一个地区的区位因素由自然资源、地理位置和交通等因素构成。根据物流特性，影响物流企业空间布局的区位因素主要包括地理位置和交通两个因素。京津冀是首都经济圈，是中国北方规模最大、最具活力的地区。京、津、冀三个地区分别具有自己独特的区位优势：北京市是全国的政治中心、文化中心，具有良好的物流基础；天津市是我国北方重要的港口城市，天津港是我国北方第一大港，功能齐全，天津滨海国际机场是北方最大的货物空运中心；河北省是一个以钢铁、煤炭、石化、装备制造为主的资源型、重化工大省。河北省的生产企业分布对物流企

业分布具有很大的影响。在区位因素中,地理因素主要通过地价对物流企业的空间布局进行影响。物流企业总部和高端的物流增值环节,由于附加值高、占地少,加之大城市核心区特别是中央商务区的信息、通信等便利条件,北京、天津等城市成为其首选区位。而大型仓储型和运输型的物流企业,其业务集结和中转均需要有大量的土地资源,与核心区寸土寸金的高地价相比,地价相对较低的城区外缘和近郊区成为其选址的最佳区位。

2. 基础设施

基础设施是吸引物流企业集聚的主要因素。物流企业的基础设施是指物流节点和物流线路两个基本要素,其中物流节点包括货场、仓库、港口等,物流线路包括铁路、公路、水路、航空和管道运输线路。区域的公、铁、空、水等运输网络提供的交通运输条件是实现物流功能的前提条件,完善的交通运输设施能够有效降低区域要素流动的难度,减少运输成本,促进物流企业在某一优势区位的分布,而并不以生产地和消费地作为分布的唯一选择。京津冀地区集聚了公路、铁路、海运、河运和信息五大因素,多种因素结合构成了京津冀地区物流企业发展的基础。物流企业选址对大型交通基础设施有着强烈的依附性,在铁路、机场、港口附近一般有较多的物流企业分布。京津冀区域公路里程共计21.19亿千米,占全国公路里程的4.86%。[①] 其中,北京是京津冀区域交通网络的中心,是京津冀高速公路网和铁路网的起始点和中转站点。天津市交通运输基础设施仅次于北京,但是公路、铁路密度仍高于国家平均水平,此外,天津市具有天津港这一国际大港,水路运输发达。河北省公路里程和高速里程远高于北京市和天津市,但其路网密度和高速公路里程占比远低于北京、天津两市。京津冀物流企业空间布局与各地区的交通网络布局一致,交通设施基础完善的区域物流企业聚集较多。以天津为例,天津交通设施完善,拥有大型国际港口,因此形成了以天津港为核心,沿海产业线为方向的物流企业空间格局。

3. 人力资源因素

物流人力资源因素是物流活动中所必需的劳动力人口,物流人力资源因素不仅包括劳动力数量,还包括劳动力的素质、劳动力成本等。物流业属于劳动密集型产业,劳动力素质和劳动力成本等因素对物流企业的空间布局有重要影响。随着物流产业的升级,工资已经难以代表劳动力成本,除工资外的社会保障和生活成本等逐渐成为物流从业人员选择就业地的重要考量条件;

---

① 邵宁荃. 基于轴辐网络构建的区域物流资源优化配置研究 [D]. 北京交通大学,2016.

而物流人员的知识结构和素质也成为物流企业选择从业人员的重要考虑因素。据国家统计局相关数据,京津冀从业人员共 96.5 万人,占全国规模以上物流企业人数的 11.44%。其中,北京物流从业人员共计 57.7 万人,天津物流从业人员共计 14.5 万人,河北省物流从业人员共计 24.3 万人。[1][2][3]

(二) 需求因素

1. 经济发展水平

区域经济发展是影响物流企业空间布局的重要因素。区域经济发展水平表示当地经济发展的规模、速度和所达到的水平。区域物流企业是否聚集在某一区域与当地的经济水平密切相关,物流企业是否密集分布是当地经济是否发达的重要表现形式之一,物流需求的增长会促进物流的专业化、规模化和网络化布局,从而影响物流企业的分布。刘南、李燕通过格兰杰因果检验方法发现了浙江省现代物流与经济增长的相互促进、共同增长的态势。李全喜等基于 2003—2008 年中国 31 个省市的面板数据,利用典型相关分析方法对区域物流能力与区域经济发展进行实证分析,结果表明,区域物流能力与区域经济发展高度相关。崔园园、宋炳良以长江三角洲 16 个核心城市 2003—2012 年的物流空间布局数据为基础,证明了长江三角洲经济发展水平与物流企业空间布局的负相关性。[4]

2. 产业结构

产业结构表示农业、工业和服务业在当地经济所占的比重。产业结构的变化能够给物流企业带来一定的发展机会,也会给物流企业带来一定的威胁。物流业原始的发展基础来自制造业产生的物流服务需求,具有衍生性特点,物流企业分布较高程度地依赖制造业的分布,因此,产业结构是影响物流企业空间布局的重要条件。而随着近年来物流的迅猛发展,尤其是电子商务物流的普及,物流企业对终端消费者的服务由间接改为直接,物流企业表现出明显的消费性服务业的特征和趋势,物流企业纯粹依赖制造业的情况已经发生改变。面向企业客户与消费者的物流需求具有差异,企业对于物流的需求是大批量的运输和仓储,而个体消费者对于物流企业的需求是小批次、多样化、个性化的需求。不同类型的企业和消费者对于物流企业的需求也是不同

---

[1] 北京市统计局网站 [EB/OL]. (2017-05-08) [2018-07-20]. http://www.bjstats.gov.cn.
[2] 天津市统计局网站 [EB/OL]. (2018-03-12) [2018-07-20]. http://www.stats-tj.gov.cn.
[3] 河北省统计局网站 [EB/OL]. (2017-04-07) [2016-07-20]. http://www.hetj.gov.cn.
[4] 崔园园,宋炳良. 长三角区域物流空间演化与影响因素分析 [J]. 华中师范大学学报(自然科学版),2015,49 (2):302-306+313.

的，因此物流企业的空间分布不同。京津冀地区人口与企业分布不均匀造成了物流企业种类和空间布局的差异化：北京地区，客户数量多、差异大、分布广等因素形成了对北京市物流企业的多样化需求；天津地区分布的物流企业主要用于集散天津港进出口货物，集散北京市物流需求；从产业结构来看，河北省传统产业转型升级，战略性新兴产业快速崛起，如钢铁、医药、新能源等优势产业纷纷将物流企业外包，产生了规模巨大的产业物流需求。

（三）相关产业因素

1. 产业集聚程度

产业集聚是指在某一特定领域内的相关机构或企业，在产业发展阶段，由于存在互补性和共性等特征而紧紧联系在一起，形成在地理上较为集中且互相支撑、互相联系的集聚现象。集聚区内的企业构成了产业集聚的核心和主体，相关机构和支撑产业构成了产业集聚形成的条件和基础，企业和机构之间互相联系、互相分工，形成了一个功能上互补的集合体。产业集聚的主体不仅包括物流企业，还包括与物流业紧密相关的产业，如制造业、批发零售业等上下游企业，以及为物流企业提供服务或支持的企业。物流相关产业集聚意味着运作高效、分工，但是也意味着竞争与协调，不同程度的产业集聚对不同的物流企业的选址产生影响，进而影响物流企业整体的空间布局。

2. 产业协作程度

产业协作程度代表在政策、企业、地方政府等多种因素综合影响下，企业和经济主体基于自身效用最高的协作方式选择。迈克尔·波特认为，单独一个产业很难保持竞争优势，只有形成有效的产业集群，上下游产业之间形成了良性互动，产业才能保持持久的竞争优势。在经济全球化的背景下，单个企业提供的服务不能适应产业发展的要求，只有物流企业与相关产业之间紧密合作，才能提高运作效率。与相关产业的协作程度越高，越有利于降低物流企业运作成本，因此产业协作程度将影响物流企业空间布局。

（四）企业战略和竞争对手因素

1. 企业规模与实力

物流企业规模与实力代表物流企业的财力、生产能力、技术水平、管理水平等多方面的综合能力。物流企业空间布局不仅受外部因素的影响，也受其企业扩张、追求空间规模经济、创造企业竞争优势等多种内部因素的影响。规模较小的物流企业结构简单，企业经营者参与所有的生产经营活动，因此小规模的物流企业一般会选择物流企业聚集程度较高的地区；规模较大的物流企业，其空间布局将受到企业整体的发展战略、市场选择等多种因素的影响。因此，企业规模与实力将影响物流企业的空间布局。

2. 企业间竞争与合作程度

企业间竞争与合作程度是指物流企业在一个地区的基础、组织和管理形态，以及国内市场竞争对手的状况。京津冀地区不同企业的发展战略不同，行业领导者、行业追随者、高端市场、中端市场和低端市场都有不同的市场竞争者。京津冀地区物流企业的企业战略不同，物流企业为了规避竞争或形成产业集群会形成不同的空间分布。

(五) 政府因素

1. 政府政策

在现代物流的发展过程中，企业是主体，政策是保障。京津冀物流企业的建立和发展大部分是政府引导所致，因此，政府的相关政策对于物流企业的布局具有至关重要的影响。政府需要提出科学完善的政策体系，从而为物流企业的健康发展提供保障，有利于物流企业之间以及物流企业与相关企业之间有效协调与合作。政府政策包括与物流企业相关的融资政策、土地使用制度、市场准入与退出制度等方面。

2. 政府规划

政府规划是影响物流企业空间布局的重要的导向性因素。政府规划可以通过物流中心的规划定位，直接引导物流企业的布局取向，也可通过城市功能定位、城市空间拓展引导工业、商业等物流需求的变化，从而间接地引导物流企业布局。政府通过预先发布城市规划、公开政府信息，可以激发和引导物流企业布局意向，引导物流企业的重新选址。以北京市为例，为疏解城市功能，降低北京城市压力，物流企业外迁。北京市物流企业主要位于城市边远地区，企业数量减少；河北省承接北京市运输枢纽功能，物流企业增多。

综上所述，京津冀物流影响因素可由生产因素、需求因素、相关产业因素、企业战略和竞争对手因素和政府因素5个关键影响因素分级构成。根据国内外学者对于各影响因素的研究以及京津冀物流企业空间布局的特点，明确了影响区域物流竞争力的影响因素包括：交通环境、基础设施和劳动力成本等因素为代表的生产因素；经济发展水平、产业结构等物流需求因素；产业聚集程度和产业协作程度等相关产业因素；企业规模与实力、企业间竞争与合作程度等企业战略和竞争对手因素；政府政策和政府规划等政府因素。

表7-13采用专家打分法，向7名物流从业人员、相关专家、物流企业管

理者征求对各影响因素的权重,并将各因素的权重进行加权平均,进一步确定最终影响因素的权重。

表7-13 物流企业空间布局影响因素

目标层	一级指标及权重		二级指标及权重	
京津冀物流企业空间布局影响因素分析表	生产因素	0.217	交通环境	0.367
			基础设施	0.283
			劳动力成本	0.350
	需求因素	0.250	经济发展水平	0.550
			产业结构	0.450
	相关产业因素	0.133	产业聚集程度	0.617
			产业协作程度	0.383
	企业战略和竞争对手因素	0.133	企业规模与实力	0.533
			企业间竞争与合作程度	0.467
	政府因素	0.267	政府政策	0.516
			政府规划	0.484

通过以上调研可得,在多个影响因素中,交通环境、基础设施、经济发展水平、政府政策、政府规划等因素对于物流企业的空间布局具有较大的影响。

五、京津冀物流企业空间布局发展建议

(一)完善物流企业功能布局

北京的定位强调以建设世界城市为努力目标,不断提高北京在世界城市体系中的地位和作用。根据以上定位和改革开放40年以来北京的物流基础设施建设和物流优势,北京物流企业应以物流供给侧结构性改革和高质量发展为切入点,以满足客户多样化需求为目标,不断创新物流服务产品,向高端物流转型升级,注重物流的附加价值,加强物流企业与金融企业、商贸企业等的合作,不断延伸物流服务功能,提供物流咨询、物流设计、物流方案规划与选择、库存控制决策建议、货款回收与结算、物流教育培训等服务,搭建供应链信息平台,加强供应链上下游企业合作,形成供应链集成体系,构建智慧物流生态圈。

天津是中国华北地区的经济中心城市。天津拥有天津港这一具有国际意义的大型港口,是中国北方最主要的航运中心;此外,天津市大规模建设所

需要的土地资源可以得到保障。在京津冀物流企业发展中，应抓住天津市原有基础和优势，加强天津市国际物流的建设，完善天津市作为东南亚重要航运中心的功能，合理布局港口、大型物流园区等网络节点，完善仓储和装卸搬运功能，优化物流转运环节，提高物流流畅性。

充分发挥河北省发展特点和优势，根据河北省能源原材料工业、现代农业、现代畜牧业以及农畜产品加工企业的发展，完善物流企业的基础设施建设和多样性发展，形成贯通内外的物流网络，加强城乡配送体系建设，促进干线运输与城乡配送的有效衔接，进而形成覆盖京津冀的层次分明、快捷高效的配送体系，促进京津冀地区构成功能完整、分布均衡的企业布局。

（二）优化物流企业规模定位

目前京津冀物流企业以传统业态和中小型企业为主，存在着规模小、效益低、竞争力弱等问题。以天津市为例，天津市物流企业300余家，其中A级以上物流企业不足30家，5A级物流企业仅为2家。因此，在京津冀地区应积极培育大型龙头物流企业，加大政策扶持，支持大型物流企业通过国有资产划拨、企业兼并、合资合作、并购或参股等形式，改造升级或兼并重组，在各行业、各物流领域和各重点物流环节培育一批主业突出、综合服务水平高、竞争能力强的龙头物流企业，进一步加强对物流企业知名品牌的保护，鼓励物流企业申请认定著名商标、驰名商标。同时，扶持发展中小物流企业，通过改善金融物流服务，建立中小物流企业融资担保机构，支持现有运输、仓储、货代、联运、快递行业的中小物流企业完善功能和延伸服务。

（三）推动物流企业之间协作

通过资产重组、业务融合和流程再造，创新个性化服务模式，扩展物流服务网络，满足多样化物流市场需要。要把培育市场主体作为一项重要任务，引导中小物流企业加快整合步伐，可以通过组建物流集团、设立物流联盟等形式，壮大市场主体规模，培育细分市场龙头企业。积极引导京津冀地区内与地区外、国内与国外知名物流企业进行合作，实行跨区域、跨行业、跨所有制运作，支持引导传统物流企业转型升级。相比于长三角、珠三角的物流市场体系，京津冀物流市场尚处于发展的初级阶段，亟待进一步加大物流企业公共信息平台建设，尽快实现政府、物流企业之间实时、可靠的信息交互，并把分散在不同区域、实力较弱的单一物流企业紧密联系在一起，从而提高物流服务能力，推动物流企业转型升级，增强企业核心竞争力，最终实现信息共享、全网联动，优化社会资源配置，加速推进现代物流体系的形成和健康发展。

（四）优化物流企业服务类型布局

从目前情况看，京津冀大部分物流企业仍然主要在提供运输、仓储等功能性物流服务，通过比拼服务价格进行市场竞争。要改变这种状况，必须树立全新的服务理念，在运输、仓储、配送等功能性服务基础上不断创新服务内容，实现由基本服务向增值服务延伸，由物流功能服务向管理服务延伸，由实物流服务向信息流、资金流服务延伸，为客户提供差异化、个性化物流服务；同时，要根据客户需求，结合物流企业自身发展战略，与客户共同寻求最佳服务方式，实现从短期交易服务到长期合同服务，从完成客户任务到实行协同运作，从提供物流服务到进行物流合作。

（五）提升物流企业发展质量

物流高质量发展是我国物流总量和规模增长达到一定阶段后，物流动能转化、物流结构优化、物流协同与可持续发展、物流管理创新、客户满意度显著提高的结果。高质量发展意味着物流企业不仅要保持较高的盈利，还需考虑京津冀发展现状与环境现状。为此，京津冀物流企业应将全面质量管理思想和高质量发展理念渗透到企业的质量发展战略和质量管理体系中，合理规划资金、技术等资源，努力实现物流服务流程的制度化、规范化，不断推动和完善企业服务质量管理程序，加强企业质量文化建设，构建有统一目标、有作战能力的人才团队，使服务成为全体员工的共同价值观念、信念和行为准则，持续不断地改进服务质量。

物流服务质量的提高，有赖于建立有效的质量管理体系。虽然目前京津冀许多物流企业已经建立了较为健全的质量管理体系，但有些企业由于执行、监管力度不足，运行效率还不尽满意。为此，京津冀物流企业应按ISO 9000标准的要求重构服务质量管理体系，使质量管理的组织结构、过程、程序和资源构成有机整体，建立有效的物流服务质量控制机制，以实施服务质量方针、实现质量目标，最大限度满足顾客的需求和期望，增强顾客的满意度。

加强过程的控制，以适宜的物流成本提供最好的物流服务，进而提高物流企业整体素质。在市场营销过程中，京津冀物流企业应做好物流服务市场营销的策划工作，制定好市场营销工作程序，并通过广泛的调查与访问，收集市场信息，进而确定和提炼出顾客对物流服务的需求，不断提高市场营销的质量。对于物流服务的设计过程，京津冀物流企业应明确规定物流服务设计的职责，科学编制物流服务规范和质量控制规范，并应做好设计评审，以确保物流服务持续地满足顾客的需求，符合物流服务规范。

(六) 促进物流企业智能化发展

智能化、标准化、信息化、集约化是国际物流发展的大方向，京津冀物流企业应抓住京津冀一体化发展契机，广泛应用互联网技术，不断创新盈利模式，使用现代化的物流技术来提高物流效率和服务质量，加快企业转型升级，成为现代化物流技术、物流管理的先行者。

京津冀作为统一整体，物流设备标准，才能保证物流互联互通。物流设备标准化对于提高物流运作效率起着至关重要的作用，统一的标准有利于各种设备之间的相互衔接配套，有利于物流企业之间的业务合作，从而缩短物流作业时间，提高生产效率，改善物流服务质量，进而减少物流成本在生产总成本中所占的比重。

鼓励和支持京津冀物流企业开发和应用技术含量高的物流设备，有意识地淘汰陈旧落后效率差、安全性能低的物流设备，配置先进物流机械设施，如运输系统中的新型机车、大型汽车、特种专用车辆，仓储系统中的自动化立体仓库、高层货架，搬运系统中的起重机、叉车、集装箱搬运设备、自动分拣和监测设备等。针对一些具有特殊性的产品，比如生鲜农产品，冷链物流企业应该加强冷链物流运作技术的升级，加大冷链物流技术的资金投入，使得企业现代化技术的应用满足客户产品的需要，满足加工、储藏、运输、销售环节的低温要求，减少农产品在物流中的质量损失。

大力推行和引进国内外先进信息管理系统，通过条形码技术、射频识别、自动分拣、仓库智能管理、物流信息跟踪等先进技术，完成安全仓储、精准分拣、智能配货、快速运输，全面提高物流服务质量和效率，促进企业发展。

(七) 构建京津冀一体化物流网络体系

通过构建区域内更加开放、协调的交通网络，率先实现物流一体化发展。根据京津冀的物流基础设施信息，北京市和天津市的交通比较完善，河北省中石家庄、唐山等主要物流分布区域的物流基础设施相对较落后，从而导致了京津冀城市间的物流效率不够高效。因此，应推进综合交通运输体系建设，合理规划布局物流基础设施，完善交通运输通道和交通枢纽节点布局，构建便捷、高效的物流基础设施网络，促进多种运输方式顺畅衔接和高效中转，提升物流体系综合能力。特别应加快河北省的运输和仓储设施建设，合理布置节点设施的数量和功能，促进各种运输方式合理分工，推动物流园区、配送中心、末端网点等多级物流网络与综合运输体系互联互通，杜绝出现物流设施孤岛现象。此外，根据京津冀机场和港口的区位优势，通过完善铁路和公路网络设施，实现铁路、公路、机场与港口的无缝对接，构建贯穿京津冀的多种运输方式并存的立体物流网络结构。

(八)推动京津冀物流信息共享平台建设

京津冀联合推动建设物流信息平台,应用物联网、智能交通等先进技术,与区域物流、城市物流、物流园区、企业物流等紧密结合,以北京、天津、石家庄、唐山等城市为信息节点,搭建辐射京津冀物流网络系统相配套的物流信息系统,实现区域物流在中心城市、辐射城市以及各县市间的流通与共享。在此基础上,整合海关、交通管理、港口、机场、工商企业、银行等相关单位,实现电子数据交换、电子商务和信息服务,构建集企业供求信息、政府部门管理信息、物流节点服务信息为一体的公共信息平台,提高京津冀物流信息的流通效率和共享水平,从而提高京津冀物流运作效率。

(九)完善京津冀物流协调发展政策体系

京津冀区域物流的协调发展需要政府的政策、规划等各方面宏观的指导和支撑,因此需要积极发挥政府在推动京津冀物流企业协调发展过程中的作用。京津冀三地应该打破行政壁垒,从三地间平等、共享、互补的角度出发,加强区域协同发展理念,实现区域内资源、信息、市场的共享。2015年,中共中央政治局审议通过了《京津冀协同发展规划纲要》,首先,京津冀各级政府应根据京津冀发展的顶层设计,加强统筹规划,制定京津冀物流企业发展目标及发展规划,进一步优化京津冀物流企业空间布局,提高服务和管理能力。其次,京津冀政府联合定制京津冀物流发展相关的土地、金融、产业联合等一系列相关政策,京津冀相关部门协调落实办法,指导相关政策的具体实施,充分发挥政府的宏观调控作用。最后,应加强沟通与协调,制定有效促进京津冀物流企业科学布局发展的政策,营造良好的发展环境,形成推进物流企业高质量发展的合力。

第八章 京津冀物流一体化发展水平评价

郭 茜 康安安

一、研究背景和意义

(一) 研究背景

随着我国经济一体化发展步伐的加快，区域经济的协调越来越受到重视，中央将京津冀协同发展提升到国家重大战略高度，① 推动京津冀协同发展，是党中央、国务院在新的历史条件下的重大决策部署。北京市、天津市和河北省地域相邻，三省市的历史、文化一脉相承，渊源深厚，为区域物流一体化发展奠定了坚实基础。近年来，京津冀地区的经济取得了一定的发展，已成为继长江三角洲、珠江三角洲之后，极具增长潜力的第三大经济板块，② 但与长三角、珠三角地区对比还有一定的距离，京津冀物流一体化发展的缓慢已成为区域经济一体化快速发展的"短板"。③ 物流业在第三产业所占比重逐渐增大，已成为加速我国经济发展的催化剂。区域物流作为区域经济的重要组成部分，对区域经济的快速发展有着不可忽视的作用。④ 近年来，有关部门发布了很多文件来推进京津冀物流一体化的进程，也体现了京津冀物流一体化的重要性和必要性。⑤ 京津冀物流一体化发展是区域发展的内在需要，也是贯彻落实国家策略的必然要求。

---

① 籍晓霞. 京津冀区域物流效率分析及需求预测 [D]. 沈阳：东北大学，2012.
② 李晓欣. 京津冀区域产业一体化发展的统计研究 [D]. 天津：天津财经大学，2015.
③ 余忠秋，张一童. 基于灰色关联分析的京津冀区域物流一体化协同发展 [J]. 商场现代化，2016 (19)：25-27.
④ 欧阳小迅，黄福华. 中国地区物流匹配效率及其影响因素实证分析 [J]. 财贸研究，2010 (6)：23-31.
⑤ 孙捷. 京津冀区域物流效率分析与协同发展机制研究 [D]. 天津：天津理工大学，2016.

(二) 研究意义

1. 理论意义

从京津冀地区多年的发展来看，三地发展目标相似，产业结构雷同，缺乏合理的分工与协作，一体化一直没有实质性的进展，区域物流的缓慢发展是造成这一局面的一个重要因素。目前对区域物流发展的研究主要是从理论层面阐述，本章从统计学角度运用综合评价的方法研究京津冀物流一体化水平，并将京津冀和长江三角洲区域物流一体化情况对比，找出京津冀物流一体化发展的薄弱点。本章有数据支撑，更显合理，这为以后的相关研究提供了新的研究视角。

同时，本章通过对京津冀物流一体化水平评价的研究，丰富了物流一体化的研究理论体系，对区域物流一体化的内涵有了更加清晰的概念。

2. 实际意义

经济一体化的形式下，物流一体化的发展必然有着很强的现实意义。对于京津冀地区而言，无论是空间地域、基本资源，交通、能源等基础设施，还是文化、技术等社会软实力，都是无法分开的统一体。[①] 京津冀地域上并列环绕，具有明显的发展优势，为京津冀三地物流协调发展，降本增效，提供了自然条件，然而京津冀物流一体化却因为一些原因发展缓慢。

本章通过对物流一体化影响因素的研究及物流一体化水平评价体系的构建，考察基础设施、物流标准、信息化水平方面对物流一体化水平的影响，寻找京津冀物流一体化发展的不足，指导京津冀物流一体化的实施，促进物流一体化的进程，从而有效地降低物流成本，加速区域经济的发展。

二、国内外研究现状综述

（一）区域物流一体化

国内外学者对区域物流一体化的研究主要集中在对都市圈物流一体化、城乡物流一体化的研究，研究内容主要为现状及制约物流一体化发展因素的分析、物流一体化发展策略研究及物流一体化发展水平。

1. 现状及制约因素分析

针对区域物流一体化的研究，国内外学者主要通过对所研究地区总体的发展环境进行描述，分析物流一体化发展现状，并提出制约物流一体化发展

---

① 毛艳. 关于京津冀区域合作的思考 [J]. 现代商业，2013（32）：87-88.

的因素。叶明霞、邹娟平对湘西自治区的物流一体化发展现状的研究发现，政府对物流的发展给予了大量支持，交通基础设施建设的投入力度也逐渐增大，辐射毗邻省市乃至全国的交通运输网络已经基本形成，物流园区建设也不断完善，区域物流一体化获得了较好的发展。[1]

王鑫对山东半岛的物流一体化情况进行了研究，并指出山东半岛经济区公路密度大，港口设施逐步配套，铁路运输网络比较完善，航空建设近年来也发展较快。但是仍有制约物流一体化发展的因素，物流管理不统一阻碍了现代综合物流体系的建立；物流人才匮乏使得物流管理技术水平不高，这些因素都制约了物流一体化发展。[2] 徐国虎通过研究认为，区域协调发展观念不强、信息化水平偏低、基础设施建设落后是阻碍武汉城市圈区域物流一体化发展的重要因素。[3] Hevenga Jan 以宏观经济物流测度为例，介绍了国家物流成本的模式，指出南非主要由于公路运输产生的燃油成本使得物流成本高于全球平均水平，降低运输成本异常重要。[4] Mark Goh 也指出不良的运输网络、陈旧的仓储设施、物资处理等方面的投资不足，是制约物流发展的重要因素。[5]

根据相关专家对不同区域的物流一体化现状的分析，大环境下各个地区都朝着利于物流一体化发展的方向发展，政府也给予大力支持。但是，区域物流的发展还存在很多制约因素，集中表现在交通运输网络差、基础设施建设落后、信息化水平低等。据此，物流一体化水平的研究主要集中在基础设施建设、信息化水平方面。

2. 发展策略研究

国内外有很多推进区域物流一体化的发展策略研究。K. L. Choy 建议推进 IT 和 RFID 技术用于设计综合物流信息系统（ILIMS），以增强信息分享，提高中小型 3PL 供应商及其贸易伙伴的业务绩效、物流流程。[6] Klein 等指出物

---

[1] 叶明霞，邹娟平．湘西自治州区域物流现状及物流需求分析［J］．物流科技，2011，34（5）：33-35.

[2] 王鑫．山东半岛经济区物流现状分析及现代物流一体化发展研究［J］．江苏商论，2010（4）：53-54.

[3] 徐国虎．武汉城市圈区域物流一体化障碍因素分析［J］．物流工程与管理，2009，31（12）：47-48.

[4] Havenga, Jan. Logistics costs in South Africa-the case for macroeconomic measurement［J］. South African Journal of Economics, 2010, 78（4）：460-476.

[5] Goh M., Ang A. Some logistics realities in Indochina［J］. International Journal of Physical Distribution & Logistics Management, 2000, 30（10）：887-911.

[6] Choy K. L., Ng S. W. K. Improving Supply Chain Traceability with the Integration of Logistics Information System and RFID Technology［C］//Materials Science Forum, 2006：1092-1095.

流企业间IT专业性越强，信息流流动速度越快。[1] Cristina Gimenez 等指出共享信息以及联合规划发展物流流程在物流一体化过程中发挥着关键作用。[2] Santanu Mandal 等指出企业需要投资最新的IT技术，以便及时收集、分析和分发常规和非常规信息，敦促企业专注于发展其IT连接的基础设施和即时的信息共享。[3] Lee 等指出如果公司能够及时交换相关信息，牛鞭效应将大大降低。[4] Dr. Syed Abdul Rehman Khan 也提出物流一体化应当积极建立起相对稳定的线路网络结构，加强网络集成，巩固高端竞争的战略优势。[5]

Avid Bennett 指出"地理邻近""信息共享和信息技术系统集成"以及"运输系统"等条件被认为与物流一体化形式的描述相关，但"地理邻近"维度最重要的。[6] Markus Hesse 指出地理方法似乎有助于促进企业流动，与其空间环境有更广泛的相互作用，特别是在货运和物流设施建设领域。[7]

在物流一体化的发展策略上，国外学者提出的策略主要集中在：推进IT技术及信息共享的应用；整合空间地理位置，加大基础设施建设，提升运输效率等方面。

3. 物流一体化水平研究

目前关于物流一体化水平评价的研究还不是很多，没有形成统一的物流一体化水平评价体系。卢美丽从物流规划一体化、网络建设一体化、基础设施一体化和发展第三方物流四个方面建立城乡物流一体化评价指标体系。[8] 高志飞结合山西城乡物流一体化的建设现状，以城乡物流发展宏观环境、物流网络一体化建设水平、城乡物流信息化水平、城乡物流组织规模、城乡经济

---

[1] Klein R., Rai A., Straub D. W. Competitive and cooperative positioning in supply Chain logistics relationships [J]. Decision Sciences, 2007, 38 (4): 611–646.

[2] Gimenez C. Logistics integration processes in the food industry [J]. Economics Working Papers, 2003, 36 (3): 231–249.

[3] Mandal S., Bhattacharya S., Korasiga V. R, et al. The dominant influence of logistics capabilities on integration: Empirical evidence from supply chain resilience [J]. International Journal of Disaster Resilience in the Built Environment, 2017 (1): 12–20.

[4] Lee, H. L., Padmanabhan, V., Whang, S., Information distortion in a supply chain: The bullwhip effect [J]. Management Science, 1997, 43 (4): 546–558.

[5] Khan S. A. R., Dong Q. L., Yu Z. Study of logistics and manufacturing industry integration from the perspective of pakistan [J]. International Journal of Engineering Research in Africa, 2016 (24): 172–180.

[6] Bennett D., Klug F. Logistics supplier integration in the automotive industry [J]. International Journal of Operations & Production Management, 2012, 32 (11): 1281–1305.

[7] Hesse M., Rodrigue J. P. The transport geography of logistics and freight distribution [J]. Journal of Transport Geography, 2004, 12 (3): 171–184.

[8] 卢美丽. 城乡物流一体化体系的构建和评价 [J]. 农业经济问题, 2012, 33 (4): 34–39.

发展水平五大城乡一体化重要因素为指标构建城乡物流一体化发展水平评价体系。① 濮帅根据江苏的实际情况,以物流自身一体化、微观物流一体化和宏观物流一体化3个一级指标及其下涉及的6个二级指标和14个三级指标,构建评价指标体系。②

王晓艳、杨学春以城乡物流发展环境、城乡物流基础设施建设水平、城乡经济发展水平、城乡物流信息化水平、城乡物流组织规模5个方面为一级指标建立城乡物流一体化的评价体系,并运用主成分分析法提取三个主要成分,然后根据因子得分为近七年的得分情况进行排名。③ 邢虎松等梳理总结深莞惠区域物流一体化发展的阶段与现状,以整体性、关联性和均衡性三个指标为基础,建立深莞惠区域物流一体水平评价指标体系;最后运用模糊物元模型评价深莞惠历年来一体化水平。④

通过文献的分析,学者的观点也各不相同,国内外对物流一体化水平评价的研究还没有形成系统,但多位学者将基础设施情况、信息情况考虑进物流一体化评价系统。

(二) 京津冀物流一体化

目前对京津冀物流一体化的研究还较不成熟,研究成果较少,现有的研究主要可以分为如下几个方面:

1. 现状及制约因素分析

高希波从总体经济环境、产业结构变化、物流发展政策、物流业硬件环境四个方面分析京津冀物流一体化的发展现状,指出这四个方面目前的情况均有利于物流一体化的发展和推进,但同时因为产业结构趋同、交通管制等原因也制约着京津冀物流一体化的发展。霍丽娟指出区域协调发展的观念不强、区域间城际交通体系不完善、物流人才联合开发和培养的缺乏是制约京津冀物流一体化的主要原因。⑤

2. 发展策略的研究

踪程、何继新提出加强物流基础设施建设,夯实物流发展的基础;建设

---

① 高志飞. 山西城乡物流一体化发展水平评价研究 [D]. 太原:太原科技大学,2014.
② 濮帅. 江苏现代物流一体化体系构建及其评价研究 [D]. 南京:江苏大学,2009.
③ 王晓艳,杨学春. 城乡物流一体化发展水平评价与对策研究——以安徽省为例 [J]. 合肥学院学报 (综合版),2016,33 (2):53-58+67.
④ 邢虎松,刘凯,邓元慧. 深莞惠区域物流合作及一体化程度评价研究 [J]. 经济地理,2013,33 (7):109-114.
⑤ 霍丽娟. 关于京津冀物流一体化的思考 [J]. 中国市场,2015 (20):14-15.

区域物流信息平台，促进物流资源的合理流动；健全物流市场准入体系，提高物流标准化水平，建立政策协调机制，是京津冀物流一体化的发展策略。①

赵红云通过对京津冀物流一体化实现途径的研究，为物流一体化的建设提出了合理的建议，连接贯通综合交通运输体系，统一规划物流基础设施，并对各个地区合理定位，错位发展，促进人才的培养。②

在京津冀物流一体化的发展策略上，主要指出应加强物流基础设施建设、信息平台的搭建和物流标准化建设三个方面，这三个方面对京津冀物流一体化发展有着重大影响。

3. 水平评价的研究

对于京津冀物流一体化水平测度方面的研究，程永伟、穆东、崔介何取物流基础条件、运营效率、产业贡献及低碳化水平4个一级指标和11个二级指标，根据指标的发展高度、指标间的发展均衡性及协调性测量京津冀物流一体化的水平。③郭茜研究基础设施的一体化情况，提出物流一体化是基于质量互变规律的连续变化的进程，根据不同阶段的侧重点和评价的关键要素，将物流一体化评价从点、线、面三个阶段分析，指定阶段性指标的评价标准，不同的阶段运用不同的标准。④王海萍设置软指标对区域物流进行评价，指标分别设立为政策环境、法律环境、经营环境、服务环境、人文环境。⑤

4. 京津冀物流一体化内涵研究

2014年2月26日，习近平总书记将京津冀协同发展提高到重大国家战略的高度。京津冀区域地理面积约22万平方千米，涉及北京市、天津市及河北省的11个地级市，包含北京、天津、石家庄、张家口、保定、沧州、衡水、邢台、秦皇岛、邯郸、廊坊、承德和唐山。京津冀区域的整体定位是，以首都为核心的世界级城市群、区域整体协同发展改革引领区、全国创新驱动经济增长新引擎等，是国家经济发展的第三增长极。研读不同学者对京津冀物流一体化的研究，定义角度有很多。

程永伟等定义京津冀物流一体化的内涵为采用现代物流信息技术，将区域内物流基础条件和功能要素有机结合形成的以区域经济发展为目标的系统

---

① 踪程，何继新. 京津冀区域物流一体化模式的建构策略探讨［J］. 商业时代，2011（27）：41-42.
② 赵红云. 京津冀物流一体化效应分析与发展对策［D］. 天津商业大学，2016.
③ 程永伟，穆东，崔介何. 京津冀物流一体化水平测算［J］. 当代经济管理，2016，38（1）：60-63.
④ 郭茜. 我国区域物流一体化研究综述［J］. 物流技术，2017，36（4）：1-4.
⑤ 王海萍. 区域物流软环境评价指标体系构建研究［J］. 商业研究，2012（6）：74-79.

化、集约化的高效运作的区域物流综合系统。① 焦文旗认为目前的京津冀各行政单位之间缺少对物流协调发展的统一规划，这阻碍了区域经济一体化发展的进程，京津冀物流一体化就是要打破行政区划的桎梏，拆除京津冀区域内文化、体制的阻拦，统筹规划京津冀区域内各种资源配置，促进区域间的互联互通，促进区域间经济一体化发展的体系。② 严霄蕙认为京津冀物流一体化是促进京津冀地区优势互补、带动北方腹地发展的需要，是以区域内交通一体化为基本思路，加强区域内物流园区的规划建设，整合现有物流资源，建立物流标准化体系的京津冀区域物流一体化发展系统。③

（三）文献综评

国内外对于物流一体化的研究主要集中在理论研究，物流一体化的现状及制约因素研究和物流一体化发展策略研究等均为理论研究。物流一体化的发展水平评价的研究较少，仅有两三篇文献，且指标的选择都为经济指标，不是直接反映物流一体化水平的指标。

通过对相关文献的梳理，交通系统、IT技术和信息平台、物流活动标准化对物流一体化的发展有着重要影响。这些文献也为笔者指出了物流一体化水平评价指标体系的建立方向，主要从基础设施建设、物流标准的建设、物流信息化建设三个方面建立。

三、京津冀物流一体化水平评价体系

通过研读专家学者对京津冀物流一体化的定义，本章认为京津冀物流一体化是三地物流基础设施条件有机结合，建立高效的交通系统；各物流活动以物流标准为管理约束标准；运用信息技术促进物流信息的高效流通，密切联系三地的物流活动，以此来降低物流成本，提高物流效率，促进京津冀的区域经济发展；结合京津冀物流发展特点、数据收集的准确性和易得性，从基础设施建设、物流标准建设和信息化建设三个方面建立物流一体化水平评价体系。指标权重设立的方法和综合评价的方法，通过比较不同方法的优劣性和特点，结合本章指标体系及数据的特点选择，最终指标权重的设定和综合评价方法均选择了同时考虑模糊性和随机性的云模型。

---

① 程永伟，穆东，崔介何. 京津冀物流一体化水平测算[J]. 当代经济管理，2016，38（1）：60-63.
② 焦文旗. 京津冀区域物流一体化必要性及可行性分析[J]. 商业时代，2008（18）：15-17+105.
③ 严霄蕙. 京津冀区域物流一体化的发展探析[J]. 中国商论，2015（36）：103-105.

（一）指标体系设计思路及原则

1. 指标设计思路

目前关于物流一体化水平评价的研究较少，通过研读物流一体化方面的相关研究，对文献内容进行分析，物流一体化的发展在基础设施建设、物流标准等方面都朝着有利的方向发展，但这些方面的建设还很不完善，制约着物流一体化的发展。

国内外对物流一体化水平评价的研究还没有形成系统，学者的观点也各不相同，但基础设施建设、信息化建设、物流标准化建设是物流一体化发展的重点。本章从基础设施建设、物流标准建设、信息化建设三个方面设计评价指标体系。其中，基础设施建设主要涉及公路、铁路等路网建设和物流园区建设；物流标准建设涉及各物流标准类别的建设情况；信息化建设则涉及物流企业、物流园区的信息平台搭建情况。

2. 指标设计原则

由于研究问题的复杂性，指标体系的设计要遵循一定的原则保持合理性。指标的选取原则主要有五个方面：

（1）客观性

评价的客观性包括指标选取的客观性、评价过程的客观性和评价结果的客观性，评价体系的数据收集和评价方法要有合适的方法，这样产生的评价结果才具有真实性和客观性，才能有效地解决问题。

（2）全面性

京津冀的物流一体化水平不是由单个因素决定的，而是由多个因素相互影响共同决定的，例如物流发展的基础设施建设、物流信息水平等。因此，指标的选取应尽可能地包含更多的因素，尽可能地系统化和全面化，避免缺失性和片面性。

（3）易操作性

指标的提出是伴随着数据收集的，但是现在我国物流方面的统计工作还处于起步阶段，不够完善，有些数据不易搜集获取，因此指标的选取要尽可能容易量化，更好地收集，这样保证数据更加精确，以使评价结果更准确，同时有效降低工作量。

（4）指标数量适当原则

京津冀物流一体化系统是一个复杂的、时空维度跨度大的系统。若指标选取过多，评价的重点将无法突出；如果指标选取较少，评价对象显得过于简单。因此构建指标体系时应选用合适的指标数量降低评价结果的失真性。所以，在指标体系建立时，应充分考虑京津冀地区物流的情况，构造出适合的指标体系。

(5) 继承性与创新性原则

京津冀物流一体化水平评价的研究不多，但也有很多专家学者对相关领域有所研究，提出了物流一体化的影响因素，这对于指标的选取具有很好的借鉴作用。但同时，指标体系中应结合自己具体的研究及自己目标的侧重点加入新的指标，使体系更加完善，更加符合自己的研究内容。

(二) 指标体系内容及指标含义

准确地分析与评价京津冀区域物流一体化的水平、发展现状，找出京津冀物流一体化发展中的短板，有针对性地提出建议及发展策略，能够加速物流一体化的发展，优化资源配置，提高京津冀物流业的效率，促进京津冀经济协调发展的进程，但是这都要求有一个合理指标体系。本章参考相关文献的指标，根据客观性、易操作性、指标数量适当、继承性与创新性等原则选取指标体系，见表 8-1。

表 8-1 物流一体化水平评价指标体系

一级指标	二级指标	三级指标
基础设施建设 U1	交通建设 U11	公路密度 U111
		铁路密度 U112
		机场覆盖率 U113
		机场均衡度 U114
		路网连接度 U115
		区域通达性 U116
	物流园区建设 U12	多式联运率 U121
		园区衔接度 U122
物流标准化建设 U2	物流标准制定情况 U21	基础类物流标准制定率 U211
		公共类物流标准制定率 U212
		专业类物流标准制定率 U213
		标准化工作指导性标准制定率 U214

续表

一级指标	二级指标	三级指标
物流信息化建设 U3	物流园区及企业信息化情况 U31	网站等级合格率（pr≥4）U311
		数据交换功能实现率 U312
		信息发布功能实现率 U313
		在线交易功能实现率 U314
		系统管理功能实现率 U315

1. 基础设施建设

基础设施的建设是物流一体化的基础，本章的指标体系主要从交通建设和物流园区建设情况两个方面测算基础设施的建设情况。交通建设从公路密度、铁路密度、机场建设、交通网络的连通性方面考察，物流园区建设主要考察的是物流园区与交通网络的整体规划情况。本章从园区多式联运率和园区衔接度两个方面度量。

（1）公路与铁路建设密度

公路（铁路）密度是指每万平方千米或每万人所拥有的公路（铁路）总里程数。本章定义公路（铁路）密度的含义为每万平方千米所拥有的公路里程数，计算公式如下：

$$公路密度\ Ph = \frac{Hl}{S} \tag{1}$$

$$铁路密度\ Pr = \frac{Rl}{S} \tag{2}$$

其中，Hl 为公路总里程，Rl 为铁路总里程，S 为土地总面积。

（2）机场建设

机场的建设方面从两个方面考察：机场的覆盖率表示具有运输机场的城市占全部地级市以上城市的比重；机场均衡度，考察机场的空间布局的均衡性，机场服务的范围能最大限度地辐射分布到各个城市，就到达区域均衡。在会议报告中，均以基础半径 100 千米内的面积为机场的服务范围，本章也按此标准测算机场的均衡度。计算公式如下：

$$机场覆盖率 = \frac{C_n}{C} \tag{3}$$

$$机场均衡度 = \frac{SA}{S} \tag{4}$$

其中，C_n 表示拥有机场的城市的个数，C 表示城市个数，SA 表示机场服务总的空间分布面积，S 表示地区总面积。

（3）交通网络建设

路网连接度指交通网络中点与点之间连线数目与点的数目的比值，表示路网的发达程度，称为 β 指数。在本章中，路网连接度表示为各省际高速公路在进入省市边界的交叉处的道路交叉口数，公式为

$$路网连接度 = \frac{e}{v} \tag{5}$$

其中，e 表示线路数；v 表示交叉口数。

通达性用来描述从一个地方到另一个地方的容易程度，是地区间通过交通网络进行物质交流的便捷程度，是评价区域交通能否高效完成运输任务的指标。区域通达性表示区域之间交通的时间成本，即当区域内部各市之间选用最便捷的交通方式时，所花费的时间成本，用区域之间用时最短的交通方式所用的时间与距离的比值来表示，即：

$$区域通达性 = \frac{\sum \min T}{\sum D} \tag{6}$$

其中，$\min T$ 表示区域之间所有交通方式中的最短时间，D 表示各地之间的距离。

（4）园区建设

物流园区附近交通枢纽的多样性和物流园区距最近的交通枢纽的距离是对物流园区建设选址情况的重要考量方面，物流园区附近交通的便利性是园区物流活动高效运行的基础。本章从多式联运率和园区衔接度两个方面考察物流园区的建设情况。

由两种或两种以上交通工具相互衔接、转运共同完成的运输过程称为多式联运，在长途运输中合理地运用多种运输方式，可以在提高效率的同时降低成本。若长途运输过程中，在物流园区附近进行交通方式的灵活改变，则可以有效降低物流成本。所以，本章考察物流园区是否具备多式联运并对物流园区具备多式联运的条件进行如下规定：5 千米内具有铁路货运场站、港口以及机场设施其中两种及以上设施的物流园区认为具有多式联运能力。根据统计，物流园区 5 千米内能够进行公铁联运、公水联运、铁水联运的园区比例可以表示为：

$$多式联运率 = \frac{n}{N} \times 100\% \tag{7}$$

其中，n 表示具有两种以上交通方式的物流园区个数，N 表示物流园区

总数。

物流园区的合理布局能够充分发挥物流一体化优势下园区间高效协作的作用，因此本章定义了衔接度的概念，即各物流园区与最近的交通枢纽之间的平均距离。距离越短，一体化水平越高；距离越长，一体化水平越低。园区衔接度表达如下：

$$园区衔接度 = \frac{\sum_{i=1}^{n} D_i}{N} \quad (i=1, \cdots, N) \tag{8}$$

其中，D_i 表示物流园区与距离最近的交通枢纽之间的距离，N 表示物流园区的总数。

2. 物流标准化建设

物流标准化建设是物流一体化进程中重要且复杂的一环，涉及与物流相关的各个方面。目前，物流标准化的实施还较弱，更多的还需要政策上的支撑。《物流标准化中长期发展规划（2015—2020年）》中对标准制订重点领域按照基础类、通用类、专业类进行了说明，[①] 所以本章根据物流标准的内容，从四个分类，即基础类、公共类、专业类、标准化工作指导性标准[②]制定指标体系地区现行的物流标准建设进行研究，考察物流标准的建设情况。本章对物流标准建设情况从物流标准制定情况角度考察，设定基础类标准制定率、公共类标准制定率、专业类标准制定率、标准化工作指导性标准制定率四个指标，对物流标准化建设情况进行测量，具体计算如下：

$$基础类标准制定率\ L_1 = \frac{\sum M_{i1}}{3} \quad (1 \leqslant i \leqslant 3) \tag{9}$$

$$公共类标准制定率\ L_1 = \frac{\sum M_{i2}}{3} \quad (1 \leqslant i \leqslant 3) \tag{10}$$

$$专业类标准制定率\ L_1 = \frac{\sum M_{i3}}{3} \quad (1 \leqslant i \leqslant 3) \tag{11}$$

$$标准化工作指导性制定率\ L_1 = \frac{\sum M_{i4}}{3} \quad (1 \leqslant i \leqslant 3) \tag{12}$$

其中，i 代表区域内省级行政单位；M_{i1}、M_{i2}、M_{i3}、M_{i4} 分别代表基础类标准、公共类标准、专业类标准、标准化工作指导性的制定情况。i 为确定值时，有相应类标准制定的则记为1，否则记为0。

---

① 严霄蕙. 京津冀区域物流一体化的发展探析［J］. 中国商论，2015（36）：103-105.
② 国家标准化管理委员会. 物流标准化中长期发展规划（2015—2020）［Z］. 2015.

3. 信息化建设

物流信息化是指物流单位运用现代信息技术，通过信息平台对物流过程中的全部或部分信息进行采集、分类、传递、汇总、识别、跟踪、查询等一系列处理活动，以控制货物流动的过程，从而降低成本、提高效益的活动。物流信息化的有效应用是创新物流的体现。信息平台是指基于计算机网络技术，提供物流活动信息、记录物流设备信息等资源共享的信息服务平台。通常情况下，将凡是能够支持物流服务供需信息交互交换的网站都视为物流信息平台。物流信息涉及与物流活动相关的方方面面，在本次研究中鉴于物流信息活动的复杂性，只考虑了物流单位的自身网站的建设，将其作为物流单位的一个信息平台。因此，本章对信息化建设的测量为考察 5A 级物流企业的自身网站建设情况和省级物流园区的自身网站建设情况，建设情况从网站级别和物流信息平台的功能实现率考察。

（1）网络等级合格率

排名运算法则（PageRank，PR），PR 值是用于判断网站等级、重要性及网站好坏的重要标准之一，值越高说明该网站越受欢迎，范围从 0 到 1。PR 值为 1 则表明该网站流行度很差，PR 值在 7 到 10 之间则表明该网站很受欢迎或者说非常重要。一般网站 PR 值达到 4，就认为是一个不错的网站，因此 PR≥4 则认为该网站建设合格。本章通过网站合格的比例考察网站建设情况：

$$网站等级合格率（pr \geqslant 4）= \frac{p}{P} \qquad (13)$$

其中，p 代表网站等级大于等于 4 的个数，P 代表网站的总数。

（2）物流信息平台各功能实现率

一个完善的物流信息平台应该包含信息平台的各种功能，以便于物流信息可以服务于各个物流环节和与物流活动相关的单位，所以对信息平台各个功能的实现率的考察异常重要。物流信息平台主要有基本功能和扩展功能两大类，本章主要考察物流园区和物流企业的信息平台基本功能的实现情况，信息平台基本功能为数据交换功能、信息发布功能、会员服务功能、在线交易功能、系统管理功能。

$$P_i = \frac{\sum_{j=1}^{n} M_{ij}}{n} \qquad (14)$$

其中，i 代表 5 个不同的物流园区信息平台功能，j 代表所涉及的物流园区或物流企业，n 代表物流园区和物流企业的总数。M_{ij} 为 0 代表不具备该物流信息功能，M_{ij} 为 1 代表具备该物流信息功能。

（三）综合评价方法

合理科学的评价方法关系到评价结果的真实性和准确性。通过对专家会议法、德尔菲法、主成分分析、因子分析、模糊综合评价方法、云模型等方法的对比分析，最后选用云模型方法作为本章的综合评价方法。

云模型为定性、定量之间的不确定性转换提供了统计模型，实现数值与语言值之间的相互转换，① 为研究复杂系统提供了一个可靠有效的工具。同时，云模型可以综合考虑复杂系统的模糊性和随机性，极大地避免了决策过程中的不确定性。考虑到专家对于指标认识具有模糊性，打分数值的随机性，云模型相较于模糊综合评价而言是更好的方法。云模型综合考虑到了数据的随机性和模糊性，可以更准确地求得各指标的权重，因此选择云模型作为本章的综合评价方法。在综合水平的评价环节，评价等级的划分同样具有模糊性的概念，因为指标权重设置环节具有随机性，综合评价环节各指标的发展水平值也具有随机性，所以本章综合评价环节同样选用云模型方法。

1. 云模型原理

19 世纪 90 年代，李德毅院士提出用于定性、定量之间相互转换的模型，称为云模型。该模型是在传统的概率论和模糊集合论基础上，通过数字特征将数据的随机性和事物的模糊性有机地结合起来，实现不确定性语言和定量数值之间的转换。②③④ 自然现象中存在大量的不确定性，李德毅借用"云"的概念提出云模型理论，既不是简单的概率密度函数，也不是一个确定的隶属度函数，而是由云滴组成的，没有边界的形似一朵云的一对多的数学映射图像。

在模糊集合论⑤中，用隶属度来表示事物的所属性，忽略了隶属函数本身的不确定性，用云模型可以表示出复杂系统中的不确定性。云模型理论主要包括云发生器、云特征值等。目前云模型的应用也日益广泛，可以用于数据挖掘、关联规则和不确定性推理等领域。云模型作为定性、定量转换的有力

---

① 中国物流与采购联合会. 物流标准目录手册 [M]. 北京：中国质检出版社，2007.
② Yan W. Z., Niu J., Su H. Y. A Study on program evaluation and re-view technology based on cloud model [C]. 2007 IEEE International Conference on Digital Object Identifier. Singapore：IEEE，2007.
③ L. A. Zedeh. Knowledge representation in fuzzy logic [J]. Knowledge and Data Engineering，1989，1 (1)：89-100.
④ 李德毅，刘常昱，杜鹢. 不确定性人工智能 [J]. 软件学报，2004，15 (11)：1583-1594.
⑤ 李海林，郭崇慧. 基于云模型的时间序列分段聚合近似算法 [J]. 控制与决策，2011，26 (11)：1525-1529.

工具,在对复杂系统评价中的应用也逐渐增多,有着广泛的应用前景。①

(1) 云发生器类型

正向云发生器是形成数据由数字特征向定量数值转换的过程,即由云的数字特征(Ex,En,He)产生大量云滴的具体表现过程(如图8-1所示)。②

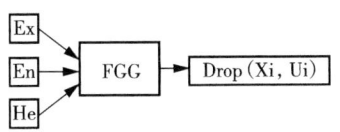

图8-1 正向云发生器

正向云发生器算法表述如下:

输入:数字特征(Ex,En,He),产生云滴的个数为N;

输出:N个云滴x_i及其确定度$\mu(x_i)$($i=1,2,\cdots,n$)。

逆向云发生器是正向云发生器的逆过程,是实现定量值到特征值转换的模型,将一定数量的精确数据转换为以数字特征(Ex,En,He)表示的定性概念。逆向云发生器的原理是输入符合某种分布的云滴,输出该分布对应的3个数字特征(Ex,En,He)(如图8-2所示)。

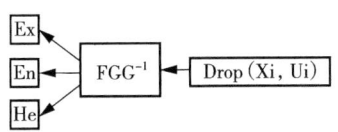

图8-2 逆向云模型

输入:N个云滴x_i;

输出:数字特征(Ex,En,He)。

已知云的数字特征(Ex,En,He)和某个定量值$x=x_0$,通过隶属度函数确定该定量值属于某个定性概念的确定度,称为x条件云发生器。x条件云发生器形成以特征值Ex为中心的对称云滴图,云滴越集中、越密集,则定量值对该定性概念的隶属度越大。

输入:数字特征(Ex,En,He),$x=x_0$,给定云滴的个数为N;

输出:$x=x_0$属于这个定性概念的确定度μ。

---

① Zadeh L. A. Fuzzy sets [J]. Information and Control,1965(8):338-353.
② 钟鸣. 基于关联规则和云模型的水库诱发地震风险多层次模糊综合评价 [D]. 武汉:华中科技大学,2013.

（2）云特征值

云是一种用于描述定性概念与定量数值之间不确定性转换的模型。[①] 云的定性概念用云特征值表示，即为期望值 Ex、熵 En、超熵 He，三个数字特征将定性概念的随机性、模糊性和不确定性集成到一起，形成了定性概念到定量数值的映射模型。

期望值 Ex：定性概念在定量论域中的中心，反映了这个模糊概念的云滴群的重心位置，最具有代表性，计算公式为：

$$Ex = \frac{1}{n} \times \sum_{i=1}^{n} x_i \tag{15}$$

熵 En：度量概念的模糊度，反映了定性概念的不确定性和随机性。熵越大，则这个定性概念越宏观，概念越模糊，计算公式为：

$$En = \sqrt{\frac{\pi}{2}} \times \frac{1}{n} \sum_{i=1}^{n} |x_i - Ex| \tag{16}$$

超熵 He：度量熵的不确定性，通常认为是熵的熵，反映了云滴的离散程度，超熵越大，云滴越扩散，计算公式为：

$$He = \sqrt{S^2 - En^2}，其中 S^2 = \frac{1}{N-1} \sum_{i=1}^{n} (x_i - \bar{x})^2 \tag{17}$$

2. 综合评价的步骤

综合评价的过程分为指标权重的设定和综合水平评价两个环节，结合本章的数据特点，最终指标权重设置和综合水平评价过程均采用云模型的方法理论，具体步骤如下：

（1）生成指标权重

本章采用逆向云发生器算法生成云模型的数字特征，再由正向云发生器产生云图。根据正向云模型所得图形，对权重打分进行调整，得出最终各个指标权重定性概念的数字特征。

步骤一：生成各三级指标打分集的云模型数字特征的初始值。邀请 n 名专家对指标影响程度进行打分，打分集为 X，用打分集作为样本，利用逆向云发生器生成打分集的数字特征（Ex, En, He），并运用正向云发生器生成各指标的得分云图，具体模型如下：

逆向云模型：

输入：将专家的打分作为样本值 $x = x_i$，其中 $i = 1, 2, \cdots, n$；

[①] 李振福，黄蕴青. 我国海洋产业发展水平的云模型综合评价 [J]. 统计与决策，2017（4）：57-61.

输出：反映指标权重定性概念的数字特征（Ex，En，He）。
正向云模型：
输入：（Ex，En，He），云滴数 N；
输出：（x，μ）及云滴图。

$$\mu = \exp\left[-\frac{(x-\mathrm{Ex})^2}{2\mathrm{En}_i^2}\right] \tag{18}$$

步骤二：对各指标的云模型进行检验。由于专家对指标因素的理解差异，可能导致云图的凝聚性差，根据含混度（CD）值进行判断，对专家意见沟通修改。若含混度检验不通过，则重复进行步骤一，最终得到通过含混度检验的打分集及云模型。

步骤三：根据各指标打分集云模型计算各指标权重。根据步骤二获得的指标打分集云模型，三级指标权重由打分集云模型的数字特征值 Ex 归一化处理得到，计算公式为

$$W_i = \frac{\mathrm{Ex}_i}{\sum_{i=1}^{n}\mathrm{Ex}_i} \tag{19}$$

$i=1,2,\cdots,n$，n 为相同二级指标下三级指标的个数。

二级指标和一级指标权重由对应的下级指标的权重与特征值 Ex 采用加权平均求得，计算公式为

$$W_k = \frac{\sum_{i=1}^{p} w_i \mathrm{Ex}_i}{\sum_{j=1}^{n} w_j \mathrm{Ex}_j} \tag{20}$$

$j=1,2,\cdots,n$，n 为与该指标具有相同上级指标的全部指标的下一级指标的个数；$i=1,2,\cdots,p$，p 为该指标包含的下级指标数；$m=1,2,\cdots,k$，k 为同级指标个数。

（2）计算综合水平

对物流一体化发展水平进行等级划分并得出各等级的云模型特征值，然后求出各指标的发展水平值，并运用 x 条件云模型求得三个一级指标和综合指标的发展水平对应的各等级的隶属度，并根据最大隶属度原则判断发展水平对应的发展等级。

步骤一：确定评价等级论域和各等级云模型。确定评价等级论域 $V=\{v_1,v_2,\cdots,v_p\}$，评价等级数 p 不宜过大，并确定每个等级的云模型。

步骤二：求得各指标的发展水平值。将各三级指标的实现度与权重加权平均求得各二级指标的发展数值，二级指标加权平均求得各一级指标的发展数值，最终求得综合指标物流一体化水平发展数值。

步骤三：通过x条件云发生器生成所测量指标对各等级的隶属度，判断所属等级。根据指标的发展水平值求得指标对各等级的隶属度，根据最大隶属度原则得出指标的发展等级。

x 条件云模型：

输入：数字特征（Ex，En，He），$x=x_0$，$N=1000$。

输出：$x=x_0$ 属于这个定性概念的确定度 μ，公式为：

$$\mu_0 = \exp\left\{-\frac{(x_0-Ex)^2}{2(Enn)^2}\right\} \tag{21}$$

四、京津冀物流一体化评价权重设置

指标与权重是综合评价研究的两个重要构成要素，权重设置又是多指标综合评价的关键技术，权重的合理性和科学性直接决定评价结果的准确性。在梳理国内外权重设置研究的基础上，本章选用云模型设计定性与定量统一的权重获取体系，使权重结果易于理解和接受。笔者联系了15名物流方面的专家学者对指标体系各三级指标对物流一体化水平的影响程度打分，根据专家学者的初次打分结果生成各指标的初始云模型，然后将模型结果向专家反馈并进行讨论，对打分集进行多次调整使得云模型通过含混度（CD）系数检验，确定最终的云模型，最后根据最终的云模型的特征值求得各指标权重，具体过程如图8-3所示。

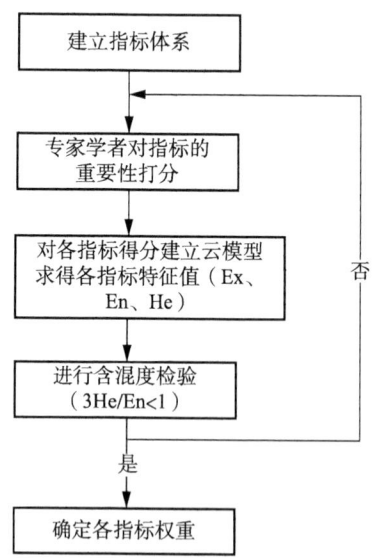

图8-3 权重生成过程

1. 生成指标权重原始云模型

按照五级标度法将各指标对京津冀物流一体化水平的影响程度分为五个等级，分别为不重要、次重要、一般重要、较重要、非常重要，选用奇数值表示，依次数值表示为 1、3、5、7、9，数值越高说明该指标影响强度越强。

根据专家的打分结果，分别对 17 个三级指标建立云模型，运用逆向云发生器求出各三级指标的特征值（Ex，En，He），并运用正向云发生器输入特征值，输出各指标第一次打分的云图，打分结果的云图呈现雾化，表示概念外延发散，专家对概念没有形成共识。

初始云图，多数指标的影响程度打分云图呈现雾化；有些云图没有形成云的概念，呈曲线。为对各指标的云模型概念进行清晰的了解，本章进一步考察各三级指标的云模型特征值及其 CD 系数，见表 8-2。

表 8-2 最初云模型及 CD 系数

一级指标	二级指标	三级指标	特征值	CD 系数
基础设施建设	交通建设	公路密度	(8.333, 1.225, 0.152)	0.37
		铁路密度	(6.867, 0.936, 0.731)	2.34
		机场覆盖率	(5.667, 2.005, —)	—
		机场均衡度	(4.733, 2.072, 0.452)	0.65
		路网连接度	(8.467, 1.069, 0.516)	1.45
		区域通达性	(8.467, 0.98, —)	—
	园区建设	多式联运率	(7, 1.337, 0.707)	1.59
		园区衔接度	(7.267, 1.448, 0.828)	1.72
物流标准化建设	物流标准制定情况	基础类物流标准制定率	(7.8, 1.404, —)	—
		公共类物流标准制定率	(7.267, 1.448, −0.337)	0.70
		专业类物流标准制定率	(6.467, 1.471, —)	—
		标准化工作指导性标准制定率	(7, 1.671, 0.258)	0.46
物流信息化建设	物流园区及企业信息化情况	网站等级合格率（pr≥4）	(4.733, 2.451, —)	—
		数据交换功能实现率	(6.867, 2.206, —)	—
		信息发布功能实现率	(5.533, 1.56, 0.349)	0.67
		在线交易功能实现率	(7, 1.671, 0.258)	0.46
		系统管理功能实现率	(7.267, 1.159, 0.545)	1.41

注：特征值中"—"代表超熵为虚数，没有意义；CD 系数为"—"代表对应指标的特征值超熵为虚数，CD 系数没有意义。

由表 8-2 可以看出，公路密度、机场均衡度、公共类物流标准制定率、标准化工作指导性标准制定率、信息发布功能实现率、在线交易功能实现率，各指标的云图凝聚情况较强、云层也较薄；而其他指标的特征值展现出来的云图效果较差、图形较混乱；或者熵较大使得超熵为复数，云图呈曲线。所以，需要与专家进行讨论，并根据云模型的结果对分值进行调整，以保证云模型的概念准确度，同时提高权重确定的有效性。

2. 调整云模型

云模型在表征概念时，$He = \dfrac{En}{3}$ 处是一个明显的分界，因此定义 $3He/En$ 为概念的含混度（CD 系数）。[①] 当含混度为 0 时，概念汇聚，形成共识，是一个成熟概念；当含混度为 1 时，概念严重发散，难以形成共识。作为一个概念认知模型，云模型主要研究含混度在 0 到 1 之间的情况，当 CD>1 时云滴群已经不能称为一个概念，[②] 所以各指标打分集所得云模型的 CD 系数需在 0 到 1 之间。

根据含混度的概念，本章运用 CD 系数对打分情况进行检验，经过讨论与调整使得 He 与 En 的关系满足：

$$0<CD<1\left(CD=\dfrac{3He}{En}\right) \tag{22}$$

经过多次调整，云滴图边界逐渐清晰，云滴逐渐收敛，特征越来越明显，同时对云模型的结果通过 CD 系数的概念进行验证，保证云模型的概念准确度，提高权重确定的有效性。云特征值满足 CD 检验则认为打分效果合理，可用于后续分析，经过多次调整，得出最终打分集和云模型。随着调整次数的增加，各指标的云图不再呈现"雾化"状态，云图由雾状开始向云凝聚。第三次调整后云模型的超熵进一步缩小，云的厚度明显变薄，云图凝聚性再次增强。

经过多次调整，各三级指标影响程度打分集最终所产生的云模型超熵值缩小，云的厚度明显变薄，云图凝聚性增强，含混度 CD 系数也均小于 1，表征指标影响程度的概念较成熟，最终云模型和 CD 系数见表 8-3。

---

① 刘玉超. 基于云模型的粒计算方法研究 [D]. 北京：清华大学，2013.
② 刘玉超. 一种自适应的多粒度概念提取方法——高斯云变换 [J]. 计算机工程与应用，2015，51（9）：1-8.

表 8-3 最终云模型及 CD 系数

一级指标	二级指标	三级指标	特征值	CD 系数
基础设施建设	交通建设	公路密度	(8.33, 1.23, 0.15)	0.37
		铁路密度	(6.60, 0.80, 0.21)	0.77
		机场覆盖率	(5.27, 1.45, 0.34)	0.70
		机场均衡度	(4.73, 2.07, 0.45)	0.65
		路网连接度	(8.60, 0.80, 0.21)	0.77
		区域通达性	(8.60, 0.80, 0.21)	0.77
	园区建设	多式联运率	(6.60, 0.80, 0.21)	0.77
		园区衔接度	(6.60, 0.80, 0.21)	0.77
物流标准化建设	物流标准制定情况	基础类物流标准制定率	(7.40, 0.80, 0.21)	0.77
		公共类物流标准制定率	(7.27, 1.45, 0.34)	0.70
		专业类物流标准制定率	(7.27, 1.45, 0.34)	0.70
		标准化工作指导性标准制定率	(7.13, 1.56, 0.35)	0.67
物流信息化建设	物流园区及企业信息化情况	网站等级合格率（pr⩾4）	(4.60, 0.80, 0.21)	0.77
		数据交换功能实现率	(6.87, 1.56, 0.35)	0.67
		信息发布功能实现率	(5.53, 1.56, 0.35)	0.67
		在线交易功能实现率	(7.00, 1.67, 0.26)	0.46
		系统管理功能实现率	(6.60, 0.80, 0.21)	0.77

3. 获得指标权重

三级指标由已通过 CD 系数检验的打分集云模型的特征值 Ex 作为权重，二级指标和一级指标由下一级指标的云模型的特征值加权平均并归一化求得。首先，根据式（23）对三级指标云模型的特征值 Ex 归一化处理得出各三级指标的权重：

$$W_i = \frac{\mathrm{Ex}_i}{\sum_{i=1}^{n} \mathrm{Ex}_i} \tag{23}$$

其次，计算二级指标和三级指标的权重，根据下级指标的特征值 Ex 加权平均和求出上一级指标的特征值 Ex；再将特征值加权平均并归一化分别求得各二级指标权重和各一级指标的权重，最终指标权重见表 8-4。

$$W_k = \frac{\sum_{i=1}^{p} w_i \mathrm{Ex}_i}{\sum_{j=1}^{n} w_j \mathrm{Ex}_j} \tag{24}$$

表 8-4 指标权重

一级指标		二级指标		三级指标	
名称	权重	名称	权重	名称	权重
基础设施建设	0.48	交通建设	0.59	公路密度	0.2
				铁路密度	0.16
				机场覆盖率	0.13
				机场均衡度	0.11
				路网连接度	0.2
				京津冀区域通达性	0.2
		园区建设	0.41	多式联运率	0.49
				园区衔接度	0.51
物流标准化建设	0.25	京津冀物流标准制定情况	1	基础类物流标准制定率	0.26
				公共类物流标准制定率	0.25
				专业类物流标准制定率	0.24
				标准化工作指导性标准制定率	0.25
物流信息化建设	0.27	物流园区及企业信息化情况	1	网站等级合格率（pr≥4）	0.15
				数据交换功能实现率	0.22
				信息发布功能实现率	0.18
				在线交易功能实现率	0.22
				系统管理功能实现率	0.23

五、实证研究

（一）京津冀物流一体化水平评价

1. 数据来源及数据处理

通过《中国统计年鉴》（2017）、地图测距、全国标准信息公共服务平台、政府报告文件、网络调查等途径获取所需数据，并根据各指标的具体含义进行相应的处理及计算，求得各指标的具体数值。依据指标体系的构建对相关数据进行搜集，同时根据指标的含义和公式定义对数据进行处理，最终得出各三级指标的实际数值，见表 8-5。

表 8-5　各三级指标数据

名称	实际值	名称	实际值
公路密度	382.20 千米/万平方千米	基础类物流标准制定率	0.67
铁路密度	427.40 千米/万平方千米	公共类物流标准制定率	1
机场覆盖率	0.62	专业类物流标准制定率	1
机场均衡度	0.71	标准化工作指导性标准制定率	0.67
路网连接度	3.22	网站等级合格率（pr≥4）	0.6
区域通达性	0.014h/km	数据交换功能实现率	0.25
多式联运率	0.13	信息发布功能实现率	0.55
园区衔接度	10.90km	在线交易功能实现率	0.13
		系统管理功能实现率	0.18

根据指标设计的实际意义，按照国家及京津冀各地政府的管理规范和发展目标，或根据指标发展的趋势和最优值获取各指标的发展目标值。高速公路密度选取高速公路密度最发达的上海地区作为京津冀高速公路建设的目标值，为 1310 千米/万平方千米；参照铁路密度的等级划分（非常高，很高，较高，一般，较低）= [≥700，(300 700)，(230 300)，<230]，铁路密度目标值为 700 千米/万平方千米；路网连接度大于等于 5 是路网发展相对发达的值，故路网连接度的目标值为 5；根据京津冀交通协调发展的规划目标，2020 年形成多层次全覆盖的交通网络，京津保唐"1 小时交通圈"，选取北京天津距离 1 小时达，对两地目标通达性进行测算设为区域通达性目标值，求得目标值为 0.009h/km；园区衔接度借鉴郭茜等的研究[①]设为 9.16km；机场覆盖率、机场均衡度、多式联运率、物流标准各类别的制定率、物流信息平台各功能的实现率等均选取最优情况值 100% 作为目标值，最终各指标的目标值见表 8-6。

表 8-6　各指标目标值

指标	目标值	指标	目标值
公路密度	1310 千米/万平方千米	基础类物流标准制定率	1
铁路密度	700 千米/万平方千米	公共类物流标准制定率	1

---

① 郭茜，庄菁. 基于云模型的京津冀物流设施一体化测度 [J]. 中国流通经济，2018，32（1）：113-121.

续表

指标	目标值	指标	目标值
机场覆盖率	1	专业类物流标准制定率	1
机场均衡度	1	标准化工作指导性标准制定率	1
路网连接度	5	网站等级合格率（pr≥4）	1
区域通达性	0.009h/km	数据交换功能实现率	1
多式联运率	1	信息发布功能实现率	1
园区衔接度	9.16km	在线交易功能实现率	1
		系统管理功能实现率	1

为使各指标数值具有可比性，对数据进行标准化处理，同时也是对各三级指标实现度的测算。采用理想值比例法对指标数据进行标准化处理，将各三级指标的实际值与目标值相比进行标准化处理，即各指标实现度的计算，见表8-7。

表8-7　各指标数值的目标值去量纲化

一级指标名称	二级指标名称	三级指标名称	实际值	目标值	标准化（实现度）
基础设施建设	交通建设	公路密度	382.20千米/万平方千米	1310千米/万平方千米	0.29
		铁路密度	427.40千米/万平方千米	700千米/万平方千米	0.61
		机场覆盖率	0.62	1	0.62
		机场均衡度	0.71	1	0.71
		路网连接度	3.22	5	0.64
		区域通达性	0.014h/km	0.009h/km	0.67
	园区建设	多式联运率	0.13	1	0.13
		园区衔接度	10.90km	9.16km	0.84
物流标准化建设	京津冀物流标准制定情况	基础类物流标准制定率	0.67	1	0.67
		公共类物流标准制定率	1.00	1	1.00
		专业类物流标准制定率	1.00	1	1.00
		标准化工作指导性标准制定率	0.67	1	0.67

续表

一级指标	二级指标	三级指标			
物流信息化建设	物流园区及企业信息化情况	网站等级合格率（pr≥4）	0.60	1	0.60
		数据交换功能实现率	0.25	1	0.25
		信息发布功能实现率	0.55	1	0.55
		在线交易功能实现率	0.13	1	0.13
		系统管理功能实现率	0.18	1	0.18

2. 京津冀物流一体化水平测算

准确地分析与评价京津冀区域物流一体化的水平，找出京津冀物流一体化发展中的短板，可以促进物流一体化的发展。为此本章分析京津冀物流一体化水平和基础设施建设、物流标准化建设、信息化建设所处的等级状态，运用 x 条件云模型对发展水平所处等级进行判断。首先确定发展水平各等级的划分和各等级的云模型特征值，然后根据各指标权重和三级指标的实现度测量物流一体化的发展水平数值并判断其所处的级别。

（1）等级划分

为了测量基础设施建设、物流标准化建设、信息化建设和京津冀物流一体化发展水平的等级，首先确定评价等级论域 V，采用五级标度法将论域按照发展水平值划分为5个评价等级，即 $V=\{低，较低，一般，较高，高\}$，将其均等映射到 $[0, 1]$ 区间，见表8-8。

表8-8　发展水平评价等级划分

等级	低	较低	一般	较高	高
基础设施建设	[0, 0.2)	[0.2, 0.4)	[0.4, 0.6)	[0.6, 0.8)	[0.8, 1]
物流标准化建设	[0, 0.2)	[0.2, 0.4)	[0.4, 0.6)	[0.6, 0.8)	[0.8, 1]
物流信息化建设	[0, 0.2)	[0.2, 0.4)	[0.4, 0.6)	[0.6, 0.8)	[0.8, 1]
物流一体化水平	[0, 0.2)	[0.2, 0.4)	[0.4, 0.6)	[0.6, 0.8)	[0.8, 1]

各发展水平划分评价等级后，需确定各考察指标的各评价等级的云特征值。设对应评价指标的等级 j（$j=1, 2, \cdots, 5$）的上下临界值分别为 x_j^1 和 x_j^2，则等级 j 这个定性概念的 Ex 可表示为：

$$Ex_j = \frac{|x_j^1 + x_j^2|}{2} \tag{25}$$

临界值实质上是从一个评价等级到另一个评价等级的过渡值,是一种模糊边界,应该属于对应的两种级别,所以临界值对于相邻的两个评价等级的隶属度应该相等,即临界值可表示为:

$$\exp\left\{-\frac{(x_j^1-x_j^2)^2}{\delta(\mathrm{En}_j)^2}\right\} \approx 0.5,即 \mathrm{En}_{ij}=\frac{x_j^1-x_j^2}{2.355} \tag{26}$$

超熵 He 可以根据 En 的大小、经验和重复试验进行选取,本章通过经验和重复试验选取方便计算超熵 He 值,各一级指标及总指标的各发展水平等级所服从的云模型特征值见表 8-9。

表 8-9 各等级云模型特征值

等级	低	较低	一般	较高	高
基础设施建设	(0.1, 0.085, 0.02)	(0.3, 0.085, 0.02)	(0.5, 0.085, 0.02)	(0.7, 0.085, 0.02)	(0.9, 0.085, 0.02)
物流标准化建设	(0.1, 0.085, 0.02)	(0.3, 0.085, 0.02)	(0.5, 0.085, 0.02)	(0.7, 0.085, 0.02)	(0.9, 0.085, 0.02)
物流信息化建设	(0.1, 0.085, 0.02)	(0.3, 0.085, 0.02)	(0.5, 0.085, 0.02)	(0.7, 0.085, 0.02)	(0.9, 0.085, 0.02)
物流一体化水平	(0.1, 0.085, 0.025)	(0.3, 0.085, 0.025)	(0.5, 0.085, 0.025)	(0.7, 0.085, 0.025)	(0.9, 0.085, 0.025)

(2) 等级测算

各指标发展水平的等级划分及各等级的云特征值已经确定,接下来需要求得各评价指标的发展水平值,并运用 x 条件云模型根据各指标发展水平数值分别求得对应于各水平等级的隶属度,最终根据最大隶属度原则确定各指标发展水平的隶属等级。

首先,根据三级指标的实现度及各指标的权重情况测算出京津冀物流一体化及基础设施建设、物流标准化建设、物流信息化建设发展水平值。根据三级指标权重和实现度,加权求和得到二级指标的发展水平。其次,由二级指标权重及二级指标的发展水平,加权求和得到一级指标的发展水平。最后,根据一级评价指标的权重和发展水平,得到京津冀物流一体化的整体发展水平,具体结果见表 8-10。

表 8-10 京津冀地区发展情况

综合指标		一级指标		二级指标		三级指标	
名称	发展水平	名称	发展水平	名称	发展水平	名称	实现度
京津冀物流一体化水平	0.55	基础设施建设	0.54	交通建设	0.58	公路密度	0.29
						铁路密度	0.61
						机场覆盖率	0.62
						机场均衡度	0.71
						路网连接度	0.64
						区域通达性	0.61
				园区建设	0.49	多式联运率	0.13
						园区衔接度	0.84
		物流标准化建设	0.83	物流标准制定情况	0.83	基础类物流标准制定率	0.67
						公共类物流标准制定率	1.00
						专业类物流标准制定率	1.00
						标准化工作指导性标准制定率	0.67
		物流信息化建设	0.32	物流园区及企业信息化情况	0.32	网站等级合格率（pr≥4）	0.60
						数据交换功能实现率	0.25
						信息发布功能实现率	0.55
						在线交易功能实现率	0.13
						系统管理功能实现率	0.18

将考察指标基础设施建设、物流标准化建设、物流信息化建设、物流一体化水平设为因素集 U 和评价等级论域 V 之间进行单因素评价。根据因素集中各指标的发展水平值和已经获取的各等级云模型特征值，利用 x 条件云发生器，分别测算各指标对每个等级的隶属度，形成隶属度矩阵 Z。根据 x 条件云发生器的算法，发展水平值 x_0 对应的隶属度为：

$$\mu = \exp\left\{-\frac{(x_0 - \text{Ex})^2}{2(\text{Enn})^2}\right\} \quad (27)$$

其中，Enn 是以 En 为期望，He^2 为方差的正态随机数，x_0 为指标对应的发展水平值，形成的隶属度为 $Z = (Z_j)_{1 \times 5}$。为了提高评价的精确度，对该指标重复运行 N 次 x 条件云发生器，取各等级隶属度的 N 次平均综合值，计算公式为：

$$Z_j = \frac{1}{N} \sum_{k=1}^{N} Z_j^k \quad (28)$$

依据最大隶属度原则,选出因素集各指标的最大隶属度对应的评价等级作为各指标的最终评价结果。上一节已经得出各指标的发展水平情况,基础设施建设、物流标准化建设、物流信息化建设、物流一体化水平的发展水平值见表8-11。

表8-11 发展水平值

指标	发展水平
基础设施建设	0.54
物流标准化建设	0.83
物流信息化建设	0.32
物流一体化水平	0.55

对各指标运用 x 条件云发生器测算其对各等级的隶属度,以基础设施建设指标为例,计算其各等级隶属度。根据各等级云模型通过正向云发生器生成隶属度函数图。

根据表8-11,基础设施建设的发展水平为0.54,即令 $x=0.54$ 对各等级建立 x 条件云模型,分别取 $N=1000$。对基础设施发展水平各等级分别进行 N 次 x 条件云发生器运算,各个等级产生 N 个隶属度值,根据 $Z_j = \frac{1}{N}\sum_{k=1}^{N} Z_j^k$ 求得基础设施建设水平各等级的平均隶属度。利用相同方法分别对物流标准化建设、物流信息化建设和物流一体化水平发展水平值进行运算,确定出各指标对不同等级的隶属度,结果见表8-12。

表8-12 各等级隶属度

等级	低	较低	一般	较高	高
基础设施建设	0.00017	0.03330	0.86060	0.18170	0.00200
物流标准化建设	0.00000	0.00001	0.00390	0.29700	0.68130
物流信息化建设	0.06220	0.97960	0.10790	0.00083	0.00000
物流一体化水平	0.00380	0.06630	0.68910	0.27750	0.02260

根据指标的各等级隶属度,由最大隶属度原则评判出各考察指标的发展水平等级。最终判别京津冀地区综合的物流一体化水平的级别为"一般",隶属度为0.6891,同时"较高"水平等级的隶属度为0.2775,故综合的物流一体化水平一般偏高;基础设施建设发展处于"一般"等级,该等级隶属度为

0.8606；物流标准化建设发展水平处于"高"等级，但隶属度仅为0.6813，所以还有待提高；物流信息化建设发展水平处于"较低"等级，隶属度为0.9796。相关指标及其发展等级评价见表8-13。

表8-13　指标发展水平等级评价结果

指标	发展等级
基础设施建设	一般
物流标准化建设	高
物流信息化建设	较低
物流一体化水平	一般

3. 发展水平分析

根据京津冀物流一体化水平的测算结果，对京津冀物流一体化水平进行分析。等级评价结果显示，目前京津冀地区物流一体化水平处于"一般"等级，其中基础设施的建设情况相对来说发展处于中等水平；物流标准化建设属于高水平，相对完善，但在较高水平和高水平的隶属度分别为0.29700，0.68130，高等级的隶属度偏低；物流信息化建设水平处于"较低"级别，在三个方面中发展水平最低。可见京津冀地区基础设施建设和物流信息化建设水平最低，进一步观察各三级指标的实现度。

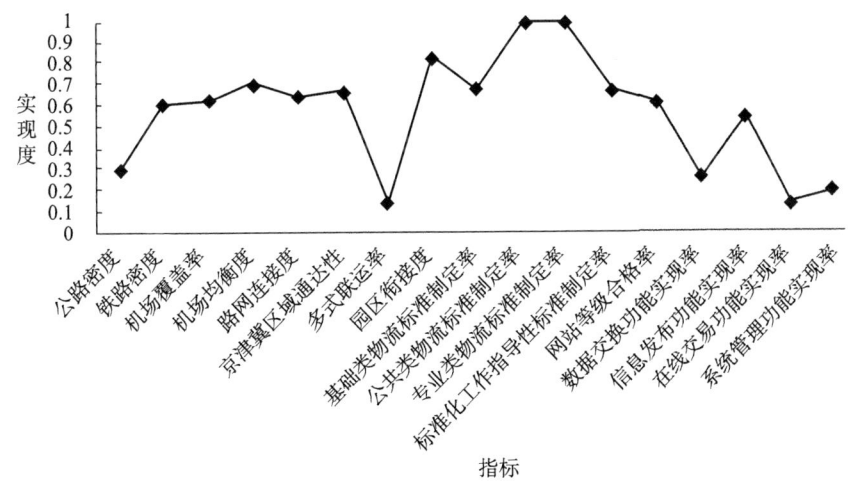

图8-4　三级指标实现度

由图8-4可知，基础设施建设中公路密度和园区多式联运发展最不乐观，信息化建设中在线交易功能、系统管理功能、数据交换功能实现度很低。基础设施建设和信息化建设是物流一体化中很重要的一部分，相关物流企业、物流园区及政府部门应加大信息化建设力度和基础设施薄弱点的建设。接下来对基础设施、物流标准化、物流信息化三个方面的建设展开分析。

（1）基础设施建设发展水平

自京津冀协同发展加入重大国家发展战略计划后，基础设施的建设力度加大，速度也提高了很多，但发展水平仍不高。经测算，基础设施发展处于"一般"等级。物流基础设施的建设主要指交通建设和物流园区的建设，具体各指标的实现度如图8-5所示。

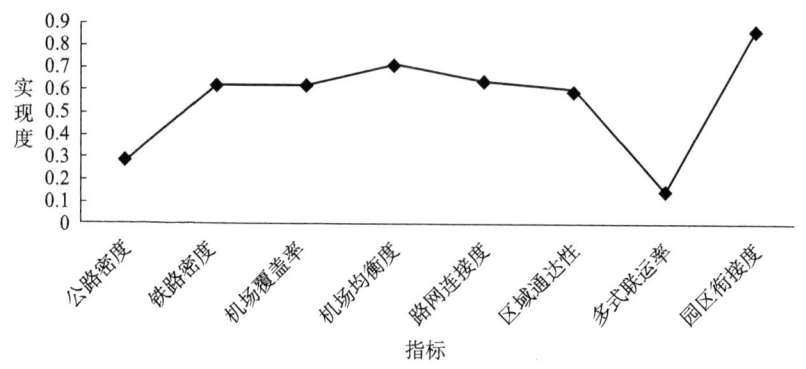

图8-5　基础设施各指标实现度

①公路建设薄弱

交通方面主要指公路、铁路、机场建设，国家发展和改革委员会与交通运输部联合发布的《京津冀协同发展交通一体化规划》积极地推进京津冀地区交通的网络化布局。目前，京津冀地区已经形成了以北京为中心的全国性交通枢纽，建成7条放射状高速公路以及以北京为起点的11条国道；机场建设方面，各省市也加大了投入力度。然而，基础设施建设仍处于"一般"水平。

从京津冀基础设施建设各指标实现度来看，公路密度实现度很低，其他交通建设指标实现度相对较高。考察京津冀地区的公路建设情况，分别计算三地公路密度、公路通达性（见表8-14）。在公路密度方面，北京和天津的密度均大于京津冀三地的综合密度，说明河北在公路建设里程上相比北京和天津两地发展较不足；公路通达性指的是城市之间通过公路运输每公里路程的用时，用时越短则通达性越好，可见天津公路通达性最差，为0.0163，低于三地综合的通达性水平。目前，京津冀地区的公路建设不协调，没有很好地缓解北京、天津两地的交通压力，这影响了京津冀地区货物运输的效率。

表 8-14 交通建设情况

指标	公路密度	公路通达性
北京	1.342	0.0153
天津	1.403	0.0163
河北	0.998	0.0157
京津冀三地	1.046	0.0158

②物流园区多式联运性差

目前京津冀物流园区发展势头良好,已拥有31家省级物流园区。园区衔接率实现度较高为0.84,可见园区位置的选取相对合理。搜集距离园区最近的高速公路、火车站、飞机场、港口的距离,计算出各园区距最近交通方式枢纽的距离(如图8-6所示),有20.83%的物流园区距最近的交通方式距离大于10千米,37.5%的物流园区距最近交通方式小于5千米,41.67%的物流园区距最近交通方式大于5千米、小于10千米。大部分物流园区在交通方面比较便利,可见园区的选取位置相对合理。然而,由基础设施各指标实现率可以看出园区的多式联运率最低,仅为0.129。对京津冀三地的多式联运情况进行考察发现,仅河北有4座物流园区建设符合多式联运,可见物流园区的建设和多种交通方式的融合性还较差,交通方式的多样性较低,这会提高物流运输过程的成本,降低物流效率。

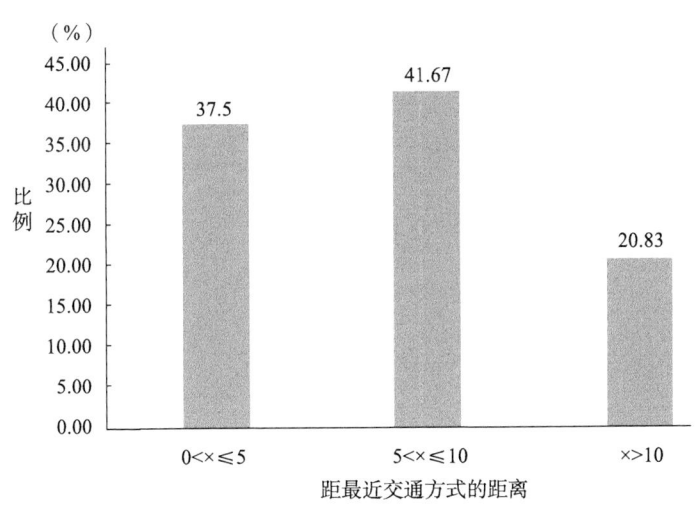

图 8-6 物流园区距最近交通方式的距离的比例

(2) 物流标准制定水平

物流标准化的建设是物流一体化的重要内容。近几年来,北京、天津、河北三地，标准制定内容上不断丰富，数量也不断增加，推动着物流标准化的发展，物流标准化建设处于"高"等级，各类指标的制定率都相对较高，如图8-7所示。

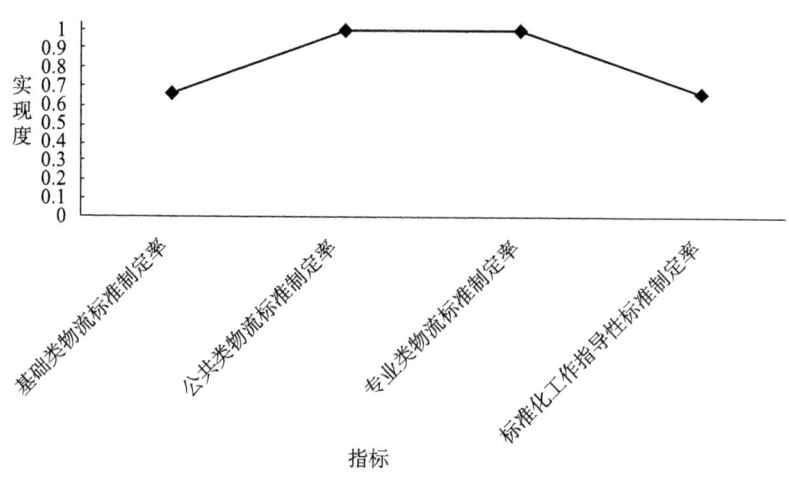

图8-7 物流标准化各指标实现度

物流标准化的建设是物流一体化中很重要的一个环节，考察各地区物流标准的制定数量（见表8-15）。北京和天津地区标准的制定数量分别为45项、50项，两地标准制定数量相当；河北地区仅有29项标准，约为其他两个地区的一半，需增加物流标准的制定。

表8-15 各地标准制定数量

地区	北京	天津	河北
标准数量	45	50	29

对现行的京津冀三地的物流标准按照基础类、公共类、专业类、标准化工作指导性四个类别进行了分类统计（见表8-16）。各个地区有相应标准的记为1，没有则记为0，可以看出公共类和专业类标准三地均有涉及，基础类标准除河北地区外其他两地区均有制定，标准化工作指导性标准除北京地区缺少其他两地均有制定。

表8-16 各类别标准的制定情况

标准类别	基础类	公共类	专业类	标准化工作指导性
北京	1	1	1	0
天津	1	1	1	1

续表

标准类别	基础类	公共类	专业类	标准化工作指导性
河北	0	1	1	1
制定率	2/3	1	1	2/3

(3) 信息化发展水平分析

综观京津冀地区,有不少企业和园区建立了物流信息系统,但很多企业和园区物流信息化水平相对较低,难以实现物流信息互联互通。本章考察物流企业和物流园区自身网站的建设,通过自身的网站进行相关信息发布、数据交换。通过测算,京津冀地区信息建设处于"较低"等级,特别是在线交易功能和系统管理功能实现率均低于0.2(如图8-8所示),有待加强建设。

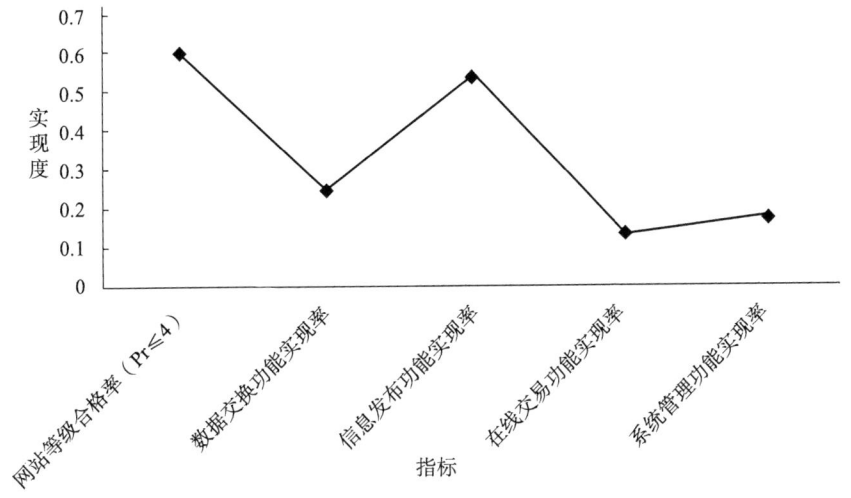

图 8-8 信息化建设各指标实现度

物流信息化建设是物流区域一体化的重要技术。京津冀物流信息管理紊乱,没有形成系统,应加快京津冀地区的物流园区、物流企业和产业基地的信息平台对接,实现多领域物流信息共享,降低区域物流成本。自身网站的建设是物流企业、物流园区信息化建设中很重要的一环,然而很多物流企业没有自己独立的网站,这无疑将会影响自身信息化的情况。根据中国物流与采购联合会提供的5A级物流企业名单,选择京津冀地区的46家企业。通过在互联网上查找发现,46家5A级物流企业中有68.75%的企业拥有自己的网站(见表8-17),超过了半数但建设程度仍然不高;在京津冀地区31家省级物流园区中,拥有自身网站的比例仅为16.13%,建设率极低,相应的物流企业和物流园区应注重信息化的建设,建设好自身独立网站。

表 8-17 网站建设情况

类别	物流企业	物流园区
数量(家)	46	31
拥有网站比例(%)	68.75	16.13

(二)京津冀与长三角物流一体化水平对比分析

京津冀协同发展战略是经济全球化时代发展的必然趋势。同样地,推进长三角一体化发展,也是上海"四个中心"建设和全球化建设的必然要求。与京津冀地区相比,长三角地区一体化发展的基础较好,经济总量、市场化程度、对外开放程度、科技基础等方面都有着令人瞩目的成绩,在全国有着突出的经济地位,具有京津冀地区目前还不具备的优势。所以本章选取长三角地区与京津冀地区的发展情况对比,以更好地指导京津冀地区物流一体化的发展。

长三角地区包括上海市、江苏省南部、浙江省北部及邻近海域,总面积约 10 万平方千米。经济意义上的长三角,通常包括上海市,江苏的南京、镇江、无锡、苏州、扬州、常州、泰州、南通市,浙江的杭州、嘉兴、湖州、宁波、舟山、绍兴、台州市 16 个城市,总体上形成以上海为中心,苏浙为两翼的经济发展格局,是我国重要的经济增长极之一。① 本章便选择该意义上的长江三角洲地区与京津冀地区情况进行对比。在收集整理长三角地区的相关数据对长三角地区的物流一体化水平进行综合评价的基础上,先对两地区综合水平情况进行对比分析,而后根据综合水平的对比差异情况进一步地从基础设施建设、物流标准化建设、物流信息化建设三个方面进行分析,讨论两地区发展的差异。

1. 长三角物流一体化水平测度

为保证长三角地区物流一体化水平与京津冀物流一体化水平的可比性,这里运用京津冀物流一体化水平评价相同的指标体系及资料的搜集和计算方法测算长三角地区的物流一体化水平。首先搜集三级指标的实际数值,然后通过实际数值和目标值的比值求得三级指标的实现度,经过加权平均求得二级指标和一级指标的发展水平,最终得出长三角地区的发展水平值。长三角地区各指标的发展水平值见表 8-18。

---

① 刘辉. 长江三角洲物流一体化的实现途径研究 [D]. 苏州:苏州大学,2008.

表 8-18　长三角地区各指标的发展水平值

综合指标		一级指标		二级指标		三级指标	
名称	发展水平	名称	发展水平	名称	发展水平	名称	实现度
物流一体化水平	0.62	基础设施建设	0.64	交通建设	0.66	公路密度	0.34
						铁路密度	0.38
						机场覆盖率	0.89
						机场均衡度	1.00
						路网连接度	0.71
						区域通达性	0.78
				园区建设	0.64	多式联运率	0.25
						园区衔接度	1.01
		物流标准化建设	0.92	物流标准制定情况	0.92	基础类物流标准制定率	1.00
						公共类物流标准制定率	1.00
						专业类物流标准制定率	1.00
						标准化工作指导性标准制定率	0.67
		物流信息化建设	0.27	物流园区及企业信息化情况	0.27	网站等级合格率（pr≤4）	0.53
						数据交换功能实现率	0.21
						信息发布功能实现率	0.36
						在线交易功能实现率	0.15
						系统管理功能实现率	0.19

选取长三角地区各一级指标及物流一体化的总发展水平值，即基础设施建设、物流标准化建设、物流信息化建设和物流一体化的发展情况进行考察和等级的判断，各考察指标的发展水平值见表8-19。

表 8-19　长三角地区物流一体化情况

指标	发展水平值
基础设施建设	0.64
物流标准化建设	0.92
物流信息化建设	0.27
物流一体化水平	0.62

运用京津冀地区等级判断时相同的等级划分和等级的云模型特征值，根据长三角地区各考察指标的发展水平值对各等级运用 x 条件云模型，分别求得各考察指标在不同等级水平的隶属度（见表8-20）。

表 8-20 物流一体化各考察指标水平隶属度

指标	低	较低	一般	较高	高
基础设施建设	0.00002	0.00260	0.25840	0.74980	0.02130
物流标准化建设	0.00000	0.00000	0.00031	0.05340	0.96700
物流信息化建设	0.14720	0.92740	0.04640	0.00025	0.00000
物流一体化水平	0.00005	0.00810	0.37180	0.56870	0.01700

由长三角地区各指标对不同等级的隶属度，运用最高隶属度原则判断长三角地区基础设施建设、物流标准化建设、物流信息化建设、物流一体化水平的发展等级（见表 8-21）。

表 8-21 长三角地区各考察指标发展等级

指标	长江三角洲地区发展等级
基础设施建设	较高
物流标准化建设	高
物流信息化建设	较低
物流一体化水平	较高

由长三角地区各考察指标发展等级可以看出，长江三角洲地区物流信息化建设水平最低，发展水平仅为 0.27，处于较低等级；物流标准化建设发展程度为 0.92，处于较高的水平，在物流标准的制定方面已经相对完善，当然还是需要加强物流标准的制定，同时需要加大物流标准的执行和监管力度；基础设施建设发展程度为 0.64，虽然已处于中上的水平，但基础设施是加强地区联系、提高物流效率的基础，仍需加强投入。综合来看，长江三角洲地区物流一体化整体发展已属于"较高"等级。

2. 物流一体化水平比较分析

（1）总体发展水平比较

两地物流一体化实现水平测度结果显示，京津冀地区物流一体化实现水平较低，仅为 0.55，比长三角地区低 0.07。京津冀地区在基础设施建设、物流标准化建设、物流信息化建设三个方面的物流一体化实现水平分别为 0.54，0.83，0.32。长三角地区在上述三个方面的物流一体化实现水平分别为 0.64，0.92，0.27。为了找出京津冀地区与长三角地区物流一体化发展的差异，根据本章建立的物流一体化水平评价指标体系对两地区的物流一体化总体发展水平进行对比分析。首先将长三角地区基础设施建设、物流标准化建设、物流信息化建设的发展等级和综合指标的发展等级与京津冀地区的发展等级进行比较。

根据表8-22，京津冀地区的物流一体化水平与长三角地区相比发展等级较低。在一级指标中，物流标准化建设、信息化建设发展程度两地处于同一水平，但基础设施的建设方面，京津冀地区的发展水平比长江三角洲地区的发展水平较低，可见，基础设施方面的物流供给不足是制约京津冀物流一体化发展的关键，无法满足物流需求。

表8-22 各考察指标发展水平等级

指标	京津冀地区发展水平等级	长三角地区发展水平等级
基础设施建设	一般	较高
物流标准化建设	高	高
物流信息化建设	较低	较低
物流一体化水平	一般	较高

对各指标的发展情况进行对比，将长江三角洲地区的各指标的实现度与京津冀地区的各指标实现度绘制折线图进行比较（如图8-9所示）。

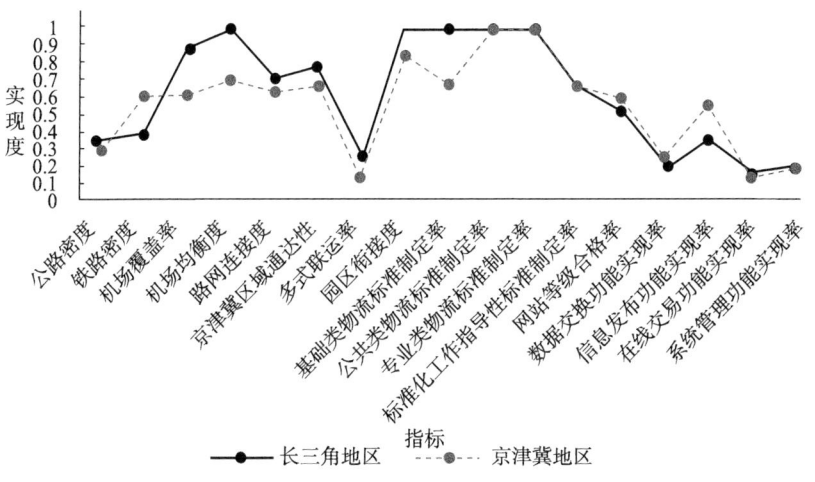

图8-9 两地区三级指标实现度对比折线图

图8-9显示，长三角地区整体发展水平比京津冀地区较高，基础设施建设和物流标准建设方面整体发展在京津冀地区之上，特别是机场建设上远超于京津冀地区的发展情况；但是在信息化建设上，京津冀地区的发展相对高于长三角地区，这与京津冀地区的经济发展环境有关。

（2）基础设施建设水平比较

从基础设施建设的整体情况来看，长三角地区发展等级高于京津冀地区，京津冀地区应加大基础设施建设。长三角地区交通的整体规划建设已经进行了十几年的时间，2013年长三角"一小时交通圈"已经初步形成。京津冀地区交通整体规划建设较晚，交通的一体化程度还较差，物流园区建设方面，两地近几年都有很大的投入，但大多物流园区的建设缺乏统筹规划，交通网络的协调性差。根据两地区基础设施建设的三级指标的实现情况，进一步分析两地的差距，画出对比折线图（如图8-10所示）。

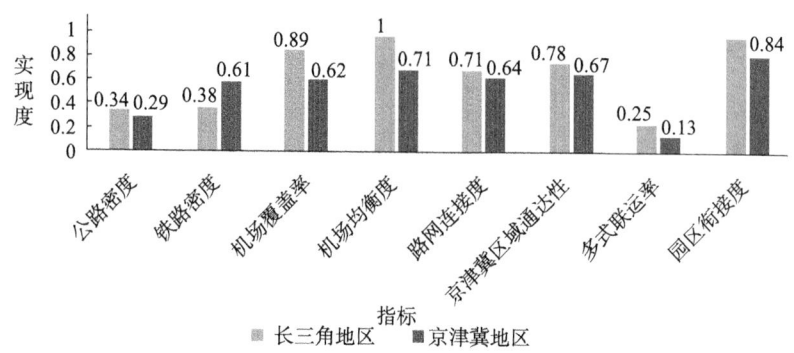

图8-10　基础设施建设各指标实现度对比

两个经济区域基础设施建设各指标实现度对比显示，长江三角洲地区铁路密度较低，但主要是因为长江三角洲地区水域较多，物流需求主要体现在水运，所以铁路建设相对较低。除铁路密度外，其他基础设施指标的一体化建设程度，长江三角洲地区均高于京津冀地区。可见，京津冀基础设施一体化制约着物流一体化的发展，发展水平与长三角地区还有着较大的差距，应加快发展速度，特别是在交通网络建设与物流园区统筹规划方面。

京津冀地区由于其特殊的经济地位，对外交通在全国占有重要地位，交通建设的薄弱会严重影响其发展。目前，机场运输是降低物流时间、提高服务效率的重要手段，从实现度对比来看，长三角地区机场建设水平非常高。长三角地区机场覆盖了整个区域，而京津冀三地机场的分布比较分散，且覆盖面积不全。京津冀地区的航空运输量在全国具有举足轻重的地位，也是商品交流的主要渠道，需加大机场建设力度，同时注意地理布局。

（3）物流标准水平比较

随着经济的发展，近年来物流业逐渐从其他行业分离出来成为独立的行业。为了规范物流活动，降低物流成本，各级政府加大对物流业监管，并制定相应的物流标准。本章主要从物流标准的制定情况考察物流标准化的建设，长三角地区与京津冀地区均属于"高"等级。对两地物流标准的制定情况从基础类、公共类、专业类、标准化工作指导性标准类物流标准的制定进行进一步的分析,京津冀地区与长三角地区物流标准化对比情况如图 8-11 所示。

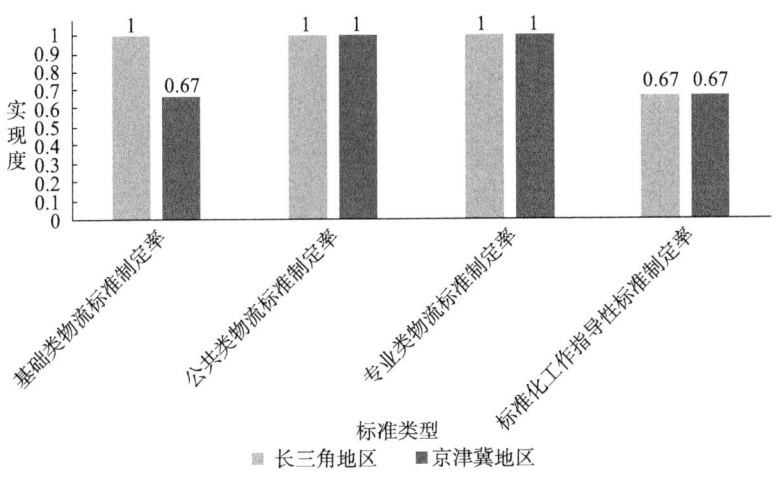

图 8-11　物流标准化建设各指标实现度对比

由图 8-11 可知,两大经济区域的物流标准化发展水平基本相同,但长江三角洲地区基础类物流标准制定率为 1,略高于京津冀的 0.67,京津冀地区在基础类物流标准的制定上还有欠缺。基础类物流标准的建设是制定其他专业类物流标准的基础,需要加强该方面标准的建设。

这里仅从物流标准化建设角度及物流标准制定角度对两地区进行了考察,虽然京津冀地区物流标准的建设整体看来已处于"高"等级,但目前物流标准的实施推广情况很差。这一方面是由于在标准制定之前,许多单位有自己的标准制度,按照国家或地方标准更换设备需要投入大量资金,所以企业不会积极地执行新的标准;另一方面是因为政府部门在制定物流标准时缺少与物流企业的沟通,使得一些标准在实际中并不适用。因此,虽然物流标准的制定已经相对完善,但相关部门在继续加强物流标准建设的同时,应该加大物流标准推广实施的力度。

(4) 物流信息化水平比较

物流信息化建设是一个复杂的过程,需要进行长期的推广和完善,加强信息化建设是社会发展的趋势,是提高物流一体化水平和物流效率的有力武器。目前整个社会的信息化建设尚处于起步阶段,长三角和京津冀地区的物流信息化建设均属于"较低"等级。对两地区物流信息化建设各指标实现度进行对比分析,如图 8-12 所示。

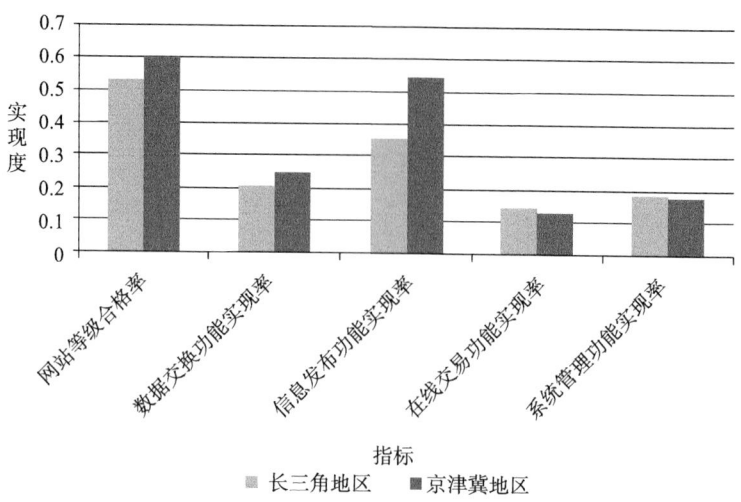

图 8-12　信息化建设各指标实现度对比

由图 8-12 可以看出，京津冀地区的信息化建设在网站等级合格率、数据交换功能实现率、信息发布功能实现率三个方面均高于长三角地区，在在线交易功能实现率、系统管理功能实现率两个方面稍低于长三角地区。京津冀地区信息化建设与长三角地区相比发展较好，这与北京的地理环境和经济地位，以及北京是全国高新技术的集聚地有关。物流信息化的提高能有效地提高物流效率，降低物流运输的实效，提升消费者满意度，从而促进物流需求的增加，促进经济发展。

目前，两个地区整体的信息化建设水平均处于"较低"级，物流信息化的发展还远远不够，多数物流企业和物流园区并没有建立物流信息平台，未使用电子数据交换功能，信息"孤岛"现象严重影响货物跟踪查询，导致货物运输延迟的情况较多，影响着物流效率。另外，物流企业或园区建立的物流信息系统需要考虑到物流活动的各个环节，这涉及与其他机构和部门的协调，如海关、交通、银行等，但有些部门的信息可能无法共享，这制约着信息化的发展。政府和企业需加快物流信息化平台的建设，政府也应该出台相应的政策协调各部门的信息发布，推进物流信息化发展的进程。

六、京津冀物流一体化发展建议

京津冀物流一体化的水平处于"一般"等级，长三角地区已经处于"较高"等级；在基础设施建设上，京津冀地区处于"一般"等级，明显低于长三角的"较高"等级；在信息化建设上，两地区发展则均较低；在物流标准化建设方面,两地区发展都属于"高级",但结合发展现状,物流标准的实施推广是现在面临的主要问题。根据分析结果,有针对性地提出建议及发展策略,能够加速物流一体化的发展,提高京津冀物流业的效率,同时促进京津冀经济协调发展的进程。通过对京津冀物流一体化水平的评价及与长三角地区物流一体化水平的对比分析,对京津冀地区的物流一体化建设给出以下建议:

一是加强交通建设,制定交通系统和物流园区的整体规划。交通运输建设是京津冀实现物流一体化发展的关键,是影响物流效率的主要因素。因此,京津冀物流一体化的发展,必须完善交通建设。目前,京津冀的基础设施建设还处于"一般"等级,交通方面的指标发展都较低,公路密度建设的实现率仅为0.29,并且各指标除铁路密度的实现率高于长三角地区外,其他指标的实现率均低于长三角地区,交通系统建设的薄弱是制约京津冀物流发展的重要因素。京津冀物流园区多式联运情况也严重影响着物流一体化的发展,多式联运率仅为0.13,低于长三角地区的0.25,需加强物流园区建设与交通系统的整体规划。

二是加大物流标准实施推广力度。目前,京津冀物流标准化的建设已处于"高"等级,物流标准的制定已经相对完善,但物流标准的实施是一个重要的问题。一方面,物流企业不愿花费额外的成本更换已有的设备;另一方面,由于政府与物流企业等沟通不充分,使得制定的物流标准实施困难,政府应制定相应的政策推进物流标准的实施。物流标准的实施涉及物流活动的方方面面,政府相关部门应充分发挥组织和协调职能,协调各部门促进物流标准的实施。

三是加快物流信息平台的建设步伐。经过分析,物流信息化建设还需加大步伐,本章的信息化建设主要涉及物流企业和物流园区的网页平台的建设,建设水平处于较低等级。在信息化建设不发达时,物流企业和物流园区能够提供的服务单一,竞争优势只能通过物流设施能力的提高和价格下降来体现。物流信息平台的建立和健全,可以加快物流信息的整合,加快物流活动进程,减少不必要的物流成本,促进物流各环节的有机结合,促进京津冀物流一体化。因此,京津冀地区各企业园区应加大物流信息化的建设力度,政府也应协调物流信息的流动,尽快建立京津冀地区有效的物流信息公共平台。

第九章 京津冀电子商务行业发展规制

吴长军　钱晶耀　肖佳佳　王　媛

区域协同发展规制对保障京津冀产业协同发展，实现京津冀全面建成小康社会，具有重要的法治意义。政府规制是在以市场机制为基础的经济体制下，以矫正、改善市场机制内在的问题为目的，政府干预和干涉经济主体活动的行为。京津冀电子商务行业需要政府通过法律、政策等制度体系予以科学规制，以促进京津冀电子商务行业的持续健康发展。电子商务是一种代表未来发展方向的有效资源配置方式。[①] 电子商务在京津冀区域产业现代化中居于重要地位，电子商务一体化发展是重要一环。鼓励、支持、促进和规范电子商务发展，迫切需要完善的制度规制体系。因此，加强京津冀电子商务协同规制，有利于实现电子商务立法成果共享，提高电子商务立法效率与立法质量。加强京津冀电子商务规制协同机制建设，是京津冀电子商务法制统一的客观需要，是国家京津冀协同发展战略实施的迫切要求，是整合京津冀电子商务立法资源的现实需求。研究京津冀电子商务行业发展规制机制，具有促进法学理论发展与推动现实问题解决之双重意义。

一、研究背景与研究现状

（一）研究背景

自 2014 年以来，京津冀三地协同发展已成为国家重点发展战略。新时代电子商务作为新兴的商务活动模式正在蓬勃发展。电子商务一体化发展急需一套统一完备的法律保障机制，规范与促进三地电子商务协同发展。2017—2018 年，国家电子商务领域的立法日趋增速，立法效力等级逐步提升，涉及领域更加全面。[②] 习近平总书记在党的十九大报告中提出要科学立法、严格执

[①] 电子商务法起草组. 中华人民共和国电子商务法解读[M]. 北京：中国法制出版社，2018.
[②] 2017—2018 年度中国电子商务法律报告[EB/OL]. [2018-12-31]. http://www.100ec.cn/detail—6449832018-5.5.html.

法。我国电子商务法律制度建设还不够完善，迫切需要完善电子商务法治保障机制，构建京津冀电子商务协同规制机制，促进京津冀电子商务行业持续健康发展。

1. 京津冀电子商务法制统一的客观需要

社会主义国家法制统一原则要求任何法律法规不得与宪法冲突，下位法不得与上位法抵触。电子商务协同立法、执法是维护国家电子商务法制统一的客观要求。国家区域发展战略要求法治协同予以保障，区域电子商务一体化发展同样离不开法制保障。加强立法协同，有利于解决区域电子商务法律规则不协调问题，消除与减少区域法律规则冲突。京津冀电子商务产业协同发展，亟须完善规制体系加以规范与保障。为消除区域电子商务地方保护主义弊端，促进京津冀电子商务法制统一，迫切需要完善电子商务规制协同机制，更好地保障京津冀电子商务产业协同发展。

2. 京津冀电子商务协同发展的迫切要求

国家"十三五"规划纲要提出，要创新区域合作机制，加强区域间协调协作，推进京津冀协同发展。电子商务协同发展是京津冀协同发展战略的重要一环。京津冀电子商务产业协同发展，尤需遵循现代法治精神和要求，完善电子商务规制体系。京津冀协同发展战略实施背景下，完善立法与执法协同机制，有利于促进京津冀电子商务协同发展，促进京津冀产业结构优化升级。京津冀电子商务发展水平与立法需求存在一定差异，必须建立、完善协同立法机制，加大电子商务立法协同力度，促进区域电子商务产业的健康持续发展。京津冀电子商务产业发展政策措施，迫切需要上升为法律法规。只有加强区域规制机制建设，才能有效解决三地电子商务协同发展法治保障问题。京津冀电子商务立法工作，需要贯彻"优势互补、互利共赢、区域一体"原则，完善区域电子商务立法，优化区域电子商务法制保障环境，努力实现京津冀电子商务产业协同发展。

3. 整合京津冀电子商务立法资源优势的现实需求

加强京津冀区域立法协同，有利于实现三地资源优势互补、发展利益共享、产业协同进步。区域立法协同能够更好地发挥京津冀互利共赢、共同发展的互助机制，致力于建构有利于区域经济社会健康发展的法律规则体系，为区域发展制定法律规则基础。京津冀电子商务协同立法可以克服地方立法碎片化问题，有效整合区域立法资源，实现电子商务立法成果共享，降低电子商务立法成本，提高电子商务立法质量与效率。加强立法协同，破除区域行政壁垒和地方保护主义，促进电子商务监管规则，促进措施与法律责任的统一协调，更好地发挥电子商务法律法规的规范与促进功能，为推进建设京津冀协同创新共同体提供法治保障。京津冀电子商务活动的规范与监管，需要贯彻协同共治理论，保障京津冀三地的电子商务行业稳步增长。电子商务是依靠信息网络技术达成商品交换目的的商务活动，主要功能是将传统商业活动的各环节实现信息化、电子化和网络化。① 电子商务是指通过互联网等信息网络销售商品或者提供服务的经营活动；京津冀电子商务规制目标在于京津冀协同发展的战略背景下，采用法律政策措施保障电子商务行业持续健康安全发展。

（二）研究动态与趋势

学界围绕区域立法、京津冀协同立法、电子商务立法一体化等相关主题展开研究，取得一些宝贵的研究成果。一些学者对于京津冀电子商务和京津冀立法协同机制进行了研究，鲜有学者直接针对京津冀电子商务法治协同进行系统研究。在国内的研究中，以董志良、张永礼为代表的学者研究认为，京津冀的电子商务对其经济发展有巨大的推动作用，能够促进产业结构的优化升级，使京津冀经济要素布局更加合理。② 而目前京津冀的电子商务发展极度不均衡，推动三地的电子商务协同发展已刻不容缓。以刘士忠为代表的学者研究认为，电子商务在系统协同运行中具有一些较为复杂的问题，要完善电子商务行业整合机制、动力机制、竞争协作机制和学习机制。③ 以杨晖、贾海丽为代表的学者研究认为，对于京津冀协同发展战略的进一步发展以及依法治国的有效推进而言，京津冀三地协同立法具有重要意义。④

1. 区域法治协调问题研究

区域协同治理是国家治理现代化的重要标志之一，树立整体性治理理念是开展跨域协同治理的先决条件。⑤ 区域法治发展是国家法治发展在主权国家的特定空间范围内的具体实现。⑥ 区域法制协调论观点认为，地区性多元法制

---

① 李恒君. 论我国电子商务法律制度建设的基础 [J]. 商情，2017 (34)：284.
② 董志良，张永礼. 电子商务在京津冀协同发展中的重要作用及其发展对策 [J]. 河北学刊，2015 (2)：216-219.
③ 刘士忠. 京津冀区域电子商务协同研究 [J]. 研究分析，2017 (3)：20-21.
④ 杨晖，贾海丽. 京津冀协同立法存在的问题及对策思考 [J]. 河北法学，2017 (7)：107-119.
⑤ 魏向前. 跨域协同治理：破解区域发展碎片化难题的有效路径 [J]. 天津行政学院学报，2016 (2)：34-40.
⑥ 公丕祥. 法治中国进程中的区域法治发展 [J]. 2015 (1)：3-11.

的协调机制为行政协议制度和磋商沟通机制。① 区域共同行政立法论观点认为,可成立区域行政立法委员会,制定区域共同规章。② 区域立法协调要在国家统一法制的基础上构建行政契约制度和磋商沟通机制,③ 遵循法制统一与地方立法相结合、公平与效率相结合、利益平衡和共赢相结合、市场调节与政府调控相结合原则。④ 政府间行政协调机制应提升至地方人大间的机制协调。⑤

2. 京津冀法治协同问题研究

立法先行是京津冀协同发展的工作经验,需要加强中央京津冀区域性立法,从立法层面赋予京津冀三地的权利与义务。⑥ 京津冀有必要建立、完善超越三方行政权力的立法协调机构,京津冀立法协调机构应由三地立法机关协商确定组织形式、议事决策程序、争议解决程序等重要问题。京津冀三地制定地方性法规、规章时事先需进行沟通协调。⑦ 京津冀地方性法规的"立、改、废、释"立法环节均需进行密切协同与合作。

3. 京津冀电子商务法治协同研究

完善电子商务地方立法是促进京津冀电子商务发展的法治保障需求。加快电子商务立法是增强国家竞争力的需要,是规范电子商务市场的需要,对于促进区域经济协调发展具有重要意义。⑧ 电子商务立法框架应当包括立法目的、适用范围、原则、电子商务行为、电子商务经营者、消费者、监管、法律责任。电子商务对产业结构优化具有重要作用,⑨ 要充分发挥电子商务产业对整个京津冀经济协同发展的促进作用。梳理相关研究成果,学界主要研究国家电子商务立法、京津冀电子商务地方立法,对京津冀电子商务法治协同课题尚未启动研究。

---

① 叶必丰. 长三角经济一体化背景下的法制协调 [J]. 上海交通大学学报(哲学社会科学版),2004(6):5-13.

② 王春业. 论经济区域内行政立法一体化及其路径选择 [J]. 中南民族大学学报(人文社会科学版),2009(6):108-112.

③ 戴建华. 论区域立法协调法制化 [J]. 求索,2010(4):148-149+35.

④ 黄夕彪. 区域立法协调基本原则之探讨 [J]. 法制与社会,2011(32):25-26.

⑤ 吴展. 府际行政协调机制在区域立法协调领域的贡献及不足——以长江三角洲为例 [J]. 延边大学学报(社会科学版),2012(2):60-66.

⑥ 张淑莲. 基于合作博弈的京津冀区域经济协作研究 [J]. 河北师范大学学报(哲学社会科学版),2011(1):30-34.

⑦ 王雅芬. 环渤海区域立法协调机制问题研究 [J]. 辽宁工业大学学报(社会科学版),2008(5):14-16.

⑧ 姜伟. 互联网+电子商务:促进我国区域经济协调发展 [J]. 世界电信,2015(5):52-56.

⑨ 刘颖,陈继祥. 生产性服务业与制造业协同创新的自组织机理分析 [J]. 科技进步与对策,2009(15):48-50.

二、京津冀电子商务行业发展的法律规制体系构建

2017年我国电子商务交易额29.16万亿元。[①] 近几年来京津冀三地均重视规范与促进电子商务行业发展,发挥政府规划引导和政策促进作用,强化法律政策服务支撑体系建设,发挥市场配置资源的决定性功能,电子商务交易规模不断扩大,电子商务行业发展水平不断提升。北京电子商务企业发展更偏重于服务第三产业,津、冀两地电子商务呈现出服务于一次产业、二次产业和物流业的发展趋势,但电子商务产业成熟度较低,服务能力相对较弱。[②] 京津冀协同发展战略中,北京电子商务发展服务于非首都功能疏解转移战略;天津作为"国家电子商务示范城市"总体发展速度较其他示范城市相对缓慢;[③] 河北省政府重视促进技术创新体系在电子商务中的应用,推动电子商务的发展创新。[④] 京津冀三地电子商务产业发展不均衡,存在一定差异:北京电子商务产业成熟度较高,天津、河北电子商务产业成熟度相对较低。京津冀三地电子商务产业发展互动性尚显不足:北京电子商务企业发展对天津、河北两地的电子商务企业带动作用尚需增强。

(一) 京津冀电子商务行业规制体系

1. 国家电子商务行业规制体系

自2000年以来,我国各部委出台了关于电子商务的法律、行政法规、部门规章、规范性文件89部,行业规范5部,涉及电子认证、网上支付、网络交易、物流、跨境电商等各个环节。国家法律法规、部门规章旨在解决电子商务交易环节中存在的如电子支付、消费者权益保护等问题。电子商务领域的国家立法方面,2004年全国人大常委会制定了《电子签名法》,确立电子签名的法律效力,明确电子签名规则,维护电子交易各方的合法权益,保障电子交易安全,为电子商务和电子政务发展创造有利的法律环境。我国现行的电子商务法律主要有《电子商务法》《电子签名法》《关于维护互联网安全的决定》《关于加强网络信息保护的决定》。《关于维护互联网安全的决定》[⑤]

---

① 电子商务法起草组. 中华人民共和国电子商务法解读 [M]. 北京:中国法制出版社,2018.
② 董志良,白翠玲. 区域性商业批零企业B2B协同平台建设的利益推动机制创新研究 [J]. 商业时代,2014 (1):45-47.
③ 李哲平. 结合天津优势推进电子商务发展 [J]. 北方经贸,2014 (10):63+67.
④ 邹林艳. 关于河北省电子商务发展模式创新的几点思考 [J]. 现代经济信息,2016 (1):341.
⑤ 全国人民代表大会常务委员会关于维护互联网安全的决定 [EB/OL]. [2018-12-08]. http://pinglun.youth.cn/ll/201612/t20161212_8940161.html.

主要针对国家和社会秩序的稳定,对于维护电商个体存在较多漏洞,并不完全适用于现阶段的发展水平。《电子签名法》[①]对于我国《电子商务法》的出台起到了一定的促进作用,主要用于企业间签订电子合同,但是对于到达网络销售及网络标准化交易的层次,中间还存在着诸多问题。相关基本法律的缺失定会限制电子商务的发展速度,但总体而言,《电子签名法》的颁布在一定程度上也对我国电子商务法的立法进程起到了促进作用。2017—2018 年,在互联网及电子商务领域,我国立法速度明显提高,足以说明国家对互联网和电子商务的重视。例如,《电子商务法》《反不正当竞争法》《快递暂行条例》《医疗器械网络销售监督管理办法》《网络餐饮服务食品安全监督管理办法》《网络预约出租车汽车监管信息交互平台运行管理办法》。

近年来,随着电子商务和移动互联网的迅猛发展,电子商务领域出现很多新问题急需立法规制,建立开放、共享、诚信、安全的电子商务发展环境。促进电子商务健康可持续发展,已然是电子商务经济时代的迫切需求。2018 年 8 月 31 日,第十三届全国人民代表大会常务委员会第五次会议审议并通过《电子商务法》,该法是我国电子商务法律体系的基本法,为电子商务未来的发展奠定了法治框架。《电子商务法》对电子商务经营者、电子商务合同的订立与履行、电子商务争议解决、电子商务促进和法律责任五部分做出具体规定,重点包括五方面内容:一是拓展了调整对象,将微商等新型电子商务经营者纳入监管;二是对平台责任的规定更加完善和严格,提高了平台的审慎注意义务;三是明确了电子商务中的主体登记制度;四是更加注重细节方面对电商用户的权益保护;五是对市场竞争秩序严加监管,确保消费者的自主选择权、市场经营主体的营业自主权。

行政规范性文件包括《国务院办公厅关于推进电子商务与快递物流协同发展的意见》《工商总局关于推行企业登记全程电子化工作的意见》《工商总局关于全面推进企业电子营业执照工作的意见》《工商总局关于全面推进企业电子营业执照工作的意见》等。其中,《网上交易指导意见(暂行)》促进了网上交易行为,主要规范了网上交易的健康发展,使网上交易行为逐渐规范化。该法的主要作用是鼓励网上交易,帮助当事人开展网上交易,并帮助当事人警惕和防范交易行为带来的风险。2011 年,商务部制定《第三方电子商务交易平台服务规范》,旨在倡导诚信理念和规范服务,完善电子商务环境,促进电子商务的健康发展,由消费者协会和相关单位通过在线投诉机制

---

① 中华人民共和国电子签名法 [EB/OL]. http://www.gov.cn/flfg/2005-06/27/content_9785.html2.

受理交易争议,各级商务部门或单位应建立网上交易服务标准的监管责任制和问责制。2014年,商务部制定《网络零售第三方交易平台交易规则制定程序规定(试行)》,由商务主管部门负责监督。

2. 京津冀电子商务行业规制体系

京津冀电子商务地方立法方面,2007年北京制定了《北京市信息化促进条例》;2007年天津制定了《天津市信息化促进条例》;2012年河北省制定了《河北省信息化条例》。2014年8月2日,国务院成立京津冀协同发展领导小组,为三地加强区域立法协同合作提供了组织保障。2015年4月30日,中共中央政治局审议通过《京津冀协同发展规划纲要》,标志着京津冀协同发展成为国家重大战略。2015年5月,为配合京津冀协同发展国家战略的有效实施,北京市人大常委会、天津市人大常委会、河北省人大常委会分别出台《关于加强京津冀人大协同立法的若干意见》,完善了区域法治协同建设机制。总体上看,目前京津冀区域环境治理领域的立法协同成果较多,但电子商务立法协同尚未全面启动。需要提出的是,目前北京尚未出台专门的电子商务促进法规或政府规章。京津冀电子商务活动最大的突破在于2017年制定《京津冀电子商务协会协同发展五年行动纲要》①,以促进三地的电子商务产业相互融入、建立完整的电子商务生态圈为主要目标,改善北京、河北电子商务企业运营模式单一的现状。同时将电子商务人才培养、专家咨询和配套服务方面都纳入发展目标当中,以全面促进京津冀一体化的发展速度。但需注意的是,该纲要只是针对京津冀三地在电子商务活动的各个环节上提出发展要求及期待,并未提出具有三地统领性意义的管制规范。

(二)京津冀电子商务执法协同机制

1. 京津冀电子商务执法协同机制

执法协同是区域发展的重要保障,也是实现区域间电子商务一体化发展的重要举措。执法协同机制对于区域发展具有重要意义,有助于解决区域间执法主体不协调的问题,减少乃至消除区域冲突。京津冀电子商务的协同发展,需要完善的执法体系加以规范。以我国有关知识产权保护的问题为例,网上消费人群多、执法轻度弱、执法速度跟不上违法行为的隐匿速度、利益团体对执法机关的干扰,这些因素都使得电子商务的知识产权维权难。由于电子商务的发展主要依托互联网实现,类似的问题不断出现在各种领域,现

---

① 京津冀电子商务发展高峰论坛在津举行 [EB/OL]. [2018-12-28]. http://news.youth.cn/jsxw/201705/t20170522_9835593.html.

有的法制体系与实际情况存在差异，人们不满足于现有的法制体系，迫切需要京津冀电子商务执法协同机制来解决问题。而研究京津冀电子商务执法协同机制有利于探索电子商务执法协同机制的理论框架与科学路径，加快推进电子商务的发展。①

2. 执法协同机制重在保障电子商务协同发展

京津冀一体化一经提出，就将电子商务协同发展视为其中的一个重要步骤，而实现执法协同是实现电子商务协同的重要环节。电子商务依托互联网得以发展，以"协同"为手段能够促进社会资源的优化配置，从而达到提高经济运行效率的目的。"协同"能够引导不同企业在市场竞争中逐步调节企业内部生产方式、战略目标的发展方向和企业生产的规模，增强企业的发展实力，从而提高生产企业的竞争力。电子商务协同发展的实现需要以执法协同机制为基石，只有真正做到执法协同，才能发挥法律的作用，体现立法协同的关键内涵。正确地接收信息、及时地传播信息、有效地利用信息，在这种"三步走"的执法协同步伐内，才能更优化电子商务。

三、京津冀电子商务行业规制面临的瓶颈

虽然京津冀三地在环境治理等领域的规制协同质量和效率有所提高，但是京津冀电子商务立法、执法协同尚存在体制、机制等瓶颈制约。

（一）京津冀电子商务行业发展立法协同存在的问题

1. 京津冀电子商务协同立法主体协调机制尚需健全

京津冀的立法主体由省级政府占主导地位，但是根据我国修订后的《立法法》，对于地方权力机关与行政机关的立法权限进行扩张，因此河北省的立法主体扩增。法律规定：设区的市应该在相应的权限内使用法律所给予的立法权，设区的市可以电子商务相关的消费者保护等问题为基础颁布地方性法规。这样一来，河北省共有11个设区市享有立法权。北京和天津作为直辖市，立法主体具有单一性；而河北省不仅省人大享有立法权，设区的市人大也享有立法权，因此其立法主体具有多层级性。对于京津冀协同立法，不同层级的立法主体势必会产生分歧，国家有必要明确河北省的设区市的立法主体能否同北京、天津的立法主体享有平等的电子商务立法权。

2. 京津冀电子商务法治协同与现行立法体制存在一定冲突

在中国现行的法律体系下，京津冀三地都从维护自身利益的角度出发

---

① 吴长军. 京津冀电子商务立法协同机制研究［J］. 社会治理, 2017（7）：70-74.

制定了地方性政策法规，并且具有较大的约束力，协同法律的出台可能导致各方利益受到损失，影响各地的利益。《电子商务法》的出台势必意味着京津冀三地相关法规政策大面积的修订问题，否则整个协同法律的法律地位将处于尴尬的位置。若协同法律位于地方法规之上，很多地方法规都将作废，需要三地进行沟通协调。京津冀电子商务协同立法，需要整合区域立法资源优势，增强地方电子商务立法总体实效，推动区域电子商务产业协同发展。

3. 京津冀电子商务立法制约因素依然突出

当前京津冀三地电子商务协同立法工作依然面临诸多制约因素。京津冀三地整体经济定位、区域产业发展水平、发展规划、利益诉求不同，地方法规与治理政策的碎片化与区域协同发展目标之间的矛盾依然存在，区域发展不平衡问题日益凸显，北京"大城市病"依然突出，统一开放的市场体系尚未完全形成。京津冀行政边界与管辖权制约下的区域行政壁垒依然严重，区域之间的电子商务法规政策规范不协调问题亟须解决。

4. 京津冀电子商务地方立法尚需完善

目前，京津冀三地均未出台专门的电子商务规范与促进法规。京津冀电子商务发展对地方立法提出要求，京津冀迫切需要协同推进《电子商务促进条例》或《电子商务法实施条例》等地方法规制定工作，为规范与促进电子商务健康持续发展提供良好的法治保障。我国《宪法》《立法法》规定京津冀三地均拥有地方立法权。京津冀三地均基于地方立法需求制定了大量地方性法规、规章，主要是规范单一行政区域内的地方立法。京津冀虽然在环境治理领域立法协同取得一定成果，但是区域电子商务立法合作机制尚需健全，电子商务相关协同立法成果阙如。

(二) 京津冀电子商务执法协同机制建设的主要瓶颈

1. 京津冀区域电子商务发展环境存在差异

北京市基于国家政治中心的地位和具有优越的经济发展条件和产业基础的天津已成为京津冀的核心。三个地区间各部分的功能相互交叉，在同一层次上也存在一定程度的同级竞争。然而，北京市、天津市和河北省仍有许多不同之处。例如，区域内的交通、工业和城镇布局不合理。北京和天津两市的电子商务行业发展迅速，河北的中小城市发展缓慢。此外，北京、天津两个城市的人均年收入远高于河北的人均年收入。区域公共服务的显著差距制约着区域要素流动，制约了区域电子商务行业整体发展。《京津冀协同发展规划纲要》对京津冀核心功能进行了定位。北京的首要任务是提高首都的核心功能，解决北京的"大城市病"问题。北京主要定位于服务高端服务业，包括电子金融、在线教育、在线科技、网上零售等。天津电子商务产业集中在物流、制造、外贸三大平台，这三个平台的发展提高了整个区域电子商务产业的成熟度，促进了天津相关产业的发展。河北的产业主要扶持 B2B 和 B2C 平台，共同形成了注意力经济。集中扶持可以促进产业向更高层次发展，带动电子商务周边产业，提高电子商务的成熟度。[①]

2. 京津冀电子商务执法政策一定程度上存在碎片化

京津冀区域电子商务市场秩序有待规范，交易环境需要健全完善，损害消费权益现象时有发生，交易纠纷和商业冲突较多；管理与执法体制不能完全适应京津冀电子商务协同发展的法律规制需要。京津冀地区电子商务执法制约突出，北京、天津和河北是一个区域整体，但三个地区也有独立的行政主体，在一定程度上加大了执法协同的难度。目前，北京、天津、河北三个地区的整体经济地位、发展水平和发展程度不同，地方性法规与区域治理合作发展目标之间的矛盾依然存在，行政壁垒的形成与发展也存在一定的矛盾。北京、天津、河北行政边界和管辖权的制约依然严重，区域电子商务执法主体之间的不协调问题有待解决。

四、京津冀电子商务规制完善策略与路径

我国迫切需要构建一套完善的电子商务规制体系，规范与促进电子商务行业健康、有序、可持续发展。在京津冀协同发展战略深入实施背景下，京津冀电子商务行业的健康可持续发展，既需要创新电子商务法律规制理念，加强电子商务法律顶层制度设计，也需要不断加强京津冀电子商务法律规制体系的立法协同与执法协同机制构建。

（一）创新京津冀电子商务规制的理念、目标及原则

1. 创新京津冀电子商务规制的理念

规制（regulation）可以界定为对微观经济主体活动的一种限制或制约。重视互联网和电子商务的发展与治理，推动网络空间互联互通、共享共治，共同构建网络空间命运共同体。京津冀电子商务行业健康发展同样需要法

---

① 董志良，张永礼. 电子商务在京津冀协同发展中的重要作用及其发展对策 [J]. 河北学刊，2015（2）：216-219.

律、法规、政策予以规范与促进。京津冀电子商务地方立法，应当创新治理理念，发挥政府治理与市场自律的双重作用，发挥法治的规范与促进作用。我国《电子商务法》第七条规定了协同治理与市场共治理念与原则，要求国家建立符合电子商务特点的协同管理体系，推动形成有关部门、电子商务行业组织、电子商务经营者、消费者等共同参与的电子商务市场治理体系。① 对电子商务企业给予鼓励，加强其自觉自律性，减少立法负担。灵活管理电子商务企业，既能够促进其产业的进步，也能够达到规范的目的。电子商务立法中，注重政府治理与市场资源配置相协调，两者都要发挥作用。加强与改善对电子商务市场的监督管理，依循国际惯例原则、鼓励促进原则、交易载体无歧视性原则、安全兼顾效率原则，注重共同治理一体化，合理科学地分配监管职责；制定以市场为导向、经营为主体，调动市场机制、优化资源配置的北京电子商务发展特色法规政策，融合政策、服务、资金等完善电子商务应用发展大环境。② 电子商务立法要树立创新思想，灵活应对电子商务这一飞速发展的产业相关问题；立法要有前瞻性，以第三方平台建设为例，立法要删除传统通知规则，改善平台状况，建立各利益相关方共同参与治理等方式。要求能够以长远的眼光和创新意识对电子商务立法加以建设和完善。

2. 科学设置京津冀电子商务法律规制的目标

电子商务立法的根本目的就是通过规范秩序、规范行为，实现健康有序和可持续发展。③电子商务法律规制体系的立法目的是法制建设的始发点和终极目标，重在促进发展、规范秩序、保障权益。京津冀电子商务发展较快，其立法工作迫在眉睫。京津冀电子商务立法目的在于：要通过电子商务制度建设，清除摩擦阻碍，规范市场秩序，营造绿色的电子商务贸易往来环境。这对日后电子商务的发展至关重要，对促进北京乃至全国的经济建设都有巨大的推动作用。京津冀电子商务立法要适应其发展的法律所需，提供电子商务发展的支撑体系，切实规范与促进电子商务行业发展。

3. 科学确立京津冀电子商务法律规制的基本原则

法律规制的原则根植于整个电子商务立法的始终，是实践中要长期坚持的灵魂支柱。京津冀电子商务法律规制体系基本原则的确立，有利于建立开

---

①③ 电子商务法起草组.中华人民共和国电子商务法解读［M］.北京：中国法制出版社，2018.

② 吴长军.我国电子商务法制建设现状、问题与完善路径［J］.中国经贸导刊，2015（35）：88-89.

放、共享、诚信、安全的电子商务发展环境。电子商务立法要遵循统一性原则，以全局为出发点，全面地考虑问题；要遵循公平性原则，建立公平、公正的交易规则，合理合法解决交易中的问题；要遵循灵活性原则，面对未知的电子商务实践中即将遇到的问题，要做好合理的预测，并根据实际情况进行有效的调整；要遵从安全性原则，严惩违法犯罪行为，保护消费者和商家的利益，力求做到共赢的诚信电子商务。我国《电子商务法》确立了鼓励创新原则、公平诚信原则、规范监管原则、社会共治原则、"线上线下"一致原则、数据信息开发利用和保护均衡原则。京津冀电子商务法律规制体系建设在贯彻《电子商务法》基本原则的基础上，应当贯彻以下具体原则：①安全性原则。安全是首要考虑因素，同样在电子商务立法中也要予以重视和关注。②兼容性原则。互联网作为电子商务存在的重要平台，其开放性和无地域限制性特质决定了电子商务全球化的特点。电子商务的贸易往来内容多元，并拥有全球发展的巨大潜力，必然要具有兼容性原则的法律来支撑其未来发展。③动态性原则。电子商务正值高速发展时期，随着其不断发展，新的法律问题频频出现，坚持动态发展原则，根据已经达成一致的法律问题制定相应的法规，驻足长远进行合理分析预测，不断修改和完善电子商务立法。④指导性原则。电子商务作为主流交易有较大的能动性，许多自发的交易行为需要有大方向的指导才能平等有序地进行，因此，电子商务立法应注重坚持指导性原则，发挥政府指导作用。⑤协调性原则。电子商务立法不仅要解决交易中的问题，更要注意与其他部门法规方面的协调互补，避免因部门法之间相冲突或因立法权与管理权区分不明确，造成整个法律系统的破坏。

（二）完善京津冀电子商务行业发展立法保障机制

1. 完善国家层面京津冀协同发展促进法

我国迫切需要制定出台《京津冀协同发展法》。区域治理高度强调立法依据、规章制度设计和监督程序控制，例如德国首都区域各层级的空间规划都应当遵守《联邦空间规划法》。[①] 立法先行同样是我国京津冀协同发展战略实施的重要经验，是促进区域产业持续健康发展、实现各利益主体互利共赢的重要法治保障。国家要加强对京津冀协同发展立法，制定具有普遍约束力的基本法律。为促进京津冀经济协同发展，整合不同行政区域不同利益，全国人大常委会应当制定出台《京津冀协同发展法》，贯彻"创新、协调、绿色、开放、共享"的新发展理念，对京津冀经济发展的基本原则、制度框架、宏

---

① 孙莹炜. 德国首都区域协同治理及对京津冀的启示 [J]. 经济研究参考，2015（31）：62-70.

观措施、法律责任等做出规定,规范区域经济协同的进程,减少区域行政摩擦带来的弊端,确保区域内各方利益的均衡,为区域协同合作提供法治保障。《京津冀协同发展法》必将对包括电子商务在内的产业协同发展发挥重要的法律保障作用。京津冀协同立法对三地电子商务发展具有重要性。电子商务包括交易、仓储、物流等多个环节,本身是一个需要多方配合的商业活动。在京津冀共同发展电子商务的现阶段,一个交易活动不同的环节可能涉及三地多个电商企业。一旦发生法律纠纷,由于三地立法机制和管理规制各不相同,没有统一标准的电子商务立法加以规制,很可能导致问题的复杂化与扩大化,甚至在一件事上出现双重标准。因此,为确保三地电子商务的平稳长久发展,必须有配套的协同法律共同跟进,实现产业实力和法律体系相辅相成。

2. 建立完善京津冀电子商务立法协同的组织保障机制

(1) 设立国家级京津冀立法协调机构。为推动地方法规政策协调一致,迫切需要设立国家级京津冀立法协调机构,可以由国务院按照其法定职权和程序设立协调机构。国务院京津冀协同发展领导小组之下成立"京津冀法制协同建设领导小组",协调解决京津冀法规政策冲突问题。从整体上把握京津冀区域立法监督工作,本着平等协商、公平合理原则进行立法活动;促进京津冀区域内的立法主体进行良性立法,保障京津冀区域经济协同发展战略顺利实施及战略目标快速实现。①

(2) 科学设立京津冀三地电子商务区域立法协调机构。京津冀三地在现行立法协调机制内设立电子商务立法协调委员会,专司电子商务立法协调工作。区域范围内各地区在制定电子商务法规时,需要加强沟通协调,遵守立法规划与程序。在区域立法协调管理机构下再设争端解决办公室,由其制定区域一体化发展过程中的争端解决办法,负责解决区域内各方之间发生的争端与合作纠纷。②电子商务立法协调委员会应由京津冀三方的人大常委会现行立法协调框架内协商组成,负责协调确定三地电子商务立法规划和计划,对电子商务法规提出建议,确立统一标准、原则和规则,分别由各地方立法机关结合本地区实际情况与功能定位各自制定和颁行。电子商务区域立法协调委员会与区域内各方立法机关紧密联系,协商制定京津冀电子商务立法框架,为京津冀立法机关制定统一的电子商务法规"蓝本",建立完善电子商务立法信息交流、地方立法评估等制度。

---

①② 赵新潮. 京津冀区域法治一体化路径研究 [J]. 金融教学与研究,2015 (3):63-66.

3. 完善立法规划、提案、审议、通过、交叉备案、交流沟通协同机制

京津冀电子商务立法协同工作，应当保证整个立法过程的透明性，确保电子商务立法程序公开、公平、公正，充分调动社会公众的参与能动性，实现科学立法、民主立法、合作立法。

(1) 完善电子商务立法计划确定机制。完善电子商务立法前期选项工作机制，全面引入立法项目建议征集制，多渠道收集社会电子商务立法建议。加强电子商务法规立项论证工作，在法规起草前就引入理论界、实务界的专家学者就立法的合法性、必要性和可行性进行论证。[①] 京津冀立法机关要按照"优势互补、互利共赢、区域一体"原则，按照《京津冀协同发展规划纲要》《关于加强京津冀人大协同立法的若干意见》的要求，确定电子商务立法计划，提高电子商务立法协作成效。为适应京津冀电子商务发展的立法需求，进一步规范与促进电子商务行业发展，有必要完善电子商务立法计划，推进京津冀《电子商务促进条例》制定工作，促进电子商务行业的健康持续发展，为京津冀产业转型升级提供法治保障。

(2) 完善地方电子商务法案起草机制。京津冀电子商务地方法规制定工作，可以三地协商共同起草，也可以以协同立法决议的形式委托一方或某两方立法机关进行起草，先制定电子商务法地方性法规。联合立法协同模式要求，由三地立法机关联合起草电子商务法规，经过协调论证后，将成熟的电子商务法草案分别提交各自的立法机关表决通过。委托一方立法模式要求，由一个省级立法机关牵头起草电子商务法规，其他省市提出意见与建议，达成共识性立法蓝本，最终各自出台电子商务法规。

(3) 完善电子商务法案提案机制。电子商务协同立法草案起草完毕后，京津冀立法协调委员会负责召开协同立法会议，对电子商务草案进行投票表决，如果一次表决通过，就由各地方的提案主体向本地立法机关同时提交电子商务法律草案文本及其说明，提请审议。如果电子商务法案草案未被协同立法会议通过，则就存在的问题再次返回重新起草提交，或者另行提出新的电子商务法提案。

(4) 完善电子商务法案审议表决机制。提请审议的电子商务立法草案，由京津冀三地各立法主体按照地方立法一般程序进行审议。各地立法机关对电子商务立法法案审议情况及时汇总，并向其他两个省市通报，以使各方密切关注电子商务立法的进展，对存在特殊状况的给予及时协调。京津冀三地

---

① 郑翔，丁琪. 京津冀协同发展背景下对首都地方立法的反思 [J]. 天津法学，2015 (4)：42-46.

电子商务立法机关按照有关规定分别进行表决和公布。

（5）建立、完善京津冀电子商务协同立法的交叉备案机制。京津冀立法机关在各自制定完成电子商务法规后，向区域内其他地方立法机关进行备案，其他地方立法机关可就此提出立法协调要求，进行协商处理。电子商务立法交叉备案的意义在于有效推进立法后的沟通与协同合作。根据《立法法》规定，京津冀三地在开展区域电子商务法规立法协同之后，只能各自向全国人大常委会和国务院备案，由全国人大常委会负责审查地方性法规是否与上位法相抵触。京津冀电子商务立法交叉备案是对法定备案的一种补充，在一方完成法定备案的同时，向区域内的其他人大常委会提交地方性法规备案。

（6）建立、完善区域电子商务立法沟通协商机制。加强京津冀区域立法规划沟通协调，是京津冀区域电子商务立法工作协同的重要基础。京津冀三地制定电子商务立法规划要充分考虑京津冀协同发展的需要，注意吸收彼此意见，使区域立法规划和年度计划既能满足本地区域电子商务立法实际需求，也能照顾到其他省市关切，最大限度地发挥京津冀在电子商务立法资源和法律制度规范方面的协同推进优势。京津冀三地人大常委会及政府法制工作部门制定电子商务立法规划时，要将总体思路向其他省市及时通报。加强京津冀电子商务立法项目的协商沟通，是京津冀电子商务产业立法协同工作的必然要求。京津冀一地立法机关先行启动电子商务立法程序的，应当及时向其他省市通报立法项目进展情况和立法研究成果，并就有关问题征求意见和建议，实现区域内电子商务法律关系主体权利与义务的一致性，实现区域电子商务法律规则的协调性。

4. 协同立法兼顾京津冀三地电子商业行业发展的固有差异

（1）针对三地分工及行业标准问题，完善京津冀电子商务标准体系。京津冀需要统一电子商务标准建设，且不可与京津冀电子商务法律法规相冲突。电子商务标准包括以下四个方面：基础技术标准、业务标准、支撑体系标准和监督管理标准。[①] 首先，要制定京津冀三地电子商务统一的技术标准，为京津冀电子商务的发展打下稳定的基础，对电子商务的总体性、全局性达到统一，规范信息流的语法标准，统一"网络协议"标准，减少纠纷的出现。其次，对于业务标准的统一，可以使得电子商务运行中的多个环节达到一致，避免地区之间在交易、物流或其他环节产生分歧。支撑体系标准主要对在线支付、信用服务、现代物流和安全认证设立标准，这几个方面与消费者的利益密切相关，有利于保护消费者的利益。监督管理是对电子商务主体和客体

---

① 孟兆平．中国电子商务法立法基本问题研究［J］．学习与实践，2016（5）：62-68.

的规制，能够使电子商务在一个公平安全的环境中稳定运行，不断发展。

（2）以平等互利为原则，推进三地电子商务协同立法。三地的政治地位是难以改变的，因此在立法时要以平等互利为原则，将三地看成政治平等的主体，在统一标准的前提下充分保护三地各自的利益，避免牺牲某地利益维护首都利益的情况发生。在法案制定过程中，相关立法委员会应充分调查三地企业的实际发展状况，深入到企业当中进行实地走访，了解当地企业的切实需求和发展困难，以现实情况为基准制定法案。应该调动企业在协同立法过程中的参与度，积极与企业沟通交流听取意见，在一定程度上保证立法的透明度，以平衡三地的利益。

5. 建立、完善京津冀电子商务协同立法的具体制度体系

（1）优化京津冀电子商务发展的基础环境。良好的政策和法律环境是京津冀电子商务发展的外部动力。京津冀电子商务立法要强化组织保障、明确权责分工。支持和管理电子商务行业发展，明确政府权责，提高管理效率，更好地服务企业；加大资金支持力度，灵活运用资金，促进电子商务企业尤其是中小企业发展；减轻税收负担、拓展融资渠道、支持人才引进。京津冀电子商务立法要为电子商务打造适于其发展的法律环境，支持和鼓励电子商务的发展。

（2）完善京津冀电子商务发展的制度支撑体系。电子商务的平稳运行离不开内部的制度支撑体系，包括交易前、交易中、交易后的各个主要环节。京津冀电子商务立法应当支持电子支付、安全认证、信用服务等电子商务服务体系发展。金融管理部门应当会同有关部门加强电子支付、商业预付卡等新型支付方式研究，完善管理措施。鼓励电子商务企业、专业电子商务平台在本市设立物流中心、采购中心、结算中心、运营中心等机构；鼓励传统经营者发展电子商务或者利用电子商务平台开展经营业务；鼓励发展跨境电子商务以及商品流通综合服务平台、网络、渠道建设；支持建立、完善电子口岸数据交换平台，实现对外贸易监管数据电子化报送，提高通关效率，为跨境电子商务提供支持和便利。

（3）健全京津冀电子商务行业监管机制。京津冀电子商务协同立法要加强部门联动，促进信息共享。建立健全网上产品质量监管，完善消费者权益保护机制。建设电子商务监测工作制度，搭建电子商务统计信息管理平台。完善电子发票制度，减少运营成本，方便消费者。遵循"政府推动、企业主导、市场运作、依法规范"的原则，组织、指导和协调电子商务的推广以及相关的信息化推进、管理工作。制定、完善商务领域电子商务发展的政策、

措施、标准、规则,增强电子商务企业诚信规范经营自律意识;树立诚信电子商务企业形象,提高全社会诚信经营水平。规范信息化管理,加快信息化建设,促进经济发展和社会进步,保障电子商务企业规范化、法制化运行。建立并完善电子商务消费投诉处理机制、信用评价机制、消费信息公布机制,加强电子商务消费者权益保护。制定、完善电子商务领域违法行为的民事责任、行政责任、刑事责任体系,规范与促进京津冀电子商务产业的持续健康发展。

6. 建立健全京津冀电子商务协同立法后评估机制

开展区域电子商务协同立法后评估有助于提高京津冀电子商务立法的实效与协调性,也有利于维护区域电子商务法制统一,更好地实现跨区域电子商务产业依法协同治理。第一,确定立法后的评估法规对象。京津冀三地电子商务法规在实施一定时间后可被纳入立法后评估范围。第二,确定电子商务法规评估主体与评估方案。评估主体可以分为评估责任主体与实施主体。评估责任主体主要是指地方人大及其常委会,实施主体主要指具体开展评估工作的主体。三地立法机关可以联合开展对区域内电子商务地方性法规的评估。京津冀人大常委会需要组成区域联合立法后评估工作小组,制定评估方案,明确评估任务,共同对京津冀三地制定的电子商务条例实施情况展开评估。京津冀协同立法后评估工作小组在三地人大常委会指导下选择评估方案,对电子商务法规开展合法性、合理性、可操作性与协调性评估。第三,实施评估活动。评估小组需要尽可能多地将电子商务法规的实施情况收集起来,并运用成本效益法进行整理与分析。第四,形成立法后评估报告。电子商务立法后评估报告一般应包括评估电子商务法规立法目标、具体规定、法律责任等规范的实施情况、实施效果、主要问题和评估结论。注重评估电子商务立法规范自身的协调性,评估电子商务立法所产生的协同效应,评估电子商务立法制度目标实现情况。①

(三)完善京津冀电子商务行业规制执法保障机制建设

1. 完善京津冀电子商务执法协同机制的原则

(1)贯彻合法主义原则。在京津冀协同发展时也会出现执法者应用不同的政策,依照这些政策执法是社会生活中的普遍现象,但有时也会出现两种政策相冲突的情形。政策法规的制定与实施应当遵守法律,如果制定的政策

---

① 焦洪昌,席志文. 京津冀人大协同立法的路径[J]. 法学,2016(3):40-48.

与法律法规发生不一致的情况，应当按上位法优于下位法、特别法优于普通法、新法优于旧法的规则实施行政行为。合法性原则既包括实体合法，也包含程序合法。合法性原则是对执法行为的监督和对执法结果的确认，执法机关的任何执法活动都必须在法律授权范围内，不能超出法律的边界。

（2）贯彻公正、公平原则。不公平、不公正是引发矛盾的主要原因，但世上没有绝对的公平，公平是相对的，加上在执法过程的何种情况并不是一成不变的，而是复杂多变的，使得执法部门在执法过程中很难体现公正执法。所以，可以通过公开征求意见等方式，让法律根据大多数人制定，合理性原则的确立与自由裁量权是紧密相关的。法律在许多方面都只是规定了基本的原则，因而任何执法行为都包含一定的自由裁量权，但是自由权的扩张也产生出权利滥用现象。因此，电子商务执法机关在法律规定的限度内，应尽可能适当、合理地开展执法活动，方便考虑少数人观点，达到普遍公平，使大多数人在执法过程中感到公平。

（3）贯彻区域合作执法原则。由于行政区划的影响，北京、天津、河北三地的经济、社会、文化等方面也存在差异，导致行政执法手段、目标和要求的差异。实施区域执法存在诸多分歧和冲突，应该加强三地的合作执法原则，在统一的标准下相互配合，达到地方发展与三地协同发展的一致，统一电子商务执法标准。针对各地区的协调发展规则，不仅要考虑一个地区的优势，还要全面、综合地考虑各合作区域的特点和实际情况。要多方位地考虑当前的发展形势，建立适合三个区域的跨区域合作体系，切实实现电子商务协调发展的战略目标。只有通过统一的执法标准，才能控制执法的程度，实现执法的公平；只有通过统一的执法机制，才能进一步完善法律体系建设，协调执法进度。2018年8月31日《电子商务法》出台，对电子商务交易进行统一规定，促进全国电子商务规则一体化。执法协同应当遵循合理性原则和合法性原则。

2. 完善京津冀电子商务执法协同组织架构与信息平台

（1）成立区域统筹规划合作机构。区域统筹规划机构主要成员应当包括三地电子商务行业代表。选择电子行业的代表作为机构主要成员有助于掌握各个区域的特点，集中优势，取长补短，协同发展三地的电子商务。选择不同区域成员的另一重要目的是体现相互间的监督。统筹规划机构在满足各区域发展的同时，还能促进京津冀电子商务的协同发展。建立健全协同执法信息平台。区域分权与主管部门之间的沟通障碍是阻碍协同发展的主要问题，信息平台的建立可以有效地将这一分散在各区域、各部门的信息整合到统一的执法信息中。这些信息的整合将使各地区通过执法信息平台共享执法的数据和信息，并在多个方面加强执法信息化建设和信息共享。信息共享将促进行政执法部门协调配合，提高执法单位整体效能。

（2）科学借鉴外国区域协同执法经验。德国政府为了应对首都发展与矛盾，由联邦和州联合设立拥有行政职能的联合机构，并制定一系列固定的发展合作机制，以此方式加快都市区域的协同发展。实行"自上而下"的行政管制，设置"空间规划部长级会议机制"，召集各组织、社会团体谈论区域发展的思路和观点，通过区域行动计划将会议内容具体化。以成立协调委员会的方法增强柏林—勃兰登堡都市区的力量；协调政策、规划等立法工作；平衡多方权益、协调争执；强化各方合作意识；确保政府区域发展与规划。美国联邦政府对各州的发展进行适度放权，立法权集中在联邦政府，但是执法权会下放给各州，各州在不断发展的过程中要时刻保持和联邦政府的联系，因此，联邦政府和各州的立法合作也不断增加。具体方式有设立联邦与州之间及州与州之间的合作机构；举行联席会议；合作起草法案和订立立法规划；制定有关规定与标准的合作条款；州向联邦提供立法意见和建议等。具有平等地位的各州针对相互的合作会签订州际协定，对于解决各州的矛盾及争议卓有成效。全美统一州法典委员会是美国第一个州际立法组织，由各州州长任命的州代表组成，专门统一各州的立法目的。德国、美国区域立法及执法经验具有一定的借鉴价值。京津冀电子商务执法协同，迫切需要建立、完善信息和协调机制，成立专业咨询机构，发挥其在制定和实施区域空间规划中的作用。获取及时准确的信息对于管理者发挥管理作用是必不可少的。虽然北京、天津和河北是相邻的地区，但这些地区仍然属于不同的行政区域。在各自的发展中，只有建立一个统一的协调机制，才能平衡三方的权益，实现共同发展。成立专业咨询机构，有利于三方之间的信息交流，加强各方联系，增强合作意识；有助于平衡各方利益，协调争端，保障政府的区域发展和规划协议的实施；同时也有利于政府部门之间的信息交流，促进各部门顺利达成合作目标。

3. 完善京津冀电子商务执法协同协议框架

区域治理依赖于立法基础，如德国首都的区域协同治理。为了解决政府碎片化与区域发展的不平衡问题，根据联邦政府的共同发展和合作的需要，建立一个具有这种功能的联合管理机构，制定固定的合作模式和机制，促进了城市的协同发展。国务院根据其法定权限和程序，可以设立协调机构，协调北京、天津和河北的法律冲突问题，全面优化北京、天津和河北的电子商务执法监督。

（1）完善京津冀电子商务执法协调机制。协调机制在经济发展中发挥着巨大的作用，协调机制的统一将更有利于区域经济发展的实现。为了实现各自的区域发展，容易发生不公平竞争，对北京、天津和河北地区的发展产生不利影响。区域协调的焦点在于各地区之间的交流。我国尚未制定《京津冀协同发展法》，签署《京津冀电子商务执法协同协议》就显得尤为重要。

（2）明确电子商务执法界限。分工与合作是执法过程中常采用的措施，分工是为了更加体现合作。执法过程中，由于各种状况的不确定性，跨区域执法经常出现，只有区域共同合作、整体分工，才能完成任务。京津冀区域执法协同的关键在于三地的执法合作。京津冀电子商务执法合作应解决好以下问题：主要执法行动的事先通知；相互承认执法结果；执法责任实现跨区域负责。重大执法行为事先通报是对执法权力的第一层监督，而且有助于执法部门的信息协调，让上级部门知晓问题并综合协调。执法结果互认有利于加强公民对权力的公信力，也是促进执法协同的重要举措。交叉区域执法责任是对执法行为的另一种监督，也更加体现权责一致。这种执法界限分明的机制将有助于防止执法空白、执法分散化和碎片化，同时又能明确各执法部门的责任，实现权责统一。

4. 完善京津冀电子商务执法实施与监督机制

（1）完善法律法规实施程序。依法惩治各类违法行为，达到社会主义法治的基本要求，保证法律必须执行，执法必须严格，法律必须追究。建立和完善执法自由裁量权标准体系，避免滥用裁量权，减少同案不同罚的现象，执法时不应畸重畸轻。加强执法信息化建设和信息共享，科技信息的发展对社会变革有着深刻的影响，也为执法效能的提升注入了新的生机和活力。行政执法协调需要依靠信息技术来达到共享信息。

（2）完善执法监督机制。电子商务执法包括事前的执法监督、事中的执法监督和事后的执法监督。事前的执法监督主要表现为法律规定，只有优化制度设计，才能完善事前执法监督；事中的执法监督主要表现为对执法行为的监控，包括所有执法行为都必须配备监控设备、大多数执法行为都必须有两个工作者，这是实施法律的重点监控地；事后的执法监督包括对法律文书的审查监督和行政复议职权。权力的本质是腐败和滥用，只有加强对权力的监督，才能使当事人更好地享有权利。

5. 完善京津冀电子商务执法协同争议解决机制

解决政府间争议的关键问题取决于矛盾当事方所处位置。就地方行政机关而言，主要包括各级公安部、各级地方政府、各级地税局、各级国税局、国务院等。对地方各级机构的领导主要分为上级主管部门领导，即中央垂直领导、省以下垂直领导和同级人民政府领导。同级地方政府发生争议时，分别向领导部门汇报，由上级领导部门协调沟通；不同级的地方政府发生冲突时，由下级地方机构逐次向上级主管机构汇报，再由与高级别机构同一级别机构相互协调。这种垂直管辖与同级管辖的机制有助于地方各级机构间的相互监督、互相合作。各区域间的协调解决机制有助于实现多地的协同发展，促进法律进步、提高办事效率。我国可在现行法律框架内，适当借鉴美国州际合作协议争端解决机制。我国京津冀电子商务行业的政府管理过程中，政府之间的争端应当在我国行政法机制内解决，协商解决途径为最优，共同的上级人民政府处理为最后的解决机制。

综上，加强区域协同治理是国家治理现代化的重要标志之一。电子商务现代化在区域产业升级协同发展中居于重要地位，电子商务一体化是京津冀协同发展国家战略实施的重要一环。我国京津冀电子商务立法协同尚存在一系列体制机制等瓶颈制约，迫切需要制定京津冀协同发展法，加强中央顶层设计，完善京津冀电子商务立法规划、提案、审议、通过、交叉备案、交流等程序协同机制，健全京津冀电子商务具体制度体系，建立、完善立法后评估机制，为京津冀协同发展战略实施提供法治保障。① 为贯彻《京津冀协同发展规划纲要》，提升区域电子商务法治建设水平，促进区域电子商务法律规则统一协调，亟须统一透明的法律政策规制体系保障；贯彻协同治理与市场共治的理念与原则，推动实现政府监管、行业自律、社会共治有机结合的善治格局，为京津冀电子商务的良性发展与互动创新奠定制度基础。

---

① 吴长军. 京津冀电子商务立法协同机制研究［J］. 社会治理，2017（7）：70-74.

第十章　京津冀物流产业协同发展规制

吴长军　王珊珊　贾　晨　阎慧敏

加快推进京津冀协同，提高三地城市协同发展水平，是增强三地城市整体竞争力的重要方面。① 在京津冀协同发展国家战略实施背景下，京津冀物流产业协同发展需要良好的法制环境。现阶段，京津冀地方性法规、规章、政策之间一定程度上存在不协调之处，影响了区域内各种生产要素的自由流动，也阻碍了三地物流产业协同发展进程。京津冀协同发展提供法律保障是一项系统工程，不仅需要在立法层面上建立高屋建瓴的立法合作机制，制定《京津冀协同发展促进法》，还需要签订行政协议与加强执法监督，并进行三地的司法协助。② 规制是指依据一定的规则对构成特定社会的个人和构成特定经济的经济主体的活动进行限制的行为。进行规制的主体有私人和社会公共机构两种形式，本章主要讨论第二种。由社会公共机构进行的规制，是由司法机关、行政机关以及立法机关进行的对私人以及经济主体行为的规制。③ 京津冀物流产业协同发展法律规制体系建设，有利于保障京津冀物流生产要素合理配置，有效解决京津冀物流产业发展中出现的行政壁垒、法规政策冲突等瓶颈问题。京津冀物流产业发展法治协同建设，旨在通过法治的思维与手段打破区域行政分割，构建公平有序的物流产业市场，实现政策协同、利益共享，促进区域经济健康协调可持续发展。京津冀物流产业协同发展同样需要完备的立法、执法、司法保障；建立完善的法律规制体系，能够有效促进物流行业政府与市场之间的良好协作，既能更好地发挥政府的作用，又能发挥市场配置资源的决定性作用。政府对京津冀物流行业的规制，需要树立依法治理思维，采用法治手段，创建良好的法治化营商环境，更好地维护社会公共利益，保障京津冀物流产业健康、有序、协同发展。

---

① 武建奇，母爱英. 论区域意识与京津冀协同［J］. 经济论坛，2015（7）：4-6.
② 常敏. 京津冀协同发展的法律保障制度研究［J］. 北京联合大学学报（人文社会科学版），2015（4）：47-50.
③ 植草益. 微观规制经济学［M］. 朱绍文，胡欣欣等译校. 北京：中国发展出版社，1992.

一、问题的提出与研究现状

(一) 问题的提出

推动京津冀三地市场的协同发展,是增强京津冀区域协同竞争力、践行京津冀协同发展战略的重要举措。市场的协同发展,从本质上需要破除横亘在要素流通过程中的各种壁垒,推动要素流动的自由化。① 区域物流是在一个区域城市群的各城市之间、城市与农村之间的物流和经济区域与经济区域之间的物流。② 在京津冀协同发展国家战略实施背景下,调整、优化城市布局和空间结构,构建现代化交通网络系统,推进产业转型升级,推动公共服务共建共享,加快物流产业协同发展进程,都需要法律规制机制的支撑。伴随着国家政策与财政的大力支持,2014—2018年我国逐渐将京津冀协同发展的蓝图绘为现实,三地实现了交通一体化、公共服务一体化、要素市场一体化等,使得三地人民的生活更加快捷方便。毋庸讳言,目前京津冀物流产业协同发展中的立法协同、执法协同、司法协同面临着诸多难题。京津冀物流产业协同发展法律规制体系的构建与完善需要三地政府积极配合,通过国家机构和地方机构的沟通协作,构建京津冀各地区立法、执法、司法机构的协同机制。

政府规制是在以市场机制为基础的经济体制下,以矫正、改善市场机制内的问题为目的,政府干预和干涉经济主体活动的行为。京津冀物流产业协同发展同样需要健全的规制体系予以保障,急需京津冀三地建立规制协同机制。物流行业发展在京津冀协同发展战略中处于重要地位,迫切需要完善物流行业法律政策体系,提供良好的法律规制体系保障。京津冀地区物流产业发展仍面临一些体制、机制等问题,而法律规制机制的完善往往是多方利益机制共同协调的成果。从理论上来探讨并研究相关法律政策,对京津冀物流产业协同发展法律规制机制的建立显得尤为重要,有利于为京津冀物流产业协同发展法律规制机制的研究提供更多的理论观点与学术思想,为京津冀三地市场统一、措施一体、互利共赢的协同发展提供科学依据。加强京津冀区域物流规制机制研究,既响应了国家京津冀协同发展战略的需要,也符合京津冀地区商贸流通经济发展的长远需要,还能为国家区域物流产业协同发展法治建设提供科学对策。

---

① 魏丽华. 京津冀地区市场协同发展研究 [J]. 上海经济研究,2016 (4):100-107.
② 王之泰. 新编现代物流学 [M]. 北京:首都经济贸易大学出版社,2005.

(二) 研究现状与动态

区域物流发展研究主要涉及区域物流发展对策研究、区域物流发展模式研究、区域物流发展水平评价研究等。真正的物流必须从整个系统的角度，把仓储、运输及相关的各个环节集成起来。① 区域经济与区域物流是彼此依存的统一体，区域经济是包括物流活动在内的各种经济活动的总和。② 我国区域物流发展主要存在四个问题：物流管理与流通体制分割，有关物流发展的政策法规还很不完善，需要创新物流发展环境，建立推进现代物流发展的统一协同机制。③ 区域物流规划应以现代物流理论、增长极理论、协同理论、系统理论为指导。④

在京津冀法治协同研究方面，有学者认为京津冀协同发展的核心是利益问题，而对利益如何进行平衡以及取舍是法制问题。京津冀人大协同立法便是整合区域立法资源优势、增强地方立法总体实效、推动区域协同发展的过程。⑤ 区域立法协调指的是区域立法过程中各立法主体之间就其所要共同调整的事项所进行的沟通和协调，以保证立法结果的区域性协调和有效适用。区域立法协调是完善我国立法体制的需要，是缓解立法冲突的选择机制之一，同时它对促进区域开发和区域经济、社会发展也是必要的。当前我国区域立法协调从理论上、实践中和制度层面看都是可行的。⑥ 京津冀协同发展是区域经济发展的协同，更是法治的协同。区域协同发展的主要手段是市场监管和宏观调控，主要的依靠力量是市场，主要的保障力量是法治。⑦ 京津冀协同发展的重点在于如何在推进的过程中把"互联网+"和京津冀一体化有机结合起来。⑧

二、京津冀物流产业协同发展规制的框架分析

(一) 京津冀物流产业协同发展法律政策制定情况

1. 京津冀物流产业协同发展政策体系建设现状

2014 年，京津冀三地商务部门共同制定《关于落实京津冀共同推进市场

---

① 何明珂. 物流系统论 [M]. 北京：中国审计出版社，2001.
② 舒辉，周熙登. 区域物流产业总体发展模式初探 [J]. 中国流通经济，2010，24 (9)：22-25.
③ 谈毅. 我国区域物流发展与对策研究 [J]. 生产力研究，2011 (9)：122-123.
④ 黄毅. 区域物流规划理论及方法研究 [J]. 商业时代，2009 (25)：17-18.
⑤ 焦洪昌，席志文. 京津冀人大协同立法的路径 [J]. 法学，2016 (3)：40-48.
⑥ 陈光. 论我国区域立法协调的必要性与可行性 [J]. 齐齐哈尔大学学报（哲学社会科学版），2009 (5)：1-4.
⑦ 张占军. 京津冀协同发展的法治保障机制探析 [J]. 党史博采（理论），2016 (8)：26-27.
⑧ 刘士忠. 京津冀区域电子商务协同研究 [J]. 研究分析，2017 (3)：20-21.

一体化进程合作框架协议商务行动方案》，旨在共同推进京津冀市场一体化发展。2015年4月，国家制定《京津冀协同发展规划纲要》，该纲要标志着京津冀协同发展成为国家重大战略。总体来看，京津冀市场一体化程度在调整中不断提升；京津冀商品市场一体化取得显著成效，长期稳定在较高水平；京津冀要素市场一体化程度低且波动幅度大，是京津冀市场一体化的难点。①京津冀协同发展战略实施以来，中央与京津冀三地政府对于协同工作均高度重视，不断推进实施战略。物流产业协同发展方面，立法、执法、司法协同取得了一些成就。京津冀三地的人大常委会的立法负责机构会定期地召开会议，沟通协商区域立法工作。2015年，京津冀三地人大常委会出台了《关于加强京津冀人大协同立法的若干意见》。2017年3月通过了《京津冀人大立法项目协同办法》，正式确立了人大立法协同机制。2017年，三地商务部门联合印发了《环首都1小时鲜活农产品流通圈规划（2016—2020）》，努力构建科学合理的农产品流通圈，为形成统一完善的市场流通提供经验。2019年2月26日，国家发展改革委等部门联合颁布《关于推动物流高质量发展，促进形成强大国内市场的意见》。

2. 京津冀物流产业协同发展法律、法规、规章制定情况

京津冀物流产业协同发展的执法工作要做到执法有据，离不开完善的法律体系。我国《合同法》《公路法》《铁路法》《民用航空法》《海商法》等基本法律都对运输合同、各种运输方式下当事人的权利义务、法律责任、赔偿制度等进行了规定；颁布了一些单行法规或政府规章对相关物流行为进行政府规制。我国现行的与商品包装有关的法律、法规主要散见于《环境保护法》《清洁生产促进法》《食品安全法》《药品管理法》《固体废物污染环境防治法》《进出口商品检验法》之中。关于物流保险，有关的法律法规主要体现在《合同法》《保险法》之中。另外，我国的《海商法》在第12章专门规定了海上保险合同，所以《海商法》便成为调整海上货物运输保险关系的重要法律文件。其他运输方式立法，包括公路、铁路、港口、民航等法律法规对物流保险的规定比较简单。如《民用航空法》只规定了公共航空运输企业应当投保地面第三人责任险等。关于货物通关和海关货物监管，涉及的法律、法规主要有《海关法》《海关对过境货物监管办法》《关于转关运输货物监管办法》等。2018年8月31日，第十三届全国人民代表大会常务委员会第五次

---

① 陈甫军，丛子薇. 京津冀市场一体化协同发展：现状评估及发展预测［J］. 首都经济贸易大学学报，2017（1）：34-42.

会议通过《中华人民共和国电子商务法》，法律的颁布保障了买卖双方的权益，使得整个电子商务物流交易过程更加公平、安全、高效。目前，京津冀商贸流通产业协同发展的相关法律经过四年的发展已经初步形成了以行政法规、部门规章、地方性规范性文件为核心的法律体系。京津冀三地的人民政府、商务部门及相关部门，制定一些行政规范性文件，内容多涉及京津冀批发、零售、流通、电子商务、服务业、新兴产业、对外贸易等领域，规定更加详细具体。

(二) 京津冀物流产业协同发展规制实施现状

1. 京津冀物流产业协同发展法律政策实施情况

京津冀物流产业协同执法的关键在于区域立法和跨区域执法的协同，近年来，随着京津冀协同发展的推进，三地之间的执法协作日趋频繁。2018年1月，《京津冀普通公路建设项目计划协调机制》《京津冀交通运输行政执法人员学习交流工作方案》颁布，京津冀三地交通运输立法、执法协作机制不断完善。京津冀三地已在商务、交通运输、环境、卫生等职能部门实行了初步的执法协作，三地执法工作人员的联合协同日趋频繁，贯彻落实相关法律法规，优势互补，扎实推进，为京津冀地区创造新的经济增长极。京津冀物流产业协同发展是将北京的适当产业转移，津冀两地依托本地优势承接产业转移的过程。三地政府部门依法行政，各自或联合召开会议，完善机构设置，加强执法队伍培训，依据法律法规实施行政许可，依法进行行政处罚，推动京津冀物流产业协同发展进程。2015年，京津冀商务部门在天津举办了"推动落实协同发展战略"工作会议，以期协同推进北京非首都核心功能疏解，加强物流产业规划衔接和政策统筹，推进商贸物流信息共享合作。2016年，京津冀商务部门签署了《京津冀商务部门2016年重点推动的26项一揽子合作项目备忘录》及《物流行业京津冀协同发展对接协作协议》，集中疏解非首都核心功能产业，把重点放在环京津1小时鲜活农产品物流圈建设、扩大开放北京服务业和天津自贸区建设上。

2. 京津冀物流产业协同发展执法保障机制建设主要经验与成效

《关于加强京津冀产业转移承接重点平台建设的意见》发布后，京津商务职能部门立即发布了北京商委会、天津商委会《关于印发加快京津两地市场和物流中心疏解承接工作方案的通知》，职能部门执法人员立即投入到批发市场疏解工作中去。市场监管部门加大无照经营查处取缔力度，加强对地下空间的综合整治。经过努力，北京动物园、大红门批发市场等大型商城市场已全部闭市，按照计划有序地转移到河北白沟、永清、沧州和天津等地。

京津冀三地联合协作，联合执法能力不断加强，使京津冀物流产业协同发展执法工作合理合法开展。国务院专门成立了京津冀协同发展领导小组来统筹协调京津冀协同发展的各项工作。京津冀三地商务职能部门每年都会召开共同会议，就京津冀物流产业协同发展的各项突出问题进行协商，切实贯彻比例原则，在争取给企业商户最低损害的同时，找到问题最佳解决方案。

为推动京津冀联动治超工作顺利展开，天津武清区交通局主动与北京、河北两地的交通运输和公安部门加强联系，按照《交通运输部、公安部关于治理车辆超限超载联合执法常态化制度化工作的实施意见（试行）》的要求，密切配合，全面落实公安交通管理部门驻站、引导、处罚和公路管理机构检测、卸载工作。在三地交通部门联合执法下，京津冀超载问题得到显著控制，道路交通安全秩序得到良好改善，京津冀物流产业协同发展各生产要素流动和群众出行拥有了更加安全高效的环境。

（三）京津冀物流产业协同发展规制机制建设的司法保障现状

在京津冀协同发展的重大历史时期，司法协同的工作也在不断深入。自2014年以来，京津冀三地法院密切交流，达成了很多具有建设性的合作框架协议，加强了司法资源的对接和司法服务水平。2014年9月，三地法院签订《平谷、蓟县、三河、兴隆三省（市）四地法院沟通协作框架协议》，为京津冀一体化提供司法保障，同时正式启动实施四地法院《执行工作联动协作实施细则》。2016年2月，最高人民法院发布《最高人民法院关于为京津冀协同发展提供司法服务和保障的意见》，该意见以协同司法为保障，旨在为京津冀协同发展提供良好的司法环境，对于京津冀协同发展具有重要意义。2017年2月，最高人民法院印发了《关于加强京津冀三地法院人员培训和法官交流工作的意见》，该意见的出台正式建立了京津冀三地法院人员培训和法官交流工作机制。2017年4月，最高人民法院公布了10起人民法院为京津冀协同发展提供司法服务和保障的参考性案例，其中案由包含了环境、交通、市场、金融纠纷、知识产权等方面，紧紧围绕《京津冀协同发展规划纲要》，为京津冀的司法裁判工作起到了重要的示范引领作用。

三、京津冀物流产业协同发展规制存在的瓶颈因素

京津冀协同发展面临着关键挑战。三地产业结构差异明显，难以形成产业良性互动；发展差距过大，促使要素单向流动；协同治理机制尚需完善。京津冀政治经济地位差异、利益诉求不同、中央相关制度设计以及非政府力

量发展迟缓的共同作用使得京津冀协同发展比较艰难。① 京津冀物流产业协同发展法律规制机制建设取得一定成就，但总体上尚存在一些瓶颈与制约因素。

（一）物流行业立法协同机制尚需完善

1. 协同发展立法理念贯彻力度尚需加强

京津冀协同发展立法理念贯彻尚需加强。京津冀三地地方立法过程中需要更加贯彻综合、系统、平衡、协调的立法理念，兼顾三地的现实立法需求，促进区域法律规则一体化。做好京津冀物流协同立法工作，要从整体利益出发，局部服从全局。地区的发展要符合地区的发展规律和经济现状，京津冀地区间发展差异明显，产业分布不均，资源分配不均等问题突出。要实现区域协同，首先就要对地区地方立法及政策制定进行科学合理规划，制定新的法规、规章、政策，要在新的协同发展理念指导下进行；牢固树立协同发展理念，贯彻创新、协调、绿色、开放、共享的新发展理念。

2. 京津冀物流产业协同发展的立法体系尚需完善

京津冀协同立法既是京津冀协同发展的重要保障，又是京津冀区域法制协调统一的重要基础。京津冀协同立法面临的制约因素，主要表现为京津冀各方利益博弈激烈，政府固有的"一亩三分地"思维定式，欠缺协同立法经验，缺乏现成的法律制度供给，导致京津冀区域内法制建设跟不上经济建设。破除京津冀协同立法困境，需要京津冀各区域共同发力，构建顶层协同立法机制和京津冀区域协同立法机制。② 完善的京津冀物流行业管理部门执法体系不仅包括全国人大制定的最高效力级别的法律，还包括中央政府制定的行政法规、部门规章以及京津冀地方政府机关所做的地方性法规、政府规章。综观目前京津冀物流行业管理部门执法体系，高位阶法律出台相对较少，多以行政法规、部门规章和地方性行政法规为主。京津冀物流产业协同发展必然要涉及政府之间协同立法和执法，但现在还没有一部专门的法律来规范这一国家战略的实施。由三地人大常委会出台的《关于加强京津冀人大协同立法的若干意见》《京津冀人大立法项目协同办法》都为未来京津冀物流产业协同发展执法体系的完善奠定了基础。但依目前情势来看，京津冀协同立法机制还需不断完善。针对京津冀三地的物流产业发展规制需求，应当建立京津冀

---

① 薄文广，陈飞. 京津冀协同发展：挑战与困境 [J]. 南开学报（哲学社会科学版），2015(1)：110-118.

② 王宝治，张伟英. 京津冀协同立法的困境与出路 [J]. 河北师范大学学报（哲学社会科学版），2016（5）：133-138.

物流产业协同发展的立法保障机制。三地政府也出台了针对本市或本省更具有指导性的商务标准和地方性法规，如天津市出台《天津市商品交易市场管理若干规定》来规范天津的商品交易市场秩序；北京市出台《北京市商业零售经营单位促销活动管理规定》来加强北京的促销管理。这些规定的出台一方面确实结合各地市场特点维护了市场秩序，更有利于市场发展，但另一方面在国内跨省进行物流流通会存在行政壁垒、标准不统一等问题，可能会导致物流交易量减少和效率降低，不利于区域之间物流产业的协同发展。

（二）区域间物流产业协同发展的执法协同机制尚需健全

1. 京津冀三地物流协同发展急需完善规制实施机制

拥有良好的法治环境是京津冀一体化的大前提，从顶层设计到具体制度实施都要有法律制度加以保障。[1] 区域执法建设直接关系到区域法治建设成果，法律政策执行与实施是实现规制目标的关键。京津冀现阶段的执法协作机制仍存在不足，迫切需要不断完善执法合作机制，要做到严格执法、科学执法、文明执法。立法的落后制约了执法的有效实施，执法的实施需要以科学的立法为准。京津冀三地环保部门先签署《京津冀区域环境保护率先突破合作框架协议》，三地执法部门以此为基础从同一规划、统一监测等方面入手以共同改善区域生态环境质量。三地执法部门统一性和协调性尚需提升，由于行政区划的影响，地方政府保护自身利益，三地存在着一定的行政壁垒，这势必会影响物流产业区域整体的利益，阻碍统一完善的市场体系的建立，因此亟须完善京津冀物流发展执法协同机制。

2. 京津冀物流行业管理部门执法标准不够统一

在京津冀物流产业协同发展进程中，统一明确的执法标准是影响执法工作效果的重要因素。京津冀三地因各自社会状况、经济发展水平、执法环境不同，在相关领域执法标准上存在一定差异。由于三地处于不同的行政区划，在物流行业管理部门执法法律的适用上可能产生规范冲突，这也是物流行业管理部门执法标准不一的原因之一。当然，统一的物流行业管理部门执法标准并不意味着三地在各种量化标准上完全一致，而是根据各地实际情况确保执法标准合理的弹性空间，将差异控制在合理范围内。目前，京津冀物流行业管理部门执法标准就是处在一个不合理的差异区间内。例如，三地在物流行业行政许可条件、行政处罚标准、行政强制手段等方面存在较大差异；执

---

[1] 冯磊，张楠. 京津冀区域经济一体化法治研究［J］. 河北企业，2017（6）：97-98.

法标准不够统一，京津冀三地较难打破行政壁垒，易出现重复检验、互不兼容的问题。

3. 京津冀物流产业执法规范性尚需提升

执法协同主要以联合执法、行政协助、跨地区案件移送、执法信息通报、执法争议协调、区域执法联合评议等方式发挥效用，实现协调的目的。[1] 在京津冀物流产业协同发展过程中，规范的物流行业管理部门执法要求特定的执法主体按照特定过程、步骤和方式执行国家法律。不同的执法行为都有其特定的执法程序。在非首都职能疏解过程中，出现一些执法不规范的情况。物流行业综合执法方面，政府职能部门有时不按照法律程序，对批发市场上的商户强制责令搬迁；在拆除违规建造的中转棚区工作中，部分执法人员没有给予商户合理的准备期，就进行了强制拆除。执法人员不作为、执法腐败、暴力执法的行为也时有发生。京津冀物流产业协同发展不是一蹴而就的，执法难度、时间跨度都很大，少数执法人员存在执法不规范现象。物流行业规范执法不仅关系到京津冀物流产业发展进程，更重要的是影响政府公信力的建立。从实践过程来看，京津冀物流行业执法规范性确实有待提升。

4. 京津冀物流产业执法方式尚需完善

从执法方式上看，京津冀三地行政机关联合执法，协同执法意识相对淡薄。虽然三地商务委员会多次召开联合会议，商议对策，但在计划方案实施上，仍有少数执法人员开展执法合作的意识淡薄，三地政府之间的交流合作有时流于形式。物流行业管理部门执法合作不能有效展开，首先受制于行政区划的限制；其次是执法利益难以公平分配，毕竟三地分属不同的行政区划，有各自独立的管辖权。在现有的政绩评定方式下，各地方政府难免会希望本地区获得最大利益。在互联网科技、人工智能技术飞速发展的今天，政府管理服务也不断与时俱进，与各种科技手段相融合。物流行业管理部门执法工作开展过程中，执法人员通过一定技术和装备可以提高执法精准度，在降低执法难度，减少对相对人的损害，通过数字信息存储技术保留执法证据和执法过程，降低资源损耗、绿色环保的同时，也完善了物流产业协同执法备案制度。物流行业管理部门执法合作智能化、数字化是大势所趋，但目前京津冀绝大部分地区由于科技和经济实力不足，智能执法合作机制尚需完善。

---

[1] 石佑启, 潘高峰. 论区域经济一体化中政府合作的执法协调 [J]. 武汉大学学报（哲学社会科学版），2014（1）：45-51.

5. 执法合作信息共享与沟通机制尚需完善

传统的经济发展以及政府管理模式对京津冀协同发展的制约尤为明显。京津冀物流产业协同发展的首要目标就是构建完善统一的物流市场体系，而三地从行政区划上属于同级的政府，在中国当前国情下，区域之间的执法合作和协同首先要看地方政府的参与积极性。① 地方政府的本位主义主要体现在贸易保护、市场分割、产业链断裂等方面。以交通运输为例，三地政府在初期进行交通规划时，仅考虑自身利益的最大化，对城市之间的交通对接明显考虑不够充分，不同的道路标准也不相同，导致京津冀区域城市群存在大量"断头路""瓶颈路"，这不仅是对资源的浪费，也限制了三地物流产业的发展。此外，三地政府在制定地方规章时，仅考虑自身的利益，三地间的执法水平、执法标准都存在明显的差异。不仅如此，由于地方本位主义的影响，三地的执法协作会产生一定程度上的困难，包括多部门之间不协调、跨区域执法困难、三地信息资源不匹配而造成的资源浪费、三地执法标准不统一等问题。

（三）区域间物流产业协同发展的司法合作机制尚需优化

京津冀物流产业协同发展过程中，商品流、资金流、信息流等交易环节产生纠纷，不可避免产生仓储保管、运输、装卸、借款等经济民事纠纷。如涉及的物流企业与政府因具体行政行为不服，会涉及行政诉讼行为。所有这些都需要完备的司法保障协同机制。因此，京津冀物流行业司法保障协同机制是实现京津冀物流产业协同发展法律保障重要的一环。司法保障协作的主要问题在于三地法制建设程度不一致，司法解释标准不统一，执行协作机制不够完善，法院之间信息沟通与协同合作不到位。三地司法机关跨省处理案件难度大，异地执行困难。现阶段，司法协作的关键在于如何将现有的司法资源和京津冀协同发展条件下的立法司法协作更好地对接起来；如何让各地的司法经验更好地服务于京津冀区域物流协同发展。司法保障机制的健全并不仅局限于地区间法律的合作，构建信用制度、信息公开制度等有利于节约司法资源的措施也有利于司法制度的完善。人员的交流、业务的协同也会不断加强三地司法机构的联系。京津冀三地社会信用制度、信息公开制度尚需要完善，司法资源的整合和对接也尚未很好地开展。最高人民法院出台了有关促进京津冀司法保障协作的意见，但法律工作是一个系统性的工程，真正

---

① 薄文广，陈飞. 京津冀协同发展：挑战与困境［J］. 南开学报（哲学社会科学版），2015（1）：110-118.

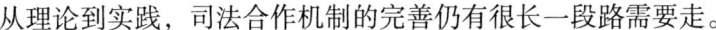

从理论到实践，司法合作机制的完善仍有很长一段路需要走。

（四）区域间物流产业领域行业协会自律协作机制尚需加强

在现代市场经济中，商会和行业协会是不可或缺的重要组成部分。随着经济体制改革的不断深入，政府的职能越来越偏向于宏观调控和市场监管，市场通过自身的特性以一只"看不见的手"对资源配置起主导作用，而行业协会、商会已逐步成长为继政府、企业之后国家经济建设和发展的第三推动力。物流业行业协会、商会具有政府、企业所不具备的优势。在资源配置方面，物流行业协会能突破部门和地区的界限，很好地协调不同部门甚至不同地区之间的资源。物流行业协会对于现代市场经济的作用越来越重要，近年来政府职能的改革使行业协会迎来了新的发展机遇。然而对于行业协会协作机制而言，物流行业协会并不会对内部的成员产生较大约束，物流行业协会服务平台尚需健全，行业协会之间难以形成良性互动，行业协会自律管理存在诸多问题，行业协会与政府职能部门的协同共治机制尚需健全。

四、京津冀物流产业协同发展规制机制的完善路径

京津冀物流产业协同发展是京津冀协同发展的关键环节。京津冀协同发展作为一项重要的国家战略，政府的力量必定会参与其中。物流产业协同发展又是处在社会主义新时代市场经济模式下，在发展中如何处理好政府和市场的关系显得至关重要。执法是联系政府和市场的纽带，执法使法律从文本规定转化为人们的实际行为规范，[①] 使京津冀协同发展这一国家战略落实到三地市场主体的经济活动中，使各项方针政策在京津冀物流行业发展中纳入法律政策规制体系。物流行业发展规制机制的建立和完善，对于保障京津冀三地企业商户的合法利益具有重要作用，有利于为京津冀物流产业市场主体营造良好的法治化营商环境。

（一）完善京津冀物流产业协同发展的立法保障机制

1. 加强京津冀物流产业协同发展的国家立法

京津冀协同发展国家战略是对三地以往发展模式的重大变革。合理借鉴我国区域立法协调的有益经验以促进京津冀协同立法的有效开展具有重要意义。立法模式选择的科学与否，直接关系到法律制度创建与法治系统运行的效果。基于京津冀协同立法的实际需要和模式创新，应该选择中央专门立法、

---

① 姜明安. 行政执法研究 [M]. 北京：北京大学出版社，2004.

地方协作立法和地方单行立法相结合的立法模式。同时需要建立京津冀区域立法协调机构，搭建京津冀区域立法信息交流共享平台，确立京津冀协同立法工作机制，创新京津冀协同立法备案制度等保障机制。① 当前，我国协调区域发展主要依靠政策和规划的指导，政策虽然可以及时、灵活地回应经济社会需求，在区域协调发展中起到重要作用，但毕竟稳定性差，迫切需要借鉴美国、日本等发达国家立法经验，制定《京津冀协同发展法》。物流产业法律规制的实质就是解决市场的有限理性问题，要克服市场的有限理性，民事法律显得力不从心，而诉诸政府或许是一个理性选择。然而，政府作为干预经济的主体，有自己的部门利益倾向，因而通过公共选择的结果可能是非理性的，如决策失误、低效率和权力寻租等。因此，需要完善物流法律制度体系，既能克服市场的非理性行为，又能有效约束政府的干预行为。

区域协调发展应该坚持立法先行，建立健全我国区域协同发展及物流法律法规是区域协同发展的重中之重。美国、日本、欧盟等国家的发展经验表明，区域发展的成功与完备的法治是分不开的。例如，日本陆续制定了《孤岛振兴法》《过疏地区振兴特别措施法》《水资源地区对策特别措施法》。上述专项法律和根本法一道构成了完备的区域发展法律体系，为区域协调发展提供了制度保障。再如，美国1933年颁布《麻梭浅滩和田纳西河流域发展法》，1999年颁布《区域振兴法》；日本20世纪50年代颁布《国土综合开发法》；② 法国政府为推进巴黎都市圈颁布《城市联合体法》，该法明确规定巴黎都市圈的联合范围及权利义务，使得都市圈内的各地政府相互配合，取长补短，共同发展经济。因此，制定一部具有基本法性质的区域发展法能明显带动区域经济的发展。结合我国的国情，京津冀地区可以实现协作立法，由专门的协调机构着手，先制定一部综合性的法律，再分别制定单项法律，并逐步完善法律监督，法律保障制度。

京津冀物流产业协同立法进程中，中央与地方要制定统一的物流业立法规划，增强物流立法的协调性。物流业立法的导向应立足于规范市场竞争秩序，防止政出多门，必须打破行业垄断，消除地区封锁，依法制止和查处滥用行政权力阻碍或限制跨地区、跨行业物流服务的行为，加强协调，全面统筹，整体布局，尽快建立全国统一开放、竞争有序的全国物流服务市场。在现代物流业转型升级和快速发展的背景下，要特别重视发挥立法的引领和推

---

① 孟庆瑜. 论京津冀协同发展的立法保障 [J]. 学习与探索，2017（10）：54-64.
② 杨帅. 国外区域协调发展立法的比较研究及对我国的启示 [J]. 黑龙江省政法管理干部学院学报，2014（2）：12-15.

动作用，加强重点领域立法，注重法律制度的协调发展，着力提高立法质量，完善物流法律法规体系。既有法律需要制定配套法规的，要及时制定新的配套法规；对已有的配套法规及时清理、修改，健全法律配套法规制定的跟踪督促反馈机制。同时，立法主动适应改革和经济社会发展需要，物流领域的重大改革要做到于法有据，对物流业的改革和创新活动，要从立法上积极研究可行路径和解决方法；涉及立改废的要及时启动立法程序。实践证明，行之有效的，要及时上升为法律；实践条件还不成熟、需要先行先试的，要按照法定程序进行授权；对不适应改革要求的法律，要及时修改或废止。因此，全国人大作为立法机构要加强立法沟通，吸收三地立法机构的意见，使得国家层面的立法工作既可以满足京津冀三地的实际需求，也能照顾到其他省市的利益，真正通过立法保障使得京津冀物流产业协同发展带动国家整体发展。当然，三地立法部门也要积极配合，注重京津冀三地的现实情况和市场机制，可通过现场考察、听证会等方式创立、完善一个更加科学的立法保障体系。

2. 加强京津冀物流产业协同发展的地方法规协同机制建设

建立健全京津冀区域立法协同机构，有利于提高协同立法项目的效率，促进三地地方法规、政策一体化。该机构应当由中央来组织管理，可以由国务院司法部和地方立法机构各出代表，并邀请立法与经济领域的相关专家进行协商讨论，搜集各方人士的有效意见，合理地制定出一套关于京津冀物流产业协同发展的法律规制机制。日本区域经济协同的法治实践可资借鉴，日本首都圈协同发展经验显示：互惠性偏好是在权威、外部性与利益合理整合基础上，由内生的城市发展压力推动而成；空间通达性体现在交通基础设施的连通性与便利性上；双重互补性包括产业互补与城市功能互补；外部介入体现为以法律—规划—报告—评估为主体的正式制度约束以及协商、社会组织等多元机制。[①] 京津冀物流产业协同发展的立法协同机构也应当定期召开会议，通过不断的研究与商讨，突出区域的共同利益，随时改进法律漏洞，以提高所出台法律的可操作性。京津冀三地均随着时代的发展形成完善的地方性法规体系。为了适应各地的物流产业发展，地方性法规在现实执法过程中又很重要，所以我国应当加强京津冀三地商务地方性法规建设。

京津冀三地制定统一的物流立法规划，确立现代市场经济下物流运行应共同遵循的基本原则，从而避免物流法律、法规体系内部出现重复和矛盾。

[①] 王凯，周密. 日本首都圈协同发展及对京津冀都市圈发展的启示 [J]. 现代日本经济，2015 (1)：65-74.

物流业立法规划还要确定好物流立法的重点领域，解决好中央立法与地方立法、立法机关立法与行政机关立法、中长期立法与近期立法的关系。增强物流法律、法规的内在协调性，维护法制的统一，为改革物流管理体制，促进物流服务的规范化、市场化和国际化提供坚实的法制基础。对于主要领域的重要物流立法应当主要采用法律和行政法规进行规制。一方面可以提高立法的质量和层次，提高物流立法的法律效力和权威性；另一方面可以防止政出多门，有利于打破地区、部门和行业的局限，清除部门、地区保护主义的政策和法规，加强协调，全面统筹，整体布局，尽快建立全国统一开放的市场。区域法治一体化建设是解决区域经济发展中各种问题的重要保障。京津冀区域法治一体化建设要坚持法治统一，突出区域特色、平等协商、公平合理的基本原则。[1] 三地组建的立法协同机构可以在此基础上通过立法程序建设三地统一的物流产业发展规制的地方性法规，明确主体、程序、生效条件、法律责任等，保障物流行业的持续健康稳定发展。

3. 加强京津冀物流产业发展地方政府规章的协同性建设

关于政府规章立法程序协调机制的规定，除了《立法法》之外，还有国务院《规章制定程序条例》。《立法法》规定的立法程序一般包括法律案的提出、审议、表决和公布四个阶段。具体到行政法规和规章，根据《规章制定程序条例》的规定，又可具体分为立项、起草、审查、决定与公布等五个环节。立法程序协调机制有年度立法计划机制、起草协调机制、法律案的筛选机制、统一审议（查）机制、咨询与说明机制、公众参与机制、多数决策机制和批准机制等。[2] 法制一体化是京津冀经济与社会发展的保障，缺少法制的一体化，京津冀难以持续发展。[3] 由于各个省、市的情况不同，我国法律体系允许省、自治区、直辖市和设区市的人民政府根据法律、行政法规拟订各地的物流管理政府规章，这说明地方政府规章更具有针对性与实用性。由于政府规章的法律效力低于基本法律与地方性法规，所以可以发挥三地政府的主观能动性，不一定要建立统一标准的地方性规章，可以由三地政府根据自身地域的市场规模与物流行业实际发展建立各自的地方性政府规章，既可以在顶层立法下有序进行，也可以使三地找准自身定位、发挥自身特点。同时，

---

[1] 赵新潮. 京津冀区域法治一体化路径研究［J］. 金融教学与研究，2015（3）：63-66.

[2] 陈光，孙作志. 论我国区域发展中的立法协调机制及其构建［J］. 中南大学学报（社会科学版），2011（1）：50-54+73.

[3] 张瑞萍. 京津冀法制一体化与协同立法［J］. 北京理工大学学报（社会科学版），2016（4）：132-136.

该规章也可以弥补基本法律的漏洞，更好地保障京津冀物流产业持续健康稳定发展。

（二）完善京津冀物流产业协同发展的执法保障机制

京津冀物流产业协同发展过程中，执法协同机制是京津冀区域法治建设的内容，更是京津冀执法保障机制的重要内容。执法协同强调的是一个行政执法机关独立查处违法事项，有关执法机关予以协助配合。京津冀物流产业协同发展形成执法协同机制有助于打破"一亩三分地"的行政区划禁锢，维持市场秩序，提高物流行业管理部门执法效益，也促进了京津冀区域行政执法体制改革的建设。京津冀物流产业协同发展就是要优化配置京津冀三地生产要素，促进三地优势互补，实现互利共赢，共同发展。各地方政府为保护本地区利益，有时通过执法行为限制本地要素流出，抵制外地产品的进入，使三地市场处于分割状态。建立执法协同机制是执法保障机制的重要组成部分。加强京津冀协同执法，建立京津冀沟通协商的平台，来打破三地行政壁垒，推动区域内各行政执法机关的沟通和协调联动，从而促进京津冀公平竞争、统一市场的形成。京津冀区域物流执法建设是一项复杂的工程，涉及多个部门、行业、地区之间的协作，构建完善的执法合作机制已经迫在眉睫。首先建立联合执法的制度，将区域联合执法纳入京津冀协同发展规划中，确定联合执法。为更好地实现外部执法，需要先有完善的内部协调机制。保证不同地区、不同部门之间的物流行业管理执法协作，需要长期有效的协作配合。其次，做到科学执法、文明执法。要坚持统一的执法标准，由于三地的经济基础，执法水平都存在着差异，所以在物流行业执法的过程中需要兼顾三方，在设计一方利益和整体利益的时候，要先把整体利益放在首位，坚持协同发展，做到执法一致，才能使三地经济在更好的秩序下发展。最后，坚持严格执法。执法的随意性和处罚的不严谨，是我国地区发展的一个严重问题。完善物流行业管理部门执法合作机制，打破行政壁垒，加强各部门之间物流行业管理部门执法信息平台建设，避免出现重复执法的问题，同时也能加强各地区的联系。加强各部门的联合执法队伍建设，商务联合执法既能做到相互监督，也可以避免出现突发情况，节约执法资源。

1. 完善京津冀物流产业协同执法制度保障机制

行政执法协同是整体政府治理理念的制度实践，它要求不同地域同一政府部门或同一地域不同政府部门之间应避免行政的"碎片化"，协调配合执法以实现公共行政目的。执法协同机制建设是区域法治建设的内容，也是当前深化行政执法体制改革的重要问题。在京津冀协同发展战略实施过程中，行政执法协同将发挥引领、规范和推动协同发展的制度功能。能否实现执法协同,执法协同能否坚持法治底线,直接影响到京津冀协同发展战略的稳定、有序推进。京津冀区域执法协同机制建设还存在诸多困境,原因主要在于整体政府治理理念与行政执法实践的疏离,宜从立法的引领和规范、强化规划的法定性、执法协同机制的法治化、行政框架协议等方面,探索推进区域执法协同机制建设。①

首先,完善京津冀物流行业管理部门执法法律制度。只有法律制度体系不断完善,物流行业执法人员的执法工作才能有法可依。建议全国人大制定《京津冀协同发展法》,为区域产业协同发展提供法律保障。该法要对京津冀三地协同发展的长期发展进行合理规划,明确各级政府的职责权限,完善京津冀政府绩效评价制度。同时,对现有的过时的部门规章和地方性法律法规进行修订或废除。完善京津冀物流产业协同发展地方标准的设立,缩小京津冀在质检、安检、交通、环保、公共基础设施建设等领域标准的差距,促进三地建立统一合理的执法标准。

其次,建立、完善京津冀物流行业管理部门执法协同制度是执法制度保障的关键。京津冀三地人民政府通过立法协同来推动三地的执法协同制度。在目前缺乏国家层面的区域协同发展立法的情况下,三地人民政府可以签订执法协作协议,建立健全执法协同和联合执法制度,实行执法信息共享,推动行政机关之间的行政合同制的建立,以更好地调动三地人财物,实现执法效益最大化。签订执法协作协议这一方式在三地已经践行,并且取得初步效果。2018年1月19日,京津冀三地审改部门围绕行政审批制度改革这一主题在京进行了座谈,并签署了《京津冀共建行政许可共享清单协议》,就推动京津冀三地实现行政许可事项名称、设定依据、许可内容、申请条件、申请材料、许可结果形式的"六统一"达成一致意见。② 这无疑对三地建立执法统一标准,共认执法结果,构建统一市场有极大的推动作用。

最后,完善区域会议与协调制度。京津冀三地商务委员会联系沟通十分密切,可以将三地商务委员会联合会议常态化,规定三地商务委员会领导人每一个季度召开一次协调会议,对该季度物流产业发展进行总结,分析经验得失,相互借鉴,以减少未来工作中的失误。协调会议有利于协调三地发展

---

① 周悦丽. 整体政府视角下的京津冀区域执法协同机制研究 [J]. 首都师范大学学报(社会科学版),2017(4):65-72.

② 京津冀三地审改部门签署《京津冀共建行政许可共享清单协议》[EB/OL]. [2018-12-03]. https://www.sohu.com/a/217705747_274663.

过程中出现的矛盾,并允许三地企业负责人代表和员工参与会议,共同商榷物流产业协同发展的思路和观点。以河北新发地公司建设为例,河北新发地作为践行京津冀协同发展首批落地项目,自 2015 年 10 月 29 日运营以来在缓解首都"大城市病"和带动河北农业发展方面都取得显著成效。京津冀物流产业协同发展过程中迫切需要完善法律规制机制,以保障通过法治化手段解决京津冀行政壁垒与市场分割的问题。

2. 完善京津冀物流产业协同执法组织保障机制

完善协同发展组织保障机制建设的目的主要是将京津冀协同发展领导小组功能最大化。京津冀物流产业协同执法的组织保障责任应当由其来承担,该小组作用主要是在尊重三地利益基础上,设计发展顶层制度,平衡京津冀利益与协调争执,确保政府间区域规划协议的实现。另外,京津冀应当分别成立京津冀协同发展领导小组。三地领导小组对中央领导小组负责,工作形式主要是通过召开相关会议,讨论问题对策;还要负责实施中央领导小组和地方制定的激励机制、地方利益协商等工作。京津冀协同发展领导小组在京津冀物流产业发展总体规划的顶层设计方面发挥作用,而京津冀三地人民政府及其职能部门负责具体实施规划政策,将法律法规通过执法行为落到实处。

3. 完善京津冀物流产业协同执法监督机制

权力不受监督和控制就会导致权力的滥用,出现执法不作为、暴力执法、执法腐败等问题。执法监督机制的完善对于强化行政机关及其工作人员规范执法的理念,提高执法水平具有重要作用。京津冀物流产业协同执法监督机制是一个以上下级行政机关内部监督为核心,以社会公众监督为辅助,以信息技术为支持的全方位、多层次、信息化的监督体系。负责京津冀物流产业协同发展的上级行政机关对下级行政机关执法行为的合法性和合理性进行层级监督、监察监督和审计监督,撤销下级行政机关的违法不当的行政行为,根据《国家赔偿法》对行政相对人进行赔偿,对不规范执行执法行为的相关负责人要进行责任追究。同时,进行该执法行为以外的行政机关,例如权力机关、司法机关也要对其进行监督。社会公众监督体系是各种社会团体、群众组织和公民个人以建议、批评、检举、申诉、控告等方式对执法行为进行监督的机制。随着网络技术的发达,执法行为的过程暴露在阳光之下,完善物流行业管理部门执法纠错和执法信息公开制度。在保障公民监督权利的同时,更要做好反馈机制。建议在京津冀协同发展网上开设执法信息公开专栏,将相关执法信息公开,并设立专门人员在线及时回复公众提问,积极做好与社会公众的交流和反馈。

4. 完善京津冀物流产业协同发展执法共享机制

京津冀物流产业协同发展执法共享机制是物流行业管理部门、执法部门资源协同共享、人才协同共享、信息协同共享、创新协同共享、利益协同共享的机制。资源协同共享主要是充分发挥三地执法资源优势，促进执法优势资源融合，形成物流行业管理部门执法合力。执法人才协同共享主要是通过建立物流行业管理部门执法机构高层次人才信息库，促进三地物流行业管理部门执法人才要素的自由流动与合作。可通过挂职锻炼、交流学习的方式将北京优秀的物流行业管理部门执法人员分配到天津、河北等地，天津、河北的公务人员也可到北京学习。2018年4月24日，人力资源服务京津冀区域地方标准正式公布。该标准充分考虑了三地人力资源的差异与发展现状，建立了人才选、育、用、留的统一标准，这为京津冀物流行业管理部门执法人才的选拔与共享提供了法律保障。

物流行业管理部门应加强执法信息协同共享机制建设，通过现代云技术等数据库技术，实现京津冀三地政务电子一体化，通过电子数据、音像视频等形式将执法信息协同共享，以便三地更好地协同执法。天津市大力推行"互联网+政务"模式，目前已实现47个市级政府部门数据共享应用，便民利民的同时，也提高了执法效率。京津冀物流行业管理部门执法信息共享机制，就是要跨越行政区划界限，建立统一的政务信息平台，促进三地执法信息交流共享、执法结果互认。

创新协同共享机制就是将三地的创新执法方式、创新科技成果、企业经营管理方式等一切有益于京津冀物流产业协同发展的理念实现共享。目前，北京的教育科研资源不断向津冀辐射，京津冀企业合作投资日益密切，创新科技成果共享、企业管理方式与理念共享是大势所趋。为顺应传统市场监管面临转变的趋势，进行合理、适当的政府监管，维护市场的健康有序发展，需要探索新时期背景下市场监管与信息相结合的法律机制。①

利益协同共享，主要出于协调三地利益考虑，不能因为北京经济发展水平程度高却获得较少的利益分配，河北相对较弱就分配较高的利益。在进行任何一项执法工作时，都要发挥三地的优势，将执法效益协同共享。我国电子商务的发展促进了物流产业发展，物流产业很快便成为极具发展潜力的产业之一。物流业发展给政府监管提出新要求，物流领域政府监管信息共享机制尚需健全。我国应当完善物流领域政府监管信息共享机制建设立法；完善

---

① 刘恒，李冠钊. 市场监管信息不对称的法律规制［J］. 行政法学研究，2017（1）：21-30.

物流领域政府监管信息共享机制实施程序与机制；完善物流领域政府监管信息共享法律责任机制；完善物流领域政府、行业协会、社会公众信息共享的协同监管机制。

（三）完善京津冀物流产业协同发展的司法合作机制

最高人民法院相继印发了《最高人民法院关于为京津冀协同发展提供司法服务和保障的意见》《关于加强京津冀三地法院人员培训和法官交流工作的意见》等相关文件，提出了诸多关于京津冀司法协同发展的指导意见。司法协同工作的重点，在于法院之间的信息沟通、执行协助、司法解释标准的统一。司法工作的高效与否与立法、执法息息相关。京津冀三地应当建立健全人民法院工作联络机制，法院工作的联动不是说直接对三地法院进行整合，而是通过一些法院的立案审判相关工作，使人员在三地法院之间流动起来。定期召开疑难案件研讨，解读最新政策法规；定期开展法院人员培训和法官交流，实现司法人员资源的互通，逐渐消除司法活动的障碍。可以专门建立区域法院联络机构，推动京津冀人民法院执行协作。

京津冀三地应当统一区域内的司法解释标准。由于地区差异、经济发展差异，导致三地的司法水平有着一定的差距。要实现司法协作，不仅需要统一的区域法律法规，也需要有统一参考的司法解释标准。随着区域协同的推进，三地的交通、市场、环境等方面的相关案件都需要一个统一的衡量标准，不仅是物流标准，司法解释标准也同样重要。案件不断积累的过程，也是一个破旧立新的过程，不断废除不适应区域发展的标准，设立新的完善的有利于区域物流产业协同的新的司法解释标准。完善京津冀物流产业协同发展的司法合作机制，整合三地司法资源，打破原有的地区差异，创新工作理念，实现三地司法资源的对接，实现优势互补，尤其要在管理、服务、信息等方面率先取得实质性的发展。

（四）完善京津冀物流产业领域行业协会自律合作机制

行业协会作为市场经济发展的产物，在发达的市场经济国家已经有上百年的历史，在我国，行业协会建设尚需完善。从德国区域治理法治实践来看，目的性联盟（或任务性联盟）是德国区域治理体系中最主要的非政府机构和治理主体，通常是指受政府委托，以企业运作与经营的模式，向公众提供医疗、交通等公共服务的组织。目的性联盟是政府、企业和民众之间的沟通媒介，接受政府部门和民众的监督。德国首都都市区最早的目的性联盟——柏林—勃兰登堡地区交通联盟有限责任公司（VBB）成立于两德统一初期，主要负责区域内交通基础设施建设，恢复、完善柏林与勃兰登堡州地区之间的交通网络。州政府和地方政府不直接参与公交体系的运营，而是以公开招标的形式向私营公司购买公交运输服务，或者委托目的性联盟进行建设和管理。政府会对公共交通的建设情况，服务质量、数量等进行监管、备案。考察德国区域经济治理法治经验可知，其多元化的社会合作网络是市场运行机制的重要保障。在德国，一方面形成了政府、私营机构、非营利部门、公众等多方广泛参与的全方位社会合作网络体系；另一方面德国还构建了依托正式制度和非正式制度、公众组织和私人部门相结合的次区域联盟、邻里协会、城市论坛、各类委员会等社会合作组织，使之成为解决地区间矛盾的重要对话平台，在正式的区域联盟和非正式区域治理组织之间搭建起良好的合作伙伴关系。① 借鉴德国、美国、日本等国家的行业协会发展现状，对我国京津冀行业协会的发展提供了一定的思路。美国、日本通常采用的是垂直模式，大企业为主导作用，中小企业广泛参与，政府在其中发挥作用。日本商会和行业协会通过加强自身的建设，建立健全信息沟通渠道。在繁荣的市场经济条件下，行业协会多而杂，而我国的行业协会仍处于发展的初期。因此，我国首先要做的就是加强对行业协会的管理，良好的管理制度有利于行业的良性发展；其次才是使行业协会更好地作用于市场经济的发展。

完善物流行业协会自律，一方面加强行业协会自身的建设，在京津冀地区内，对全地区的行业协会进行统一管理。基于北京、天津原有的管理方式，这里推荐用上海的"协调模式"进行管理，降低注册门槛，削弱主管单位权力，引入退出机制和严格准入制度。另一方面制定行业协会法律、法规、政策体系，对行业协会进行统一有效的法律监管，同时加强物流行业协会自律机制建设。

建立健全行业中的信用制度，信用制度的建设是当今社会的一个重要难题。在现代市场经济环境下，良好的信用制度代表更优质的市场资源配置，随着信用制度的完善，市场能更好地实现企业优胜劣汰，优势企业的合作有利于市场经济科学健康的发展。另外，信用制度也能节约司法资源，减少因企业信用而产生的司法纠纷。

京津冀物流产业协同发展过程中，中央与地方在建立健全我国物流法律、法规的同时，也要特别重视物流行业协会对其会员的协调、自律作用。特别是一些国家法律法规没有调整或者不便于调整的领域，例如诚实信用经营、行业利益协调等方面，物流行业协会将发挥政府所不能取代的功能。因此，

---

① 孙莹炜. 德国首都区域协同治理及对京津冀的启示 [J]. 经济研究参考，2015 (31): 62-70.

要逐步建立全国及地方的物流行业协会组织，将以往政府过多的管理职能逐步过渡，交给行业协会行使。加强物流业发展中的行业协调和行业自律，并从法律法规上加以支持，对物流行业协会组织的功能、作用、职权及与政府相关部门的联络和沟通做出必要法律规定，使对物流的管理逐步与国际惯例对接，发挥民间组织所固有的协调功能。

（五）完善京津冀物流企业协同发展的内部治理创新合作机制

物流企业的发展取决于企业自身管理与内部治理机制建设。企业参与京津冀区域经济治理与法治协同是应有之义。京津冀物流产业协同发展的法律规制体系建设还需发挥物流企业自身的积极作用。物流企业的内部管理体制是企业稳定发展的关键。物流企业的内部治理主要是指物流企业内部股东会、董事会、监事会决策、执行、监督运行机制。首先，物流企业内部的运行机制不能一成不变，必须时刻关注经济动态、国家政策，积极主动地完善内部控制，强化风险意识。而大型物流企业在注重企业文化的同时，也要积极参与物流企业间的合作，有助于实现企业优胜劣汰。其次，借鉴美国通用电气公司研究实验室协调合作机制，对企业间的合作提供一定的思路：单独对创新进行组织，即在持续经营的企业内另设一个独立的组织机构专门从事科学研究以及技术创新。① 作为一个单独设立的特殊部门，既与企业内部的销售、财务、专利等部门进行协作，也可以与其他企业进行外部联结。这里的联结在我国尤其是京津冀区域协作的特殊环境下就有了一定的空间，包括与高等院校的合作、与行业协会的协作、与政府部门的协作等。这一机制有利于实现市场的优胜劣汰，优化资源配置，促进产业结构的优化升级，增强地区竞争力。

综上所述，京津冀物流产业协同发展是京津冀协同发展战略的必然要求，是形成京津冀物流行业管理部门法治协同的客观需要，是打破京津冀三地行政壁垒与市场分割瓶颈制约的现实要求。京津冀物流产业协同发展的组织保障不够有力、制度规范不够协调、执法标准不够一致等问题亟待解决，迫切需要加强立法、执法、司法、行业自律、企业内部治理规制体系建设，构建、完善京津冀物流产业发展的法律政策保障机制，保障京津冀物流产业持续健康协同发展。

---

① 杨朝辉. 试论美国企业创新管理——通用电气公司研究实验室协调合作机制分析［J］. 唐山学院学报，2014（5）：59-64.